国家出版基金项目
NATIONAL PUBLICATION FOUNDATION

抗日战争专题研究

张宪文 朱庆葆 主编

第六辑
战时经济与社会

抗战时期西北地区社会生活研究

刘俊凤 著

江苏人民出版社

图书在版编目(CIP)数据

抗战时期西北地区社会生活研究 / 刘俊凤著. -- 南京：江苏人民出版社，2024. 6

(抗日战争专题研究 / 张宪文，朱庆葆主编)

ISBN 978 - 7 - 214 - 29038 - 0

Ⅰ. ①抗… Ⅱ. ①刘… Ⅲ. ①社会生活—历史—研究—西北地区—1931 - 1945 Ⅳ. ①K294

中国国家版本馆 CIP 数据核字(2024)第 050417 号

书　　名	抗战时期西北地区社会生活研究
著　　者	刘俊凤
责任编辑	周晓阳
装帧设计	刘葶葶
责任监制	王　娟
出版发行	江苏人民出版社
地　　址	南京市湖南路 1 号 A 楼　邮编:210009
照　　排	江苏凤凰制版有限公司
印　　刷	苏州市越洋印刷有限公司
开　　本	652 毫米×960 毫米　1/16
印　　张	34.5　插页 4
字　　数	400 千字
版　　次	2024 年 6 月第 1 版
印　　次	2024 年 6 月第 1 次印刷
标准书号	ISBN 978 - 7 - 214 - 29038 - 0
定　　价	152.00 元

教育部哲学社会科学研究重大委托项目
2021年度国家出版基金资助项目
南京大学“双一流”建设卓越计划项目
“十四五”国家重点出版物出版专项规划项目

合作单位

南京大学　北京大学　南开大学　武汉大学
复旦大学　浙江大学　山东大学
台湾中国近代史学会

学术顾问

金冲及　章开沅　魏宏运　张玉法　张海鹏
姜义华　杨冬权　胡德坤　吕芳上　王建朗

编纂委员会

总　序

张宪文　朱庆葆

日本侵华与中国抗日战争是近代中国最重大的历史事件。中国人民经过14年艰苦卓绝的英勇奋战，付出惨重的生命和财产的代价，终于取得伟大的胜利。

自1945年抗日战争结束至2015年，度过了漫长的70年。对这一影响中国和世界历史进程的重大事件，国内外历史学界已经做过大量的学术研究，出版了许多论著。2015年7月30日，在抗日战争胜利70周年前夕，中共中央政治局就中国人民抗日战争的回顾和思考进行集体学习，习近平总书记发表重要讲话，指示学术界应该广为搜集整理历史资料，大力加强对抗日战争历史的研究。半个月后，中共中央宣传部迅速制定抗日战争研究的专项规划。8月下旬，时任中共中央宣传部部长刘奇葆召开中央各有关部委、国家科研机构和部分高校代表出席的专题会议，动员全面贯彻习总书记的讲话精神，武汉大学和南京大学的代表出席该会。

在这一形势下，教育部部领导和社会科学司决定推动全国高校积极投入抗战历史研究，积极支持南京大学联合有关高校建立抗战研究协同创新中心，并于南京中央饭店召开了由数十所高校的百余位教授、学者参加的抗战历史研讨会。台湾中国近代史学会也派出十多位学者，在吕芳上、陈立文教授率领下出席会议，共同协商在新时代深入开展抗战历史研究的具体方案。台湾著名资深教授蒋永敬在会议上发表了热情洋溢的讲话。经过几个月的酝酿和准备，南京大学决定牵头联合我国在抗战历史研究方面有深厚学术基础的北京大学、南开大学、武汉大学、复旦大学、浙江大学、山东大学及台湾中国近代史学会，组织两岸历史学者共同组建编纂委员会，深入开展抗日战争专题研究。中央档案馆和中国第二历史档案馆也积极支持。在南京中央饭店学术会议基础上，编纂委员会初步筛选出130个备选课题。

南京大学多次举行党政联席会议和校学术委员会会议，专门研究支持这一重大学术工程。学校两届领导班子均提出具体措施支持本项工作，还派出时任校党委副书记朱庆葆教授直接领导，校社科处也做了大量工作。南京大学将本项目纳入学校"双一流"建设卓越计划，并陆续提供大量经费支持。

江苏省委、省政府以及江苏省委宣传部，均曾批示支持抗战历史研究项目。国家教育部社科司将本项研究列为哲学社会科学研究重大委托项目，并要求项目完成和出版后，努力成为高等学校代表性、标志性的优秀成果。

本项目编纂委员会考察了抗战历史研究的学术史和已有的成果状况，坚持把学术创新放在第一位，坚持填补以往学术研究的空白，不做重复性、整体性的发展史研究，以此推动抗战历史研究在已有基础上不断向前发展。

本项目坚持学术创新，扩大研究方向和范围。从以往十分关注的九一八事变向前延伸至日本国内，研究日本为什么发动侵华战争，日本在早期做了哪些战争准备，其中包括思想、政治、物质、军事、人力等方面的准备。而在战争进入中国南方之后，日本开始实施一号作战，将战争引出中国国境，即引向亚太地区，对东南亚各国及东南亚地区的西方盟国势力发动残酷战争。特别是日军偷袭美军重要海军基地珍珠港，不仅给美军造成严重的军事损失，也引发了日本法西斯逐步走向灭亡的太平洋战争。由此，美国转变为支援中国抗战的主要盟国。拓展研究范围，研究日本战争准备和研究亚太地区的抗日战争，有利于进一步揭露日本妄图占领中国、侵占亚洲、独霸世界的阴谋。

本项目以民族战争、全民抗战、敌后和正面战场相互支持相互依靠的抗战整体，来分析和认识中国抗日战争全局。课题以国共两党合作为基础，运用大量史实，明确两党在抗日战争中的地位和作用，正确认识各民族、各阶级对抗日战争的贡献。本项目内容涉及中日双方战争准备、战时军事斗争、战时政治外交、战时经济文化、战时社会变迁、中共抗战、敌后根据地建设以及日本在华统治和暴行等方面，从不同视角和不同层面，深入阐明抗日战争的曲折艰难历程，以深刻说明中国抗日战争的重大意义，进一步促进中华民族的伟大复兴。

对于学界已经研究得甚为完善的课题，本项目进一步开拓新的研究角度和深化研究内容。如对山西抗战的研究更加侧重于国共合作抗战；对武汉会战的研究将进一步厘清抗战中期中国政治、经济、社会的变迁及国共之间新的友好关系。抗战前期国民党军队丢失大片国土，而中国共产党在十分艰难的状况下，在敌后逐步收复失地，建立抗日根据地。本项目要求各根据地相关研究课题，应在以往学界成果基础上，着力考察根据地在社会改造、经济、政治、人才培养等方面，如何探索和积累经验，为 1949 年后的新中国建设提供有益的借鉴。抗战时期文学艺术界以其特有的文化功能，在揭露日军罪行、动员广大民众投入抗战方面，发挥了重要作用。我们尝试与艺术界合作，动员南京艺术学院的教授撰写了与抗日战争相关的电影、美术、音乐等方面的著作。

本项目编纂委员会坚持鼓励各位作者努力挖掘、搜集第一手历史资料，为建立创新性的学术观点打下坚实基础。编纂委员会要求全体作者坚决贯彻严谨的治学作风，坚持严肃的学术道德，恪守学术规范，不得出现任何抄袭行为。对此，编纂委员会对全部书稿进行了两次“查重”，以争取各个研究课题达到较高的学术水平，减少学术差错。同时，还聘请了数十位资深专家，对每部书稿从不同角度进行了五轮审稿。

本项目自2015年酝酿、启动，至2021年开始编辑出版，是一项巨大的学术工程，它是教育部重点研究基地南京大学中华民国史研究中心一直坚持的重大学术方向。百余位学者、教授，六年时间里付出了艰辛的劳动，对抗战历史研究做出了重要贡献。编纂委员会向全体作者，向教育部、江苏省委省政府以及各学术合作院校，向江苏凤凰出版传媒集团暨江苏人民出版社，向全体编辑人员，表示最崇高的敬意和诚挚的感谢！

目　录

第一章　导　论

一、选题缘起

鸦片战争以来，中国社会变动剧烈，而深处内陆又毗连中亚的广袤西北地区却依然如故，宁静而遥远，封闭又保守。及至民国，由于政体变革、经济发展和新式教育的推广，社会内部结构开始积极变动，社会流动渐渐活跃，外部交流不断加强，西北地区的封闭逐渐被打破。

在这个过程中，抗日战争的爆发，将近代以来中国社会所经受的冲击、所作出的反应和努力，凝聚成一场空前壮烈、抵御外侮的全民族行动。在为赢得这场战争胜利的巨大努力中，西北地区第一次深入参与到整个近代中国民族和社会的主旋律中，作为抗战大后方，服务抗战，迎来最后的胜利；同时，也迎来了一次地方发展的历史契机。为建设抗战大后方而实施的西北开发活动，一度使西北各省的发展在渐变中出现了一些突变，虽因战时发展的特征，以及在开发建设规划上缺乏全局性和长远性，西北地区发展较为滞后的整体局面并没有得到根本改观，但这一时期发生的变动，仍然是西北地区在整个近代时期引人注目的部分。

在中国特色社会主义进入新时代的当今，“一带一路”倡议再次将国人的视线带向西北地区，这无疑为西北地区的发展提供了新的历史契机，也引发了对西北地区各省进行研究的新高潮。“前事不忘，后事之师”。昔日全民族之抗日战争，是近代以来中国人民抗击外来侵略、谋求民族独立和发展、获取现代国际地位的一场艰苦卓绝的奋斗；今日中国提出“一带一路”倡议，则是在 21 世纪和平时代下，谋求国家民族的再发展，并以独立大国的责任感推动人类命运共同体形成的努力。与往昔相比，当下西北地区无疑有了前所未有的发展，譬如融入全国的交通网线的构建、信息化时代文化教育的发展、旅游事业的兴盛发展，等等。但是，从 20 世纪末到 21 世纪初以来，党中央先后提出的“西部开发”和“一带一路”，也从另一个侧面揭示了西北地区在全国的发展中依然相对滞后，东西部发展的不平衡仍然存在。本书就是基于这种发展的现实和需求，试图发挥历史学研究的优势，借助跨学科的理论和方法，着眼于抗战时期西北地区社会生活层面，探讨以下几个问题：抗日战争这一特殊的历史事件，如何成为启动西北开发的枢纽？西北地区在抗战时期的社会生活发生了哪些变化？在这些变化中，民众、地方和国家的参与度和发挥的影响如何？抗战时期西北地区社会生活中传统与现代的互动关系如何？等等。

二、学术史回顾

研究抗战时期西北地区的社会生活是一个充满挑战又饶有趣味的课题。这是基于目前中国区域社会史研究的兴盛局面和“抗日战争时期”这一特定的时空节点而言的。

就区域社会史的研究趋势而言，自 20 世纪 80 年代以来，中国社会史研究逐渐恢复，区域社会史研究也随之成为中国近代社会史研究的主流走向，出现了繁荣景象。主要表现在：一方面是区域史研究的基础性工作不断发展，并反映在地方历史资料的整理和地方通史或断代史著作的大量出版上。就地区看，东部地区多于西部，西部地区西南又胜于西北。① 另一方面则是区域社会史研究大量借鉴社会学、民俗学、历史地理学，特别是人类学研究方法，将研究推向更为细致和深化，这方面以华南、华北地区的研究最具代表性。②

与这种繁荣趋势不相对称的是：区域社会史研究的深入性和整体性有待推进，基础性研究仍显不足。③ 西北区域社会史的研究现状也集中体现了这两个层面的问题。

首先，随着社会史研究的区域化取向，越来越多的研究者参与其中，区域社会史研究却逐渐出现了“碎片化”现象，④这些问题引起了研究者们积极的反思和讨论，提出了应从地方理解国家、认识国家；以“寻找区域社会历史的内在脉络”为学术追求；具有整体史和长时段的意识，⑤而回归整体史研究的正途，关键是在研究视角

---

① 李玉：《中国近代区域史研究综述》，《贵州师范大学学报》2002 年第 6 期；刘海涛、马小斐、吴俊：《第九届中国民族研究西南论坛：“区域社会、民族走廊与国家认同”研讨会综述》，《民族研究》2016 年第 5 期。

② 代洪亮：《中国社会史研究的分化与整合：以学派为中心》，《清华大学学报（哲学社会科学版）》2015 年第 3 期。

③ 唐仕春：《心系整体史——中国区域社会史研究的学术定位及其反思》，《史学理论研究》2016 年第 4 期。

④《区域化与中国近代史研究》（专题讨论），《中国近代史》人大复印资料 200[illegible] 年第 9 期；张俊峰、殷俊玲：《反思与对话》，《历史研究》2005 年第 1 期。

⑤《明清区域社会变迁研究笔谈》（专题讨论），《史学月刊》2004 年第 8 期。

和理论方法上下功夫;[①]推动跨区域的比较研究以从实践上尝试解决问题,等等。经过十余年的发展,最新的研究成果显示,区域社会史研究已成为社会史研究的一个重要趋势,它既注重区域特征,又不乏整体史关怀,显示出区域史与整体史、小传统与大历史之间的密切关系。对遭到诟病最多的“碎片化”问题,“学者们一致认同‘碎片化’是社会史研究深化的表现,社会史是研究普通民众的一切历史,研究者要站在整体史的角度,把这方方面面的历史‘碎片’串联起来,展现丰富多彩的历史场景”。[②] 可见,对这个层面的问题的解决,将深刻影响区域社会史研究的兴衰走向。

第二个问题则主要表现在:区域社会史的资料搜集和整理亟须加强,包括旧史料的再解读和新史料的发掘整理;区域选择的不平衡问题,由于史料和研究视角的限制,长期以来对近代沿海和开放地区的关注较多,而内地特别是边远地区(或作为现代化过程中的边缘地区)往往因变动缓慢、变化不显著而较受冷落,其中西北地区因为自然、宗教和民族问题的复杂,更是关注阙如;[③]虽然这一层面的问题在学科理论建设和发展中的地位不如另一层面问题显要,但仍是学科发展的制约性因素。这是因为史料的不足不仅制约了对区域研究的选择,更阻碍了区域社会的多维度和深度研究;区域选择的不平衡以及选题的不平衡,影响了区域社会史研究的整体史

---

① 吴宏岐:《历史地理学视野下的中国近代社会史研究》,《中国近代史》人大复印资料2006年第9期。

② 张瑜、郭宇:《改革开放以来的中国社会史研究——第十四届中国社会史学会年会会议综述》,《历史教学》2012年第11期;又见《近代史研究》2012年第4、5期,“中国近代史研究中的‘碎片化’问题笔谈”,各位学者发表的意见。

③ 李德楠、王云:《中国社会史学会第十三届年会暨“区域、跨区域与文化整合”国际学术研讨会综述》,《聊城大学学报(社会科学版)》2010年第6期。

取向;开展区域社会比较研究的前提正是对不同区域具有较充分的研究。

以近代西北地区看,作为一个具有典型自然风貌和历史文化特征的地区,研究其在近代社会转型过程中的国家与地方、宗教与民族、文化与变迁等关系,特别是在社会生活与观念中反映出的精神面貌及其与社会变迁的关系,不仅是回答西部发展问题的一种途径,也是研究近代西北社会史的不可或缺的一部分。但,长期以来,由于史料发掘利用不足,研究的选题受限制,对社会结构和社会功能等方面的研究尚显不足,社会生活方面的研究更是寥寥无几。由于关注度不够,研究角度比较少,深入性的研究开展不易。

20 世纪 90 年代以来,西北地区社会生活研究才逐渐引起部分学者的关注。到目前为止,就其总体格局而言,虽然在深度和广度上都取得了一定程度的进展,但与社会史学界已然形成的华南、华北研究盛况,甚至西南民俗研究相比较,西北地区的社会史研究基本还是处于学者们各自为战的阶段,相互呼应的、系统的研究局面尚未出现。

就"抗日战争时期"这个特殊的历史时空节点而言,抗日战争时期作为中国近代重要的历史时期之一,因为全民族统一抗战局面的形成,长达 14 年的时间刻度在空间上几乎触及了中国所有的区域,并给各地方社会带来程度不一的影响。时至今日,抗日战争研究的范围和对象还不断在丰富和拓展,深度和广度也不断在推进。不同国籍、不同学科领域的学者们也纷纷加入其中。在这一研究盛况中,西北地区主要是作为抗战大后方成为研究对象的,其中,"西北开发"呼声高唱入云、著名的"西安事变"发生、中国共产党领导陕甘宁边区、陕西省会西京市一度作为战时陪都得到建设、西北联合大学内迁至陕西并在西北地区开花散枝、西北涌现出一批骁勇善战的抗战将领等等,都引发着研究者的兴趣,并促成了较为丰硕的研究成果。但是,从中国社会近代化转型的过程来看,无论是就生产方式、经济模式的现代化,还是就文化教育、生活方式的现代性而言,西北地区都因为偏居内陆、广袤却荒凉的地域特征,难能和东部相比。对于研究者来说,西北地区始终如一块待开垦,却常常令人却步的地域,关乎抗战时期西北地区政治、经济、社会、文化、民族、宗教等等,已有的种种变化,都是待挖掘的对象;近代地方社会发展过程中军事力量的更迭变换、现代经济发展的局限、文化教育的薄弱甚至是阙如,民族宗教的复杂多样,都导致西北地区文献资料特别是社会史研究的文献资料呈现出稀少、散乱和无系统性特征,官方性质的档案资料或者缺失,或者因为政权频繁更迭而被破坏殆尽,现存的档案更亟待整理出版,地方民间人士的文字记录也颇为稀有,大量可资借鉴的研究资料,都依赖于游历西北的外来人士,其中尤其以抗战初期"西北开发"呼声下产生的考察游记最为丰富。我们今天的不少西北研究,其实都是借助这些中外"旅行者"的目光所及和文字记录所进行的历史重建。

至于国外学者对近代西北地区社会的研究,由于近代一些外国学者对西北边疆的科学考察兴趣,也出现了一些对西北地区民族、宗教和社会的观察和描述,甚至是研究的著作(详见后文)。但与当代中国社会区域史研究中的区域不平衡相一致的是,西北社会史研究似乎也并没有引发国外学者太多的关注。

概括来看,能为本课题提供研究支持的国内外相关学术研究成果的情况大致如下:

1. 在地方通史、断代史著作中,或者专门为社会生活设置一个章节,或者部分章节涉及社会生活的内容。

地方通史和断代史有：谷苞主编的《西北通史》第1卷、第5卷（兰州大学出版社，2005年）；陈育宁主编的《宁夏通史》（宁夏人民出版社，2008年）；崔永红、张得祖、杜常顺主编的《青海通史》（青海人民出版社，1999年）；宋仲福编、邓慧君著《甘肃通史·中华民国卷》（甘肃人民出版社，2009年）；李振民著《陕西通史（民国卷）》（陕西师范大学出版社，1997年）。这些通史和断代史著作，主要以政治发展变化为线索，兼及经济和文化，一定程度上勾勒了民国西北社会的相关政治和社会环境，部分涉及有关社会生活的内容，也为本研究提供了一些资料和线索。由于不是专门的社会史论著，且地域范围较大，对社会生活的论述比较笼统，缺乏深入的考察和研究。如《西北通史》第4卷设有"清代西北地区的文化"一章，对西北地区的文化、教育、宗教和物质生活等进行了论述；在第五卷中，则以抗日战争时期为时间范围，分述西北各省的社会经济与社会生产，文化生活等方面论述则付之阙如。

这些通史、断代史著作，虽然多是以一地区的政治、经济为主要线索进行概括性著述，但为本书提供了该地区不同社会发展阶段的基本状况，对于把握该地区抗战前社会生活的时代背景和历史文化条件是十分必要的。

2. 有关近代西北的社会史研究，学者们多以新疆、甘宁青、陕西三个区域单位作为研究对象，成果略有丰歉之差。

新疆社会史研究的成果突出民族、宗教和穆斯林文化等方面。其中，《新疆通史研究丛书》是这类研究成果中颇具特色的一个系列，其中包括研究性论著、档案史料汇集、研究论文、口述史等。如日本学者佐口透著《新疆穆斯林研究》（新疆人民出版社，2012年）分别对喀什、哈密、罗布、塔里木水边等地的穆斯林的宗教、历史、政治、民众生活作了分析研究，是研究19世纪下半叶到20世纪上半叶新疆民族社会史的一部重要著作。佐口透对18—19世纪新疆史从多方面持续付出过大量精力,其《新疆民族史》更是一本新疆研究力作。娜拉著《清末民国时期新疆游牧社会研究》(社会科学文献出版社,2010年)对清末民国时期新疆游牧社会的构成、社会生活、社会功能三大方面进行剖析,展现了新疆游牧民族的社会经济状况、社会组织与制度、文化教育、宗教信仰、民族关系以及婚姻家庭与生活习俗等方面内容。周泓著《民国新疆社会研究》(新疆大学出版社,2001年),从民族学和社会史角度,探讨了民国时期新疆的政治、经济、文化、社会等问题,突出考察了邻国对新疆社会的影响,颇具新意。刘玉皑的《边疆与枢纽:近代新疆城市发展研究(1884—1949)》(中山大学出版社,2016年);刘虹《清末民国时期新疆汉文化传播研究(1884—1949)》(陕西师范大学2012年博士学位论文),涉及民国新疆社会史。

甘宁青社会史研究,是西北各省研究中成果较为丰硕的一块。由于民国时期的马氏回族军阀实际上控制了这三省份,特别是抗战时期的国民政府对马氏集团极力笼络以巩固西北边疆,使这一区域不惟在政治军事上形成了一定的势力范围,在社会建设和社会问题上也具有一些同质性。学者们在研究此时期的西北社会时,多采取"甘宁青"的范围,对宗教、灾害、鸦片、土匪、婚姻、农村问题、城市发展等诸多问题进行了研究。

吴晓军的《1840—1949——近代甘肃社会变迁研究》(黑龙江教育出版社,2013年)从生态环境史角度揭示近代甘肃生态环境与社会变迁的关系,梳理了近代甘肃开发对生态环境的影响,并探讨了甘肃生态环境与甘肃社会政治、城市发展、农业发展、交通、社会生活等社会变迁的关系。尚季芳的《民国时期甘肃毒品危害与禁毒研究》(人民出版社,2010年),考察了甘肃省民国时期鸦片种植贩运吸食等情况以及社会影响，并进一步讨论了诸如鸦片与甘肃军政格局、鸦片与甘肃财政、鸦片与甘肃农村经济、鸦片与甘肃社会次生群体、鸦片与甘肃地方基层政权、历届政府禁绝鸦片烟毒的政策等问题。陈声柏的《近代以来甘宁青地区的基督宗教传播及其研究——以2009年之前的中文文献为中心》（《宗教对话与和谐社会（第三辑）——第三届“宗教对话与和谐社会”学术研讨会论文集》，2011年）基于已有的文献和研究成果，对甘宁青地区基督教的传播及研究情况进行了梳理和评析，也为后续研究提供了宝贵的基础。刘亚妮《民国时期甘宁青边疆教育研究述评》（《青海民族研究》2005年第3期）则对民国以来甘宁青边疆教育研究状况进行简要述评。许宪隆的《诸马军阀集团与西北穆斯林社会》（宁夏人民出版社，2001年），从现代化促进社会转型的角度，重新审视民国西北诸马集团在西北穆斯林社会演进过程中的特殊作用。刘进的《中心与边缘——国民党政权与甘宁青社会》（天津古籍出版社，2004年）则以中央与地方的关系为主线，既分析了国民党政权在甘宁青地区确立统治地位的过程，也分析了甘宁青地方人员（主要是诸马势力）应对中央的举措，揭示了诸马军阀对甘宁青社会的影响。梁俊涛的《西北诸马军阀研究综述》（《宁夏社会科学》2005年第4期）对20世纪80年代以来对西北诸马军阀的研究现状和特色进行梳理和评析，指出“近年来研究诸马军阀历史的文章和专著虽然多了起来，但是与历史上诸马军阀所起的实际作用相比，与北洋军阀史、西南军阀史的研究相比，对诸马军阀的研究还显得很不够”。

西安在抗战初期一度被设为陪都，当时陕西相比较其他西部各省，无论是在政治上还是经济上，都得到了国民政府更高一些的关注度。但这似乎并没有引发学者们对其社会史研究的兴趣。相对西北其他省份，对这一地域的研究成果相对薄弱。对陕西社会史的研究，早期多集中于陕北社会研究上，包括陈国庆的《走出中世纪的黄土地——二十世纪初期的陕北农村》（西北大学出版社，1994 年）、李智勇的《陕甘宁边区政权形态与社会发展》（中国社会科学出版社，2001 年）、秦燕的《清代以来陕北宗族与社会变迁研究》（西北工业大学出版社，2004 年）、黄正林的《陕甘宁边区乡村的经济与社会》（人民出版社，2006 年）等，这些研究分别从国家、地方与社会的关系，经济与社会，宗族功能变迁等角度试图解读近代陕西北部社会变迁的情况。近十余年，陕西社会史研究的范围逐渐扩大。袁文伟的《反叛与复仇：民国时期的西北土匪问题》（人民出版社，2011 年）考察民国时期西北土匪产生、发展、演变和消亡的历史，揭示了西北土匪与地方自然条件和社会政治、经济、文化因素之间的关系。耿占军的《清至民国陕西农业自然灾害研究》（中国社会科学出版社，2015 年）考察了清代民国两个时期陕西各种农业自然灾害的时空分布特点及其对人口变迁、社会经济、社会秩序以及社会文化的影响，总结了清至民国陕西救灾活动的特点、救灾机制现代化构建的困境等。

3. 从社会生活研究的方面看，通史性的社会生活史著作和断代社会生活史著作，初步构建了社会生活史研究的知识框架和理论体系，为研究区域社会生活奠定基本的学术平台；在跨学科研究的趋势下，从文化角度对社会生活进行研究的成果展示了社会生活研究的广阔前景。

庄华峰的《中国社会生活史》（合肥工业大学出版社，2003 年）是一部简明的中国社会生活通史性著作。该书分设饮食生活、服饰风俗、建筑与居住生活、行旅交通生活、婚姻生活、人生礼俗、卫生保健习俗、丧葬习俗、生产与行业生活、社交与节庆风尚、娱乐生活与风尚、信仰习俗等专题，对中国社会生活史的基本知识框架和理论体系进行构建。

断代社会生活史研究，以中国社会科学院历史所承担的国家社科基金项目，“中国古代社会生活史”丛书为代表。其中，从夏商至清朝各时期社会生活史已先后出版。① 龚书铎主编的《中国社会通史》（民国卷）（山西教育出版社，1996年）中有一定社会生活的篇幅。乔志强在《中国近代社会史》（人民出版社，1992 年）中，将社会生活作为社会史三大部分之一，从物质生活、精神生活和人际交往三方面进行了较全面的论述，不仅较早提出了社会生活的结构体系，也对近代中国社会生活的基本情况作了总括式的研究，是十分有意义的基础性工作。

严昌洪的《20 世纪中国社会生活变迁史》（人民出版社，2007 年）一书，是国内第一部贯通近代、现代和当代的生活史著作。该书的研究内容包括衣食住行、婚丧、两性及生育养老观念、节日与娱乐、社会保障与风尚改良等，这些内容实质可归属为人们的物质生活、精神生活和社交活动几方面，有借鉴乔志强在《中国近代社会史》中对社会生活划分法之处，但把社会控制纳入了社会生活之中。

除了总论性质的论著外，还有一部分分论性质的微观研究论著。从华南区域社会研究的成就看，在华南区域社会经济史研究

① 宋镇豪：《夏商社会生活史》增订本（上下册），北京：中国社会科学出版社 2005 年版；朱大渭等：《魏晋南北朝社会生活史》，北京：中国社会科学出版社 2005 年版；李斌城等：《隋唐五代社会生活史》，北京：中国社会科学出版社 1998 年版；朱瑞熙等：《辽宋西夏金社会生活史》，北京：中国社会科学出版社 1998 年版；史卫民：《元代社会生活史》，北京：中国社会科学出版社 2005 年版；林永匡、王熹：《清代社会生活史》，北京：中国社会科学出版社 2003 年版。另有冯尔康、常建华：《清人社会生活》，沈阳：沈阳出版社 2003 年版。

的基础上，华南学者已经开始借助人类学理论和方法，通过宗族、民间信仰和民间日常生活习俗的研究，揭示其隐藏的文化意义以及社会历史的变迁。① 从华北区域社会史的研究看，乡村社会结构、社会变迁及婚姻家庭社会习俗等专题方面和研究的理论和方法上都得到了深入研究。② 近些年的研究表明借助跨学科研究的研究方法，特别是从社会文化的视角研究社会生活已经成为一种趋势。有学者提出：社会生活史研究应当向日常生活史转变。新的社会生活史或者说日常生活史研究，很重要的一点是要借鉴"新文化史"或者说社会文化史。③

出于以"社会史"为出发点，试图从社会生活的层面认识抗战时期西北社会的研究立意，本书也关注运用社会文化视角考察近代中国社会生活的相关研究成果。

薛君度、刘志琴主编的论文集《近代中国社会生活与观念变迁》(中国社会科学出版社，2001 年)，汇集了多篇社会生活和社会观念以及它们的互动关系的研究论文，分别涉及历法、婚姻、戏剧，甚至手工业生产等日常生活内容和家族观、婚姻观、历史观等社会观念等诸方面，展现了利用社会文化史视角研究的广阔天地。

① 关于华南区域社会研究，常建华在《社会生活的历史学》，北京：北京师范大学出版社 2004 年版，有详细的介绍；又参阅《华南区域社会研究述评》及《文化、历史与国家——历史学与人类学的对话》，《中国社会历史评论》第 5 卷，北京：商务印书馆 2004 年版。

② 关于华北区域社会研究的情况，参阅行龙：《二十年中国近代社会史研究之反思》，《中国近代史》2006 年第 1 期；行龙主编：《近代山西社会研究》，北京：中国社会科学出版社 2002 年版；江沛、王先明主编：《近代华北区域社会史研究》，天津：天津古籍出版社 2005 年版。

③ 常建华：《从社会生活到日常生活———中国社会史研究再出发》，《人民日报》2011 年 3 月 31 日。

由刘志琴主编、李长莉、闵杰、罗检秋分别执笔的三卷本《近代中国社会文化变迁录》(浙江人民出版社,1998 年),以大量报刊、野史、笔记甚至民歌谚语资料,对 1840—1921 年间的民情、民俗习尚、社会热点、民众思潮变化、生活方式、文化观念的演变,都作了比较翔实和简要的分析。这样一本集理论探索和工具书于一体的著作,为近代中国社会生活的社会文化史研究做了基础性的工作。虽然在内容上比较缺少内地情状,但对少数沿海大城市和部分较繁荣的内地城镇的描述,一定程度上反映了近代社会文化变迁的动向,为我们研究内地特别是西北诸省提供了可资对比的近代历史场景。

在区域社会生活史研究中,上海的城市生活史研究成果斐然,具有一定借鉴意义。忻平的《从上海发现历史:现代化进程中的上海人及其社会生活》(上海大学出版社,2009 年)运用社会历史的全息研究观对 20 世纪二三十年代的上海进行了从社会史到社会生活史的研究,考察了此一时期上海的人口、社会分层、社会人事、新型生活方式、市民生活及民俗等方面,原著早在 1996 年出版,实际上是社会史复兴之下社会生活史研究的一部创新探索之作,无论是在学科理论上,还是研究内容上,都对后来的区域社会生活史研究具有开拓及借鉴意义。其后,忻平的《危机与应对:1929—1933 年上海市民社会生活研究》(上海大学出版社,2012 年)是对"二三十年代的上海社会生活"在"社会文化"视角下的进一步深入研究。

李长莉的《晚清上海风尚与观念的变迁》(天津人民出版社,2010 年)提出上海是晚清第一通商巨埠,伴随着商业化、城市化进程,出现洋货流行、尊卑失序、男女交往等生活新风尚,因此萌生了发展工商、社会平等、消闲消费合理、男女平等、自主择偶等近代新观念,并进一步指出民众生活方式和价值观念的近代化,是社会近代化的一个重要标志。上海社会科学院后来还组织出版了"上海城市社会生活史丛书"共计25种，从广度和深度上丰富了近代上海社会生活史研究。

关于近代西北区域社会生活史的研究成果包括：秦燕、岳珑的《走出封闭——陕北妇女的婚姻与生育（1900—1949）》（陕西人民出版社，1997年），不同于以往侧重婚姻制度和婚姻程序的研究，主要从女性的视角，对特定地域的妇女婚姻和生育生活和观念进行了描述和研究，更关注妇女作为传统文化的主要负载者，其在婚姻、生育和两性关系中的体会和感受。重视妇女社会生活的本身，把妇女生活看作一个社会文化现象的动态发展过程加以研究的思路，使该书更倾向成为一本妇女生活史论著。张晓虹在《文化区域的分异与整合》（上海书店出版社，2004年）一书中，对陕北、关中、陕南三区从学术、方言、宗教、风俗诸方面进行历史地理文化研究，特别强调了社会生活史研究可以借鉴历史地理文化研究注重区域特征的研究特长。刘俊凤的《民国关中社会生活研究》（人民出版社，2011年）则在近代中西文化冲突与融合背景下，透过"旅行者的眼""卫生助理员的苦恼"、关中知识青年生活经历、移风易俗的剧社以及"上帝"与"神灵"的碰撞等方面，揭示了民国关中社会生活各方面的传承和变动。文化学者宗鸣安的《老西安人的生活》（陕西美术出版社，2013年）一书中，对民国时期老西安人的衣食住行进行了细致有温度的描述。又有《西安旧事》《关中旧歌谣》《长安节令与旧俗》等，对民国时期的老西安（即长安）的大量人、事、物进行钩沉和描述，绘制了一幅幅老西安人栩栩如生的社会生活画卷。

李健胜的《清代—民国西宁社会生活史》（人民出版社，2012年）对清代至民国时期西宁地区的衣食住行、婚丧礼俗、教育文娱、节庆宗教、医疗卫生等进行了还原描述，呈现了西宁各民族社会生活的多元性。尚季芳的《音乐中的历史：从民歌看民国时期甘宁青地区妇女的婚姻生活》（《宁夏大学学报（人文社会科学版）》2007年第1期）一文，运用民歌这种民俗史材料，研究民国时期甘宁青地区女性婚姻生活的大致状况，涉及如缠足、收领童养媳、守寡、老夫娶少妻等社会现象。贾秀慧《晚清民国时期新疆的社会生活变迁》（《新疆大学学报（哲学·人文社会科学版）》2008年第6期）指出，晚清至民国的新疆社会，无论是物质消费生活还是休闲娱乐生活都出现了明显的近代化趋势。对南疆的维吾尔族，成珊娜的《近代南疆维吾尔族社会生活研究（1884—1949）》（陕西师范大学2010年博士学位论文）进一步作了细致的研究。

三、相关概念界定

生活在今天的人们都能切身感受到，随着互联网这一传播信息媒介的出现，现实社会的变化可谓日新月异。但是在半个多世纪以前的中国，最繁荣、最接近“西风东渐”的东南沿海地区其变化也算不上快速，遑论地处内陆、边疆的地区。因此，要描述一个历史时空区域内的社会生活历史，有必要对此一历史时空的具体范围先作界定。

（一）抗日战争时期

长期以来，国内学者对于抗日战争历时多久存在争论，尤其两种说法最具代表性：一是认为中国抗战从1937年七七事变开始，历时八年；一是主张从1931年九一八事变起，中国就开启了长达十四年的抗战。至少在2017年1月3日中国教育部发出《关于在中小学地方课程教材中全面落实“十四年抗战”概念的函》①之前，通过学校教育体系培养的中国公民，基本上都以“八年抗战”为认同。在历史学界的研究活动中，学者更多使用“局部抗战”和“全国抗战”这类阶段性名称，其中1931年九一八事变后至1937年七七事变全国抗战爆发前称为“局部抗战”。随着国家的发展和学者们的不断呼吁，2017年中小学教材开始正式使用“十四年抗战”的概念，意味着此后民众习惯上的、各类大众文化作品中的“八年抗战”的认识将被“十四年抗战”逐渐取代。本书亦采用“十四年抗战”的概念。同时，从“长时段”历史角度看，社会生活本身具有传承性和变异性的特征，在具体论述过程中，本书也会越出1930年代，向更早的年代溯源。

（二）西北地区

今天，人们习惯称“西北五省”，即陕西、甘肃、宁夏、青海、新疆。但在民国时期，西北地区包含哪些行政省，说法不一。九一八事变爆发后，朝野咸呼“开发西北”，“认为西北是中华民族的出路，要恢复中国版图，必须以我民族发祥地的西北做大本营，要集中全力来开发西北”②，但西北究竟涵盖哪些省份，官方民间大致有三省说、四省说、五省说以及六省说等等，并有不断扩大至十省的说法，真是众说纷纭。

其中三省说认为应包括陕西、甘肃、新疆三个省。如学者张云伏《西北人对于西北的责任》说：“‘西北’只是地理的名词，究竟指包括陕西、甘肃和新疆，抑西部内蒙和青海都包括在内，向来没有

---

① 《教材中“八年抗战”改为“十四年抗战”》，《教育现代化》2017年第3期，第268页。

② 朱铭心：《九一八与西北问题》，《西北问题》1934年第2卷第1期。

明确的概念，而依据行政上曾经一度使用——西北边防督办——的意义看去，却又与上面所说的不同。依我的意思，应当以地理的方便，确定为前面一种解释。然则所谓西北，乃是潼关以内的一个大高原，西有帕米尔和葱岭两山脉，南有昆仑，北有阿尔泰。在这四大山系包围的高原或大盆地，就是西北。这样一来，则西北在政治、经济和社会等方面，亦可有一个明白观念，即政治上是中国的西北边防重镇，经济上是中国富源蕴藏最富的地方，亦是全未开发的地方，社会上是文化落后的区域。”①

四省说认为应包括四个省。其中有主张包括陕、甘、新、绥②的，如时任中国国民党中央执行委员会委员的曾养甫《建设西北为本党今后重要问题》中称，“西北范围，在总理《实业计划》中，包括很广，我们若欲同时建设，现在犹力有不能，所以我下面所提出急于建设的事业，暂依陕、甘、新、绥四省区域为限”③。也有主张包括甘、青、宁、新四省的，如经济学者陈岱孙的《西北经济建设论》中“编者认为今日之所谓西北，一般人均以为是指陕、甘、青、宁、新五省而言，其实陕西却在中国的中央，不能列在西北部分”。

五省说认为应包括五个省。其中有主张包括甘、陕、豫、晋、绥的，如中国国民党中央执委会委员张人杰等《开发黄洮诸河救济西北民食案》中称：西北各省——陇、秦、豫、晋、绥——为我国民族最早繁殖之地(《中国国民党历次会议宣言及重要决议案汇编》)。有主张包括陕、甘、宁、青、新的，如矿科学者薛桂轮《开发西北的原则》说：“吾之所谓西北，包含新疆、甘肃、青海、宁夏、陕西五省之数

① 《西北问题》1933 年第 1 卷第 1 期。

② 绥远省的简称，包括今内蒙古自治区中部、南部地区，1954 年撤销，并入内蒙古自治区。

③ 《建设》1931 年第十一期西北专号。

者，为唇齿之互保，辅车之相依。”①

六省说认为应包括六个省（区）。其中有主张包括陕、甘、绥、宁、青、新的，如开发西北协会《西北水利计划》指“且西北面积，有三百六十四万九千九百余方里之广，包含陕、甘、绥、宁、青、新六省”②；在抗战期间主管中国的战时工业生产及经济建设，时任国民政府经济部长的翁文灏在《西北经济的前途》中提出“西北是指新疆、青海、甘肃、宁夏四省而言，略为推广，应加入陕西、绥远二省”③；国民党中宣部《开发西北讲习大纲》（1943 年 2 月）中称“西北包括陕西、甘肃、宁夏、青海、新疆等五省及绥远之一部，总面积约 350 余平方公里”。类似的主张又如时任国民政府委员、考试院院长戴季陶《开发西北工作之起点》说：“各位要到西北地方从事工作，这西北就是甘肃、宁夏、青海、陕西、新疆和蒙古等处。”④如国民党元老胡逸民《新陕西之建设与开发西北》认为“吾人目前所称西北者，其范围是包括陕西、甘肃、宁夏、青海、阿尔泰和新疆。假如中国全面积为三千四百四十万方里时，则西北土地总面积必居其半；假如中国全面积占亚细亚四分之一时，则西北土地之总面积必占亚细亚八分之一”⑤。

六省说的特点是，首先，虽然试图将整个西部偏北的地理范围都纳入，但对陕西、甘肃、宁夏、青海、新疆五省取全部，而对蒙古则仅取部分，或内蒙古之绥远、察哈尔，或阿尔泰、外蒙古等。同时期出现的七省说，如时任西京筹备委员会驻京（南京）办事处主任的

---

①《西北问题》1933 年第 1 卷第 1 期。

②《开发西北》1934 年第 2 卷第 3 期。

③《中央日报·扫荡报》1943 年 2 月 16 日。

④《西北》，上海：新亚细亚学会 1931 年版。

⑤《新陕西》1931 年第 1 卷第 5 期。

褚民谊等在《开发西北案》所附《开发西北计划大纲》中指出,“所谓西北之范围,以陕、甘、绥、宁、青、新各省全境及外蒙西部唐努乌梁海、科布多、阿尔泰等处”(1932 年 12 月 19 日国民党四届中执会第三次全会通过)。其实这是六省说的一种演变,还有将西藏、川康等地也纳入西北范围的诸说,①都是希望借助西北开发,尽可能将更多的西部、北部地区囊括进去。参与时论的诸方面固然各有理由,但是在实际开发操作上,显然图画得越大,越不见得能在人力、财力和物力上付诸实施。其次,所谓六省说的主张者,基本代表的是当时政府政要的主张,也是西北开发各项计划制定和实施中所针对的省份。

随着全国抗战的爆发和国家战略重心的转移,其中的多数说法已渐归沉寂,一系列负责实施西北开发计划和建设抗战大后方的机构和地方政府实际上的建设覆盖面,则逐渐廓清了在西北开发和抗战时期下的西北地区实际的范围。

这在以下几个事实中可见:(1) 陕西省建设厅《建设事业大纲》(1931)提出“西北为我国之天府,陕、甘、青、宁、新五省富源蕴于地中,产于地面者,何可胜计”②,明确提出西北包含陕、甘、宁、青、新五省。(2) 徐旭于 1941 至 1943 年游历西北后,著述《西北建设论》(中华书局,1944 年)就指出“根据与抗建有不可分割的关系,故采用陕、甘、宁、青、新五省为讨论现阶段西北问题的范围”。国民政府所谓的西北开发,往往只局限在陕西、甘肃、青海、宁夏和新疆五省。(3) 农业处处长赵连芳考察西北农业,在报告中指出:“此次调

① 时伯齐:《开发西北与设计问题》(西北区域,以陕、甘、青、察、绥、宁、新、康及西藏、蒙古为范围),《开发西北》1934 年第 1 卷第 5 期。

② 《建设周报》1931 年第四卷第 37、38 期。

查，计费时二月之久，而所调查者，为陕西、甘肃、青海三省，而宁夏尚未到达”①。（4）1942年国民政府经济部派出的西北工业考察团，主要考察了陕、甘、青、宁、新五省的经济实况。其余各省均未被列入考察对象。②（5）水利委员会拟订的“西北水利十年建设计划”，是以西北五省（陕、甘、宁、青、新）为范围的。③ 国内学者在探讨西北开发问题时，也采用“西北五省”的范围。④ 本书旨在探讨西北开发及抗战时期西北地区社会生活的变迁，因此采用“西北五省”的说法，与当今所指称西北地区（陕、甘、宁、青、新）的范围也是基本一致的。

曾任民国甘肃省教育厅厅长、为西北开发殷切奔走呼吁的马鹤天，在1931年10月的《西北》刊物上指出，开发西北之理由有三：一曰西北地域广袤，而人口稀少。每平方公里人口数与东南地区对比悬殊。二曰西北接壤苏联，与英帝有关系之地为邻，物产丰富、宝藏未开，时为外人觊觎。三曰西北民族复杂，少数民族人数多于汉人，知识幼稚，文化未进，民族关系未达平等。⑤ 这基本上代表了时人对西北地区特征的共识。

① 中国第二历史档案馆：《全国经济委员会农业处转送之西北农业、畜牧业和社会经济考察报告（上）》，《民国档案》2001年第2期，第14页。

② 中国第二历史档案馆：《经济部西北工业考察通讯》（上），《民国档案》1995年第4期，第54页。

③ 中国第二历史档案馆：《水利委员会拟送“西北水利十年建设计划初稿”》，《民国档案》2000年第4期，第25页。

④ 魏宏运：《抗日战争时期中国西北地区的农业开发》，《史学月刊》2001年第1期，第72页。

⑤ 马鹤天所谓西北，虽含蒙古，而无陕西。但论西北面积、物产、民族诸方面，时人皆有共识。如国民党元老胡逸民在《新陕西之建设与开发西北》（《新陕西月刊》1931年第1卷第五期）一文中，对比西北（含陕西，而无蒙古）人口密度时，就指出东南江苏与陕西人口密度比为345∶55，与新疆人口密度比则悬殊至345∶2。

当代研究西北地区的学者们,亦多有类似共识,如认为"民国时期的西北五省——陕西、甘肃、宁夏、青海、新疆,存在着边远的、多民族的、多宗教影响的特点。所谓边远,是指远离全国政治、经济、文化中心,地方军阀势力易于形成并维持某种程度的割据状态;所谓多民族,指聚居着汉、回、蒙古、维吾尔、藏、哈萨克等近20个民族的群众;多宗教影响,是指有不少普遍信仰宗教的民族,如普遍信仰喇嘛教的藏、蒙古等民族,普遍信仰伊斯兰教的回、维吾尔、哈萨克等民族。并由这三个特点,将民国时期西北实际上分成三个不同的区域——陕西、甘宁青和新疆,加以研究"①。

同样,考虑到社会生活史研究的宏观把握与微观研究关系,对于抗战时期的西北地区社会生活研究,本书也认为,将广袤的西北地区划分成陕西、甘宁青、新疆三个具有不同自然人文的子区域进行研究,是有必要的。即便是在对西北地区三个子区域进行研究时,也会发现在这三个二级区域中,仍然因为自然条件和人口、民族宗教等因素而包含若干不同的三级区域。因此,选择其中自然条件相对优越、人口较为密集、文化相对发展,更具有变化的条件和可能的区域(如城市、交通要道等)作为主要研究标的,兼以比较研究其他区域,将成为本研究的思路之一。

(三) 社会生活

把社会生活作为历史研究对象,缘于20世纪初新史学的兴起。由于不满于传统史学只注重政治事件和重要人物的活动,把政治看作是决定社会发展的关键性甚至是决定性因素的做法,新史学提倡研究人类社会的全部,关注下层社会,或者说自下而上地

① 王劲、杨红伟:《甘宁青民国人物》(序言),北京:中国社会科学出版社2013年版。

看社会，而不是仅仅局限在重大的政治事件上。由此，作为新史学主要表征的社会史，就以研究人类社会生活，强调整体史研究的基本特征取代政治史研究，成为史学研究的主流。在中国，社会史于20世纪80年代复兴以后，关于社会史的概念和研究对象，史学界争论不止，大致包括专史说、通史说、视角说、综合史四种说法。作为社会史的一部分，在社会生活史研究中，对社会生活的界定和使用也有所不同，可分为广义和狭义两种：广义指人类整个社会物质的和精神的活动；狭义指社会的物质生产活动和社会组织的公共活动领域以外的社会日常生活方面。

通史说强调社会史是通史，认为社会史研究的社会生活就是人类的全部活动，包括政治的、经济的、文化的、社会的生活。主张视角说的学者，认为社会史实际就是用一种新的、社会的视角去重新看待传统意义上的人类社会生活。这里显然都是使用了广义的社会生活概念。

以乔志强、冯尔康等为代表的专史说则强调社会生活是社会史研究中不同于社会结构的一部分，①冯尔康进一步提出"日常社会生活"以强调在实际研究中使用的狭义社会生活概念。②

近几年，关于"社会生活史"的概念仍存在多种说法，③但总的看来，"随着新时期的到来，历史学发展大的趋势是从政治经济史向社会生活、生态环境、生命史的转移，这不仅是史学研究本身的转移，还是当代文明和社会已经从欲望、本能、名利等转向生活、

① 乔志强：《中国近代社会史》，北京：人民出版社1992年版，第6页。

② 周积明、宋德金主编：《中国社会史论》(上卷)，武汉：湖北教育出版社2000年版，第89页。

③ 杨卫民：《新时期社会生活史研究述略——以中国近代社会生活史为中心》，《焦作师范高等专科学校学报》2012年第1期，第38页。

生命等本质的再认识上。角度的转换,意味着历史观的更新和研究方法的转变,一种新社会生活史观逐渐形成”。[①] 李长莉更认为“中国近代生活史研究内容为风俗习尚、社会群体生活、城市生活与‘公共空间’、消费生活、文化娱乐生活、生活史综合研究等,更多关注社会变动与生活变化之互动,更多注意生活与政治、经济、社会、文化等诸因素的相互关联和互动关系”。[②]

本书以为,在社会生活史的研究中,宜采用狭义的社会生活,亦即“日常社会生活”,以避免用社会生活史取代社会史。内容主要表现为个人、家庭及其他社会群体在物质和精神方面的日常生活行为,包括衣食住行、医疗卫生、娱乐休闲、文化教育、宗教信仰、社交礼仪、生活习俗等。

四、文献综述

对发生在某一特定历史时空区域内的种种社会生活现象,如果把分布在不同方位、层面的相关史料加以归类,既可说明本书试图重建彼时西北社会生活图景所用的各类材料,也可以为后来的阅读者和研究者们保留一份按图索骥再发现的乐趣。

(一) 档案资料

从社会生活发生的角度看,官方的文件档案,出于社会治理(管理)的动机,其内容一方面折射了当时社会现状和问题,一方面

① 杨卫民:《新时期社会生活史研究述略——以中国近代社会生活史为中心》,《焦作师范高等专科学校学报》2012 年第 1 期,第 48 页。

② 李长莉:《中国近代生活史研究 30 年:热点与走向》,《河北学刊》2016 年第 1 期,第 58 页。

体现了政府的管理思路、办法措施和预期目的。这类资料不乏官样文章、敷衍之作，也存在书写者本人文化素养薄厚的差异。譬如，有的调查表详细，有的粗略；有的报告书充满忧患意识，有的则轻描淡写敷衍了事。

档案资料分两个层次，中央和地方。

中国第二历史档案馆馆藏的国民政府内政部档案，特别是20世纪30年代国民政府内政部进行的全国风俗调查和陋俗改良活动，形成了一批调查资料。陕西省各县在此次调查中形成的资料基本保存完整，是本次研究中十分珍贵的第一手资料。其他西北各省市人口、职业、教育、宗教、礼俗、书报等统计、调查资料亦可资利用。

由中国第二历史档案馆所藏的民国时期西北开发档案史料选编的《抗战时期西北开发档案史料选编（近代史资料专刊）》，内容涉及民国时期有关开发西北的综合提案、西北工业建设、工赈救灾、农林水利建设、移民与垦殖、西北交通建设、邮政通信建设等。①

国家图书馆出版社整理出版的“民国文献资料丛编”系列，汇集出版了关于民国历史各阶段重大历史题材的文献资料，对苦于搜寻相对散落的西北史料的研究者而言，是极大的助力。与本课题研究密切相关的包括：殷梦霞、李强选编的《民国教育公报汇编》中第200册“陕西教育公报”，第201—208册“甘肃教育公报”；殷梦霞、李强选编的《民国铁路沿线经济调查报告汇编》中第7册、第8册关于陇海铁路宝天段、甘肃段、大潼段经济调查报告；田奇选编的《民国时期地方概况资料汇编》中第42册陕西西安、第43册甘肃

① 《抗战时期西北开发档案史料选编（近代史资料专刊）》，北京：中国社会科学出版社2009年版。

以及《民国时期地方概况资料续编》第 26 册陕西、第 27 册甘肃、第 28 册青海、第 29 册新疆；马大正主编《民国边政史料汇编》第 21 册至第 24 册关乎西北地理人文、宁夏、新疆、青海等省考察史料；暨《民国边政史料续编》第 27 册建设委员会开发计划汇编的西北专号 1 以及第 28 册西北相关问题；余新忠选编《中国近代医疗卫生资料汇编》第 3 册甘肃卫生处相关史料等等。

由《全国民国档案通览》编委会编的《全国民国档案通览》（中国档案出版社，2005 年）中第 10 册包括陕西、甘肃、青海、宁夏、新疆等地档案情况，是浏览民国西北各省档案基本情况的指南。

民国时期地方档案资料的情况丰歉不一。民国初期，军阀混战诸省政府机构更迭频繁，甚至有的机构设置并不完善，社会生活方面的档案比较缺乏，加之保存不善，有相当部分在战乱中被焚毁。其中，较为完整可循的主要是陕西、甘肃、青海的资料。其中，由各地方档案馆编辑并出版的围绕某一专题形成的档案资料集更便于利用。如民国陕西省民政厅有关医疗、卫生、防疫、禁烟、救济等档案资料；陕西省赈济会关于难民收容、救济移垦、游民的收养等资料；陕西省教育厅、陕西省政府卫生处关于文教卫生事业的相关档案资料。由陕西省档案馆局（馆）编的《黄河在咆哮——抗战中的陕西》（2015 年 7 月内部资料）通过 500 余幅档案图片，回顾了陕西抗战历史。《陕西 20 世纪图鉴》（上下卷）（三秦出版社，2011 年），以图为主，以文辅图，全面而生动地展现了陕西 20 世纪的社会变革和历史变迁。《陕西档案精粹》（三秦出版社，2012 年）收录了从陕西省市县三级国家综合档案馆中甄选的 230 余件珍品档案，配图 560 余幅，全书分为明清、民国、革命历史、社会主义过渡和全面建设时期 4 部分，辑录了陕西各历史时期政治经济、军事教育等方面以及特别是民俗风情方面的内容。

西安市档案馆整理档案资料较丰，为西安地方历史学术研究提供了便利。该馆以公开出版和内部资料的方式编辑整理了数十种专题档案资料，其中《筹建西京陪都档案史料选辑》（西北大学出版社，1994年）、《民国开发西北》（2003年10月内部资料）、《往者可鉴——民国陕西霍乱疫情与防治》（2003年10月内部资料）、《图说西安百年（图文集）》（2009年11月内部资料）、《西京市工业调查（1940年）》（1997年12月内部资料）、《陕西经济十年（1931—1941）》（1997年12月内部资料）、《日军轰炸西安》（2007年11月内部资料）成为抗战时期陕西、西安社会生活研究的重要文献。

民国甘肃省政府及各部在统治管理甘肃期间所形成的档案，除少部分流散遗失民间、被带走或焚烧外，仍保留了多处相关机构的社会生活史档案资料，其中有甘肃省政府社会处，甘肃省会警察局，甘肃省查禁种烟特派委员办公处，甘肃省民政厅，甘宁青邮电、邮政局，甘肃省政府卫生处，西北蒙绥防疫处，甘肃省教育厅，兰州大学，西北师范学院，甘肃省科学教育馆等的资料，以及记载抗战时期日军轰炸兰州史实和兰州空袭紧急救济联合办事处救济的相关档案资料。甘肃省档案馆（局）编的《晚清以来甘肃印象》（敦煌文艺出版社，2008年）图文并茂，从不同角度和侧面反映了晚清以来甘肃陇原悠久的人文历史和民俗风情，内容包括“陇上春秋”“史海钩沉”“敦煌拾零”“抗战纪实”“水车古韵”“铁桥见证”“皮筏琐记”“左柳风情”八辑。甘肃省档案馆不定期地推出的内部刊物《档案参考》的第四期——《近百年来甘肃地震情况纪实》（2008年9月）归纳总结了近百年来甘肃省发生地震的地区，特别是1920年海原地震等七次大地震的受灾情况，并阐述了民国时期的救灾措施；第三期——《民国年间的甘肃科学教育馆》的部分内容也以同名发表于刊物《档案》2009年第6期。

1929年1月20日，青海省政府正式成立，下置秘书处及民政、财政、建设、教育四厅。因此，整个民国时期青海省的档案，20世纪三四十年代的保存得较多。其中包括青海省政府(1928—1949)、青海省民政厅(1929—1949)、青海省卫生处(1941—1949)等的档案。青海省档案馆也依据馆藏档案资料，并从其他省区收集有关的档案资料辑成《青海省抗战历史文化档案史料汇编》，据称正在整理出版中。

另据国家档案局主持规划，国家重点档案专项资金支持，由中华书局出版的《抗日战争档案汇编》目前(2020年9月)已推出了34种56册中，西北地区有《青海省档案馆藏抗战档案选编(全二册)》《甘肃省档案馆藏抗战档案选编1　日军空袭》。

民国时期的宁夏省政府，虽于1929年1月正式成立，但馆藏档案于中华人民共和国建立之前的部分相对稀少。该馆在其档案信息网站上，于《今古宁夏》栏目下专门开辟了《抗战档案资料汇编》，专集整理了部分宁夏抗战时期档案资料以资利用。

新疆维吾尔自治区档案局(馆)在2017年5月正式向社会开放新疆民国时期档案汇集(1912—1949)，主要包括民国时期政务、财政、警务、文化、社会等方面的档案。相关汇编的档案资料有：《世界反法西斯斗争中的新疆》(新疆美术摄影出版社，2015年)、《马仲英在新疆档案史料选编》(新疆维吾尔自治区档案馆编，新疆人民出版社，1997年)，《不能忘却的记忆——档案中的故事》(新疆人民出版社，2007年)。

此外，还有组织和学者进行的调查研究和档案整理成果。新中国成立后由国家民委组织的大型综合性丛书《民族问题五种丛书》之《中国少数民族社会历史调查资料丛刊》中，有新疆维吾尔自治区编辑组主编的《南疆农村社会》(民族出版社，2019年)，调查了南疆的和田、莎车、喀什、阿克苏四个专区12个县的13个典型乡的社会经济情况与新中国成立后农村的变化等。吐娜主编《民国新疆焉耆地区蒙古族档案选编》(新疆人民出版社,2013年)收录的档案史料,均来源于巴音郭楞蒙古自治州档案史志局及和静县、和硕县、焉耆县3个县档案馆的民国档案资料,其内容主要是民国时期南路土尔扈特和中路和硕特两蒙古部的社会、历史、经济、文化等状况。

(二)地方志

方志资料以其鲜明的地域色彩和时代特征成为区域史研究中重要的文献资料。民国年间地方志的修撰活动比较活跃,特别是新学人物对修志活动的影响较大,在方志的体例和内容上都出现不同程度的革新。其中采纳了大量的第一手调查资料,比较真实地反映了一个地方随着社会变动出现的新鲜因素。不过,由于方志资料多有沿袭前志的特点,加之修志者自身观念的影响,对事、像的记述往往会存在时空上的混淆或者扭曲。因此,对方志资料的利用存在甄别和解读问题。

全国风俗志有胡朴安编辑《中华全国风俗志》(上海书店,1986年);丁世良、赵放主编:《中国地方志民俗资料汇编(西北卷)》(北京图书馆,1989年)。

《中国地方志集成》以省为单位分辑编汇,是目前汇集整理西北各省地方志最为丰富的工具书。其中,《中国地方志集成·陕西府县志辑》全57册(凤凰出版社,2007年),《中国地方志集成·甘肃府县志辑》全49册(凤凰出版社,2009年),《中国地方志集成·宁夏府县志辑》全9册(凤凰出版社,2008年),《中国地方志集成·青海府县志辑》全5册(凤凰出版社,2008年),《中国地方志集成·

新疆府县志辑》全 12 册(凤凰出版社,2012 年)。

这些志书中,大致陕甘最为丰富,而青海则多为颇具特色的社会调查资料。以陕西和青海为例:

陕西地方志,抗战时期陕西各县学人修志活跃。不仅有 1934 年杨虎城、邵力子修,宋伯鲁、吴廷锡纂的《续修陕西省通志稿》,1937 年张国淦等编的《乡土志丛编》,还有其他各县的相关志书,如:《宝鸡县志》(1922 年铅印本),《周至县志》(1925 年铅印本),《澄城县附志》(1926 年石印本),《潼关县新志》(1931 年铅印本),《华阴县续志》(1932 年铅印本),《重修咸阳县志》(1932 年铅印本),《重修岐山县志》(1935 年铅印本),《续修礼泉县志稿》(1935 年铅印本),《续修大荔县旧志存稿》(1936 年铅印本),《大荔县新志存稿》(1937 年铅印本),《乾县新志》(1941 年铅印本),《同官县志》(1944 年铅印本),《重修华县县志稿》(1949 年铅印本),《重修咸阳县志》(据1947—1949 年的纂修手稿刊印)。

青海建省较迟,在历史上经济相对落后,因此清代以前地方志的修纂、出版也相对较少,已经修纂出版并保存到现在的,更是屈指可数。《青海府县志辑》中收集了民国时期修撰的方志,包括《民国西宁府续志》,县志《民国玉树县志稿》《民国大通县志》等;风土调查记如《民国亹源县风土调查记》《民国共和县风土调查记》等;风土调查录大纲如《民国乐都县风土概况调查录大纲》等。

西北地方志书得到较为专门整理的还有"中国西北文献丛书",其中"西北史地文献""西北民俗文献"(兰州古籍书店影印,1990 年)等,辑录了不少稀有的近代西北地方相关社会史料。

又有线装书局出版的日本东亚同文会编著:《中国省别全志》(全 56 册,2015 年版)第 11—12 册甘肃省(附新疆)、第 13—14 册陕西省,第 48—50 册陕西省、第 51—52 册甘肃宁夏省、第 53—54

册新疆省，第55册青海省。

(三) 时人考察著述、回忆录

就文献史料形成的时间上说，时人考察著述同样是珍贵的第一手资料。

就著述者的角度看，“时人”可分为外来考察游历者和地方历史事件亲历者两种。

(1) 民国初年，先后有不少文化教育学者、自然科学专家和报刊记者通过讲学、考察、游历等方式赴西北各地，产生一大批游记和著述，其中对地方社会生活现状有比较细致的记述，不同于官方档案，其特点在于：一是著述者的视角。不同于地方人士，来西北游历考察者，大多是一时期关心国事、关注社会，并具有一定社会地位和某一种学科教育背景的文化人士，他们多数来自中国东部比较发展的地区。因此，他们的观察，从一开始就是一个比较的视角。或者说，有着一套先入为主的观察“标准”。因此，在使用这些珍贵的记录时，需要避免——同样变成“他者”——对西北社会生活中的人们作脸谱化处理。二是记录的即时性。因为他们是临时的观察者，在短至数日、长至数月的游历(考察)过程中，他们的记录往往反映了该地区某一个时间点的状况，实如文字式的静态摹画。所以，在这些考察著述中，能够寻找到关于同一区域不同时间段的记录，是反映社会生活更加动态的有力史料。鉴于此，本书对这一时期的外来者的考察著述，主要以省为经，以时间为纬，列表如下：

省份	著者	著作名	记录时间	内容备注
陕西(如著述中含有其他各省内容的,均加以备注,同时在其他各省资料中不再重复列举)	[美]弗朗西斯·亨利·尼科尔斯	穿越神秘的陕西	1901	陕西
	[澳]乔治·厄内斯特·莫理循	中国西北行	1910	陕甘新
	王桐龄	陕西旅行记	1924	陕西
	孙伏园	长安道上	1924	陕西
	陈万里	西行日记	1925	陕甘
	刘文海	西行见闻记	1928—1929	陕甘新
	杨钟健	在黄土沟中——山陕旅话	1929	陕西、山西
	林鹏侠	西北行	1932—1933	陕甘宁青
	顾执中	西行记	1932	陕西
	陈赓雅	西北视察记	1934—1935	陕甘宁青新
	国民政府行政院农村复兴委员会	陕西农村调查	1934	陕西
	张恨水	西游小记	1934	陕甘
	高良佐	西北随记	1935	陕甘宁青
	侯鸿鉴	西北漫游记	1935	陕甘宁青
	范长江	中国的西北角	1935	陕甘宁
	庄泽宣	西北视察记	1936	陕甘青之教育
	陈言	陕甘调查记	1936	陕甘
	赵敏求	跃进中的西北	1941	陕甘宁绥
	蒋经国	伟大的西北	1941	陕甘青

续表

省份	著者	著作名	记录时间	内容备注
甘肃	李德贻	北草地旅行记	1907—1908	自伊犁南下入关，经河西至兰州
	程先甲	游陇丛记	1919、1922	甘肃
	宣侠父	西北远征记	1925—1927	西北军
	康天国	西北最近十年来史料	1931	甘肃、西北军
	明驼	河西见闻记	1933	河西走廊
	顾颉刚	西北考察日记	1937—1938	甘肃
	李孤帆	西行杂记	1939	甘青陕
	李烛尘	西北历程	1942	甘青新
	周开庆	西北剪影	1943	甘青宁新
宁夏	范长江	塞上行	1936	宁、蒙
	傅作霖	宁夏省考察记	1934	宁夏
青海	马鹤天	青海考察记	1925	青海
	马鹤天	甘青藏边区考察记	1935	青、甘、藏
	顾执中	到青海去	1933	青海
新疆	谢晓钟	新疆游记	1916	新疆
	林竞	蒙新甘宁考察记	1918—1919	新、甘、宁、蒙
	徐炳昶	西游日记	1927—1929	新、蒙
	徐戈吾	新疆印象记	1935	新疆
	陈纪滢	新疆鸟瞰	1939	新疆

(2) 作为历史事件的“亲历者”的各种回忆录，是社会生活史研究可资利用的又一种直接资料。

一是文史资料(选辑)。

新中国成立后，各省人民政治协商会议(简称政协)组织文史资料征集活动，汇集了一批民国时期人士撰写回忆性文章。其中有相当一部分对民国年间西北各省各县的社会生活事项有较为细致的记述，这些资料比较可信，故成为本书研究参阅的重要史料。目前看，陕、甘、宁、青、新五省的文史资料（选辑）均已整理出版，比较完整。

一是个人回忆录。

陕西民俗学家李敷仁先生一生主要从事关中地区民俗改良和社会教育活动，其诗歌、日记和回忆录被整理为《李敷仁诗文选》（陕西人民出版社，1984 年），对当时关中社会的真实状况进行了真实和细微的记载。

甘肃有《冯玉祥日记》（江苏古籍出版社，1992 年）。

新疆有《赛福鼎回忆录》（华夏出版社，1993 年），包尔汉《新疆五十年》（文史资料出版社，1984 年），广禄《广禄回忆录——时任民国驻中亚总领事的回忆》（社会科学文献出版社，2013 年）等。

（四）报刊资料

西北地区的近代报刊以陕西 1896 年的《广通报》（一说为 1896 年味经书院创办的《时务斋随录》）①以及 1898 年甘肃创办的《群报辑要》②肇始。

抗战时期，关乎西北的报刊纷纷涌现，如西北协会、西北开发协会、西北公学社、西北公论社、西北问题研究社、西北问题研究会等各种各类的团体创办的《西北》《新西北》《开发西北》《西北评论》

① 裴晓军：《〈广通报〉考：陕西近代新闻事业的开端》，《唐都学刊》2012 年第 2 期，第 102—103 页。

② 王润泽：《维新思想在西北的传播——以甘肃〈群报辑要〉为核心的考察》，《国际新闻界》2011 年第 4 期，第 97 页。

《西北问题》季刊(1934年)、《西北报导》《西北研究》《西北公论》等报刊纷纷出现,对西北问题展开讨论、提出计划、贡献建言。

值得一提的是,抗战爆发后,全国不少报刊都邀请并刊载了前往西北的人士为读者撰写的西北旅行指南文章。分散在这些报刊中的文章,已由南京师范大学主编出版的《民国分省游记》丛书汇集收录。其中,《长安道上——民国陕西游记》(南京师范大学出版社,2016年)一册,辑录了数十篇从1920年代至1940年代散见于当时刊物的陕西游记。

这一时期,西北各省本土人士创办的地方报刊,也如雨后春笋般纷纷涌现,从不同侧面和角度为研究当时的社会生活提供了比较丰富的资料。

计有《新泰日报》(创办年1921年,创办人俞嗣如,创办地西安,信息顺序后同)、《陕西民国日报》(1926年,雷晋笙,西安)、《国风日报》(景梅九,西安)、《益世报西北版》(1945年,马在天,西安)、《解放日报》(1936年,张兆麐,西安)、《西北文化日报》(杨虎城主陕时创办,西安)、《西安日报》(王子安,西安)、《长安晚报》(郭紫竣,西安)、《民意日报》(薛兰生,西安)、《正报》(1944年,汪松年,西安)、《通俗日报》(孟紫萍,宝鸡),《甘肃民国日报》(1928年,杨德翘,兰州)、《西北日报》(1933年,兰州)、《妇女旬刊》(1938年,兰州)、《陇南日报》(1934年,梁天角,天水)、《陇东日报》(1941年,郗希峰,平凉)、《新青海日报》(1928年,西宁)、《青海民国日报》(1931年,西宁)、《宁夏民国日报》(1927年,张荣绶,银川)、《贺兰日报》(1942年,银川)、《新疆日报》(1936年,迪化)等等。

西安报刊在西北各省中最为突出,官方、民间办报都十分活跃,资料保存也较为丰富。

官方如《新陕西》是陕西省政府秘书处主编的月刊。于1931

年 8 月,至 1932 年 3 月,共出 6 期。有论文、陕西政治经济概况、陕西史地介绍以及文艺等栏目。重视对当时陕西各方面实际情况的调查研究。例如在"陕西之社会文化"栏中有《陕西的谚语》《陕西社会状况一瞥》《凤翔社会之考查》。在"陕西之物质调查"栏中有《各县二十年秋禾收成调查志要》。

民办如《小言》(双日刊,横排),1928 年由封至模等创办。设有文艺、戏剧、琐闻、街谈巷议、科学常识等栏目,在西安出版界为首创。又如,在西安颇具影响力、持续时间长的《西京工商日报》及《秦风日报》。李敷仁主办的《老百姓》报,由于定位是为地方老百姓说话、给老百姓看的报纸,所征集稿件的来源也是一般的普通老百姓,内容五花八门,不但在当时因为贴近民众成为当地民众喜闻乐见的一份报纸,也是本课题研究中较为专门性的报纸之一。又如《西北生活》旬刊,则针对普通民众的生活开辟各种栏目,如就青年失学问题、妇女平等问题开展讨论,就年节礼俗活动进行调查,宣传"求知助求职"的重要性,对政策执行提出建议等等。报刊在今天看是大众文化的载体,在当时看更多是精英文化的喉舌,因此,在利用中必须注意角色转换问题。

(五) 谣谚、文学作品、旅行指南等杂类

一些反映当时社会生活面貌的文学作品,也是研究当时社会生活极为珍贵的资料,但是长期以来,并没有得到充分的重视和利用。比如蒲城人王独清的《长安城中的少年》(光明书局,1944 年),张恨水的《小西天》(1934 年 8 月 21 日—1936 年 3 月 25 日连载于上海《申报》副刊《春秋》,中国文联出版社 2005 年 1 月重版),李敷仁的《李敷仁诗文选》(陕西人民出版社,1984 年)等。

民歌、谚语、民谣如《西北民歌集》(商务印书馆,1950 年)、《陕

西谚谣初集》《抗战歌谣》《关中民歌集锦》等。

另外，西北旅游指南，也意外成为一窥当时西北社会生活面貌的窗口。如《西京快览》《西北导游》(1935 年)、《西京》《甘肃省一瞥》《陇海铁路旅行指南》(1935 年)、《西北公路交通要览》(1940 年)、旅行杂志社辑录的西北旅行指南游记《西北行》(1942 年)等。

第二章　近代西北地区俯瞰

每当蜚声中外的《在那遥远的地方》响起，优美、深情的旋律总是能令人们生出对西部草原的无限遐想，草原上的姑娘也让人神往无比。而这首歌，也的确产生于中国著名的民歌音乐家王洛宾在西北草原上邂逅了美丽的卓玛之后。

1939年夏季，著名导演郑君里带领电影队前往青海省海晏县金银滩草原，拍摄纪录片《民族万岁》。毕业于国立北平师范大学音乐系的王洛宾随剧组一道，前往青海采风。在当地民众为摄制组举行的一个欢迎宴会上，当地姑娘萨耶卓玛的表演，深深吸引了音乐家。后来在电影中，王洛宾主动要求出演一个帮着卓玛赶羊的帮工，羞涩的卓玛用牧羊鞭轻轻地打了他一鞭子，令王洛宾彻底爱上了她。结束采风后，坐在返程骆驼背上的音乐家，思念着美丽的姑娘，遂融合藏族民歌、哈萨克族民歌以及维吾尔族歌曲，创作了《在那遥远的地方》。

遥远的草原、帐房、美丽的姑娘、放羊，借助艺术家的旋律，几乎成为西部社会生活最为经典的画面之一，频频引发人们的遐想。

1934年春天，国民政府中央大员宋子文率团考察西北，在西安地方举办的欢迎大会上说："自民初以来，西北备受水旱、兵疫、地震，及政治黑暗之灾祸，西北真是痛苦极了。我们因此联想几年前，到西北游历的西洋人一句话'西北地方是天之所忘'，这个意思是天已经把这鬼地方忘记了，所以西北经过这许多厄运，人民痛苦的呼声，竟没人理会，但是最近大不同了，中央的人，纷纷到西北，社会的领袖，也纷纷到西北，'到西北去'已成一种'国是'了。"①

在政治家的眼中，天灾人祸、人民痛苦，被遗忘、落后，才是当时西北社会的真实写照。于是政治家和社会人士，纷纷前往，希望开发、改造这块这"天之所忘"的地方。

神秘而遥远的西北，什么才是它真实的面容？

近代以来，随着西洋人叩开中国东南大门，西北边疆也因为俄国的不断觊觎渐渐为世人所关注。道、咸、同、光时期，以徐松、张穆、何秋涛三大名家为首的一批西北史地学者，掀起了西北边疆史地研究前所未有的高潮。② 这一时期的关注，仍局限在部分史地学者的范围内，对西北社会的影响力也很大程度上取决于清廷决策者的重视与否。直到 20 世纪三四十年代，由于东南国土的与日俱丧，朝野遂以国防战略为指向，纷纷主张"开发西北"，以巩固大后方。先是中央大员、社会领袖、文人志士纷沓而至，考察游历、建言献策；抗日战争在全国范围内爆发后，更有大量内迁人口涌入大后方，西北地区也前所未有地呈现在了世人面前，渐渐掀开了它神秘的面纱……

---

①《中央周报》1934 年第 309 期。

② 尚季芳、吴懿：《试论近代西北史地研究的第一次高潮》，《天水师范学院学报》2002 年第 1 期，第 44—47 页。

一、近代西北地区自然生态环境

所谓"一方水土养一方人"。

西北地区的自然环境及其变迁，对西北人民社会生活和生活观念的形成和演变具有"长时段"①的意义。

如绪论中所述，本节对近代西北地区自然生态环境的考察，将以陕西、甘宁青、新疆三个部分进行。

（一）自然生态环境特征

打开民国时期的中国地图②，会看到从陕西往西北方向行经甘宁青，达最西端的新疆，整个西北地区就是一块东西长、南北窄的似矩形区域，宛如一株搁置于青藏高原台上，伸向中亚的玫瑰。从自然地理角度上看，西北诸省有一些共同的特征：

其一，山高土厚，气候干燥。西北诸省地形地貌皆以高大的山脉为主体构建而成。除一些由山脉与江河之间形成冲积平原，或由山脉之间怀抱成盆地，较适宜农耕的区域外，整体处于高原地带，地势高亢、土层深厚。深处内陆，属于大陆性气候，整个地势由东南向西北逐渐抬升，故而诸省气候又略有差异，大致从半温暖半湿润到寒冷干燥。

---

① 布罗代尔认为长时段构成了历史的基础，是一切历史现象的引力中心。参阅张芝联：《费尔南·布罗代尔的史学方法》，《历史研究》1986年第2期，第33页；孙晶：《布罗代尔的长时段理论及其评价》，《广西大学学报》（哲学社会科学版）2003年第3期，第82—83页。

②《中华民国时期全图》（一），民国15年（1926）。参阅谭其骧编著《简明中国历史地图集》，北京：中国地图出版社1991年版，第69—70页。

陕西，位于西北地区的东部，南临四川、湖北，东南与河南相接，东隔黄河为山西，西北比邻甘肃、内蒙古，是我国内陆省份之一。地形南北长，东西窄，境内"一山二水"，为主体的秦岭山脉既是中国南北分界，也是陕西的南北分割线，岭北有渭河，属于黄河水系，岭南为汉江，乃长江水系，将陕西自南至北分成自然生态条件差异较大的陕南山地、关中平原和陕北高原三个部分。其中陕北高原是我国黄土高原的主要组成部分，地势西北高，东南低，海拔 900—1 500米，为深厚的黄土覆盖，北部近内蒙古，寒风时入，雨量缺乏，寒暑都很剧烈。关中平原又称渭河平原或关中盆地，位于秦岭以北，渭河两岸，约占全省面积的五分之一，是一片黄土沉积和渭河干支冲积平原，海拔 320—850 米。平原西起宝鸡，东至潼关，长约 300 千米，号称"八百里秦川"。自古土地肥沃，农产富饶，人口繁多，是我国重要的农业区之一。陕南山地又称秦巴山地，秦岭和大巴山彼此平行，形成一片大而崎岖的山岳地带，约占全省面积的五分之二。北部秦岭，大部分是变质岩和花岗岩组成的山地，海拔 1 500—3 500米。大巴山横卧在川陕边缘，是陕西汉江流域和四川盆地的天然分界，夹在秦岭和大巴山之间的汉江谷地，由许多山间盆地和峡谷连成，土壤肥沃，气候温润。①

甘肃②，东部接绥远的黄河套及陕西省交界，南部和四川省接壤，西南和青海相连(此青海指今日青海省西南部③)，西北和新疆

---

①《陕西省志・地理志》，西安：陕西人民出版社 2000 年版。

② 此处所言甘肃，为 1929 年以前之甘肃省范围。详见第二章第二节。

③"青海地方在清末原为西宁办事大臣辖区。民国初改称青海办事长官，仍借驻甘肃西宁。1915 年 10 月裁撤，改称宁海区，置甘边宁海镇守使管辖全境，并由西宁道尹兼任镇守使。"参见郑宝恒《民国时期中国行政区划变迁述略(1912—1949)》，《湖北大学学报(哲学社会科学版)》2000 年第 2 期，第 90 页。

接壤，北部与内蒙古交界，地广人稀。

甘肃地处黄土高原、青藏高原和内蒙古高原三大高原的交汇地带，大陆季风性气候，寒暑都很剧烈。冬天漫山冰雪，居民围炉御寒，虽重裘而不觉暖，并且时常有北风从蒙古高原挟沙土而来，以至于黄尘蔽天、空气混浊。夏天气候炎热，偶或云腾致雨，顿觉寒冷，那就必须穿棉夹衣。夏天雨水很少，不过二三次，仅只东南天水一带地方，因为没有秦岭的阻隔，可以自汉水低谷送来湿温，所以气候较暖，雨水较多。①

西北有祁连山山脉、贺兰山脉，东有岷山山脉、六盘山脉，祁连山构成该省的主要山脉。祁连山脉南北宽度200—400千米，与北面的合黎山绵亘东西，阻隔南北，为宁夏和青海两座天然的屏障。祁连山与合黎山的中间，西北从安西（今瓜州县）起，东南到武威止，俨然一条通道长廊，即自古沟通西域的河西走廊，其地势平坦而腴沃，为“甘肃肥田”。河西走廊以北，地近腾格里沙漠和巴丹吉林沙漠，风急沙大、山岩裸露、荒漠连片，一块块山间平原是难以耕作之地，人烟稀少。河西走廊以南的祁连山地，海拔多在3 500米以上，常年白雪皑皑。②

越过祁连山脉向南，可通往青海高原。高原东北部由阿尔金山、祁连山数列平行山脉和谷地组成，冰雪资源丰富。稍往南，位于达坂山和拉脊山之间的湟水谷地（即原甘肃省西宁道所在），是主要的农牧区，自古“有湖泊，饶水草，是蒙古族游牧地”③；高原西北部的柴达木盆地，被阿尔金山、祁连山和昆仑山环绕，盆地南部

① 陈博文：《甘肃省一瞥》，上海：商务印书馆1926年版，第2页。

②《甘肃省志・概述志》，兰州：甘肃人民出版社1998年版。

③ 王金绂编：《西北地理》，北平：立达书局1932年版，第37页。

多为湖泊、沼泽，并以盐湖为主。盆地西北毗邻新疆戈壁。盆地以东、以南是以昆仑山为主体的青南高原。

甘肃地势西北高，东南低。位于甘肃东南边陲的陇南一带，是甘肃唯一的长江流域地区，东连陕西，南接四川，北靠天水，西连甘南，为甘肃南下东出之要冲。位于青藏高原东部边缘一隅的甘南高原，草滩宽广，水草丰美。

地处黄土高原与内蒙古高原过渡地带的宁夏，地势南高北低。西北有贺兰山脉，南部有六盘山。南下见黄河自中卫入境，向东北斜贯于平原之上，河势顺地势经石嘴山出境，形成宁夏平原，土地肥美，沟渠数十道，皆引河水以资灌溉，岁用丰穰。俗称“天下黄河，富宁夏”，又称“南京北京都不收，黄河两岸报春秋”，非无因也。[①] 宁夏南部为黄土高原的一部分，其上黄土覆盖，厚的地方可达 100 多米，六盘山主峰以南，流水切割作用显著，地势起伏较大，山高沟深。

新疆，位于中国最西部，亚欧大陆腹地。“西界苏联的中亚细亚，西南界阿富汗及英属印度，东为青海甘肃，东北为蒙古地方，其地位正在帕米尔高原之东，安西之西，阿勒泰山以南，昆仑山之北”[②]，面积约占中国国土总面积六分之一。

地形地貌以高山环抱盆地，所谓“三山夹二盆”。“三山”为最北为阿尔泰山脉，最南为昆仑山脉，天山横亘于中部，分新疆为南北两半；“两盆”乃天山以南是塔里木盆地，天山以北是准噶尔盆地。习惯上称天山以南为南疆，天山以北为北疆，哈密、吐鲁番盆地为东疆。

---

① 王金紱编：《西北地理》，北平：立达书局 1932 年版，第 44 页。

② 蒋君章：《新疆经营论》，南京：正中书局 1936 年版，第 86 页。

气候也因地相异：天山北路，气候早寒，雨雪较多。每年 10 月即降雪，来年 3 月始消融；天山附近到南山一带，森林尚茂，雨水调和，气候与内地各省相同，也是清代镇迪道治所、民国省会所在的迪化（乌鲁木齐）所在处。新疆西北部塔尔巴哈台（山）、阿尔泰山寒度更剧，塔城附近 7 月室内尚有火炉，6 月飞雪也不鲜见。天山南路气候炎热，偏东处以吐鲁番为最，以高山环抱、盆地居中，增热快而散热慢，素有“火州”“风库”之称。向西至焉耆、库车、阿克苏一带，地势渐高，气候温和，惟雨量亦十分缺乏。至于和阗、于阗、若羌一带，位于中国最大的沙漠——塔克拉玛干沙漠之南，气候亢燥，终年不雨，时有旋风。

其二，资源丰富而物产不裕。以今日各种科学调查资料所见，举凡土地、水、矿物、动植物资源西北地区皆可称丰富。但是，这些资源的利用远远不足。一方面是受到地形、气候条件制约。如民初财政部派员调查新疆财政，专员谢晓钟的考察记录全面细腻且详备：“新疆轮廓两万里，面积之广，伯仲关东。地味饶沃，矿藏繁复，物产之丰，甲于寰宇。”但“徒以土广人稀，道路迢远，交通梗阻，开发无由，坐令天府之区，长为荒漠之域，外人觊觎，勃发野心”云云。①

一方面则因遭到社会因素阻碍，地方物产勉力温饱，却不足以富裕民众。

小麦是西北最主要的粮食作物。仅看陕西，早在西汉时期，关中的小麦种植技术已经具有较高水平。汉成帝时，议郎氾胜“督三辅种麦”，即在《氾胜之书》中总结了麦田的区种法，并说“区一亩，

① 谢晓钟著，薛长年、宋廷华点校：《新疆游记》，兰州：甘肃人民出版社 2003 年版，第 363 页。

得百石以上”。随后历代王朝中，关中生齿日繁，小麦种植技术也不断提升，养活了更多的人口，至明代，小麦已成为关中地区的主要粮食作物。而据《中华民国四年第四次农商统计表》载：1914年陕西小麦种植面积已达1 434.1万亩，总产小麦13.1亿斤。① 但若按1912年全省总人口为9 175 799人（1933年《中国经济年鉴》）计算，实则人均年142.7斤，土地既亩产不高，耕地资源人均也不足，令人无法想象千年之前关中“天府之国”的荣光。国民政府行政院农村复兴委员会进行的《陕西农村调查》的抽样调查显示：1928至1933年，渭南县四个村217户人家中，地主只有3户。其中一户有3人，田40亩，5年未变化。另外两户，已经土地减少而变为富农了。而凤翔县，1933年五个村子276户人家中，竟连一户地主都没有。所谓富农人均土地也仅有4.97亩。

相较而言，地处黄土高原的陕北，并不适宜小麦大量种植，主要粮食作物则是依赖广种薄收、产量较低的粟、糜、荞麦等。陕南秦巴山间，汉中盆地以水稻为主，多数山地则种玉米补粮食不足。

棉花自元代进入关中，至清代已成为陕西最主要的经济作物。同治年间，陕甘总督左宗棠督倡种植棉花，至民国时陕西全境棉花种植日广，成为西北产棉重地。光绪二十五年（1899）开工的南通大生纱厂，即以陕棉为其原料的重要来源之一。但，陕西棉纺技术始终落后，时称陕西“有棉无布”，农民卖棉买布，以致陕西始终流连于原棉供应地这一身份，未能尽力发掘这一经济作物的价值，富裕地方。

甘宁青则地处内陆高寒之地，山地、高原、平原错落有致，适宜

---

① 农商部总务厅统计科编纂：《中华民国四年第四次农商统计表》，北京：中华书局1918年铅印本。

农耕的土地有限、农作物产量略单薄。仅一些土地肥美、得河水灌溉之平原谷地，如宁夏平原、陇南一带，湟中谷地，种植小麦、大麦等粮食作物；耐高寒的莜麦，在高原一带常常被用于补充粮食作物之不足；[①]棉花，仅河西走廊张掖等数县有寥寥千余亩[②]；独烟草为种植大宗，所产烟叶多青黑色，以兰烟产量最多、最为盛名，产地在兰州附近，地势平坦，方圆数百里，所产烟分两种：棉烟和条烟。1916—1917年间棉烟产量万担，条烟一万四千担。棉烟行销西北各省，条烟则远销天津、南通、浏河、太仓、哈尔滨、烟台、营口等地[③]。此外，《神农本草经》中众多名贵、经典药材出于其地。如麝香、鹿茸、红花、犀黄、人参盛产于青海高原，枸杞、大黄、甘草盛产于宁夏、甘肃等地。西宁、三原和新疆绥来并为西北三大中药材集散地，但因清末民初之际，中医开始受到西医冲击，产量不高的中药材难成为足以富裕地方的丰厚资源。

新疆地域广阔，自古农作物以小麦为主，清代小麦种植范围已广布天山南北，尤以南路为主。但据民国时期有统计年份的资料看，种植面积 500 万—700 万亩，总产量1.5亿—3.8亿公斤，亩产水平很低，平均 50 公斤左右。[④] 根据 1918 年的政府报告书，新疆当时有耕地 841 万亩，可垦荒地为1 777万亩，地域不可谓不广，然而地广人稀，沃田多数被用作牧场。即使有用作耕地者，亦采用回纥

---

① 王金绂编：《西北地理》，北平：立达书局 1932 年版，第 99 页。

② 王金绂编：《西北地理》，北平：立达书局 1932 年版，第 109 页。

③ 王金绂编：《西北地理》，北平：立达书局 1932 年版，第 111 页。

④ 新疆通志农业志编撰委员会：《新疆通志・农业志》，乌鲁木齐：新疆人民出版社 1994 年版。本书大量数据引用自民国时期及新中国成立早期的资料，故多处酌情采用旧度量单位，不一一说明。

旧法,不知改良生产技术,故农产品多粗劣,产量亦微。① 其他农作物如玉米,乃为乾隆平定新疆后引入,多于南疆一带种植。整个民国时期,种植面积徘徊在300万—400万亩之间,亩产60—120公斤之间。至于经济作物,清代新疆种植棉花的有鄯善、阿克苏、莎车、疏勒、伽师、皮山、和阗,洛浦、于阗、哈密、吐鲁番等县(《新疆图志》,1923年铅印本)。民国时期,仍以南疆为主要种植区,是西北仅次于陕西的产棉省。1930年代在引进泾列德棉花(美国棉种)和那勿洛斯克棉花后,棉花产量大增,一公顷产量由以前的400公斤增长到1 000公斤②。棉花产量增加,不仅能供用本省,尚能输出苏联。其他如瓜果,在新疆因日照长、温差大、干燥少雨而独硕大甜美。惟交通不便,造成输出不利,不能尽得其利。

在农业社会时代,近代西北地区不足以使民富裕的物产,已令地方社会时感匮乏,而不断恶化的自然生态环境,无疑是雪上加霜。

(二) 生态环境恶化及自然灾害

自然生态环境是包括各种自然环境因子的动态系统,其中各因子之间是相互依存、相互影响的关系。以西北的自然生态环境看,“森林植被”有涵养水土、湿润气候、挡风阻寒等功能,相对于深处内陆、地势高亢、干旱偏寒的西北地区而言,森林植被弥显珍贵,是了解西北自然生态环境变化的关节点。

西周以及春秋战国时期,是陕西历史上生态环境最为良好的一个时期。秦岭以北的广大地区,气候温和,植被良好。据史念海

① 王金绂编:《西北地理》,北平:立达书局1932年版,第90页。

② 韩清涛编著:《今日新疆》,贵阳:贵阳中央日报总社1943年版,第60页。

先生研究，包括陕西在内，中国黄土高原的森林面积在周代约4.8亿亩，覆盖率为53%。[①] 但是，秦以后的西汉时期，关中和陕北的环境却开始走向恶化，主要原因有：(1) 人口成倍增长。至秦汉时期，陕西境内人口增至300余万，尤以关中地区人口更加密集。粮食、住房和樵柴的需求量猛增，开荒种地、占地建屋和伐木烧炭之风大作。(2) 秦和西汉的皇室曾在咸阳和长安地区营造了规模宏大的宫室陵园；一些皇亲国戚和文武大臣也竞相攀比之尤，致使关中地区的森林遭到严重破坏。(3) 为了抵御匈奴，秦始皇曾征几十万人在边境地区修筑长城，屯兵驻守。汉武帝还曾迁徙几十万人到黄土高原，使许多游牧地区变为农业区，导致草原面积缩小，沙漠南移，水土流失趋于严重。[②] 虽然秦始皇曾在在长城沿线种植了林带，又全国驰道旁种植树木，但秦汉以后陕西植被的减少已无可逆。

此后，陕西自然生态环境就走上了一条人口多寡与植被水土优劣成反比的变动之路。譬如，魏晋南北朝时期，由于战争频仍，人口从西汉元始二年（2年）的360万人减至西晋太康元年（280年）的72万人，[③]许多耕地荒芜，因为一些北方少数民族牧民南迁，由农业区变成了畜牧区，农业区相对缩小，草原相对扩大。后来由于政治和经济中心的东移，陕西境内大部分地区的植被有所恢复，水土流失现象略有减轻。

到了唐代，陕西人口也有很大发展，唐天宝元年（742年）一度

① 史念海、曹尔琴、朱世光编：《黄土高原森林与草原的变迁》，西安：陕西人民出版社1985年版。

② 陕西省地方志编纂委员会编：《陕西省志·环境保护志》，西安：陕西科学技术出版社2007年版。

③ 曹占泉主编：《陕西省志·人口志》，西安：三秦出版社1986年版。

达430万人，长安作为全国政治、文化、经济和国际交往的中心，人口竟有百万之众。为了适应粮食、住房及燃料的巨大需求，不得不加紧砍伐林木，开垦荒地，还将许多黄土高原上的畜牧区又改为农业区。唐人元结记称“开元、天宝之中，耕者益力，四海之内，高山绝壑，耒耜亦满”（《元次山集》）。

植被的不断减少，造成水土流失以及旱涝成灾，成为陕西自然生态恶化的三大表征。

以作为陕西核心区的关中[①]地区为例，在这片河流冲积平原上，渭河自西向东横贯，众多支流汇注，最后东入黄河。土壤以深厚、疏松，富含腐殖质、易于耕种的褐土为主，再加上温暖半湿润的气候条件，使得关中地区较早成为适宜人类生活的区域之一，也是中国农业文明最早发达的地区之一，古有“天府之国”之称。[②]

关中水深土厚，地表河流是主要水资源。学者研究表明，关中河流历史时期的变化，除了有些湖泊沼泽消失了，有些小河流干涸和部分河道发生过改道外，河流水系分布变化并不大，但河流水量的变化较为明显。究其变化的原因，除了周期性变化的湿润状况对河流量的影响外，主要是人为森林等植被的破坏，尤其是河流上

---

① 关中的范围，有四关说，《集解》引徐广曰：“东函谷，南武关，西散关，北萧关”。两关说，晋代潘代《关中记》中说：“东自函关弘农郡灵宝县界，西至陇关汧阳郡汧源县界，二关之间，谓之关中”。又有清代张澍《二酉堂丛书》辑《三辅旧事》云：“西以散关为界，东以函谷为界，二关之中，谓之关中”。现代学者认为，关中的名称只是表示函谷以西的地方，并没有固定的范围规定。因此，古代对关中的范围界定并不是原来的关中的含义。但是，现在一般人们习惯是以汧陇以东，至于黄河西岸，秦岭以北的泾渭流域作为关中地区的。（参见史念海《古代的关中》，《黄土高原历史地理研究》，郑州：黄河水利出版社2002年版）。本书所言关中，即采用现在人们习惯上所说的关中地区。

② 王双怀：《“天府之国”最早指陕西关中》，《四川统一战线》2003年第2期，第23页。

游森林的破坏，造成水源的减少和大量冲积下来的泥沙阻塞河床。① 这种河流变化的态势，到了清代时期，并没有得到改善。据《陕西省志·林业志》记载，明代陕西垦荒屯田达到盛期，洪武二十六年(1393)屯垦达3 000多万亩，为历史最高。关中翻越秦岭的几条大道两侧的森林已被采伐；陇山伐成疏林；桥山的富县、宜川、黄陵、旬邑、彬县，黄龙山的宜川、延川、延安、韩城等地的林木都已被触及。康乾以降，人口剧增，大量开垦对森林造成了持续破坏，秦岭北坡植被进一步遭到彻底毁灭。② 道光年间，周至县[illegible]“向来皆是老林，树木丛杂，人迹罕到。在招川楚客民开山种地。近年各省之人俱有，虽深山密箐，有土之处，皆开垦无余”。③

森林被砍伐，暴雨之下，无以涵水，常常引发洪水，危及地方。如蓝田县南山一带“老林开空，每当大雨之时，山水陡涨，夹沙带石而来，沿河亩地屡被冲压”④。民国时期，据《陕西林业概况》中记称：陕省林木藏量不丰，林地面积狭小，其分布区域尤成片断之状。……至关中之平原旷野，多数农耕区域，砍伐亦已殆尽，又因为1931—1933年的荒旱灾难，天然森林部分早充薪炭，而新植尚未成林。其所仅存者，只有崇山峻岭、荒径辟谷间的残余树木而已。⑤ 由于森林有调节气候、涵蓄水源的作用，随着森林的破坏，水土流失严重，关中河流含沙量增大，水流量减少，河沙沉积，[illegible]地方

① 参阅史念海等《陕西通史》历史地理卷(第一章　历史自然地理)，西安：陕西师大出版社1998年版。

② 陕西省农牧厅：《陕西农业自然环境变迁史》，西安：陕西科学技术出版社[illegible]年版，第436—438页。

③《秦疆治略》，道光年间刊本。

④《秦疆治略》，道光年间刊本。

⑤ 周良栋：《陕西林业概况》，《陕西银行汇刊》1941年第5卷第2期。

社会民生造成较大影响。如，农业灌溉，咸宁县南乡“地近终南所辖有峪口五处，峪内山水流行，共开渠十九道，引水灌田三万六千余亩，土宜稻禾，但山水不时爆发，泥沙附入渠道易于淤塞，宜随时挑浚”①。又如关中航运以渭河水运为主。唐宋以前，多以官运为主，不仅船只规模宏大，承载量也可观。清末，仍是山西食盐、煤铁等入陕，分达各州县，或为陕西土特产运达山西、河南等地的主要运输方式。但，据1934年《陕西省农村调查》记称，在咸阳渡渭时，渭河水浅流急，自西南流向东北。两岸码头斜对着，相距一里多。走了两个钟点，船才近岸。因田有泥滩，船不能靠岸，乘客只好由水手驮到岸上，汽车是用木板下船的（即以木板连接船舷和岸边，汽车沿木板下船上岸——笔者注）；在渭河滨等船过北岸到下太庄时，南岸土松，不到半点钟即陷下一块，声音很大。②

近代关中气候资料表明，在1470—1983年的500多年中，关中的旱涝程度都呈递增趋势。其中旱和偏旱的合计中，以1600—1699年最高，为38次，1800—1899年次之，为34次，1900—1983年为30次；涝与偏涝的合计中，1600—1699年达28次，以1800—1899年为最多，达33次。1900—1983年也达32次。这说明，自明末至清代以来，关中地区的降水量减少、河流含沙量大，导致河床抬高、洪水易发。③

甘宁青与陕西比较，其特点在于：高山森林植被繁茂，如六盘山山脉、乌鼠山脉、岷山山脉、西倾山山脉颇富有森林。西北沙漠

---

① 《秦疆治略》，道光年间刻本。

② 行政院农村复兴委员会：《陕西省农村调查》，上海：商务印书馆1934年版，第161页、第166页。

③ 陕西省农牧厅：《陕西农业自然环境变迁史》，西安：陕西科学技术出版社1986年版，第63、85页。

地带，干旱炙热，林木稀疏。仅有的几个平原地带尚适宜农耕，却因为民众大量伐木取薪作为生活燃料，无论是原生、栽种的林木，还是生长在平原、山麓的林木，尽为砍伐，植被破坏严重，水土涵养不足，本来少雨之区，干旱更加严重，灾害频繁，更加不利于农业生产的发展。伴随社会变迁、人口增加，尤其是甘肃生态环境的严酷，人类不得不根据生活生产需要，对自然环境加以改造，其结果是超越了生态环境的承载能力。① 所谓“改造”，实际上是由于生存条件恶劣，颇有“涸泽而渔”风格地砍伐林木作为生活能源之举。以近代甘肃省档案资料看，禁伐林木令、控告林木案、禁民烧荒令、劝民种树文等等文案历来不少，②然其效果如何，以著名的“左公柳”为例，尚可窥见一斑。

光绪初年，陕甘总督左宗棠为收复新疆，下令部分军队自潼关始，沿古驿道向西，边行军边整修道路，经陕、甘终至哈密、迪化，并于道路沿途遍栽杨树、柳树和沙枣树，名曰道柳，人称“左公柳”。左公改善西北生态环境的良苦用心，在其《左宗棠全集·奏稿》中道尽：“治道路以通车驮，浚泉井以便汲饮，栽官树以荫商旅，然后民可资生也。”后来继任陕甘总督的杨昌浚有诗颂曰：“大将筹边尚未还，湖湘子弟满天山，新栽杨柳三千里，引得春风度玉关。”左公于陕甘任内，不仅督官兵栽“左公柳”，更鼓励民众植树种桑，禁止烧荒。“左公柳”因此郁郁葱葱，绵延千里，堪为奇景。然而好景不长，左公离任后，其继任者虽一度极力维护，但终不能延续。

在甘肃境内，“左公柳”“据不完全统计：会宁境内种活三[illegible]万余

① 吴晓军、董风云：《论近代甘肃生态环境变迁的社会根源与趋势》，《河西学院学报》2011年第1期，第55—58页。

② 参阅张蕊兰主编《甘肃生态环境珍档录》，兰州：甘肃文化出版社201[illegible]年版。

株、安定1.6万余株、金县0.4万余株、皋兰0.4万余株，从泾州到会宁600里内共26.4万余株；环县1.8万余株、安化及镇原1.2万余株、狄道1.3万余株、大通4.5万余株、平番7.8万余”；到1935年，甘肃省政府统计的时有“左公柳”数量已骤减为：平凉境内尚存有7 978株、隆德5 203株、静宁1 386株、固原4 351株、山丹1 220株、永昌1 311株、临泽235株、古浪1 015株；尽管甘肃政府三令五申禁止砍伐，但收效甚微：以隆德为例，1935年尚存5 203株，1945年被明目张胆盗伐后仅余3 610株。[①] 植被破坏之严重，由此可见一斑。

西北诸省自东向西，气候条件愈加严酷，自然生态环境也更加不利于农耕经济发展。新疆多非宜居之地，东晋名僧法显在《佛国记》中曾记载从敦煌到鄯善1 500多公里的路途上：“沙河中多有恶鬼、热风，遇则皆死……上无飞鸟，下无走兽，遍望极目，欲求度处，则莫知所拟，唯以死人枯骨为标帜耳。”从焉耆到于阗要过宽达数

1910年平凉府附近的左公柳大道。

资料来源　莫理循图文，窦坤、海伦编译：《1910，莫理循中国西北行》（上），福州：福建教育出版社2008年版，第25页。

① 姜洪源：《“左公柳”与左公柳档案》，《山西档案》2007年第3期，第13页。

百里的塔克拉玛干大沙漠："行路中，无居民，沙行艰难，跋涉之苦，人理莫比。"至于盆地，则酷暑烈寒，绿洲间或有之，虽能利用"坎儿井"等技术解决一定水源，但在生产力水平低下的农业社会时代，实供养人口颇有限，以新疆为全国最大面积省份，自1912年至1936年之前人口密度每平方公里不足3人。① 在这样相对严酷的自然生态环境下，人们利用和改造自然的能力有限。

在地理气候环境严峻和破坏植被活动的双重影响下，近代西北地区自然生态环境恶化的一个显著表现和结果是，频繁、多样的自然灾害以及由此引发的程度不一的饥荒。

就自然灾害发生的类型和数量看，整个清代民国时期西北发生旱灾、水涝灾害、雹灾、霜雪冻灾、风沙、地震、滑坡、蝗灾、鼠灾的频率呈递增趋势。旱灾是西北自然灾害最严重的一种，一年之中春夏秋三季皆可发生，其中以伏旱最为剧烈。西北之地，除了秦岭山区、祁连山、六盘山及青海海东一带，几乎无地无旱。旱灾之余，局部地区的涝灾、蝗灾穿插发生，饥荒接踵而来，造成惨烈影响。据统计，清朝、民国年间，陕西发生旱灾189次，甘宁青203次，可谓三年两旱。其中特大、毁灭性的大旱陕西平均6.8年一次，甘宁青5.56年一次，陕西涝灾236次，甘宁青220次，约平均1.30年一次。陕西雹灾74次，平均4.14年一次，甘宁青57次，平均5.73年一次。陕西发生饥荒140次，平均2.19年一次，甘宁青177次，平均1.73年一次。饥荒发生的频次与旱灾十分接近。② 大小灾害可谓无年无之。

旱灾以1929年前后的一次最为惨烈，它从1928年延续到1932年，长达五年。陕西关中各县受灾严重，尤以武功、扶风、乾县

---

① 袁永熙：《中国人口总论》，北京：中国财政经济出版1996年版，第76页。

② 袁林：《西北灾荒史》，兰州：甘肃人民出版社1994年版，第106—107，250，2[illegible]9页。

等地最为严重，大灾之处，十室九空，饿殍遍野，惨烈空前。据官方统计，陕西1930年比1928年人口减少了94万多，其中部分死亡、部分流移。甘肃和宁夏固原地区，则是“民国18年(1929)灾民约457万，死亡200万”。

由于山区高原地形多而平原涵水植被缺乏，暴雨洪涝也频频给西北地区造成损失。《陕西省志·地理志》对重大灾害的纪实统计显示，自1910至1949年，陕西重大涝灾共有14次，平均3.5年一次，动辄数十县受灾。如1931年夏秋之交，天雨连绵，黄、渭两河，汉、丹两江流域，山水暴发，纵横泛滥，冲崩堤堰、田亩计46县之多。陕南较重……沿汉江的十余县尽成泽国，冲没田庐、淹毙人数不可胜计，待赈者数十万人，灾情为60年所未有等等。

历史上，西北的社会经济主要依赖农牧业生产和资源，工商业、农牧加工工业实不发达，与商品经济发达的南方社会比较，西北地方抗灾的社会组织和能力均较低。自然灾害对社会生活造成的影响更为深刻。以人口看，陕西关中无论在自然环境、城市发展，还是经济水平和赈灾条件上都较西北其他各省较为优越，却在“民国18年(1929)年馑”中，人口锐减到令人惊心。据西北灾情视察团的报告《陕人无唯类矣　各县人民死亡逃难者过半　武功县设有人市贩卖妇女》称：“武功人口十八万，饿毙七万余，逃亡五万余。……近城四十里无人烟，只大堡一座，前有八百余户，现存者近六家耳。人民求生不得，转而求死，故投河有之，坠井者有之，吞烟悬梁者亦有之。如妇女被贩，在亚柏竟有人市，价格高者八元，低者三四元不等，妇女出卖后，小儿无人照管，街头巷口，呼爹唤娘，尽是无靠赤字”①。农民一遇灾害，除了等待政府救济外，尚无

①《大公报》1929年10月25日。

他法维持生活来源,大多变卖牲畜、农用工具,及至拆屋■可卖木。所以,大灾过后,竟是人去室空、屋无梁栋、树木遍毁的■■之象。灾后回归家园者,更为贫困无着,连农业生产的工具都■■

如此频繁多样的自然灾害,使农业生产反复逡巡■■■状态,既制约了农业生产水平的提高,也阻碍了地方民众生活条件的改善。

二、近代西北地区政治军事战略地位的提升

西北诸省纳入中国版图的历史过程,揭示了历史时期中国对西北边疆的实际控制范围,也反映了中国与周边民族(国家)政权的关系。近代西北地区政治、军事战略地位的变化,反映了中央与西北地方的关系变化,并给西北地区社会发展带来深远影响。

(一)西北五省行政区划的形成

行政区划的本质是在一个政权国家内,将其领土分级划分为若干个领域,在各个行政区内设立相应的地方政权机构,实行统一服从中央的各级地方领导,分级协助中央管理好全国的一切行政的、经济的等等事务。① 西北诸省,有一个从东向西,间或往复得到逐渐纳入中国版图、服从中央政权的过程,各省行政区划建置的历史一定程度上展示了这一过程。

陕西之名最早见于周代,《春秋公羊传》隐公五年载:"自陕而

① 张明庚、张明聚编著:《中国历代行政区划(公元前 221 年—公元 1991 年)序言》,北京:中国华侨出版社 1996 年版。

东者，周公主之；自陕而西者，召公主之”。即周成王时，周、召二公分陕而治，陕原（在今河南省陕县老城西南）以东由周公治理，陕原以西由召公治理。殷商时，陕西关中西部岐山下的周原就是周人的兴起之地。

周取商而代之后，秦人始祖非子居犬丘（今天水），善养马，至秦庄公被封西垂大夫，为西周守西垂，至此西北边疆以今日甘肃天水为界，秦以西的夷狄是羌。西周建宗周于镐京（陕西西安沣水东），陕西关中正式成为中央王权所在。秦统一六国后，建都咸阳（陕西咸阳市东北），附近关中平原成为内史辖境。两汉、三国、隋唐各时期，陕西关中皆是京畿之地。

甘肃，先秦时期称“雍凉之地”。秦人自封地天水（甘肃东部）后，就不断向西扩展。战国时期，秦国疆域已达今甘肃的东南部。秦昭王二十七年（前280）设置陇西郡（甘肃临洮），九年后，即秦昭王三十五年（前272）再建北地郡（甘肃宁县西北）。秦统一六国，终分天下四十八郡，西北边疆线已经将今甘肃东南部（兰州以东）、宁夏平原、陕西榆林纳入。①

汉武帝后元元年（前88），河西四郡设置，将河西走廊和湟水流域（青海东部）纳入版图。又宣帝神爵二年（前60），驱逐匈奴，设西域都护府，统辖天山以南，葱岭以东三十六国，西域（新疆）始进入中国政权管理范围。②

---

① 参阅谷苞主编《西北通史》第1卷，兰州：兰州大学出版社2005年版，第291、298、299页；谭其骧编：《简明中国历史地图集》，北京：中国地图出版社1991年版，第15—16页；《史记·秦本记》，北京：中华书局1959年版，第213页。

② 参阅李炳泉：《西汉河西四郡的始置年代及疆域变迁》，《东岳论丛》2013年第12期，第76页；谭其骧编：《简明中国历史地图集》，北京：中国地图出版社1991年版，第17—18页。

到唐时期，先后破东西突厥，灭高昌，破铁勒定天山，今新疆、宁夏、青海东部已纳入大唐版图。① 遂改郡为道，今西北诸省境域，除长安为京畿之地外，分属关内道、陇右道和山南道，其中陇右道实际上已经西北达巴尔喀什湖、葱岭，北达贺兰山脉，西南包入湟中河谷，今新疆、宁夏及青海东部已经正式纳入中国版图。然而，唐朝安史之乱后，西北地区渐失于吐蕃，西北边界又压缩至甘肃天水、宁夏灵武一带。②

北宋至道三年(997)，设陕西路，辖区约为秦岭以北、横山以南，湟源以东，渑池以西地区，包括今陕西、甘肃两省大部分，宁夏南部，青海湟源以东地区，山西运城地区及河南省三门峡市辖地全部。③ 有宋一代，北部边疆始终有辽、金等强大的少数民族地方政权，对中原王朝造成较大压力，西北边界进一步收缩，甘肃、青海等地，始终为西夏、吐蕃所有，西域则先为西州回鹘、黑汗王朝，后为西辽所据。④

元代，按统治中原各地一样作行省设置，辖区则逐渐由大为小，强化控制。中统三年(1262)设陕西行省，全称为“陕西四川行中书省”，辖区约有今陕西、甘肃、宁夏、青海、四川五省区及内蒙古自治区河套地区。至元十八年(1281)分设甘肃行中书省，二十三年(1286)又分出四川行中书省。

明代西北边疆线已不复有大唐气象，西域为蒙古后裔诸政权把控，大部始终不在中国版图之内，后期更有将边疆线推至青海湖以东，至明宣德年间的盛世之际，对哈密、沙洲(敦煌)、海西等皆以

① 谭其骧编：《简明中国历史地图集》，北京：中国地图出版社 1991 年版，第 39—40 页。
② 谭其骧主编：《简明中国历史地图集》，北京：中国地图出版社 1991 年版，第 43—44 页。
③ 陕西省地方志编纂委员会编：《陕西省志 · 行政建置志》，西安：三秦出版社 1992 年版。
④ 谭其骧主编：《简明中国历史地图集》，北京：中国地图出版社 1991 年版，第 51—52 页。

设羁縻卫所为控。[①] 明朝为固边控制，西起嘉峪关坚筑长城，意在阻挡蒙古南下侵扰，同时，合并陕甘两省，改称陕西承宣布政使司，辖区约有今陕西，甘肃嘉峪关以东，宁夏及青海省海晏、共和以东地区。

清初，除承继明朝疆域外，中国版图空前扩张。西北边疆，经康熙亲征，西域大部皆归入中国版图。乾隆二十四年（1759），先后平定准噶尔部、阿睦尔撒纳、大小和卓叛乱，重新统一西域。乾隆二十七年（1762）设伊犁将军，驻伊犁惠远城，统辖新疆军政事务。

第二次鸦片战争以后，通过一系列不平等条约，俄国先后以《北京条约》《中俄勘分西北界约记》据有了新疆西部 44 万多平方公里的土地。[②] 同治十年至光绪七年（1871—1881）俄国又乘机占领伊犁地区达 10 年之久。光绪四年（1878）陕甘总督左宗棠收复新疆，光绪八年（1882）沙俄也被迫归还伊犁地区。光绪九年（1883）新疆建省，正式定名新疆省。至此，近代西北边疆诸省作为中国地方行政区划建置基本完成。

概而言之，历史上西北边疆诸省境域，往往随着中原王朝国力的盛衰而得失。西北诸省归于中国版图之内，为中央建置所控制，则民族、文化、政治、经济得以受中原文化影响；失而为其他民族政权所据有，则又易为胡化。[③] 社会历史发展常常在这种拉锯之中推进，西北地区的政治、军事战略地位也随之变动。

---

① 谭其骧主编：《简明中国历史地图集》，北京：中国地图出版社 1991 年版，第 61—62、63—64 页。

② 谷苞主编：《西北通史》第 4 卷，兰州：兰州大学出版社 2005 年版，第 492 页；谭其骧主编：《简明中国历史地图集》，北京：中国地图出版社 1991 年版，第 67—68 页。

③ 许倬云：《万古江河》，长沙：湖南人民出版社 2017 年版，第 174—177 页。

（二）关中政治中心地位的失落

如前所述，西北诸省是伴随着中原王朝的发展以及持续的民族斗争与融合，才逐渐被纳入中国版图的。相应地，陕西关中在这个过程中，也逐渐远离了中国政治中心地位。

从周兴秦起到汉强唐盛，关中作为京畿之地，居于中国政治文化中心的地位近千年，关中因此成为各种社会资源不断流入的“洼地”。

秦统一六国后，即着手强制解除六国之武力反抗的力量，集中六国之精华于咸阳。先夺人力资源，六国之封民尽归帝国，“分天下以为三十六郡，置郡守、尉、监。更名民曰黔首。”再控制武力资源，没收六国兵器集中销毁，“收天下兵聚之咸阳，销以为钟鐻，金人十二，重各千石，置廷宫中。”继而掌握标准制定，推行全国统一标准，所谓“一法度衡石丈尺。车同轨。书同文字。”集中财富资源，“徙天下豪富于咸阳十二万户。诸庙及章台、上林皆在渭南。”迁天下豪富往关中，初期为杜绝六国贵族据地反抗，其后则是着意纳各地物美精华于关中，强化中央政权所在地的资源优势，以形成天下归之的向心力。因此，秦“每破诸侯，写放其宫室，作之咸阳北阪上，南临渭，自雍门以东至泾、渭，殿屋复道周阁相属。所得诸侯美人钟鼓，以充入之”（《史记·秦始皇本纪》）。

汉随秦制，持续强化关中政治中心的地位和影响力。先是在“富商大贾周流天下，交易之物莫不通”的情况下，仍实行“得其所欲，而徙豪杰诸侯强族于京师”，汲取全国社会财富、文化、人才等资源，以强化中央集权。周、秦、汉的持续经营，对周边地区的发展起了强烈引领效应：农耕发达、民风淳朴之余，商业获得发展，民性“长安诸陵，四方辐辏并至而会，地小人众，故其民益玩巧而事末也。”以关中为中心的周边地区，也因货物流通而发展获利。西南巴蜀的物产，如烟、姜、丹砂、石、铜、铁、竹、木等，经褒斜栈道可达关中交易。西北的天水、陇西、北地、上郡与关中同俗，西有羌中之利，北有戎翟的丰饶畜牧，都可流向京师。天下资源归流的结果，是“关中之地，于天下三分之一，而人众不过什三；然量其富，什居其六”。①

但是，这“沃野千里”的农耕乐土，也时时面临着西北游牧民族的南下，轻则震动王庭，重则危及民生。西北为患还是为用，对于国家安全、国家强盛以及文明发展影响深远，因此，历代王朝无不重视经营西北，而以秦汉唐对西北的经营最达极点。

秦国就是先控西北，进而实现东向称霸的。西周末年，西北戎患严重，周天子不得不东迁洛阳。诸侯群起争霸，守西北的秦国，同样跃跃欲试。公元前 627 年，秦穆公对晋国作战失利，东向争霸无果，转而经营西北，在内史廖的建议下，以歌舞伎乐、宫服美食等奢靡之乐诱惑戎王，使之终年沉溺酒色之中，不理政事，以致“牛马半死”。戎王被灭后，秦穆公一鼓作气，继续向西向北用兵，“益国十二，开地千里，遂霸西戎”。秦国积极西拓的结果是，不仅东向争霸无后顾之忧，还拥有了广阔的领土和游牧民族兵强马壮的军事后盾。②

汉武帝积极经营西北，不仅确保国家安全，而且进一步将汉朝国家势力影响扩至中亚，促成早期的中西经济文化交流。

雄才大略的汉武帝决定北击匈奴，先是派遣张骞出使西域络大月氏夹击匈奴。张骞虽三使西域未果，然足迹遍及中亚，西域自

① 司马迁：《史记・货殖列传》，北京：中华书局 1959 年版，第 3261—3262 页。

② 司马迁：《史记・秦始皇本纪》，北京：中华书局 1959 年版，第 193—194 页。

此与中国接通，丝绸之路上商贸往来频繁，中亚之“殊方异物”相继输入，如葡萄、苜蓿、石榴、芝麻、胡豆、胡瓜（黄瓜）、胡桃、胡萝卜、胡葱、胡蒜等等，还有印度的音乐、希腊的美术，大大丰富了人民的物质生活和精神生活。同时，汉武帝重用卫青、霍去病等将领大破匈奴，设置河西四郡，控制西向走廊，阻断匈奴与羌的联络，大举移民，令河西内地化。汉宣帝神爵二年（前 60 年）正式设立西域都护府，使中国号令达行天山南北。至太初三年（前 102 年），汉武帝欲得大宛良马而责李广利征伐令其屈服。汉朝势力由此越过葱岭，深入中亚。

隋唐开拓西北，更胜于汉。除了恢复汉之西域治权，复设安西都护府于龟兹，更越过葱岭，以濛池都护府治权达咸海，且其州都督府治域今日阿富汗、波斯都督府等。[1] 唐朝版图达到极盛。“贞观初，户不及三百万，绢一匹易米一斗。至四年，米斗四五钱，外户不闭者数月，马牛被野，人行数千里不赍粮，民物蕃息，四夷降附者百二十万人……”[2]京师长安，是人口逾百万的国际大都市。“忆昔开元全盛日，小邑犹藏万家室。稻米流脂粟米白，公私仓廪俱丰实”（杜甫《忆昔》）。涌入长安城的各国各类人士，也带来了丰富的物质和精神文化，“绛帻鸡人报晓筹，尚衣方进翠云裘。九天阊阖开宫殿，万国衣冠拜冕旒”（王维《和贾舍人早朝大明宫之作》）。

以关中为起点，盛唐向西北所开拓的，是一个亚洲各族人民共处、相融合的开放区域。但是，这种局面仅维持了近百年。安史之乱后，原本控西域之陇右道尽归吐蕃，边界一度压至甘肃天水一带，“西北”实际上已经尽失。关中虽仍维持为京畿之地百余年，却

① 谭其骧主编：《简明中国历史地图集》，北京：中国地图出版社 1991 年版。

② 欧阳修：《新唐书·食货志》，北京：中华书局 1975 年版，第 1915 页。

随着唐亡后中国再度陷入分裂割据时代，从此与帝都揖别。

关中长安，曾有西周、秦、西汉、新汉（王莽时期）、迁都西安的东汉和西晋、前赵、前秦、后秦、西魏、北周、隋朝、唐朝计 13 个王朝建都于此。事实上，以国都之所在成为中国政治中心的只有周、秦、汉、唐（西晋只有极为短暂时期都长安）几个国家统一时期，其他的王朝都是北方少数民族（国家）政权，关中正是在这个过程中逐渐失落了中国政治中心地位。与此同时，后世各朝对西北地区的经营中，至有宋一代，始终没有恢复汉唐时期的“西北地区”。北宋时余有陕西和甘肃东南部分地区，与大辽为界，南宋时，宋金边界一再南推，竟至关中以南。当代陕西商洛的棣花镇就曾是宋金边城。镇上有一条宋金街，古时为宋金的分界线，街东面是宋人、宋物、宋建筑，街西面则是金人。明朝极力恢复中原疆域的同时，用兵西北，先后建立陕西布政使司、陕西都指挥使司和陕西行都指挥使司管辖今陕西全部、甘肃大部和宁夏、青海部分地区，其余多以羁縻卫所和土司制度等进行不同程度的统治。① 至清康雍乾三朝征定西北，西北才重归中国，遂促成中国历史上最大版图的统一王朝。

关中优越渐失，因地扼东西要道，西北游牧民族入侵常止于此，遂成为游牧与农耕之间的过渡地带，多受战乱之累。

迨至近代，陕西作为进西北诸省的咽喉所在，又是东通晋、豫，南连川、鄂的门户，对稳定全国统治有重要作用，往往也是镇剿边乱的直接供给基地，民多受差役之苦。从清代前期，为服务西北用兵，对陕西、甘肃的总督设置上可见一斑。从顺治二年（1645）到乾隆六十年（1795），先后有陕西三边、川陕、陕甘、山陕、陕西总督之

① 谷苞主编：《西北通史》第 3 卷，兰州：兰州大学出版社 2005 年版，第 326—357 页。

变化，均体现出服务于西北、西南战事需要的原则。如顺治二年(1645)设置陕西三边总督，主要是镇压陕西各地的抗清势力。顺治十年(1653)，调陕西驻防军入川镇压大西起义军余部，为征调方便，遂改陕西三边总督为川陕三边总督。康熙十九年(1680)始，为加强对西南的控制，连续38年设置川陕总督。雍正九年(1731)，设置陕甘总督，雍正十三年(1735)又因西北兵事结束，改陕甘总督为川陕总督。① 显然，这些总督的设置，除了小部分为镇压陕西地方抗清势力外，更多是为了以陕西为基地，调配陕西的军队和粮饷以完成对西北、西南的军事控制。可见，关中在失去帝都位置以后，虽偏离了政治中心，却以其特殊的地理位置，成为整个国家政治中心与边缘之间的过渡地带，这必然对地方政治环境的形成有所影响。

同治以前，陕西虽有西北、西南兵事差役之累，但因为政府注重与民休养，轻徭薄赋，陕西地方在相当一段时期内比较安定，社会趋于繁荣。如道光初年，由于陕西农业生产发展，商贸趋于繁盛，当时泾阳“县城内百货云集，商贾络绎，籍泾水以熟皮张，故皮行甲于他邑。每于二三月起至八九月止，皮工齐聚其间者不下万人。而茶进关运至茶店，另行检做转运，西行检茶之人亦万有余人。各行店背厢负货闲人也多至数千”②，盛况空前。

鸦片战争后，陕西虽远离东南，并未受直接破坏，但一直是重要的协饷省份。据统计，咸丰十一年(1861)，清廷先后向其下发布了50多次征调协饷令，所协范围广泛，几乎负担了全国除西藏、两广、浙江、福建、山西、四川及东北以外的所有战事省份的协饷，多

① 谷苞主编：《西北通史》第4卷，兰州：兰州大学出版社2005年版，第157页。
② 《秦疆治略》，道光年间刊本。

达13个省。另外还为镇压太平天国、捻军和云南回民起义和支援天津、北京战役，在陕西征调了大量军队。① 此外，陕西在清廷的屡次对外赔款中，负担也较重。如咸丰十年（1860）中英、中法《北京条约》规定赔款英法军费各800万两白银，各省负担中，唯以陕西、山西数目最重，各为30万两。《辛丑条约》规定4.5亿两白银分期支付，第二年总额为2 315.9万两，陕西负担竟达60万两之多。时任湖北巡抚严树森就说："陕西为财赋之邦，西、同、凤三府（此正为关中所在——笔者注）为精华荟萃，近年用兵各省，皆借陕西协饷聊以支持，即京饷巨款亦多取盈于此"。② 负担如此之巨，既说明陕西地方经济在乾嘉以后持续发展，也给地方财政造成沉重负担，影响地方的发展和建设。为完成征令，地方赋税加重，更以预征田赋和征收厘金影响最重。陕西民生以农业为重，预征田赋实为竭泽取鱼，剥夺了农民用以备荒存储和生产技术改进的资本。陕西商品经济与同时期的东部省份相比本不发达，但厘金的收取仅低于福建，高于河南。诸如咸丰八年（1858）开始，每年征收283 559两，到宣统元年（1909），更高达468 894两，成为对陕西商业发展的重要制约。③ 除了大量负担外省战事之外，本省的兵乱也给关中地方社会造成损失。同治年间回民起义，自渭南、大荔等地起，横扫关中，像三原、泾阳这样的明清商贸大县，竟遭遇了村落尽成瓦砾的惨状。④

民初以来，地方兵祸连接，军人主政，迭替频繁，民间支应繁

---

① 张岂之、史念海、郭琦主编：《陕西通史》明清卷，西安：陕西师范大学出版社1997年版，第268页。

②《续修陕西通志稿》卷二〇一，民国铅印本。

③《续修陕西通志稿》卷二〇一，民国铅印本。

④ 马长寿编：《同治年间陕西回民起义历史调查纪录》，西安：陕西人民出版社1993年版。

多，不胜其烦。直到抗战军兴，全国政局稳定，陕西地方始得以恢复发展。整个近代百余年中，陕西各项事业之发展，尤赖农业发达为基础，才有渐次发展的可能。刚有起色，就为负担过重而延缓，又有兵乱天灾之摧残。这对陕西地方社会的内在发展能力提出较大的挑战。

（三）从边疆远地到抗战大后方

清军入关后，很快击败李自成的大顺政权，并以陕甘为前沿据点，继续对西北用兵。

清初，分布于新疆、甘肃、青海及内蒙古西部一带的厄鲁特蒙古中，准噶尔部雄起并将其他各部排挤出西北，随即主动示好清王朝，遣使进京纳贡，互通贸易，与中原地区政治经济交往密切。清王朝囿于初定中原，四边尚未安定，准其所请，维持现状。随着准噶尔部势力的不断壮大，部首噶尔丹野心膨胀，竟欲联络沙俄，携手东侵已经臣属清朝的喀尔喀蒙古。康熙在平定三藩之后，于康熙二十九年（1690）始，三次亲征，击败噶尔丹，进据哈密、巴里坤。又驱逐策妄出青海、西藏。雍正、乾隆积极对西北用兵，雍正十年（1731）大败准部于光显寺。于乾隆二十二年（1757）彻底击败准噶尔部，平定北疆。与此同时，天山南路回教首领大小和卓，自恃地势险远，又有中亚各伊斯兰教国家帮忙，拒绝受抚清朝。乾隆二十三年（1758），清军出兵，平定南疆，完成对新疆的重新统一。

在平定新疆叛乱过程中，清朝也平定了青海的蒙古部族叛乱。雍正二年（1724）对青海进行善后整理，采纳川陕总督、抚远大将军年羹尧的“青海善后事宜十三条”“禁约青海十二事”所奏，将青海蒙古各部统一编旗，收作内藩；加强对青海藏族的行政管理，将土司千百户委任权收归兵部执掌；再设西宁办事大臣握统兵之权，并总管青海蒙古族、藏族部落和地区政教事宜；移民屯垦、添兵设防等。① 青海借此整理，进入社会稳定和经济发展时期。

西北民族各部完全融入中国版图后，清政府对西北的经营和控制主要有以下几个特点：

一是，重视陕西建置，完善甘肃建置，以兰州为控制西北的重镇。

自乾隆二十五年（1760）西北完成统一后，陕甘总督一职名和巩固西北边防的职责至清末再无变化。除了以陕西巡抚、甘肃布政使司，掌陕甘各省地方政务外，又以陕甘总督兼甘肃巡抚，辖东至陕西、南至四川、西南至青海、北至阿拉善厄鲁特旗和额济纳土尔扈特旗，辖制含今甘宁青境内的七道以及新疆境内的镇迪道。因此，陕甘总督坐镇兰州，兰州成为直接治理西北地区非民族区域的重镇所在。

二是民族分离政策。

清初采取“因俗设官”，因其俗以治之。西北民族地区的行政管理制度大致有三种：在厄鲁特蒙古和新疆东部维吾尔族中推行盟旗制度；在南疆大部分维吾尔族中推行伯克制度；在藏、土、撒拉等族中，推行土司制度。② 以尊重民俗、教俗和地方利益，行笼络、安抚之功效。同时，又以设官、驻兵、屯田、移民等政策进行民族分离统治。在甘肃、青海交界的地方给安置的牧民划定放牧区间，不准牧民越过划定地界，到河西等所谓“内地”去放牧，也不准青海蒙古界内私藏“汉奸”。③ 在新疆，设统领全疆的将军，同时，北路各要地分别筑城、设官驻兵实行军屯，自哈密起，一路向北直至伊犁、塔

① 谷苞主编：《西北通史》第 4 卷，兰州：兰州大学出版社 2005 年版，第 104—106 页。

② 谷苞主编：《西北通史》第 4 卷，兰州：兰州大学出版社 2005 年版，第 164 页。

③ “内地”指汉族生活之区域，“汉奸”一词，实是当时对汉族人的歧视性称谓。参阅谷苞主编《西北通史》第 4 卷，兰州：兰州大学出版社 2005 年版，第 212 页。

城。重视移民，除军队家眷外，大量发派遣戍不还的人犯。不出十年，天山北路垦民数万，商旅结队，文教初兴，颇显内地化气象。对天山南路，则不驻防、不屯田、不许殇民携带家眷垦种。南路伊斯兰教民众政治上近乎自治，宗教上采取放任政策，汉回隔离。但对回族又不如对蒙古、藏族优崇①，这必然给后来的民族问题留下隐患。

鸦片战争后，东南门户洞开，太平军、捻军等农民起义次第发生，受内忧外患两面夹击，中央政府对西北的积极经营谈不上了，但，西北边疆危机乃至中国民族危机的不断加深，却先后促成了近代两次西北开发的实施，以及新疆、青海、宁夏三省的建置。

早在乾隆年间，西北地区多次发生民族起义，如乾隆三十年(1765)新疆乌什维吾尔族事变、乾隆四十六年(1781)青海撒拉族起义、乾隆四十九年(1784)甘肃六盘山回族起义等，均遭到严厉镇压。西北地区进入近百年的安定时期。但，鸦片战争后，清政府在外交上疲于应付在东南叩关的西方国家，在内政上无力扭转贪腐、僵化的统治体系，西北地区的民族起义遂再次澜兴，如咸丰十一年(1861)陕甘回族起义，同治元年(1862)甘肃回族及撒拉族、东乡族穆斯林起义，从同治二年(1863)开始的新疆回族起义、光绪二十一年(1895)河湟撒拉族回族起义等。②

---

① 郭廷以：《从张骞到左宗棠》，载于《近代中国的变局》，北京：九州出版社2012年版，第297页。

② 谷苞主编：《西北通史》第4卷，兰州：兰州大学出版社2005年版，第405—458页。

与此同时，西北边疆警报迭传[①]：浩罕自道光年间就频频侵扰南疆，清政府未予重视和严厉制止，任其在同治四年(1865)，直入新疆，建立阿古柏政权。沙俄觊觎中国西北边疆已久，一直寻找边疆间隙势力试图南下侵吞，此时趁机占领伊犁，并迫使阿古柏与其订约确认。除此之外，沙俄还趁火打劫，利用第二次鸦片战争，通过《北京条约》《中俄勘分西北界约记》攫取中国西北数十万平方公里土地。还有英国，企图纳中国帕米尔地区为其势力范围不成，转而与俄国谋求瓜分。最终，英、俄两国非法达成瓜分协议：从维多利亚湖(萨雷库里湖)向东划一条直线达中国边境，线以南至兴都库什山归阿富汗，线以北归俄国。清政府得到消息后十分震惊。

为解决西北内忧，同治五年(1866)湘军将领左宗棠调任陕甘总督，历时六年，镇压了陕甘回民起义。但新疆仍为浩罕和沙俄强据。

左宗棠赴陕甘总督之前，于内外大局，有深刻认识和见解。面对李鸿章认为"新疆不复，于肢体元气无伤；海疆不防，则腹心之大患愈棘"，以"中国目前力量，实不及专顾西域"为由提出停兵西北的主张，左宗棠认为"东则海防、西则塞防，二者并重"，力主出兵收复新疆，以为西北关系中国盛衰，此时如果停兵不进，等于自撤藩篱，不独甘肃西部仍受威胁，就是蒙古亦不安全，下一步就是威胁京师。清廷最后采纳了左的意见，即所谓"塞防与海防并重"。光绪元年(1875)清政府授左宗棠钦差大臣、陕甘总督、督办新疆军务职。西征途中，左宗棠一方面积极推动军务，成功收复新疆，一方面大力开发西北：兴修水利、发展屯政要务，兴教劝学、发展少数民

---

① 有学者研究指出，造成西北边疆危机的原因，外为沙俄、英国的野心，内为清政府在西北边疆实施的定期巡边制度本身存在的问题和隐患，在清政府国力衰弱时期暴露出来，并为沙俄所利用。参阅谷苞主编：《西北通史》第4卷，兰州：兰州大学出版社2005年版，第462—469页。

族教育，因地制宜，提倡农牧并举、农业多种经营，创办西北近代工业企业、发展边境贸易，修路植树、改造生态。这是自乾隆定新疆为版图之内后，对西北地区最为积极全面的一次开发活动。西北社会秩序得到较为系统的修复。与此次西北开发活动相伴随的是1884年的新疆正式建省。

前文述及，乾隆帝重新纳新疆入版图后，虽经营有度，但新疆内部仍有动荡，外国势力也对其觊觎始终不息。左公在收复新疆过程中亦在《遵旨通筹全局折》(1877)中，正式向清廷提出了新疆设置行省的建议，认为“为新疆画久安长治之策，纾朝廷西顾之忧，则设行省、改郡县，事有不容已者”。① 继左公之后，又有陕甘总督谭钟麟、钦差大臣督办新疆军务刘锦棠等人，继续经营和多次上奏论述新疆建省之必要性。

光绪九年(1884)清政府正式在新疆建行省，任命刘锦棠为首任新疆巡抚，并以钦差大臣督办新疆事宜。旋裁撤诸驻防大臣及札萨克、阿奇木伯克，改置四道、六府、二直隶州、八直隶厅、一州、二十一县。新疆巡抚驻迪化(乌鲁木齐)，辖迪化、阿克苏、喀什噶尔三道，仍设伊犁将军驻惠远城，辖伊塔道(1913年伊犁始并入新疆)。② 此行省建制之举，令新疆驻军制度与内地各省基本一致，并取消了伯克制度、削弱“回王”权力，以各州县“流官”直接管理各民族行政民事，改革土地和赋税制度，增加国家的赋税收入。不仅实现新疆军政制度与内地的一致性，强化中央对西北边疆的直接控制和治理，亦推动新疆文教经济各方面与内地之融合进程。这对于外国势力的觊觎也是严正有力的声明和拒绝。

---

①《左文襄公全集·奏稿》50卷。

② 谭其骧编著:《简明中国历史地图集》,北京:中国地图出版社1991年版,第67—68页。

民国肇始，边疆危机虽不遑多让，但与英国谋西藏、俄国谋外蒙古相较，新疆尚不是此一时期忧患的焦点。因此，引发青海、宁夏建省的动议，实际上来自国内军阀争夺地盘的野心，最终实现于南京国民政府军政统一的需要。

民初，西北马氏回族军阀逐渐成为甘肃实力派，与汉族军阀争权夺利。1915 年马麒经北洋政府任命为甘边宁镇守使和青海蒙番宣慰使，集青海军政大权于一身后，即积极策动青海建省活动，先是“玉树界争”，将玉树自四川夺过归入甘肃，又力主北洋政府“遣使入藏谈判”，粉碎英国人制造的“内外藏”阴谋，继而联合诸马对抗甘肃汉族军阀，积极治理青海社会和发展经济，虽屡请建省未果，却令青海在甘肃独树一帜。谁知机缘巧合下，国内大军阀争战之余，竟然促成其好事。1925 年第二次直皖战争中发动“北京政变”的冯玉祥将军，被段祺瑞和张作霖排挤至西北，任了西北边防督办兼督理甘肃军务。随后，西北军在控制甘肃的过程中，一方面极力笼络西北诸马军阀，如让马福祥做西北边防会办、任马麒为宁海护军使，将马鸿逵部改编为陆军第七师，马任师长；一方面不断削弱诸马之势力，以西北军将领取代之。

1926 年“五原誓师”后，西北军遂汇入国民政府统一全国军政的洪流中。为进一步巩固西北军在甘肃的控制，1928 年 9 月，时任南京国民政府内政部长的冯系人物薛笃弼，提出了“甘肃省分治案”，以宁夏、青海离甘肃省城太远，地处偏僻，交通不便，不易发展为由，提出新设宁夏、青海两行省的提案。对于国民政府而言，此举实有助于阻止控制庞大区域省份的大军阀产生和立足。1928 年 9 月 5 日，国民党中央政治会议第 153 次会议顺利通过该提案，将青海、宁夏从甘肃析出分别建立行省，随后分别任命了西北军将领孙连仲为青海省政府主席、门致中为宁夏省政府主席。至此，抗战前中央政府对于西北诸省的行政控制，至少在形式上全部实现。

九一八事变爆发，东北精华尽失，中国抗日形势日趋严重。国人举目望之，惟有深处内陆、地势高亢、地广人稀的西北似可成为未来中国抗日可背靠之坚实后盾。西北地区被视为中华民族复兴地和生命线，①战略地位陡升。不仅社会舆论对西北问题进行热切的关注和讨论，社会各界人士也纷纷前往西北考察，剖析西北现状，倡言开发策略。

有论者对新疆及西北国防地位的描述最为形象生动。“地处神州大陆之脊，实为中国西北部之首，西藏、蒙古为其两披肩，青海、宁夏为其左右臂，尤其是河西走廊，更是内外息息相通之咽喉。总之新疆一隅，居高屋建瓴之势，得之足以屏卫中国，不得则关陇隘其封，河湟失其险，一举足而中原为之动摇”，而就其地理环境言战略则“新疆之国防不在新疆之本身，而在新疆之侧翼与后路”，因此，“如何使两披肩紧护颈项，不致顾瞻彷徨，如何使两臂强有力，不遗肘腋之忧，均须用政治力量以解决之。而咽喉一道，与全身之生命攸关，更不能不有详密之规划也”②。

国民政府政要频频倡言开发西北之重要性。1934年，宋子文在考察兰州时指出：“西北建设不是一个地方的问题，是整个国家问题”，“建设西北是我们民族的生命线，西北人民所负之责任，不仅是充实本身利益”③。关中在开发建设中更被视为关键和龙头，政治地位也随之提升。戴季陶赴西北考察时称：“若就历史上、政

---

① 邵元冲：《西北建设之前提》，《建国月刊》1936年2月第14卷第2期。

② 李烛尘著，杨晓斌点校：《西北历程》，兰州：甘肃人民出版社2003年版，第210页。

③ 宋子文：《建设西北》，《中央周报》1934年第309期。

治上、经济上之地位而言，则建设西北国防，当先借西安为起点，现在中国整个之国防计划，主力即全集中西北，则建设国防，自当西安始。关中之建设完毕，乃经营兰州，而以甘肃为起点，完成整个中国国防建设”。① 1932年3月，国民党四届二中全会通过决议，决定“以长安为陪都，定名为西京”，随即成立了以张继为委员长的西京筹备委员会和以褚民谊为主任的该会驻京办事处，全面统筹西京建设，并希望以西安为起点，集中建设西北，完成整个中国国防建设。后经宋子文提议，由西京筹委会、全国经济委员会、陕西省政府合组西京市政建设委员会，合力进行西京市政的规划和建设工作。有关开发西北的决议案也纷纷出台，“西京市政建设实为建设西北之起点，建设西北之策源地。”②

西北逐渐成为全国抗战大后方之一，这无疑是近代西北地区政治环境最为有利的时期。

西北政治军事战略地位的历史变动过程，对西北社会生活变迁产生了不同程度的影响：(1) 清中期，西北获得了社会稳定和一定的经济发展的同时，沉重的协饷负担也制约了陕西地方，甘、新的各项社会事业则依赖于接受协饷，因此地方安定甚于发展。从民间发展看，清末民初以来，西北兵祸连接，社会动荡不安，加之自然灾害频繁打击，城乡均受到不同程度摧残，社会风气由奢转简。(2) 左宗棠经营西北，开启西北地区近代化建设历程。民国初年，西北军阀强力控制地方同时，也推行了一定的社会改造，诸如刘镇华驻陕时创办西北大学，马麒在青海的治理，冯玉祥在西北的社会改造，杨增新在新疆

① 1932年4月21日戴季陶在西安各界欢迎会上的讲演《中央关于开发西北之计划》，节选自戴季陶《关于西北农林教育之所见》，南京：新亚细亚学会出版科1934年版。

② 西安市档案局、西安市档案馆编：《筹建西京陪都档案史料选辑》，西安：西北大学出版社1994年版，第88页。

振兴实业的措施等等。这些活动,虽内容片面、程度有限,仍产生了推动西北逐渐减少封闭和保守之效果。(3)全民族抗日战争的爆发,促使国民政府将西北开发计划付诸实施,赋予西北社会一次全面近代化发展的历史机遇。在国家、地方政府和社会各界的共同推动下,近代交通的建设,农田水利的兴修,文化教育的普及,近代工业体系建立,以及内迁工厂、高校和人口的流入和示范,社会流动加强,社会需求增长,推动西北社会进入了一个较为全面的变动阶段。西北地区的社会生活各方面,出现了不同程度的变化。

三、近代西北地区的社会经济文化

(一)农业的恢复与经济近代化

西北地区是中华民族发祥地之一,农业发展较早。

关中土壤肥沃、河流较多,在汉武帝统治初期,农业生产发达,良田有所谓的"陆海""土膏""亩价一金"之称。秦代苑囿所在的渭水南、秦岭北之间,则是"夫南山,天下之阻也,南有江淮,北有河渭,其地从汧陇以东,商雒以西,厥壤肥饶。汉兴,去三河之地,止霸产以西,都泾渭之南,此所谓天下陆海之地,秦之所以虏西戎、兼山东者也。……又有秔稻梨栗桑麻竹箭之饶,土宜姜芋,水多蛙鱼,贫者得以人给家足,无饥寒之忧"①。

关中以西的天水、陇西、北地、上郡等地"与关中同俗,然西有羌中之利,北有戎翟之畜,畜牧为天下饶"②,经过秦朝的开发,已经

①《汉书·东方朔传》。

②《史记·货殖列传》。

是半农半牧的地区。汉武帝控河西走廊后，更设河西四郡、徙民屯田、兴修水利、推广抗旱保墒的农耕技术，此后经过“昭宣之治”，边郡因为“数岁丰穰，谷至石五钱，农人少利”即谷贱伤农。大司农中丞耿寿昌建议令“边郡皆筑仓，以谷贱时增其贾而籴，以利农，谷贵时减贾而粜，名曰常平仓。民便之”①。

西域“诸国大率土著，有城郭田畜，与匈奴、乌孙异俗”。原本就是以农业为主的国家，汉代则以屯田的方式，将农业推广到畜牧业为主的地方，如楼兰，也将汉人的先进农业生产技术带到那些土著“诸国”，推动当地农业的发展。②

清代经康、雍、乾三朝，为安定边疆，保障驻军供应，持续采取扶助生产、蠲免粮草、救灾济荒等安抚措施，西北地区的农业生产逐渐恢复并发展。主要表现为：

一是大量垦荒。明中期，迫于西北游牧民族的压力，弃嘉峪关以西不守，致数千里沃野，变为荒芜。清初，以驻兵军屯、遣犯屯田、民屯等形式大力推动荒芜土地的开垦，使陕甘河湟地区、嘉峪关外、天山北部等地的大片荒地变为良田。仅天山北路一带，到乾隆四十六年(1781)，“陆续安插户民一万九千七百余户”。到嘉庆十年(1805)，乌鲁木齐、奇台、巴里坤、伊犁等地垦地 100 余万亩，达到清朝前期垦荒的高潮。③

二是水利事业空前发展。随着屯垦的扩大，西北水利出现空前发展。嘉庆宁夏一带境内共有引黄灌渠 23 条，灌地2.1万顷。④新疆在大量屯垦的情况下，南疆不断扩建水利灌溉系统，原为游牧

---

①《汉书·食货志(上)》。

②《汉书·西域传》。

③ 参阅谷苞主编:《西北通史》第 4 卷，兰州:兰州大学出版社 2005 年版，第 216 页。

④《大清一统志》。

区的北疆则因屯垦水利建设突飞猛进。据《新疆图志·沟渠志》记载，新疆建省后各地水利建设成就十分明显，计有干渠941条、支渠2 363条，灌溉田地1 119万余亩。

三是畜牧业仍占有重要的比重。在西北屯垦发展较早的地区，出现了牧业经济向农业或半农半牧业经济的转化，但是由于地理环境限制，西北地区高原地带仍多以畜牧业为主。青海玉树藏族聚居区“其民皆以游牧为业”①，天山和阿尔泰山之间也多有天然牧场，陕西北部黄土高原区农耕之外，亦多以畜牧业补充生计，儿童从小就开始牧羊，“绝少嬉戏”②。

鸦片战争以降，西北社会又一度遭受兵乱和天灾的双重打击，从咸同年间就起义、兵事接连不断。咸丰十一年(1861)太平军三万人远征豫、陕，进入关中，直指西安，次年(同治元年)陕西渭南回民与太平军接应之下，爆发起义，总人数达20万，遂自东向西，横扫关中，以致关中“十室九空”。其间，又有捻军的西支6万人从河南进入关中与回民起义军合势。受其影响，甘肃(含青海、宁夏)、新疆回民起义遍地而起。光绪三年(1877)，陕西等地历冬经春及夏不雨，赤地千里，人相食，道殣相望，其鬻男弃女者不胜数，为百余年来未有之奇蒲城大饥，人相食，至次年夏，饿死者三分之二；高陵春夏赤地百里，“斗米二千有奇，疫毙男妇三千余人”③。陕西人口数量一直在西北各省中居于较高水平，从道光二十二年(1842)到咸丰四年(1854)基本保持了1 200万，而“同治初回回变起杀伤几五十余万，亦云惨矣，重以光绪丁丑戊寅奇灾，道殣相望，大县或一二十三，小

① 周希武：《玉树调查记》(影印本)，〈中国方志丛书〉西北地方第三十七号，台北：成文出版社1967年版，第165页。

② 《续修陕西通志稿》卷一九六，民国铅印本。

③ 陕西省地方志编纂委员会：《陕西省志·地理志》，西安：陕西人民出版社2000年版。

县亦五六万，其彫残殆甚于同治初元”①。经历此一番打击，至光绪十年(1884)，竟锐减了三分之一，仅余810万。② 旷日持久的变乱和奇灾，严重打击了西北社会经济。

自左宗棠在西北的开发治理，至清末各省奉命实施新政，西北农业遂开始新一轮恢复发展。20世纪30年代，西北地区迎来又一轮开发活动，在农业逐渐恢复基础上，社会经济开启近代化：

首先，表现在农业生产工具的提升和劳动组织方式的变化。

陕西关中自古农耕发达，传统耕作方式成熟，以人力和畜力为主。至清末，经济作物的机械生产始零星出现。光绪七年(1881)左宗棠奏请建立投产的兰州织呢局——机器加工羊毛——为西北最早的机器毛纺织工厂，光绪二十二年(1896)陕西学政赵惟熙倡办机器轧花厂，日出皮棉数百斤，较人工效率高出数10倍，为陕西最早的机器轧花工厂。

20世纪30年代，随着国民政府复兴农村经济和开发西北战略计划的实施，西北农林专科学校和各省农业改进所先后成立，积极推广农业技术。一是新式农具如拉锄机、条播机、喷雾器、汲水器、新式犁、中耕器等相继在有条件的地方用于农业生产；一批机器设备如弹花机、中小型织布机、面粉机、榨油机等也相继被引进经济作物加工业。二是应农业生产需求，新式农具的改良速度也得到提升。1934年陕西省棉产改进所制造并推广使用的棉花条播机，仅用于条播棉花，1937年就据农民反馈改进为棉花、小麦播种两用机，1938年即开始推广使用棉花单行、双行条播机。三是棉粮新品种的推广和使用，成果斐然。在陕农7号、蚂蚱麦、蓝苗头麦、西北

① 《续修陕西通志稿》卷三一，民国铅印本。

② 曹占泉主编：《陕西省志·人口志》，西安：三秦出版社1986年版，第94页。

302号等小麦改良品种与新式工具的双重作用下，陕西小麦良种面积自1934年1 446.7万亩增至1945年1 947.2万亩，产量由1934年17.8亿斤增至1945年的18.2亿斤。①　泾惠灌溉区4号斯字棉1亩可产皮棉100斤，比原来的小洋花增产一到二倍，至1940年其种植面积达102万亩，创造了陕西棉良种推广历史记录。1938年秋甘肃成立农业改进所，经过六年努力，使泾阳302、武功774、美国玉米3个优良粮棉品种在甘肃扎根。

在劳动组织上，西北传统农牧业生产方式以自然经济为主，组织简单分散，生产活动相对封闭、独立，生产力水平较低。20世纪30年代初，国民政府实业部的复兴农村经济政策和措施中，首倡农村合作社是重要一项，合作社是“依平等原则，在互助组织之基础上，以共同经营之方法，谋社员经济之利益，与生活之改善，而其社员人数及资本额均可变动的团体”，②组织包括消费合作社、生产合作社、信用合作社、其他合作社和附设事业（教育娱乐、医药卫生、救济、保险等）。③　初期，在四省农民银行、上海银行陕西省银行、中国银行的贷款下，陕西农村合作社的情况较有起色，至1935年[illegible]月止成立的各种合作社共132个，社员人数达70 794人。④　甘肃到

① 陕西省地方志编纂委员会：《陕西省志·农牧志》，西安：陕西人民出版社19[illegible]年版，第241页。

②《合作社法》（1934年3月1日），中国第二历史档案馆：《中华民国史档案资料汇编》第5辑第1编财政经济（7），南京：江苏古籍出版社1994年版，第305—306页。

③《合作运动方案》（1931年4月），中国第二历史档案馆：《中华民国史档案资料汇编》第5辑第1编财政经济（7），南京：江苏古籍出版社1994年版，第298页。

④ 雷宝华：《陕西省十年来之建设》（1937年1月），西安市档案馆编：《民国开发西北》，内部资料，2003年，第493页。

1936 年 5 月止，仅成立信用合作社 95 个，社员5 112人。①

作为一种新劳动组织方式，“合作”经营所具有的规模、组织方式、规则和约束等，都是传统农牧业生产方式较为陌生的。因此，在略有成绩的陕西，乡农“对于合作办法总是怀疑”，除了认为“借款手续太麻烦”“组织条例太复杂”外，“贫农组织不成(信用不够)”“富农不愿组织”，合作社的实际办理情况并不理想。②

全国抗战爆发后，国民政府加大力度推动农村合作事业，在抵押品多样化、手续简化等措施下，甘宁青的合作社也渐次建立：1941 年，甘肃省合作社已增至5 000个。③ 宁夏省也在 1943 年除两个蒙旗外，13 个县全部普及，成立合作社 663 个，社员69 014人。到 1943 年青海也成立了 54 个信用合作社。④

其次，是交通建设进一步推动西北经济发展。

西北诸省资源丰富，但交通梗阻，成为近代西北地区发展落后的主要原因之一。从军事战略的角度看，交通不便亦是一个严重的障碍。左宗棠用兵西北之时，即自潼关始，自东向西修筑陕甘大道，又为收复新疆，继续筑路向西，北路一直修到精河，南路一直修到喀什噶尔，大大便利了西北与内地的联系。

为开发西北、建设抗战大后方，国民政府率先着手改善西北交通条件。先接通西北与中原的铁路交通干线，将陇海铁路(当时已

---

① 甘肃省政府：《甘肃省之经济建设》(1937 年 2 月)，西安市档案馆编：《民国开发西北》，内部资料，2003 年，第 534 页。

②《西北调查报告》(1934 年 6 月)，中国第二历史档案馆：《中华民国史档案资料汇编》第 5 辑第 1 编财政经济(7)，南京：江苏古籍出版社 1994 年版，第 321 页。

③ 吴文英：《甘肃之合作经营》，《甘肃合作》1941 年第 18—20 期合刊，第 23—25 页。

④ 罗舒群：《抗日战争时期甘宁青三省农村合作运动述略》，《开发研究》1987 年第 3 期。

通车至河南灵宝）向西推进至陕西宝鸡。又以公路建设投资少、进展快而确定其为“目前便利运输交通之最先急”，一面联通陕甘，1934年春开筑西兰公路，至次年5月通车，全长753公里；一面沟通西北与西南，1934年9月开工西汉公路，1935年12月完工，全长447.6公里。全国抗战爆发后，为打破日本对沿海地区的封锁、打通国际通道，接受援华物资和发展对外贸易，国民政府除了在西南修筑中印公路和滇缅公路外，在西北修整了甘新公路（兰州—迪化）、迪伊公路等，贯通西北国际交通线。

另外，抗战时期，西北地区公路干线及支线网路也逐步修建完成，公路干线如华双公路天双段，为陕西南部与甘川联系通道；甘川公路兰通段，为甘肃入川直通路线；汉白公路为陕南与湖北联系通道；宝平公路，为陇海铁路和宝汉、西兰、宁平公路联系枢纽；青藏公路玉树段，系联结西北与川藏地区的西部通道；此外还有宁（西宁）张公路、夏宁公路、宁陕（陕坝）公路、岷夏公路等。新疆有迪伊线迪哈公路，额敏—塔城、迪化—焉耆、焉耆—阿克苏、阿克苏—喀什和喀什—和阗等公路干线。青海先后建成宁民、宁循、宁门、宁互、宁同、宁都、宁贵等公路。宁夏于1933年建成了“三大干线”（指宁夏至包头、兰州、平凉的三条省际道路）、“四大支线”（指银川至盐城、灵武、预旺和定远营的四条省内主要线路）。①

自30年代以铁路公路为主的新型交通网络构建以来，传统手工制售业，也借助交通改善和行旅增加扩大发展，产品行销国内外，带动当地制售业的兴盛。如潼关“万盛源”，以加工潼关酱笋最为著名。早在清末时，就以潼关“界连晋豫路通商洛”，开分店三

① 李云峰、曹敏：《抗日时期的国民政府与西北开发》，《抗日战争研究》2003年第三期，第60—61页。

家，店伙达150余人。陇海铁路通车后，其产品更远销西北五省、京津沪汉广州等地，酱笋和八宝小菜、什锦包瓜等也被制成精美罐头出口外销。陕西凤翔一带烧酒古已有之，美称“凤酒”。1915年陕西凤翔柳林镇出产的西凤酒在巴拿马万国博览会上获得金质奖。1928年在中华国货展览会上获二等奖。1934年编《第三届铁展陇海馆专刊》称其“味醇馥，与山西汾酒不相上下。往岁产最甚丰，凤翔、宝鸡年各出数百万斤”。

新疆一些大城镇的商业都有较大发展。迪化原先就汇聚了燕、晋、湘、秦、豫、川、鄂、陇八大商帮，每年春秋两季，成百上千的驼队运来内地商品，又将汇聚在迪化的新疆农牧特产转销内地。伊犁商号众多，当地民族商人和京津商人开展对内对外贸易，经营范围很广，有油房、磨坊、畜牧、肠衣、皮货、百货、茶行、布匹等等，大商号复兴德，拥有汽车16辆，来往全疆各地和内地，营运绸缎、布匹及百货等，带来了很好的效益。交通改善后，新疆的实业也有所发展，特别是土布生产和销售量也有较大增长，1937年生产330万匹，销往各地38.5万匹，1941年生产412.5万匹，销售较好。1942年莎车、叶城两地生产布类200万匹，喀什生产色布200万匹，和田生产织品7万匹，都畅销国内外市场。①

再次，是近代工业体系的构建。

清末以西北用兵，先后创办了兰州机器制造局、陕西机器制造局、新疆机器制造局制造子弹枪炮和部分军需用品。后有个别官办工矿业出现，如1887年左宗棠创办兰州机器织呢局，是西北第一家机器毛纺厂。1905年陕西延长石油官厂开始筹办，建成后，初

① 新疆通志・商业志编纂委员会编：《新疆通志・商业志》，乌鲁木齐：新疆人民出版社1998年版。

期日产油 1 到1.5吨，拥有“中国陆上第一口油井”。

抗战军兴后，一方面，内迁工厂进驻西北，主要分布在陕西西安、宝鸡、咸阳、汉中、天水、兰州等地，带动了地方近代工业发展。另一方面，国民政府也颁布一系列办法、条例，以鼓励扶持和发展后方民营、国营工矿企业创办，推动了西北近代工业体系初步形成。①

首先，陕甘是西北工业体系布局的重心所在，陕西以交通便捷、供应抗战军需民用的市场需求较大而最为突出，新增工厂数量占据绝对多数、行业构成最为完整。

据统计，截至 1942 年，西北陕甘宁青四省工厂总数达 8[illegible] 个，陕西有 385 个。② 1944 年，陕甘两省各类工厂已达 587 家。③ 比较而言，宁、青、新的工业发展落后，宁夏共建 18 家、新疆 44 家。④青海则主要为马氏军阀直接控制的“八大厂”。⑤ 行业涵盖纺织、机器、面粉加工、制革、制药、化工、印刷、电气、榨油、打包、运输、毛纺、水泥等，其中以面粉加工业和纺织业等为代表的轻工业发展迅猛，1942 年陕西纺织业已从战前的 2 家，发展到 36 家，其中大华纺织厂、申新纺织厂、蔡家坡纺织厂和咸阳纺织厂（后两家皆隶属于雍兴公司）是资本雄厚、最具规模的 4 家。⑥

其次，抗战期间，国民政府采取官办、官商合办等方式，推动西

---

① 李云峰、曹敏：《抗日时期的国民政府与西北开发》，《抗日战争研究》2003 年第 3 期，第 67—70 页。

② 陈真：《中国近代工业史资料》第 4 辑，北京：北京三联书店 1961 年版，第 97 页。

③ 国民政府经济部统计处：《后方工业概况统计》，1943 年 5 月。

④ 陈真：《中国近代工业史资料》第 4 辑，北京：北京三联书店 1961 年版，第 88 页。

⑤ 青海马步芳办的“八大厂”：洗毛厂、三酸厂、玻璃厂、火柴厂、毛纺厂、皮革厂、[illegible]厂和水泥厂。参阅徐全文《解放前青海的洗毛等八工厂》，载于政协甘肃省委员会文史资料委员会编：《西北近代工业》，兰州：甘肃人民出版社 1989 年版。

⑥ 西安市档案局、西安市档案馆编：《陕西经济十年（1931—1941）》，内部资料，1997 年，第 176 页。

北近代工矿业发展。

在煤炭、石油和机械等重工业方面，以官办为主，官商合办为辅。截至1942年，负责指导管理全国矿业及重工业建设的资源委员会，通过的独资经营或与西北地方各政府合资经营的矿山、能源工业已达18个。① 如甘肃玉门油矿（1938）和新疆独山子油矿（1944年接办）；1940—1942年新疆省先后建成了迪化煤矿、迪化六道湾第二煤矿、塔城煤矿，年采煤量达到18万吨。甘肃于1938年恢复的制造厂（前身为甘肃机器局），到1941年（更名甘肃机器厂）生产规模之大、生产品种之多，为甘肃制造史上空前所有；1943年著名企业家刘鸿生与国民党经济部以及甘肃、青海两省政府合资兴办了西北毛纺织股份有限公司等等。

中国银行在西北投资创办的实业集团——雍兴公司，1940年开始先后在陕西、甘肃创办、接办了13家厂矿，涉及纺织、机器、煤矿、运输、化工、制革、印刷等，是西北地区实力雄厚的一家国有企业。②

最后，工合运动在西北的发展也颇有成效。作为一个群众性经济救亡组织，在有效组织内迁难民和地方民众创办工业合作社从事加工工业过程中，中国工业合作西北办事处在1940年已成立18个事务所，大小合作社400余所，③在后方生产中占据一定比例，有力支持了抗战；也成为组织、训练地方社会民众接受工业化生产方式和学习“合作”“集体”“科学”“卫生”等新生活观念的社会组织。④

---

① 魏永理：《中国西北近代开发史》，兰州：甘肃人民出版社1993年版，第239页。

② 王建领编：《雍兴实业股份有限公司档案史料选编》，西安：西北大学出版社2018年版。

③ 沈雷春：《中国战时经济建设》，上海：上海世界书局1940年版，第47页。

④ 魏宏运：《抗战时期工合运动的力量》，《史学月刊》1997年第4期，第74—77页；尚季芳、张春航：《经济与思想之改进：战时工合运动与西北社会变迁》，《历史教学》2013年第4期，第23—32页。

概而言之，近代西北地区的经济，虽然受到自然条件的限制和长期农业生产传统的影响，但在交通相对便利、外来人口增多的地区，社会经济近代化逐渐开启并发展。这是富有浓厚传统农业社会气息的西北社会，开始向现代社会转型的表现。同时，也应该看到这种近代化趋势仍然存在不可忽视的问题：

一是西北地区农业生产力水平仍然比较低下。

清代前期，屯垦极盛之下，新疆地广人稀，农业生产方式尤多粗放，垦民们“不解芸锄不耧田，一经撒种便由天。幸多旷土无人择，歇两年来种一年”①。康熙年间，陕西招抚流亡垦地，外省农民进入山区后“伐林开荒，荫翳肥沃。一二年内杂粮必倍，到四五年后，土既挖松，山又陡峻，夏秋骤雨冲洗，水痕条条，只存石骨，又需寻地耕种”②。西北虽有旷土千里，时而垦，时而荒，农业生产力水平时时处于重启恢复之中，实际上降低了屯田垦荒的实际效力。因此，不可高估了西北的农业恢复程度及其对社会生活水平的改善和社会财富积累的影响。

二是西北各省经济发展不平衡。

西北各省实际可供生产生活的耕地和牧场区域面积虽可观，但水资源的限制是十分严重的。陕甘平原沃野之地，农业发展也必须水利事业先行，历代挖渠凿井不懈方可实现。至于新疆，除了东部哈密吐鲁番等地、西部伊犁等地为良田、可耕之地外，北疆阿尔泰山麓，雨水多，冰雪大，一俟融雪则成洪流，积为湖沼，不宜耕种。南疆雨少，可耕地较多，但灌溉之水又专靠积雪融流成河水和泉水，平时融水尚可，五六月冰雪融水即成灾，且土地性多盐碱，一

① 吴蔼宸：《历代西域诗钞》，乌鲁木齐：新疆人民出版社 1982 年版，第 242 页。

② 陕西省地方志编纂委员会编：《陕西省志・农牧志》，西安：陕西人民出版社 1993 年版。

经雨水即蒸发成一层白霜(硝碱)覆盖。① 西北各省民国年间之水利建设,除陕西有"八大水渠"工程先后实施外,其余各省水利建设,尚未恢复清朝前期盛况。甚至新疆、甘肃等地,至抗战军兴,康乾时期屯垦的耕地仍未恢复完成,农业发展水平可见一斑。在近代工业的发展上,西北各省中,陕西、甘肃各项事业受内迁影响,加之国民政府推动官办工矿发展,尚称初具框架。至于新疆,民国后不再享受"协饷","就地筹款"使各项公共事业发展缓慢。但地理位置独特,与外国商贸往来,其利可观。惟依赖于本地农牧资源输出、外国工业商品进口,近代工业体系势难形成。因而,西北各省社会变迁程度不一,社会生活状况多样,不得不究其变化,分而察之。

(二) 西北的人口与民族

1935 年,人口地理学家胡焕庸教授在《地理学报》上发表了题为《中国人口之分布》的论文,第一次明确地以定量分析结果(1933年人口分布图和人口密度图)指出中国人口的分布特点:"自黑龙江之瑷珲(今爱辉),向西南作一直线,至云南之腾冲为止,分全国为东南与西北两部:则此东南部之面积,计 400 万平方千米,约占全国总面积之 36%;西北部之面积,计 700 万平方千米,约占全国总面积之 64%。惟人口之分布,则东南部计4.4亿,约占总人口之96%;西北部之人口,仅1 800万,约占全国总人口之 4%。"这条著名的黑龙江爱辉—云南腾冲人口地理分界线,后来也称"胡焕庸线"。

在这一科学研究结果提出来之前,国人对于西北地区的现实认识即"地广人稀"。早在九一八事变前,各界人士在呼吁西北开

① 李烛尘著,杨晓斌点校:《西北历程》,兰州:甘肃人民出版社 2003 年版,第 124 页。

发的言论中，不约而同提到第一个开发之理由，乃是“可容纳内地过剩之人口”，西北和东南“移民实荒，彼此互救”等，①殆至东北沦陷，开发西北呼声迭起，开发西北以巩固国防的战略理由首当其冲，但解决内地人口问题仍然是主要的原因之一。据当代学者们的研究，经过了 80 年，2016 年中国约94.39%的人口仍居住在“胡焕庸线”东南方43.71%的国土面积上，5.61%的人口居住在“胡焕庸线”西北方56.29%的国土面积上。而自 1935 年至 2015 年的近 80 年来，西北部人口平均密度已由 2 人/平方公里增长到了近 16 人/平方公里，平均人口密度增长了 8 倍；东南部平均人口密度由 107 人/平方公里增长至 303 人/平方公里，平均人口密度增长近 3 倍。②

在传统意义的交通网络基础上（与现代交通网络相对而言），地广人稀的西北地区，能否成为解决东南人口过剩问题的出路；东南人口迁移至西北地区后，又能否影响甚至改变西北社会生活方式、文化传统等，似乎还须从西北土地、人口与民族关系的角度加以观察。

按照王金绂在《西北地理》中所载数据，③西北诸省当中，以新疆最为广阔，约有 121 万平方公里，而人口仅 257 万余，陕西最狭小，约 14 万平方公里，但人口1 063万余，甘肃 28 万平方公里，而人

---

① 参阅胡应连：《开发西北问题》（1929），马鹤天：《开发西北之步骤与方法》（1931 年），载于《西北》1931 年第一期。

② 中国科学院：《中国可持续发展遥感监测报告（2016）》，北京：社会科学文献出版社 2017 年版。

③ 据曾世英推算，载于王金绂《西北地理》第 7 页，并按照 1 平方里＝0.25 平方公里换算。

④ 资料来源参考：《甘肃省志·农业志》，1930 年数据。《陕西省志·农牧志》1936 年数据。

口 533 万，青海 57 万余平方公里，人口 131 万余，宁夏 22 万平方公里，人口 40 万余①。以人口密度比较，新疆每平方公里仅 2 人，陕西每平方公里 69 人，每平方公里人口数未及百人。如此广阔的土地资源，却仅供养了一千多万人口，其背后有种种原因，大致可以列举如下几点：

首先，农耕与畜牧生产方式并存，非农耕面积所占比重大。

西北地区自东向西同时存在有农耕、半农半牧、游牧业三种生产方式。

作为西北诸省中面积最大的新疆省，虽然农业发展也较早，但主要是在天山南路和伊犁一带。天山北路至阿尔泰山麓地区，则更多林地草场，实际农耕土地所占比重并不高。这个现象当代依然存在，以 2005 年《新疆通志・土地志》中 1985 年的统计数据看：新疆土地面积 160 多万平方公里，折合24.95亿亩，约占全国土地总面积的六分之一。其利用结构为：农地8 806.44万亩，占全疆土地面积的3.53%；林地7 476万亩，占2.96%；牧地88 839.04万亩，占35.60%；待用地6 833.91万亩，占2.74%；沙漠、砾漠、戈壁、盐漠、裸盐等和短期内难以开发利用的土地13.7万万亩，占54.93%；水域7 522.11万亩，占3.01%；冰川积雪4 526.5万亩，占1.81%。农林牧用地合计105 121.48万亩，占全疆土地面积的42.13%，是全国土地利用率最低的省区。农地中，耕地面积为4 623.78万亩，占农地面积的52.50%，只占土地总面积的1.86%，也是全国垦殖率最低的省区。此一全疆面积统计比 50 年前多了 40 万平方公里，似

① 各省人口数据参考来源：甘肃省来自顾执中、陆诒著，董炳月整理，《到青海去》，北京：中国青年出版社 2012 年版，第 50—53 页；青海省来自《新青海》1933 年二卷三期；宁夏、新疆、陕西来自国民政府内政部 1935 年报告。

可再考，但人口增加到1 361.13万人，当为准确。这表明在新疆农耕地已经增长近八倍的情况下，畜牧业用地仍然占有整个新疆可利用土地总量中最大比重，而新疆难以开发的土地竟占总面积的二分之一余。因此，新疆仍是畜牧业占绝大比重的区域。

甘肃则是农业区向畜牧区过渡的地带，拥有两大牧区，分别是甘南草原与河西祁连山北路和当金山山麓，年牲畜数量与青海牧区、西藏牧区和西康牧区并驾齐驱；一般农家也饲养家畜，平均每百户农家拥有的牲畜数量远远超过全国农区的平均水平，其中山羊是全国的5.34倍，绵羊则为13.76倍。① 青海近一半以上是畜牧草地，畜牧业是本地支柱产业，农耕土地主要在河湟谷地。如拉卜楞寺地区的民众专司畜牧，食用粮食是通过以货易货，拿了羊毛换取湟源谷地产的青稞。

至于“天下黄河富宁夏”的宁夏平原一带，虽是优良的农耕地，但贺兰山以西的阿拉善旗和额济纳旗则以畜牧业为主，仅有的耕地，往往都租给汉族或者回族耕种。陕西则是西北地区农耕业最为发达的地区，因此也是能供养人口最多的省份。

其次，受技术水平和天灾人祸的影响，社会财富匮乏，人口增长缓慢。

西北地区资源丰富。但是囿于技术水平和交通条件，物不能尽其用，货不能畅其流。

农业生产力水平对农作物产量的限制以及自然灾害带来的人口锐减，前文已述，不再复赘。就以西北畜牧业来看，甘宁青新四省拥有大量牧场，一方面常因动物瘟疫令牧民损失严重，一方面出产的大量皮毛因不事加工制作，仅以原材料形式输出，对经济效益

① 参阅谷苞主编《西北通史》第5卷，兰州：兰州大学出版社2005年版，第328—329页。

的开发十分低下。1942年,甘青两省爆发牛瘟,波及数县,瘟牛据估高达百万头。设立于兰州的西北防疫院尚不能及时制作足够的血清疫苗,只能坐看瘟牛待毙,以每头牛均千元计,其损失令人咋舌。[①] 牛死取其皮,以牛皮转输内地,"以货易货"换取布匹之类,除了部分以陈旧制革技术,灰浸刮肉之后,继以烟鞣,供应军用之外,鲜有加工制成品用于贸易。同年新疆一地,"年有五十万担之棉花,却无一枚纺纱之锭子,有三十六万担之羊毛,而尚无一架纺毛机。……同时即有大量之花布、哔叽、呢绒等源源而来,其余日用品又无一非舶来。"新疆人民之日用品"除米、麦、油、盐、燃料外,大宗衣被,不用说系来自苏联",其余之各种用品,也"无一非苏联货品"。[②] 西北各省有煤、石油、水源,却无工业机械,轻工业稍有机械者,又无人才、无市场,聊有生产者,加之交通运输不便,徒增物价,长期作为资源输出型地区,地方之物不能尽其用。

陕甘等地的农民常迫于政治上的苛捐杂税,将大量良田种鸦片,致粮食生产减少,一遇灾荒年即因缺粮而饿殍遍野。政府对棉田改种鸦片烟,时禁时弛,如甘肃"民国四五年(1915—1916),烟禁极严,很少栽种烟苗,烟膏每重一两,售银八九两。烟民不能断瘾者,为之倾家荡产。……民国九年(1920),地震成灾;十年(1921),财政困难,不幸弛禁。二次种烟,且因烟价昂贵关系,农民趋之若鹜。禁时烟地,尽改棉田,至此复又拔棉而种烟,以致烟价渐跌,烟民日增,适成反比"。[③] 农民用良田种植鸦片,或因趋利而为,"有地七亩,若种麦子,只收一石四斗,值洋七十余元;若种罂粟,可收五

① 李烛尘著,杨晓斌点校:《西北历程》,兰州:甘肃人民出版社2003年版,第26页。
② 李烛尘著,杨晓斌点校:《西北历程》,兰州:甘肃人民出版社2003年版,第125页。
③ 陈赓雅著,甄暾点校:《西北视察记》,兰州:甘肃人民出版社2002年版,第273页。

百两，计值二百五十元。除粮税五十元，购麻渣两千个，计六十元外，尚余一百四十元。故农人多种烟，而不种麦”；“旱地隔年一种，且十种九不收。……而粮款仍旧照纳。每一斗地，约纳十元左右。田无所出，多以工资为偿，甚以借贷为活。”借贷又变成高利贷。“普通二三月借洋一元，六七月还烟四两（市价每元二两）。”就算种植鸦片，“普通农户，倘遇年成不好，即忍受饥寒。强健者，皆外出做工，或当兵，所谓乃人养地，非地养人是也”。①

陕西关中所谓沃野之地，1921—1927 年，因田赋征收比旱地高出几十甚至几百倍，农民被迫改种鸦片，政府抽烟亩罚款每亩 15 元。1928—1932 年间，改罚款为征收地赋——每亩 10 元。实际上 1932 年已经征收到每亩 50 元、最高 70 元，且预征田赋很普遍，这还不算多达 33 种名目各异的临时摊派。② 如此沉重负担之下，遇到平年，则赋税压身，抽取殆尽，无法累积财富，增加生产能力；若遇灾年或者土匪劫掠，则一贫如洗，几近待毙。人口数量历经大灾大疫，就大规模消减，遇到军阀割据、政权更迭，则缓慢增长。人民生活，普遍因为财富匮乏和积累艰难，始终维持在较低水平上。

再次，西北是多民族聚居地，民族人口分布广，对区域生产活动的影响明显。

西北各省均有多种民族人口分布。

陕西关中自古是全国政治中心，历史上也是多民族融合的地区，至有唐一代胡汉杂处，汉民族不断壮大。唐末五代宋元时期，陕西失去中心地位，鞑靼、党项、女真、蒙古等族先后活跃于陕西。

---

① 陈赓雅著，甄暾点校：《西北视察记》，兰州：甘肃人民出版社 2002 年版，第 28 页。

② 行政院农村复兴委员会编：《陕西省农村调查》，上海：商务印书馆 1934 年版，第 152—153 页。

元代在成吉思汗西征后，东迁而来的阿拉伯、波斯及中亚地区信仰伊斯兰教的各族人与流入地各民族交流交融，共同形成中国回族，进入陕西的回族日渐壮大，以完整的社会组织和宗教信仰，聚居于陕西关中，最盛时人口达170万，形成陕西的汉、回两大民族格局。咸同回民起义结束后，左宗棠对陕西流亡回民采取就地安插并“不准复归故土”的政策，其中“安插甘境者不过六万余众而已”；另有一部分陕西回民则四散，有的逃至内蒙古的包头以及河南、山东、山西、四川、新疆等地定居，有的经过关中长安，翻越秦岭，定居在现镇安的茅坪、观上等地。1953年，全国第一次人口普查显示，陕西境内回族人数3万余人，①不复往昔盛况。除极少部分从事农耕外，回族人多从事工商业，特别是饮食业，清真饮食成为陕西饮食特色之一。另外，清朝统一中国后，陕北有部分蒙古族、满族官兵驻防陕西，一批满族人入居西安、汉中、潼关等地，满族、蒙古族人民不断与汉族人民杂处、通婚，逐渐接受了汉族文化。

甘宁青三省，除了汉民族外，主要少数民族有回族、蒙古族和藏族。回族在元代进入中国后，西北始终是其最重要的聚居地之一。清代前期的甘宁青回族大多聚居在河西走廊、河州、兰州、西宁、固原、平凉等地，“盖自乾隆以来，重熙累洽，关陇腹地不睹兵革者近百年。回民以生以息，户口之蕃亦臻极盛”。② 甘肃人口更有“回七汉三”之说。咸同回民起义结束后，左宗棠采取“涣其群，孤其势”策略，强制将回民从关中平原、宁夏平原、河湟谷地等富饶之地迁往贫瘠山区。关中、固原、西宁等地回民数万被安置在平凉、会宁、静宁、安定等山区沟壑之地，后又将平凉一带近万名回民迁

① 参阅陕西地方志编纂委员会编《陕西省志·民族志》，西安：陕西人民出版社2012年版。
② (清)易孔昭等著，孙文杰整理：《平定关陇纪略》卷一，北京：人民日报出版社2017年版。

往宁夏泾源。河西走廊的回族迁散殆尽，再未形成相对聚居地。河州的回族人口因起义领导人较早投降左宗棠，未受迁徙，得以保留，遂成为甘肃境内回族人口持续聚居地，生齿日繁，经堂教育发展，清真寺盛极。经过元明清长时期的发展，西北回族以农为主，兼营家畜业，与汉族的经济发展水平一致，又因信仰伊斯兰教，民族文化认同不断增强。除了上述几个回族聚集地外，甘肃河州东部，有东乡族在生活习俗和宗教信仰上同回民相似，历史上也被归于回族之内，或称“东乡土人”“蒙古回回”等。位于甘青交界的甘肃积石山县，青海的循化县、化隆县有撒拉族聚居区，该族源自中亚，又先后与藏族、回族通婚发展，其宗教信仰、风俗习惯多与回族相似，聚居黄河沿岸，以农业为主，兼营畜牧业。

甘、青一带的藏族，一度被称作“番”“番子”，以部落形式聚族而居。甘南有由拉卜楞寺和卓尼杨土司分别管辖的数百个部落；河西走廊的天祝县，青海玉树地区、果洛地区，围绕青海湖的东南、海西、海北都是藏族重要聚居区，海东则以塔尔寺为中心，形成藏族与汉族、蒙古族等杂处融合的聚居区；黄南地区的同仁有十数个藏族部落。藏族群众相当一部分信奉佛教，社会延续政教合一的部落组织形式，土司、活佛是政教首领。嘉庆十九年（1814）后，“政属于土司，教属于都纲。兄任民长，管理政务；弟任寺主，主持宗教。土司长子例袭土司，次子例袭僧纲。遇独子时，土司兼僧纲，政教合而为一”。① 畜牧业是藏族主要谋生方式，只有海东一带部分藏人从事农业。

另外，青海河湟谷地的互助、民和、大通、同仁等地，又是土族

---

① 杨复兴：《安多藏区卓尼四十八旗概况》，参阅谷苞主编《西北通史》第4卷，兰州：兰州大学出版社2005年版，第334页。

的聚居地，时人称之为“土人、土民”。土族早期从事畜牧业，与汉族杂处相久，逐渐转变为以农为主。

蒙古族在甘宁青新皆有聚居地，如甘肃的肃北蒙古，宁夏的阿拉善蒙古、额济纳土尔扈特蒙古，青海的和硕特蒙古，新疆天山北路及北疆一带的准噶尔蒙古及土尔扈特蒙古。蒙古族群众多信奉佛教，善游牧，不喜农耕。

民国新疆则号称有“汉、满、蒙、回、维、哈（萨克）、柯（尔克孜）、锡（伯）、索（伦）、归（俄罗斯）、三鞑加一乌（塔吉克、达斡尔、塔塔尔及乌孜别克）”①14个民族，是一个典型的多民族聚居区。瑞典探险家斯文·赫定1928年估算新疆人口分布为：乌孜别克族和维吾尔族170万，柯尔克孜族和哈萨克族30万，汉族30万，东干（即回族）16万，蒙古族23万，其余各民族共约30万。② 从1947年新疆警备司令部的人口调查资料看，新疆总人口已达401万，其中维吾尔族298万，塔兰奇人7万（后归入维吾尔族），共占总人口76%，哈萨克族43万，占总人口10%，汉族22万，仅占5%，蒙古族13万，占总人口3%，回族和柯尔克孜族各9万，各占总人数2%，归化（即俄罗斯族）、锡伯、乌孜别克、塔吉克、塔塔尔等族共占总人口2%。③ 可见，新疆地区的少数民族人口以维吾尔族最为众多，其次是哈萨克族。

天山南路及伊犁部分地区是维吾尔族聚居区。清初准噶尔蒙古被平定之后，维吾尔族在南疆社会经济迅速发展。南疆土地肥

① 李烛尘著，杨晓斌点校：《西北历程》，兰州：甘肃人民出版社2003年版，第129页。

② [瑞典]斯文·赫定著，徐十周等译：《亚洲腹地探险八年》，乌鲁木齐：新疆人民出版社1992年版，第280页。

③ 新疆维吾尔自治区地方志编委会编：《新疆省志·民族志》，乌鲁木齐：新疆人民出版社2005年版。

美、物产丰富，维吾尔族人善习农业，尤其喜欢栽种果园。哈萨克族自15世纪在巴尔喀什湖以南建立哈萨克汗国、正式形成民族以来，社会发展，人口迅速增加，在清初先后归顺中国，多分布于阿勒泰、塔城、伊犁地区，从事畜牧业，主要信仰伊斯兰教。

概而言之，西北地区，除了陕西以汉族为主外，甘宁青新各省则更多聚居了回、藏、蒙古、维吾尔等民族。这些少数民族因为风俗习惯和宗教信仰的缘故，在生产活动中，有各自的一些习惯做法，这也给地方社会经济生活带来一定的影响。

青海虽"河流萦行，富于鱼产，味美而肥"，但当地土人（即土族），虽与汉人同化已久，"迷信为龙种，不敢采食，盖恐龙怒，兴风作浪，暴雨为祟，故任其生长。鱼不避人，探手可得。夏间水涨，鱼则随流上岸，水退鱼留，不知其几千万，无人拾取，任其臭烂，或果禽兽之腹，不知利用"。①

蒙古、藏各族，普遍笃信佛教，历史上家有二子，每每一人入寺做喇嘛，有三子女，每遣二子入寺为喇嘛，一女承继家业，对于人口繁衍并不在意。清统治者刻意在蒙古族中扶持喇嘛教，喇嘛地位崇高，民众遂多送子做喇嘛，不事生产，专以诵经修为。久而久之，喇嘛人众，而百姓生殖衰落，历二百年，宁夏贺兰山西的阿拉善旗人口锐减至不足4万，其中喇嘛就有5 000人。1936年，该旗当局不得不采取限制措施，规定三子以上，只许一子出家，余为黑人（即普通民），独子不得充当喇嘛。② 至1945年，该当局统计，旗内6岁至15岁儿童仅500余名，其中做喇嘛者居然占了五分之四强。旗府选择其中优秀者，命令他们还俗，仅允许一些体格病废者继续充

① 林鹏侠著，王福成点校：《西北行》，兰州：甘肃人民出版社2001年版，第89页。
② 张中微：《边政公论》1941年第1卷第3—4期，第77—78页。

当喇嘛。①

青海藏族以游牧为业,旧有的习惯中,往往女子当家主事,劳作繁重。虽玉树和果洛一带渐发展了耕植,而男子竟不事耕种,仍是仅从事缝纫、洗衣、领孩、捻羊毛或织牦牛帐幕等家务,否则仅久坐灶旁,喝茶、闲话和吸鼻烟,至于"强悍狡黠者辈,终日玩弄枪刀,游骋广漠,以劫掠杀人,或猎野兽为能事"。②

西北多有良田种植鸦片,尤以汉人嗜食者为数众多。或为温饱之家,以吸食鸦片为尚;或以贫寒之人,困苦偶染鸦片,难以戒断。常常荡尽家财之余,以形销骨立之躯,更无力从事农耕劳作,困顿之极,不是沿街行乞,就是坐以待毙。时年游历西北之人,对吸食鸦片者多印象深刻。

其时,西北民族各自具有风俗习惯和宗教信仰,难免利益纷争,相遇碰撞,民族冲突时有发生,给彼此民族心理造成伤害,也严重损减人口数量。

同治年间,陕甘回民起义,延续十余年。1935 年《大公报》记者范长江,游历至河州至兰州间的洮河渡口,目睹一怪相:"渡口为回民主持。回民对汉官毕恭毕敬,随到随开船,对回民同胞也关照周切,取价廉而过渡快。独对于汉民留拦拖延,敲索重价。汉民过此者,非候两三小时不能过,……记者所过全国渡口已不在少数,未见有如此之不合理者"。③ 又有维吾尔族(民国时人称作"缠回")之上层人物,1930 年代不满金树仁改土归流之措,遂以其宗教之"汉民强娶缠女"忌讳,挑起哈密农民暴动,残杀垦荒汉民,使新疆陷入

① 《西北论坛》1947 年创刊号,第 32—37 页。

② 陈赓雅著,甄暾点校:《西北视察记》,兰州:甘肃人民出版社 2002 年版,第 144 页。

③ 范长江:《中国的西北角》,北京:新华出版社 1980 年版,第 56 页。

兵乱数年，互相残杀之下，维汉民众皆苦不堪言。

生活在农耕地的回汉之间存有间隙，游牧区藏、蒙古、藏、回之间也常有纷争。时蒙古、藏族虽皆普遍崇佛教，但各族心性相异，藏族人民较强悍，而蒙古族人民较温和。“两族男子，虽皆佩带刀剑，而好骑马射击，倘因任何争执，拔刀相向，结果大多蒙人退避，藏人逞强不已。”①青海原住的蒙古族二十九旗，渐为藏族北逐，以至于黄河南的蒙古族几近绝迹。甘肃南部拉卜楞寺所辖，皆藏族聚居区。1918 年，时任甘肃西宁镇总兵的回族军阀马麒，借寺内发生管理权纠纷，奉令查处之际，用粗暴手段干涉宗教事务，②1924 年又在与拉卜楞寺藏兵的冲突中，焚烧寺院、藏民村庄，抢劫财物，屠杀藏民7 000余人，致数万人被迫流亡，历十余年始得平息。③

对于西北民族问题，民国各界人士多有感触，纷纷建言献策，大致主要有两途：一为推广文化教育。民族间隙多源于民智未开，文化知识低下，生活原始，行为偏激，易于为人愚弄挑唆。需广建学校、推行教育，令民族中青年一代学习文化知识、掌握现代技术，增强知识水平和生活技能，遂能改善生产方式、摆脱落后生活方式。④一为实现政治上民族平等。认为民族问题的根本，不是宗教信仰问题，而是政治问题。民国号称五族共和，但边政措施多失当，又因

---

① 陈赓雅著，甄暾点校：《西北视察记》，兰州：甘肃人民出版社 2002 年版，第 150 页。

② 参阅丹曲《拉卜楞史话》，北京：民族出版社 1998 年版；黄正清：《拉卜楞寺院与马麒斗争的经过》，载于全国政协文化文史和学习委员会　西藏自治区政协文史和学习委员会编：《藏族百年实录》，北京：社会科学文献出版社 2018 年版。

③ 参阅陈中义、洲塔《拉卜楞寺与黄氏家族》，兰州：甘肃民族出版社 1995 年版。

④ 马鹤天著，胡大浚点校：《甘青藏边区考察记》，兰州：甘肃人民出版社 2003 年版，第 19 页。刘文海著，李正宇点校：《西行见闻记》，兰州：甘肃人民出版社 2003 年版，第 46 页、第 100 页。

与内地隔阂,官吏擅作威福、鱼肉百姓,维、回等族群,素好尚武,不甘屈服,常起而反抗。因此,需摒弃民族大小、高低之见,在政治上谋求民族平等。①

(三)地方文化的发展

西北地处边疆,历史上受中央王朝的控制,时有时无。加之多民族聚居,各民族历史传统不同,在地方文化的形成发展中,中央王朝的文明教化影响程度不一,民族文化特征多有留存。

陕西关中是中国古代文化最早发达地区之一,人文荟萃,积淀深厚。唐宋以后,关中受到政治经济发展影响,形成以农耕和游牧文化交融为特征的秦陇②文化。

自宋代张载开关学,至明清两代,陕甘(含有青海、宁夏)学术以理学为砥柱。明代中期有"东冯(从吾)西张(舜典)"之称的关中理学大师,授业传道,"从恭定(冯从吾)倡导关中,士闻风而起,一时多伟人"。③ 清初,"关中三李(李颙、李柏、李因笃)"及其传承弟子遍布关中,陕西进士以关中所出最多。笃守理学的学术文化风气,使地方学士们多严守"坚实刻苦、默契经思,养深而纯,受严而

① 林鹏侠著,王福成点校:《西北行》,兰州:甘肃人民出版社,2002年,第62页;李烛尘著,杨晓斌点校:《西北历程》,兰州:甘肃人民出版社2003年版,第123页。

② "秦"泛指今陕西、甘肃渭河、泾河流域的山脉、平原地带(其实主要是今天的陕西省大部和甘肃省东部的平凉及庆阳地区),"陇"指陇山以西地区,古代以西为右,又称"陇右",泛指今甘肃六盘山以西和黄河以东地带。在历史上秦陇并称,一是方位皆偏向西北,二是黄土高原覆盖其大部分地区,三是人文民俗相近。行政区划上,明朝撤甘肃行省,并入陕西布政使司,今甘肃东南部被纳入府、县民事管理体系,河西走廊一带因地处极边,设置"陕西行都指挥使司",实施军事化管理,其管辖范围内只设立卫、所。

③ 黄宗羲:《明儒学案》卷二九,北京:中华书局1985年版。

固”的儒家操守，时人评价为“秦人慕经学，重处士，持清议，实与他省不同”。[①] 与此相应，陕西民间畏法尚公的风习浓厚。如号称难治的蒲城大县，虽“民风性刚好斗，负气健讼”，但“民皆踊跃急公，示期开征，皆自封投柜，不过旬月，即十完八九”；蓝田县“士风朴茂，虽甚贫窘，皆负薪好学，入官则清忠见表，即椽吏亦矫矫有声，百姓亦知崇尚孝悌，力田外，以完公输赋为急”。[②] 秦陇地方文化透露出一种士勤耕读、民务稼穑，恪守俭朴，鸡犬不相闻的田园风格。及至清中叶以后，虽还有如李元春、贺瑞麟、牛树梅等一批理学大师，但理学自身因为缺少发展的时代氛围和学术活力而逐渐走向式微。[③] 如原本文化发达的三原，已经出现“俨然儒者，口不言《诗》《书》。闻人言圣贤学，若相戒，不敢近，见绳规士，群訾笑之，或曰理学先生，盖鄙夷之也”的现象，[④]逐渐活跃的民间社会对理学的沉闷和保守表示了不满。而同时期的东南地区已是西风渐习的状态时，以陕甘为桥头堡的西北却直到戊戌政变前后，仍是“西风难得‘东渐”，能传播西学西艺的学堂更是寥寥无几。

---

① 顾炎武：《与三侄书》，《顾亭林诗文集》，北京：中华书局1959年版，第87页。

②《秦疆治略》，道光年间刊本。

③ 笔者以为，《陕西通史》（明清卷）中指出，明清两代，关中思想文化发生了雅文化俗化和俗文化雅化的现象，正说明了作为关中精英文化核心的理学逐渐面临了自负手段的困境，所谓“礼失求诸野”，在社会稳定发展下拥有较强生命力的民间俗文化更加活跃，大有改造暮气沉沉的思想界的冲动，而理学要寻求垂暮之年的再生，唯有走下圣坛，走入民间重新获得生机。因此，甲午以后，一些首先引新学入关中并形成主流的文化人，不仅以传统学者的经世情结推动了关中地方新文化风气的形成，更以布衣学者的入世情结致力于民间俗文化的发展。但是，与江南地区的俗文化发展发轫于江南士风士俗和经济繁荣生活富足不同，近代关中的俗文化发展，一开始就在浓厚的传统民间风气和改良以救国的时代强音中进行，这必然使关中地方文化的发展呈现与江南等地所不同的风貌。民间社会生活的变迁与这种文化发展恰似一枚硬币的两面。

④《三原新县志》，清光绪六年刊本。

甲午战败，举国震惊，士子们以“公车上书”为肇始，展开全国范围内的维新大讨论。在此影响之下，西北从参与公车上书的陕甘籍士子和官员开始，感应时代风潮，推动西北文化迈入近代时期。

首先，西北知识分子不仅热心于新学传播，更注重实务，致力于地方社会文化改造。

以陕籍在京官员宋伯鲁和关中著名学者刘古愚、甘肃教育家任其昌等为代表的学者群体，“博通经史，熟于中外掌故，政教沿革，慨然有春秋经世之志”，①以寻求救国教民的文化自觉，积极参与、呼应维新运动。在变法失败后，转而致力于在地方倡新学、办教育，改良社会风俗。宋伯鲁为倡新政屡受打击，仍热心于救国教民，晚年回到陕西主持修纂《续修陕西通志稿》。刘古愚创设泾阳“时务斋”与众学子研讨国内外大事，继而主持味经书院、主讲崇实书院，受聘甘肃大学堂总教习，受教学生人才辈出、遍及陕甘。任其昌主持天水、陇西各书院讲席达30年之久，弟子著录数百人，秦州书院、陇南书院经他教授的学生考中进士者，有八九十之多。②最为可贵的在于，刘古愚育才之际，注重实务，热心推广新式农业技术和机器生产，曾在泾阳县设立“复豳机馆”，试办蚕丝织绸，又拟集股购买织布机器附设于书院，虽未成功，但实为开地方风气之先。

学者纷纷走出书斋，热心教育、关注民生，主要集中在两个方面：一是创办学校，热心教育，为地方培养各类人才。如于右任捐资在家乡三原创办的民治小学，杨松轩创办的私立咸林中学等。

① 蔡宝善：《烟霞草堂遗书续刻》序，载陕西省教育厅《陕西省教育志》编纂办公室编：《陕西教育志资料选编》第三四五六卷合刊(下卷)，西安：陕西人民出版社1988年版。

② 谷苞主编：《西北通史》第4卷，兰州：兰州大学出版社2005年版，第733页。

水利专家李仪祉亦热心培养水利技术人才。于右任还与同任陕西省政府主席的杨虎城将军一起在武功勘察创立了陕西第一所农林专科学校，以培养专门的农林科技人才。甘肃邓宗创办了本省第一所女子师范学校，还支持女学生们报考北京女子高等师范学校。二是移风易俗、从事社会改造活动。与以往地方士子“笃守程朱理学以挽颓风”的方式不同，民国西北知识分子们更深入民间社会，或创办报刊，以小说、快板、歌谣等形式宣传、教育，如李建三的《老百姓》，或通过文化培养新戏剧演员、创作多种类型的地方剧目，寓教于乐，在地方乃至全国都颇有影响。如陕西易俗社等改良剧社，其活动大有推动陕西社会文化发展的作用，亦成为陕西社会文化发展的一个标志。

其次，随着各项文化教育事业的发展，求学入业的社会观念逐渐形成。

在清末新政推行新式学堂教育，以及民国初年学校教育体系的建立中，西北各省亦步亦趋：一是突破以文史经义为内容、求学入仕为指归的传统，开始培养教育、军事、工业、农业、医药、政法等各类新式人才；二是构建了包含学校教育、职业教育和社会教育的近代教育体系，推动地区文化水平提升。但值得注意的是这个过程比较缓慢，直到20世纪30年代，以抗战军兴契机，西北地区文化教育事业出现了一个跃进时期。

与此同时，教育功能也经历了变化。前期，虽有新文化风气渐开，但地方近代意义上的工业和商贸体系尚未形成，传统生产方式仍然支配着人们的社会生活，教育作为“养成生活能力”的功能并未成为一般民众的共识。初期创立的职业教育学校，不但数量少，教育内容有限，而且社会需求低。“读者多因考不上官立中学，才在职业学校就学，而毕业后，无就业机会，只好学非所用，自谋生路”。[①] 后期，在西北开发和全国抗战中，在国民政府教育政策推动下，特别是出于开发建设对于劳动力文化素质的要求，西北文化教育事业出现了前所未有的快速发展。以陕西为例，据省教育厅统计，1937年至1938年全省包括完全小学、中心小学、保立小学和幼稚园，共计11 722所，就学者约484 078人，约占全省学龄儿童人数的32%。与1930年的统计数字20%比较，上升了12%。[②] 各类工厂企业的兴办刺激了职业学校的激增，涉及机械、农林、水利、卫生（助产、护士）、纺织、牧畜、蚕业、制药，甚至体育。成人教育多以民众教育馆为机构，有民众图书馆、民众览报处等，“日游览人数约百名”；在各城乡还举办平民夜学、识字班等长短期平民教育，“初行之时因方法不佳，民以为苦”，“行之既久，民众对于识字逐渐感受兴趣，每日到识字班之学生，逐渐踊跃”。[③]

各种教育事业的快速发展，增加了民众接受教育的机会，也有助于西北开发和服务抗战。反之，开发建设的种种成果，也刺激了民众的受教育需求。一些在西北设立分支机构的旅行社、银行、工厂企业等，具有较先进的经营管理和人事制度，且资金、设备较为优良，员工的待遇较好。如中旅在西北分支社，练习生工资为24元，助员为40元，办事员为70元，并以10—20元为一个级别晋级，加之食宿全供，还有假期，在当时确是令人羡慕的工作。中南火柴

---

① 《陕西文史资料》第21辑，西安：陕西人民出版社1988年版，第15页。

② 参阅陕西省教育委员会编《陕西省教育志资料续编》，西安：三秦出版社2000年版，第139、203页。

③ 范长江：《塞上行》，《民国丛书》第3编，上海：上海书局1991年版。

厂对职工的福利待遇，更是“照顾备至”。[1] 相对于传统店铺伙计和手工作坊劳动者的待遇，这类企业、工厂对求职者是具有相当吸引力的，但他们对招聘员工的文化素质要求也相对比较高。如中旅招考的服务员必须是初中毕业文化程度，入职后的技术能力更是晋级加薪的基本条件。这种从业素质要求不断提高的趋势，激励社会大众对文化教育乃“养成生活能力”认识的提升和重视。富裕之家，有条件的愿送子女赴省城或省外名校就读，甚至留洋。家境稍可的家庭，也多半也愿意送子女接受教育。考取中学、师范，甚至是外省大学，也成了不少学生的向往和目标。因此“每到招考前到处奔走托人，给校方重要人员写说情的信多达几百封……为着保险，可同时报考几个学校。考不上官立学校，还可进‘来者不拒’的私立中学。虽然收费多一些，还不至于失学”。[2]

再次，西北地区少数民族教育也有了较大发展。

清末新政期间，西北各省应新政之举措，在民族地区推广学校教育，颇有成就。新疆各府州县厅的民族聚居区，除了兴办初等小学堂、初等实业学堂、艺徒学堂、初等农业学堂、初等工业学堂外，还设立了汉语学堂、官话讲习所、简易识字学塾等，专门培养少数民族学生。[3] 甘肃西宁府不仅设立新式学堂招收少数民族学生，还在少数民族聚居的主要城乡遍设义学，如大通县有 13 所义学，“设在回、土、藏、蒙古少数民族地区的就有三分之一左右，其余则或为回、汉；或为土、汉；或回、土、汉；或回、藏、汉等混合学校。”

至民国，除新疆初期在杨增新统治下，刻意隔绝与内地文化交

---

① 政协陕西省西安市委员会文史资料研究委员会编：《西安文史资料》第 2 辑，内部资料，1982 年，第 154 页。

② 《陕西文史资料》第 21 辑，西安：陕西人民出版社 1988 年版，第 11 页。

③ 谷苞主编：《西北通史》第 4 卷，兰州：兰州大学出版社 2005 年版，第 736 页。

流，推崇所谓“不尚贤，而尚愚”的老子理论，令新疆教育文化一度停滞外，西北各民族中的开明人士，也纷纷倡议或主办民族小学和中学。如青海大通县就有上治泉小学。1922年5月在西宁东关清真大寺创建的宁海回教促进会，以“促进回教青年学生教育，并阐发回教真谛”为宗旨，到1929年国民军孙连仲主政时，即改称为青海回教促进会，积极推动少数民族文化教育：1931年在西宁东关设师资讲习所，招生一班、学制一年，为该会创办中等专业学校肇始，次年，在师资讲习所原址设立初级中学一所，命名为青海回教促进会立初级中学校（简称回中），1942年9月改称青海省回教教育促进会立昆仑中学，毕业生多从政从军，在当时全国回民教育中享有一定的盛名。范长江在《中国的西北角》一书中赞称：“尤以回教中学，其办理之完善，恐在西北当归入第一等学校中。”拉卜楞寺嘉木祥活佛之兄、拉卜楞保安司令黄正清汉文极佳，深得藏民信仰，成立藏民文化促进会，创办藏民小学，不仅提供食宿、衣服、书籍、用具等，还特免其家庭之赋税徭役等负担，以敦促藏民送子弟入学。①

最后，从文化的传播交流上看，近代西北在吸取外来文化的层次和过程上，与以往不同。

秦陇作为东西部的过渡区，多历战乱，长期以西北游牧民族融入为主，传统汉族农耕文化与少数游牧文化相互交融；越往西去，胡汉杂处、文化多样，少数民族融入汉族文化的程度也较弱。直到清道光年间，民风民俗中既保留着“土深水厚，薄收广种，民勤稼穑，士知廉耻”的传统，也有“民风刚劲，好勇斗狠的悍风”。② 近代

① 马鹤天著，胡大浚点校：《甘青藏边区考察记》，兰州：甘肃人民出版社2003年版，第32页。

②《秦疆志略》，道光年间刊本。

以降，政府招徕移民、鼓励垦荒。同治年回民起义后，人口凋零、土地荒芜严重，大量山西、河南和山东等地移民进入关中，陕甘不少难民亦西行谋生，西北文化交流，转而变为西部落后文化对东部近代先进文化的吸收和融合为主。移民们不但带来东部较为先进的农耕技术，而且一些善于经营者也为工商业的活跃和发展带来积极影响。地处陕甘之界的陇州原来地广人稀、民皆有田，但"大半谨守成规，故终年手足胼胝……工匠拙于营造"，因此"商贾户客民亦多，同光以前惟晋商为最，同州人次之，迩来岐凤宝人甚多。旧志(清乾隆三十一年[1766]刻板《陇州续志》，笔者注)云客民全只身赴陇立致奇赢者，非虚言也"。① 同治回民起义以后，因之客民涌入，陕西巡抚刘霞仙深感忧虑："西同凤三府地居腹里附近省城，向来民风俭啬而朴厚驯良，最称易治。今土著编户，孑遗无几，而招徕新集之众来自远方，大都河南之陕汝，湖北之郧襄，四川之巴间通等处为多。气习杂糅、良莠各半，则风俗亦将为之一变。"②

20世纪30年代以后，这一文化传播和交流的趋势进一步加强。一方面，越来越多的年轻人在新式教育下到东南地区求学，甚至出洋留学后返回故里，给地方带来新的文化气息；另一方面，抗战爆发后涌向大后方的工厂、学校和大量人口，以及逐渐构建起来的近代工业体系，都也为西北地方传统文化向近代文化的转型带来了更为深入和持久的影响。

---

①《续修陕西通志稿》卷一九五，民国铅印本。

②《续修陕西通志稿》卷一九五，民国铅印本。

第三章　抗战爆发后的内迁

七七事变后，全民族抗日战争开始，西北地区也从“遥远的地方”陡然被拉至国人的面前，呈现出空前的活泼状态。一则是西北开发措施因为民族危亡迫在眉睫而全面付诸实施，一则是国民政府决定将东南沿海地区的工厂和高校内迁西部。在全民族反抗外来侵略的背景下，人们背负着战争的苦难，也携带着知识、技术和对未来的希望，开启了一场大规模的内迁运动。这场内迁的目的地，正是中国的西南和西北地区。因内迁西南不在本书的讨论范围，故后文不论。

一、抗战爆发后的西北地位与作用

（一）“建国的根据地”

北伐战争结束后，国人即开始关注西北问题。从 1929 年西北遭受特大灾害到抗日战争后期，共有三次对西北开发以及西北战略地位的讨论和界定，最终确立了西北地区在全国抗战战略布局中的实际位置。

第一次是 1929 年，西北各省发生特大灾荒，西北灾情视察团的报告引发国人震惊，“开发西北”的呼声随之而起。综合彼时各方讨论看，“西北开发之必要”，主要集中在这几个方面：(1) 容纳内地之过剩人口以及裁军的士兵。(2) 巩固国防，阻断俄、英对西北的觊觎。(3) 开发西北之农业、工业资源，增加粮食和玉宝。① 西北开发的主要作用在于解决内地过剩的人口，而国防之重点，在于防范俄国对于西北边疆的政治影响和领土野心。与此相应的是，国民政府的中央决议以《拨用庚款发展建设事业案》(1929)、《由中央与地方建设机关合资开发黄洮泾渭汾洛颖等河水利以救济西北民食案》(1930)、《完成陇海铁路案》(1930)等案，致力于陇海铁路西进和救济，以纾解西北灾情。

第二次是在九一八事变后，开发西北之声再次迭起。这次呼吁，除了再提解决过剩人口之理由外，重点皆在国防上，以西北是长期抵抗来自东南侵略之凭借。有观点认为鉴于东北沦陷，一·二八事变后更觉无险可守，“若不积极开发西北，以作长期抵抗之内府，则行见日寇炮弹不及之处，将有苏联飞机、英国炸弹爆发”，提出如不积极开发西北，数年后西北如东北一样失掉，腹背受敌之下，国都迁往何处？② 更进一步认为，“西北民族复杂，易于为外人分化控制，若失掉，绝不似拥有百分之九十汉人人口的东北容

---

① 参阅西安档案馆编《民国西北开发》(内部资料)所辑录诸篇时文，如胡应连《开发西北问题》(1929)、王聪之《开发西北与革命》(1929)、胡逸民《新陕西之建设与开发西北》(1931)、刘镇华《经营西北在中国民族上之需要》(1931)、曾养甫《建设西北为本党今后重要问题》(1931)等等。

② 郭维屏：《开发西北实时势之需要》，《新西北》1932 年 12 月 13 日第一卷第三、四期合刊。

易收复”①。随着日本的咄咄逼人之势，日本已成为中国最大的敌人，西北地区，无论在高亢的军事形胜、忠孝仁爱信义和平的民族文化精神上，还是丰富的自然资源、强健的体魄上，都有着支持长期抗日的优势条件，开发西北即上升到“中华民族救亡图存的唯一出路”和“民族复兴之基本工作”的高度。② 国民党元老邵元冲亦称“以今日之国势而论，东北则藩篱尽撤，东南则惊耗频传，一有非常，动侵堂奥，故持长期奋斗之说，力主西北之建设，以保持民族之生命线”。国民政府在九一八事变和一·二八事变后，也及时释放出预备长期抗战的信号，1932 年 3 月 5 日，国民党第四届中央执行委员会第二次全体会议通过《提议以洛阳为行都以长安为西京案》，同年 11 月 17 日，国民党中央第四届执行委员会第四十七次常务会议通过了《切实进行长安陪都即洛阳行都之建设事宜案》。12 月，即提出《开发西北案》和《开发西北计划大纲》。此后，国民政府中央和西北各省都先后有各类建设计划和督促尽快筹办之提案。

第三次是七七事变爆发后，同时作为抗战大后方的西南地区，成为长期抗战的根据地，重庆也取代西京成为正式的战时陪都。此时期开始，西北开发的呼声仍持续存在，但因武汉失守、国都内迁重庆等战争形势的变化，时人遂将西北的战略地位界定为“中华民族最后存续的据点”，从形势上看，“西北山脉纵横，川河险要，退可固守，进则西上可经晋、绥附击敌人之背，进而收复冀、察，断绝敌人归路；东向可沿陇海侧击敌人之腰，进而截断津浦，冲破敌人南北的联络；南下可往豫鄂控制敌人之主力，进而收复大江南北，

① 李庆麐：《开辟西北之重要》，《屯垦青海与开发西北》，天津大公报《经济月刊》1934 年 10 月 4 日。

② 郭维屏、郑礼明：《陇海铁路西段轻便铁道计划书》，《西北问题研究会会刊》兰州号 1934 年 3 月；紫剑：《复兴民族之基本工作》，《西北春秋》1934 年 7 月第六、七期。

歼灭整个侵华的寇军”。又言“论者以西北与西南并提，其实，以守势言西北，既不能固守，更难谈到歼敌”。[1] 所以，西北已经不能仅仅用来“退守”，而是用来“固守”，以求日后的“灭寇之功”。1942 年 8 月，蒋介石在兰州视察后，也明确提出了“我们一贯的国策，就是要一面抗战，一面建国”，并委婉地提出了“西南是抗战的根据地，西北是建国的根据地”[2]，以勉励各界人士，继续在西北努力于国家建设的事业。

选择西南作为当务之急的抗战根据地，乃是战争的需要和现实使然。西北虽然地域广袤，但多有待荒垦的和不易农耕的土地，除了供养现有的多民族人口外，实在是无法在短时间内有效地供养更多的人口。矿产资源虽然丰富，但是缺乏现代机械的情况下，也无法立刻开发利用供应战争亟需的财力和物力。加之气候干燥寒冷，对于生活在东南部的人们而言，更是战争之下加倍严酷的环境。再以战时陪都看，西京地处四关之中，虽东潼关“一夫当关，万夫莫开”可拒敌于都城之外，西可退居河西内陆，关内则是一马平川，这在以骑兵、步兵为主的中古时代确是军事形胜之地，但到了以海陆空立体作战的近现代战争时代，关中平原几乎就是完全暴露在敌人空袭之下。比较而言，山城重庆具备了天然的防御功能。因此，西北作为根据地，在抵抗气焰嚣张、急于速决的敌人的条件上，不及西南更有优势。不过，倘若抵抗到了最不支的一刻，西北反而可以因其地域广袤、地势高亢苦寒、交通极为不便，成为“中华民族最后存续的据点”；反过来说，抗战胜利之后的国家建设，在拥有“大一统”传统的中国，以“木桶理论”看，势必被发展程

---

① 樊芾棠：《西北现阶段抗战的重要性》，《西北研究》1938 年 12 月 1 日第一期。

② 蒋介石：《开发西北的方针》，《中央周报》1942 年 8 月 17 日第 5 卷第 27 期。

度最低的地区(“短板”)所影响。因此,西北的开发,不但不能停滞,而且必须与西南一起成为抗战大后方,并成为“抗战必胜”决心下的“建国根据地”。

至此,西北地区在抗战中的战略地位完全明确下来,各项开发事业按照“固守边疆”和“建国根据地”的定位继续推进。西北虽与西南一起作为抗战大后方和长期抗战的战略支撑,但因侧重有所不同,所发挥的作用也不完全相同。

(二) 同西南一起,保全民族精华

近代以来,我国东南地区最先受“西风东渐”的影响,资本主义工商业也率先发展。据 1937 年经济部工厂登记统计,全国工厂总数为3 935家,资本总额为3.77亿元,工人总数为 45 万多人。其中东南沿海的广东、浙江、江苏、上海等地工厂数量占全国总数 76%,西南和西北地区仅有工厂 300 多家。这样不平衡的近代工业布局,在国家受到外来攻击时,是极其危险的。

九一八事变后,国民政府即开始考虑调整工业布局,出于国家防御的目的,切入点是军工业,重点建设是中部地区。设立参谋本部国防设计委员会,围绕“国防工业”新布局,进行资源调查和拟定开发计划。这个新布局,沿着两条思路同时推进:一个是将沿海兵工厂内迁。1932 年 8 月,国防设计委员会提出“兵工整理计划”,首次提出将沿海兵工厂内迁并开始实施。1933 年济南兵工厂迁并四川第一兵工厂,但后续因“剿共”而未完成。另一个思路是在中部地区构建国防工业体系。① 1935 年 4 月,隶属于军事委员会的资源委员会(前身为 1932 年 11 月成立的“国防设计委员会”)拟订《重

① 黄立人:《抗日战争时期工厂内迁的考察》,《历史研究》1994 年第 4 期,第 120 页。

工业五年建设计划》,“拟以湖南中部如湘潭、醴陵、衡阳之间为国防工业中心地域,并力谋鄂南、赣西及湖南各处重要资源之开发,以造成一主要经济重心”①。

七七事变后,国民政府行政院第324次会议正式决定工厂内迁,并组成以资源委员会为主办机关的工厂迁移监督委员会,派出大批人员分赴各地负责组织实施。内迁的目的地则随着战局的发展,不断向西推进。

最初的西迁目的地是中部地区,但1937年12月南京沦陷后,蒋介石命令军事委员会所辖工矿调整委员会(1937年9月成立)“筹划战时工业,以川、黔、湘西为主”。1938年1月1日,筹办战时工业的中枢——经济部成立后,拟定了以川、黔、湘西为主的战时军需方案及西南西北战时经济建设计划——《西南西北工业建设计划》,规定战时工业基地“其地域以四川、云南、贵州、湘西为主”。抗战内迁工厂的目的地,从武汉等地,进一步明确到西南、西北。

从中部地区向西南、西北迁移的路线,主要有水、陆四条,其中水路三条都是以川、黔、桂为目的地,仅有一条陆路以陕西作为目的地。西南的情况,不是本书所讨论的范畴,故此处不论。迁入西北的企业,主要分布在陕西陇海铁路的西安、宝鸡。至1940年6月底,迁入陕西的工厂计有42家,共带来机器设备1.5万吨,技工760人。按行业划分,计有纺织业19家、机器业8家、食品业8家、化工业3家,另有印刷和卷烟等其他行业4家。② 这些工厂携带部分机器和工人迁入西北,在艰难困苦中坚持复工生产、服务抗战,并贡

---

①《经济部二十八年上半期工作进度报告》(1939),中国第二历史档案馆藏。

② 章伯锋、庄建平主编:《抗日战争》(第5卷),成都:四川大学出版社1997年版,第307页

献于未来西北工业体系的构建。

为应对民族危机，奋起进行军事抵抗和保存民族文化精华，抗战和建国遂成为抗日战争战略行为的一体两面。

1938 年 4 月 1 日，为号召全国人民团结抗战，国民党临时全国代表大会（武汉）正式通过《抗战建国纲领》，明确提出“依靠自力，艰苦奋斗，以自拔于危亡，决不稍有侥幸之念”的主张，“请求全国人民捐弃成见，破除畛域，集中意志，统一行动之必要，特于临时全国代表大会制定外交、军事、政治、经济、民众、教育各纲领（7 项共 32 条，笔者注），议决公布，使全国力量得以集中团结，而实现总动员之效能”。其中教育纲领强调“改订教育及教材，推行战时教程，注重于国民道德之修养，提高科学的研究与扩充其设备”，“训练各种专门技术人员，与以适当之分配，以应抗战需要”，“训练青年，俾能服务于战区及农村”，“训练妇女，俾能服务于社会事业，以增强抗战力量”。①

不过，要在全国紧张的军事行动中，将文化教育“战时应作平时看”，其实是经过一番争论的。当时代表性的看法有两种，一种称“焦土抗战”之下，应实施非常战时教育，因此高中以上学校应该停办，学生应该服役，走上战场；一种也认为应对教育进行适应抗战的调整和改造。但是时任教育部长的陈立夫并没有采取这两种意见，②而是贯彻了后来为蒋介石所支持的“战时应作平时看”的教育理念。

1939 年 3 月 4 日，蒋介石在第三次全国教育会议上，终结了这

① 中国第二历史档案馆编：《中华民国史档案资料汇编》，第五辑第二编　政治（一），南京：江苏古籍出版社 1998 年版，第 389 页。

② 张珊珍：《陈立夫与抗战时期中国教育》，《抗日战争研究》2006 年第 3 期，第 91—92 页。

场争论。“目前教育问题上，一般辩论最激烈的问题，就是战时教育和正常教育的问题，亦就是说我们应该一概打破所有的正规教育制度呢，还是保持着正常的教育系统而参用非常时期教育的方法呢？……我们决不能说所有教育都可以遗世独立于国家需要之外，关起门户，不管外面环境，甚至外敌压境了，还可以安常蹈故，一切不紧张起来。但我们也不能说因为在战时，所有一切的学制课程和教育法全部可以摆在一边，因为在战时了，我们就把所有的现代青年无条件地都从课堂、实验室、研究室赶出来，送到另一种环境里无选择无目的地去做应急的工作……总而言之，我们切不可忘记战时应作平时看，切勿为应急之故而丢却了基本。我们这一战，一方面是争取民族生存，一方面就要于此时期中改造我们的民族，复兴我们的国家，所以我们在教育上的着眼点，不仅在战时，还应该看到战后。”

如果说内迁厂矿、恢复经济生产、构建西部工业体系，是为支持长期抗战的必要物质支撑，那么内迁高校、保护人才、坚持文化教育，则是保存民族精华、延续民族文化，坚持抗战必胜的民族精神支撑。因此，全国抗战开始后，伴随工矿企业内迁浪潮而起的，还有国民政府支持下的东部高校西迁。

1937 年 7 月前，中国计有专科以上学校 108 所，包括大学 42 所，独立学院 34 所，专科学校 32 所。

与中国近代工业分布格局极为相似的是，当时，全国范围内，高等教育资源的分布也存在着相当明显的不平衡现象。

当时全国专科以上学校 108 所中，北平（北京）14 所，上海 25 所，河北（主要指天津）8 所，广东 7 所，被今天中国老百姓称为“北上广”的地域就占去全国高校近一半之多。据统计，1938 年 8 月底，108 所高校中有 91 所遭受敌人破坏，财产损失巨大，其中 25 所被迫停办,继续维持的仅有 83 所。①

1937 年 8 月,国民政府教育部颁布《总动员时督导教育工作办法纲要》《战区学校处理办法》《设立临时大学计划纲要草案》等,令各省市教育厅局及专科以上学校尽快选择较安全地区,以做好转移准备,并对中小学进行相应安排。从 1937 年至 1939 年,华北、东南地区,先后共有 69 所高校内迁。内迁的目的地同样随着战局的发展,先入中部,后向西行,最后落脚于西南、西北各省。

其中,著名的西南联大就是由清华大学、北京大学、南开大学三校合组,先迁至湖南长沙,最终落脚昆明。

同时期,内迁西北的高校主要有东北大学和西北联合大学。1923 年创建于沈阳的东北大学,在九一八事变后被迫迁入关内(北平),1936 年 2 月以工学院为主先行迁入西安,至 1937 年 5 月改称国立东北大学。1938 年 3 月,东北大学落脚四川三台草堂寺,工学院则留西安合并入西北工学院。②

1937 年 9 月 10 日,国立北平大学、国立北平师范大学、国立北洋工学院内迁陕西西安,合组西安临时大学,不久南迁汉中城固,更名西北联合大学,亦是一所含文理、法商、教育、工、农、医的综合大学。次年 7 月,几个学院相继独立出来,工学院与内迁的焦作工学院、国立东北大学工学院合并为西北工学院,联大农学院与西北农林专科学校合并为西北农学院。1939 年 8 月,西北联大改称国立西北大学,联大师院(原教育学院)改组为西北师范学院,联大医学院改组为西北医学院,下辖助产学校一所。以西北联大为主体,

① 毛磊:《武汉抗战史要》,武汉:湖北人民出版社 1985 年版,第 186 页。

② 丘琴:《东北大学迁川记》,西南地区文史资料协作会议编:《抗战时内迁西南的高等院校》,贵阳:贵州民族出版社 1988 年版,第 348 页。

内迁西北的高校，在大后方弦歌不辍的同时，更通过分离整合、开枝散叶，为后来西北的高等教育体系奠定了基础。

除有组织的内迁外，随着战争形势发展，大量沦陷区难民也加入内迁洪流之中。就涌入西部难民的总数，学术界有1 4[illegible]万[1]、5 000万[2]、4 901万[3]甚至6 000万[4]的说法，一时难以考证。且不论哪种说法更准确，但是，这一时期大量人口出现内迁是不争的事实。进入西北的人口，部分停留在沿途交通线城市，如西安、宝鸡、天水、兰州等，部分进入垦区。据统计显示，1931 年陕西人口尚为897 万余，到 1939 年激增至1 010万[5]，增长量高达 12%，考虑战时条件，显然并非自然增长。从 1928 年到 1947 年的 20 年间，青海从36.8万人增至134.6万人，暴增 265%，新疆亦由255.2万人增至404.7万人[6]。抗战时期，西北各垦区亦收纳大量难民，其中陕西黄龙垦区收容难民 5 万余人，垦荒 33 万余亩，宁夏在 1942 年接收河南难民1 500余人垦荒[7]。新疆到 1944 年底，已接纳来自河南、河北、山东等地的难民近 10 万人，安置于北疆各县农村[8]。

在有组织的内迁人口中，包括各种机关公务人员及其眷属，以及教师、医生、技术人员和知识青年及产业工人等。作为具有较高文化素质和新思想观念的这批现代化人口，在内迁西北后，一方面远离战火，获得一定安全，另一方面也给沉寂已久的西北带来一股

① 陈达：《现代中国人口》，北京：中华书局 1981 年版，第 46 页。

② 陆仰渊、方庆秋主编：《民国社会经济史》，北京：中国经济出版社 1991 年版，第 6[illegible] 页。

③ 秦孝仪主编：《革命文献》，台北：中央文物供应社 1973 年版，第 96 页。

④ 孙艳魁：《苦难的人流》，南宁：广西人民出版社 1994 年版，第 48 页。

⑤ 曹占泉编：《陕西省志·人口志》，西安：陕西人民出版社 1986 年版，第 6—7 页

⑥ 葛剑雄、曹树基、吴松弟：《简明中国移民史》，福州：福建人民出版社 1993 年版，第 5[illegible] 页。

⑦ 孙艳魁：《抗日战争时期难民垦荒问题述略》，《民国档案》1995 年第 2 期，第 89 页。

⑧ 国民政府文官处印铸局：《国民政府公报》，渝字第 873 号，1945 年 10 月 4 日。

新鲜、活跃的血液，在不少领域成为示范性建设人才。即便只是数年的战时居留，也因较为新鲜的生活方式而带给西北社会令人耳目一新的直观感受和影响。有学者分析称："大批内迁工厂与人口进入西部地区，新的技术知识、新的风俗习惯等等不断涌入，一定程度上冲击了内地封建、愚昧、保守的风气。大家庭的瓦解，睦邻友善、宽容精神、同情精神等的延伸，使原先较为封闭的简单的社会关系逐渐趋于复杂、开放，社会结构发生了变化，社会阶层也趋于丰富成熟"①。抗战时期，大量内迁人口带给后方社会生活习俗的影响则更加直接。"民俗方面，使东西两部风俗得接触的机会。不仅使一般人民知道全国风俗的不同，而且因相互观摩，而得接触和改良的利益……抗战期间，生活上一切因陋就简，可以省却平时的许多繁文缛节，我国社会上不少礼仪获得合理化和简单化的机会"②。

（三）民族团结，固边御侮

清末民初以来，西北各地方势力盘根错节、争斗不休。但，在全国抗战爆发后，各方在民族抗战的大局上同中央政府渐趋一致。长期控制甘宁青的回族马氏军阀集团，在与国民政府的博弈均衡下，以巩固其地方利益为前提，一方面响应西北开发、推进地方事业部分近代化，一方面抵制住了日本的笼络和侵犯。新疆也在1942年以后归附中央，抵制了外国势力对西北的觊觎野心。

历史上，西北各民族之间，多以宗教、文化和经济利益等原因

① 忻平：《试论抗战时期内迁及其对后方社会的影响》，《华东师范大学学报》（哲学社会科学版）1992年第2期，第61页。

② 孙本文：《现代中国社会问题》（第1册），上海：商务印书馆1943年版，第261页。

相互隔阂、仇视，甚至发生冲突。全国抗战爆发后，日本侵华暴行震惊了全国各族人民，“覆巢之下安有完卵”，在全民族统一战线的旗帜下，西北各民族也凝聚起来。在西北穆斯林民众中，具有崇高宗教威望的阿訇们率先引领穆斯林的爱国情操。在1938年的青海穆斯林开斋节上，西宁大礼拜寺的总教主在猎猎寒风中用播音机开示近万名安静端坐的穆斯林们两点：“第一，要把个人看小点。个人不要不知足，国家才可以安定，才可以太平；第二，要服从有才干的领袖，不管他是汉人也罢，回人也罢，藏人也罢。要这样才可以团结，才有力量，才可以不受外国人的欺侮。”①全国抗战爆发后，向来注重保存实力的回族地方势力，应国民政府要求出兵抗战，青海马步芳组建了回族为主的少数民族骑兵一师（后改编为陆军骑兵八师），成为抗日战场上一支令日军闻风丧胆的劲旅，高亢激昂的《中国穆斯林进行曲》——“侵略者进攻把他打回去，侵略者进攻大家起来拼”②也传唱在全国穆斯林中。远处洮州、在西北伊斯兰教派中比较小众的西道堂，在其创办的学校校歌中，更教导儿童消除狭隘的民族分别，为中国读书、携手抗敌：

> 洮水涌，朝日临，回民儿童的大本营。说的中国话，读的中国书。我们不讲狭隘民族，我们不分任何界限，过去的珍域完全要把它划除。读书是天职，扫除边区的文盲，同学携着手，向前进！拿我们的血和肉，去拼掉敌人的头，将来献给国家民族，将来献给国家民族！③

作为大后方的西北地区，不仅通过团结御侮、巩固边疆的方式

① 范长江：《中国的西北角》，北京：新华出版社1980年版，第102页。
② 王力德：《回族抗日歌曲与家父王梦扬》，《中国穆斯林》2015年第4期，第45页。
③ 许宪隆：《诸马军阀集团和穆斯林社会》，银川：宁夏人民出版社2001年版，第79页。

支持抗战，而且以极大的人力、物力、财力直接支援了抗战。从这个意义上讲，西北开发对地方经济能力一定程度的提升，最终有利于加强大后方对全国抗战的支持能力。在整个全国抗战的八年中，除了支撑内迁人口的生活外，西北各省还以不同的方式竭尽全力支持服务抗战。陕西，仅人力方面包括提供兵员总计 115 万余人，占全省人口比例接近 1∶9，自1939—1941 年的三年中征用军用民夫也达 73 万余人。其他物力、财力如车辆、马秣、牲畜、燃料、飞机、慰劳金、慰劳品、公债等亦为数不少。[①] 新疆突出以财力支援抗战，民众抗日救国后援会以“一切为着抗日的胜利”“有钱出钱”号召各族人民进行爱国募捐。迪化的大商号裕丰隆一次把三天拍卖的货款全部捐出。一位泥水匠则在给后援会的信中写道：“爱国有心，捐款无力。仅将今天给人下苦所得省票3 500两，捐3 000两，留 500 两买两个馕充饥。”1939 年 8 月，后援会以募捐所得 120 万法币购买了 5 架命名为“新疆号”的战斗机贡献给国家。[②] 随后，开展的一县（捐）一（飞）机的运动，到 1944 年 8 月，先后捐献飞机 144 架，超过原计划 64 架一倍多。[③]

随着抗战局势变化，东南沿海的几条接受援华物资通道相继中断，西兰公路、甘新公路和迪哈公路连接的西北国际交通线就成为接受苏联援华物资的重要陆路通道。在抢修这条生命线的过程

---

① 张岂之、史念海、郭琦主编，李振民著：《陕西通史·民国卷》，西安：陕西师范大学出版社 1997 年版，第 234—237 页。

② 白振声、［日］鲤渊信一主编：《新疆现代政治社会史略》，北京：中国社会科学出版社 1992 年版，第 278—280 页。

③ 朱杨桂：《新疆各族人民在抗日战争中的贡献》，《新疆大学学报》1985 年第 3 期，第 8—9 页。

中，西北地方民众也作出了积极贡献。①

概而言之，这场发生在全民族抗日战争中的内迁运动，不仅令西北地区真正发挥了支持抗战建国的战略作用，而且给予了其一个自身发展，以及吸纳、融合、学习东部先进技术、观念和生活方式的机会。来到西北的人事物，无疑给尚称闭塞和保守的地方，带来一股股清新之风，展现出一幅幅新颖的生活画面。这实在是这场艰苦卓绝的战争中，令人略为庆幸的一面。

二、内迁高校之生活图景

在内迁的高校中，最为引人注目的是西南联合大学和西北联合大学，概因这两校皆合组京沪津等名校数所，在战火纷飞中长途跋涉，克服种种困难，最终落脚大后方的西南昆明和西北城固，于战火离乱中，践行“战时应作平时看”的教育精神，保存民族精华，保护高等教育，亦在艰苦清贫中，宣扬民族精神、传承大学教育之精神。

唯因西南联大和西北联大各自来源不同，各具风格，所寄之地自然、政治和文化环境颇有差异，遂在战时的特殊发展时期，以不同特色造成深远的影响。西南联大走出多位不同领域的国际知名学者、专家，学生也多在数年后撰文追忆那段美好又特殊的读书时光，使国人对西南联大熟悉者众，亲切如故。而同时期的西北联大，虽也造福于地方、服务于国家、影响至当代，却鲜为人知。

① 王文元：《抗战时期西北国际交通线大抢修》，《档案》2015 年第 4 期，第 40—43 页。

(一) 落地即生根开花

1937年11月1日,古都西安迎来了一个久违的场景:拥有百余位教授和千余名学子的"西安临时大学"正式开学了。这所由北平大学、北平师范大学、北洋工学院和北平研究院等院校合组内迁高校的师生们,在一片简陋又分散的临时校舍中,开始了在大后方的大学教育和学习生活。此时,距离原西北大学的停办(1927)已有十年之久。在高等教育几近于无的西北,这所国难之中组建的"真正"(此之前,西北高等教育的情况参见第六章)的大学,一经落脚,竟似一株青春蓬勃的枝芽,旋即扎入广袤厚重的土地中,开始慢慢生根、开花。

抗战初期,随着内迁人口的涌入,往日宁静简朴的西安城一时间竟也"长安居大不易"。由于缺乏现成的校园和居所,教授们被分散安置在民房、饭店和招待所中,学生们则集体居住在三个分散"校区"的临时大通间宿舍中。虽然生活上存在种种不便,临时大学还是坚持开学,继续正常的教学教育活动和学习生活。

西安临大落脚西北后,出于教学资源需求,也很快将其教学和学术研究同西北地方社会建设资源结合,示范了高等教育资源与地方社会发展的互动作用。

作为一个传统的农牧结合地区,彼时的西北百业待兴,亟待各种现代科学技术的推广应用。临大各学院师生在校内教学、学习的同时,也积极走出校门,与地方研究机构和专家合作交流学习。如农学系与国立西北农林专科学校交流合作,获赠农作物、园艺作物种子百余种以及昆虫标本十余种,不仅充实了临大农学系的教学资源,更为日后与西北农业专科学校共同成立西北农林高等学府奠定基础。陕西省棉产改进所也邀请农学系教师参观该所工作，并支援研究刊物、棉种标本等给学院教学实习使用；地理学系的郁士元、殷伯西教授分别带领学生组成考察队，对西安周边的终南山、灞桥、汉城未央宫各处开展自然及人文景观调查，邀请了当时全国著名的水利专家、时任陕西水利局局长的李仪祉先生，为师生详细讲解泾惠渠的水利问题。① 走出讲堂，走入社会，临大的师生们在极为短暂的时间里，近距离接触西北开发建设中与老百姓生活密切的农业水利情况，触摸这块广袤的土地。不久，临大迁至秦岭以南的汉中，在各学院的逐渐独立和组合中，为了教学和生活，师生们与地方社会接触的范围继续扩大。

1938 年 4 月，西安临大迁至汉中城固，更名为西北联合大学。次年 8 月，本校在各学院的基础上一分为五：国立西北农学院、国立西北师范学院、国立西北工学院、国立西北医学院以及由保留文理法商等院系的本校更名的国立西北大学。这五校后来多次迁动，渐次分布至陕西西安、甘肃兰州等城市，并吸收地方师范、商业、医学等专科学校，初步构建起西北地区高等教育框架体系。开枝散叶的西北联大，虽各学院分居各处，学术传统和校风传统还是被各自承继和延续下来。

国立西北大学是大本营，学术倾向于研究和振兴文化，历史考古、地质调查活动不间断，学生热心团体活动，富有责任感，有吃苦耐劳精神；西北师范学院强调师资素质培养，文体活动丰富，学生热情活泼、青春跃动；医学院细致严谨、井井有条，师生亲如一家；国立西北工学院讲究能“坐冷板凳”，用功甚勤，以“三多”（老鼠多、跳蚤多、破鞋多）、“三少”（警报少、女生少、西装少）传名诸校间；农

① 刘俊凤：《抗战时期西北联大的教育生活及其影响》，《兰台世界》2017 年第 21 期，第 89—93 页。

学院与原国立西北农林专科学校合并成立的农学院虽远在武功，校园却是最先进时尚，笃行科学实干、为改良农业而服务的研究宗旨。

秦岭以南的陕西南部，虽然远离省会西安，信息相对闭塞，但地方物产却较为丰富，对于抗战时期生活清苦的大学师生而言，反而为他们提供了一些自己动手，用知识和技术解决实际困难的机会。一定意义上来说，这也是实现了教学研产结合的积极作用。譬如，刚到城固的工学院，存在教学用纸匮乏的问题，师生就动手收集地方树木原料，利用化学分析发现当地所产构树的纤维比较长，通过实验室分离转化后，竟造出质地洁白平滑的纸，不仅满足了教学使用，也发掘了当地树木原料资源。当地出产的桐油一直是地方出口大宗，但在抗战爆发后因交通断阻而无法出口，以至于大量废弃。工学院师生即利用这一大量天然实验材料，尝试通过实验裂化桐油制造汽油。虽然这些科学研究在当时缺乏转变为产能的途径，但就地取材开展科学研究、服务社会的精神，是通过大学传递出来的。反之，生产对研究的推动，在大学教育中同样具有积极意义。在盛产甘蔗的汉中十八里铺，糖房的主要营生多年都是利用旧法炼制，出糖量全凭师傅经验。某次坊主前来工学院求助，称出现早霜，糖浆不能结晶，恐一年心血就要付之东流。师生经过调查后，确定是旧法炼制中转化糖太多，但漏盆中温度过低，导致结晶与母液不能分离，及时为坊主化解危机。而教授据此调查研究进一步提出了结晶分离理论和方法，撰成学术论文《糖液中石棉粉过滤之效果》并发表于美国化学工程杂志。①

即便是在抗战胜利后回迁西安，西北联大分立出的各高校，仍

①《国立西北大学建校三十周年纪念特刊》，内部资料，1969年，第39页。

然笃行着“公诚勤朴”的校训，师生踏踏实实、勤勤恳恳地继续进行教学科学考察等研究活动。地理系、地质系的师生们，率先将考察视野拓宽至关中地区。1948年春，由韩宪纲、刘锺瑜、聂树人率领二三年级学生分别对华山地区、临潼地区进行实地考察，并将各种考察资料进行综合整理，为这些地区的农牧业发展及经济建设，准备了重要科学依据。教授张伯声、郁士元、袁跃亭则带领地质系二三四年级学生前往华山一带作野外考察，一边结合华山一带地质构造进行教学，一边绘制地质路线图、地质剖面图及高等地形图，并采集大量岩石标本。

经济学系和边政学系师生则以西北区域经济作为主要考察研究范围。如1944年秋，边政系杨兆钧副教授率领边疆考察团，选定青海循化县附近之萨拉冈提伊斯兰文化及维吾尔文化为语言调查区，以夏尔县拉卜楞寺之藏族人民为佛教文化和语言文化习俗调查对象，在青海进行了为期两个月的田野调查；1947年11月经济系协同陇海铁路局对西北区域经济进行了广泛调查；即便是国内局势动荡的1948年夏，边政系谢再善、阎锐及朱懿绳等教师，利用暑期还带领21名大四学生赴新疆见习四个月，行程两万里，对新疆的经济、社会、民族、宗教、习俗文化等作了综合考察。①

“亲其师，信其道”。西北联大教授们落地扎根、勤勉敬业的态度，也影响了学生们服务社会、服务西北的行动。教授们身体力行，不仅兢兢业业于本职工作，更在艰难困苦中表现了乐观精神和对学术的真挚热爱。出身书香世家、从英国深造归国的殷伯西教授，就是这样一个令学生敬仰效仿的地理系教师。在西北联大至

① 李永森、姚远主编：《西北大学史稿》（上卷）1902—1949，西安：西北大学出版社2002年版，第386—387、388、390页。

国立西大多年执教中，极具绅士风度的殷教授一直身先士卒，克服种种生活和教学条件中的困难，热心于考察西北地理，不仅将参加西北科学考察团所获大量调查资料用于教学，还亲自带领学生进行实地考察。在他的影响之下，学生中不少人对西北边疆的研究和建设发生浓厚兴趣，如学生于书绅选择《新新疆与西北国防》作为毕业论题，毕业后数次拒绝前往重庆，放弃优厚待遇的工作，决心一不做官，二要横涉瀚海、远走边陲，后执请前往兰州工作。[①]

实际上，抗日战争在全国范围内爆发后，西北作为“抗战建国”的大后方，既是学生们服务抗战的用武之地，也是学生们战时就业的一个现实之选：1937 年的西北联大各学院毕业生中，就有近 57%留在陕甘地方工作；据《国立西北大学学报》复刊的不完全统计，第 7、8 届共 71 名毕业生中，有近 73%留在西北，[②]在陕甘各省市县的机关、学校、企业、厂矿、社会团体从事社会服务工作。昔日西北联大的师生，不仅向西北社会展示了大学教育的感召力，也为西北大后方的社会建设作出贡献。

民初以来，西北新式高等教育一直发展乏力，本地的学子无力走出去，外省的先进师资也无法吸引来，这是西北社会经济文化发展落后的结果，更是西北经济文化振兴的障碍。西北联大及其师生的到来，无疑给沉寂已久的地方带来一股清新活跃的气息。大

---

① 《国立西北大学建校三十周年纪念特刊》，内部资料，1969 年，第 65 页。

② 从《西北联大校刊》第 2 期（1938 年 10 月 1 日）至第 7 期（1938 年 12 月 15 日）陆续登载毕业生就业情况，计 1937 年度不同专业毕业生中，有经济、政治、法律、数学、教育、体育、国文、生物、地理、外语、化学、家政、历史系，商学院共计学生 113 人，留在陕甘各省共 64 人。在《国立西北大学学报》复刊 24 期（1947 年 3 月 1 日）至第 35 期（1948 年 1 月 16 日）的不完全登载中，第 7 届毕业生 19 人，其中有 11 人留陕甘。第 8 届毕业生 52 人，其中留陕甘就业 41 人。

学作为高级知识和学术研究的殿堂，一俟与地方社会相联系，其创造力、科学性和先进性就随着师生们的脚步（考察）和头脑（思索）、双手（实验）散播于地方社会。

（二）偏居而弦歌不辍

1938年3月中旬，一支有1 500余人的队伍，踏上了从宝鸡翻越秦岭达南郑的迁移之旅。这是西安临时大学师生奉令从西安全体迁至陕南的行动，半个月后顺利完成迁移，各学院分居秦巴汉水之间的城固、南郑、勉县各处。至抗战胜利后（1946）回迁西安之前，八年乐城生活，成为西北联大师生们深刻美好的记忆。

难忘的行旅生活。对于从来没有过这样大规模旅行的联大学生来说，如何应对这场极为艰辛的迁移，是他们当时面临的一大问题。各方面组织进行的前期准备还是比较充分的：学生下乡宣传队，早在半年前就借下乡宣传抗战建国的同时，详细调查了西安至南郑沿途各县的道路、旅宿条件，食品和物价等等，撰写详细报告发表在校刊上，供师生们提前了解；校方则早早拟定出《行军办法》分发各学院，有序安排行军各大队、膳食委员会以及运输队等各种组织。一场难忘的旅行就在校方的有序组织和师生们有条不紊的准备中开启。

现在看西北联大学生们对那场旅行的文字记录，并不见混乱和沮丧迹象，倒毋宁是一场人数众多的、欢快的大型春游，原因当然主要在于，这是一群正青春飞扬、充满希望的年轻人。仅有的少量汽车，主要是用来运输和搭载身体不便的病号之类，绝大多数人都是安步当车。快慢之间，秦岭山间云逐人移、觅取小路而行的人不时与行驶在曲折迂回公路上的汽车相遇、远离，大家一呼一应，笑声震动山谷，枯燥劳累也一扫而光，漫漫长路竟也不知不觉就走过大半。每日少则行十余公里，最多能达三十余公里。傍晚抵达居留点的学生们，一边饥肠辘辘地等待、围观熬菜煮饭，一边竟忘却了旅途劳累，继续快乐、热烈的交谈。对这一群稚嫩却洋溢着快乐、轻松、青春气息的联大学子们，沿途投宿的人家老百姓是十分欢喜的，掩饰不住惊诧的目光，并报以热诚招待。这些孩子们停留过的地方，都有大纸张贴出来的文字新闻。这是通讯组负责从收音机听取中央广播消息后书写并张贴门外的，供各中队队员及时了解当日新闻，当地居民也能借此获知一点国家大事。①

鲜有人注意到西北联大教授们安贫乐道的教职生活。西北联大于国难之时合组成立之初，教授们即布告全校，“究能保存若干学术研究精神，弦歌未断，黉舍宛然，特殊训练之外，不忘正常教学，埋头苦干，冀成学风，此未始非我一群学人领导知识青年共体国家维持战时教育之至意所致，然亦其力求精诚战胜危机之一种心理建设也。”②

所谓精神不堕，文脉不辍。进驻陕南的教授们，生活条件上并没有改善，在租住的民房中，甚至一度受到了人身安全的威胁。③但在艰难困苦的条件下，许多教授不仅学术成果斐然，在课堂上的睿智、沉静平和之精神也深深刻在学生的记忆中。

如著名语言学和方志学家、时任国文系主任的黎锦熙先生，在城固潜心于方志修订的创见和实践，于 1940 年由商务印书馆出版著名方志学著作《方志今议》。他不仅在学术上深思熟虑、筚路蓝缕，还不间断地将关于城固县志修订的体例、原则和方法等论著发

① 《西北联合大学校刊》1938 年 10 月第 3 期。

② 《西北临时大学校刊》1938 年 1 月第 5 期。

③ 有一位教授被窃贼侵扰，不幸殉职。

表于西北联大校刊，共邀同好与学生切磋和学习。除了《城固县志》外，他还参与修纂了陕西洛川、同官、黄陵、宜川等县志，堪为民国陕西县志中颇具创新的成就，是研究民国陕西地方史的珍贵方志资料。

与学术研究相比，课堂上的师者风范，也生动地展现了西北联大教授们在教育事业上的坚守精神。永远一身蓝布大褂、一顶瓜皮小帽的历史系教授陆懋德，课前先写满一大黑板文字，从开讲到下课，整个板书正好讲完。陆先生不仅学术精湛，还能全外文授课，课堂中风趣幽默，时不时以其对平剧的爱好指点学生坐姿仪容、调节课堂气氛，如在学生高度紧张地听讲时，突然指着一位学生说："你的眉毛很好，不要吊！"引得大家哄堂大笑，气氛一下子轻松起来。还有黄文弼教授，终年一身中山装，两袖发亮，肘下垂缝，令学生观之有博物馆陈列品之感。但一站上讲台，黄教授则是无一句闲话，引经据典、资料翔实，治学严谨缜密，令整间教室的人肃然起敬、全神贯注。国文系王守礼教授颇如严师慈父，在了解学生赵毅有志于演剧后，大为欣慰，常与他讨论至深夜、还悉心指导该生的研究论文；在自己生活不宽裕情况下，还时常叫学生来家中进餐讨论问题，殷殷关切、奖掖后学之情，令学生们多年后忆起，仍是热泪盈眶。① 这些同样饱受战乱之苦、拖家带口的教授们，"学高为师，身正为范"，一俟站上讲台面对学生时，一切物质的困苦和生活的艰难，仿佛都被他们用破旧的柴门轻轻掩在身后。

在老师们敬业坚守精神带领下，联大学子十分珍惜这于民族抗战中来之不易的僻居、安定的学习机会和环境。

工学院课业繁重，学生们毫不松懈，常在深夜，就一盏昏黄的

---

①《国立西北大学建校三十周年纪念特刊》，内部资料，1969 年，第 63 页。

油灯，潜心研究航空理论科学。医学院的学生时时聚焦显微镜下，专心致志学习济世活人的本领。学院每年 4 月 30 日隆重举办解剖节，要求全体师生员工停课一天，齐聚解剖墓前为被解剖者举行公祭，由院长主祭，奉敬奠爵、诵读祭文，缅怀其伟大贡献，以养成悲天悯人的医者仁心。①

晨读的联大学子也是乐城一道靓丽的风景线。蒙蒙清晨、朝阳未出之时，城野田边、树下、土台上，到处是年轻的男女学生们：练习京剧吊嗓子的、排练话剧独白的、诗歌朗诵的；练习声乐发声的全神贯注、练讲演的眉飞色舞；还有练习俄文、德文的同学，嘴里发出一串串气泡般的“不都不都”声，练习法文的则张着嘴巴不断发出“啊哈啊哈”的怪声。相较于空间狭小又简陋的图书馆，开阔、清新的城边田野实在成了学子们一处美妙的自修去处。

虽世事多艰辛，但战时偏居一隅的西北联大师生们，在精神上竟得着了大自然的抚慰和馈赠。数年后，时任工学院院长，后来又领导国立西北大学的赖琏教授，在南京校友茶话会上念念不忘“陕南乐城环境优美，为研究学术胜地，每忆畴昔情景，不禁神往”②。

苦中有乐的衣食住行生活。在内迁西北期间，大学不仅是求学问道的殿堂，也是全体学生临时的大家庭。举凡衣食住行，皆由政府提供贷金、学校统筹安排，学生也可据各自家庭资助情况做一定的补充。

淡食有章法。学校就餐主要采用各院系组织集体用餐的形式，这大学的食堂，竟然也成为大学里自由、民主精神的试验场。如，临大南迁途中，一日三餐均由膳食委员会负责安排，除了午餐

---

①《国立西北大学校刊》复刊 1948 年 5 月第 37 期。

②《国立西北大学校刊》复刊 1947 年 3 月第 27 期。

是事前采买锅饼（锅盔）咸菜分发个人外，早餐粥饭，晚餐的干饭汤菜（为猪肉、青菜、豆芽、豆腐、粉条烩制），都是由提前到各站的膳食委（由学生选举组成）与伙夫采买和准备，再由各队领食。其中，猪肉、萝卜是每日必有的项目，倒是青菜、豆腐之类很难得。① 进驻乐城后，各学院自行举办食堂，每顿以数人（一般为 8 人）一组围桌共餐，菜饭内容和质量视各院情况不一而同。医学院学生因为全系公费，伙食最好——几乎天天有红烧肉吃，还每三天“小变饭”，每七天“大变饭”（即加菜的意思），因此由同学们自行选举产生的伙食委员会，在负责采购米面柴菜、办理伙食上须得有声有色才能得到大家认可。② 法商学院的食堂因主食不同而分馒头类和米饭类两种，结果选举出内阁制的伙食委员会，负责每日餐饭的安排，每一伙期分为三个五天——头五天饭菜平淡、中间五天最坏、最后五天最好。③ 真是惨淡莫过历史系了，大多时候都是八人一桌的水煮大烩菜！要是实在熬不过食堂饭菜的清淡，有点家庭资财的学生，也能在城固街头小吃中得一些地方美味如白水羊肉、醪糟蛋等，当然独占鳌头的要数北街“老乡亲”牛肉泡馍。

衣着服被有传统。战时的西北联大学子中，除了少数人从家中带出中山装或西装外，大多数人都穿着的是学校统一发放的制服——蓝布大褂，外套一件黄棉袄。后来随着经费中断，学生们就一届届向下传送、接替穿戴，这让大家无分贫富、和乐融融的制服，竟成为学生印象中“世界上最舒服、最实用、最美好的服装”④。在乐城的田园生活中，少了物质的诱惑，多了质朴的美和感情。物质

① 《西北联大校刊》1938 年 8 月第 1 期，第 66—68 页。

② 《国立西北大学三十周年纪念特刊》，内部资料，1969 年，第 22 页。

③ 《国立西北大学三十周年纪念特刊》，内部资料，1969 年，第 58 页。

④ 《国立西北大学三十周年纪念特刊》，内部资料，1969 年，第 49 页。

匮乏之下，既有取布一块、两边加缝，中间挖洞变为背心的乐趣，也有长裤的臀部磨破后，裁下膝部，补到臀部变为短裤的乐观，更有衣服被褥相互借用、不还亦不追的豁达。①

住行间其乐融融。战时，衣食住行各方面都不得不从简。联大学生的集体宿舍通常都是大通间、大通铺，学生们倒不以为苦。课业之余用“十一”号汽车（当时学生对双腿步行的戏称）徜徉在乐城的城野美景中时，常常流连忘返、其乐融融。桃花林、汉江桥、橘子林、望江楼、湑水桥，阡陌间、白杨下，都留下了学子们乐游的身影和朗朗的笑语。从昔日学子们多年后撰写的回忆文字看，当年物质生活上的匮乏皆历历在目，但深深留恋的却是于清贫中洋溢的生趣和美好。忆及当年柴门乐读生活，法学院学子以杂咏记称，“正院几回廊，弦歌深动肠，才看海棠红，又数枇杷黄（《咏读书看花》）；后院茅屋住，墙外野花香，同窗皆年少，谈笑常无疆（《咏寝室风光》）”。②

抗战胜利后，在各机关、工厂和学校回迁浪潮中，西北联大的各高校也陆续踏上返程。但，西北联大还是把大学精神和分支框架都留在了西北，留下一个包括文理、法商、农、工、医、师各类学院的高等教育体系。在这场同仇敌忾的民族抗战中，师生虽苦犹乐。一俟战争结束，个人的前途命运就成为每个人最迫切的问题。

西北联大的学生多出身寒门，学习刻苦但经济多拮据，若欲使求学不辍，深造尤其是出国留学是最好的选择。当时学生出国留学的途径有三：公费留学，由教育部举办考试，难度系数大，但所有费用由教育部供给；自费留学，考试简单，仍须招收学校的审查许

① 《国立西北大学三十周年纪念特刊》，内部资料，1969 年，第 22 页。
② 《国立西北大学三十周年纪念特刊》，内部资料，1969 年，第 75 页。

可入学；申请奖学金，直接填报志愿学校申请入学单，将四年成绩单、教务长或主任教授推荐函、个人照片及著作等寄往志愿学校，等待批准即可。第二届政治系的毕业生吴寒钦，就成功申请到奖学金而前往美国留学，据其撰文记述，自主申请美国华盛顿州立大学奖学金的成功，全赖四年大学期间学习用功甚勤，尤以英语平均分在 83 分以上而得到校方认可，再以体格检查合格而顺利获得护照签证。昔日大学之努力学习，续接今日之异域远行，体验迥然不同之饮食娱乐习惯和社交礼节，尤觉眼界大开、心胸开阔等等。言辞之外，颇为踌躇满志。① 该文刊载在校刊上，吴寒钦也成为在校学子努力奋斗的榜样。

从国立西北大学教授们联名电请南京中央政府的内容看，大学僻处西北，颇受南京"中央"的冷落。不惟教授的待遇不能与已经回迁的各大学相平等，学生的资助也一再被减少和降低。② 为鼓励师生于艰难困苦中坚守不弃，时任校长刘季洪教授一边支持国立西北大学、西北农林学院、西北工学院等各校教授们联名向国民政府请求调整薪津待遇，以维持正常生活和教学，一边诫勉学生们"事业成功之基本条件有三：一为科学态度。事无巨细，应规划周详，笃行践履，求其彻底；二为建设兴趣。凡百事业，破坏易而建设难，吾人应不顾一切艰阻，始终保持乐观厥成之兴趣；三为平民生活。富丽奢侈，每足以颓废青年之志气，而简朴之习惯，则为成功

① 《国立西北大学校刊》复刊 1947 年 3 月第 27 期。

② 有关西大、西工、西农等校教授们联名电请中央，呼吁调整西安地区公教人员待遇，以及取消学生公费办法，改行奖学金办法等等的报道，在《国立西北大学校刊》复刊第 24 期(1946 年 12 月)、第 29 期(1947 年 5 月)、第 30 期(1947 年 6 月)、第 32 期(1947 年 8 月)、第 37 期(1948 年 5 月)等，均有登载。

者之所备”①。

继刘校长之后，在出任校长的马师儒、杨钟健教授带领下，在濒临绝境的经济条件下，全校师生发扬“公诚勤朴”的西大校训，静默自持，让弦歌未断之精神绵延不绝。

（三）备战而黉舍宛然

内迁西北的西北联大，因最初落脚地——西安——原是西安事变的发生地，为防止一般青年思想分歧，投向中国共产党，国民党除对西安的学校进行格外严密的监视外，下令自1937年夏开始，高中以上学生必须进行2—3个月的集中军训，以“指正青年思想，改善青年行动，养成尽忠报国、努力服务的革命青年”②。客观地说，在抗战时期对青年学生进行一定军事训练，使其掌握一些军事技能、养成抵抗侵略的能力，也是实现全民备战的重要内容和必然手段。不过本应书声琅琅的校园，一时间恍若军营，想要延续大学自由民主精神，实非易事。这群不断接受新知识和思想的青年学生，是不可能被强制说教和严厉束缚完全压制的。活泼、率真的行为，频频看似无辜的犯错，都在看似严厉的“指正思想”军训过程中，透露着自由的天性和理性的思考。

其实，早在西安临时大学伊始，在正常的教育教学工作外，就设有特殊训练的军事教育课程，包括军事测绘组、军事工程组、军事机械组、军事电讯组、军事化学组。要求全体学生必须选取一门修习，并记入学分。在自由选课的前提下，学生纷纷选修军事机械组和军事电讯组，因为这两个组分别开设了初、高级汽车实习，以

---

①《国立西北大学校刊》复刊1947年5月第29期。

②《西北联大校刊》1939年3月第12期。

及有线、无线电报电话等与生活民用关涉密切的内容。一时竟因报名人数过多，不得不分期举办。①

为了配合"指正青年思想"的军事化教育要求，西北联大校常委会决议：裁撤教务处，增设训导处，实行导师制；从大学一年级学生开始加强对个人思想的训导。方法是：在每周国文课第一堂，发格纸四页作为一周的日记专用纸。每日至少写半张，下周第一堂课时上缴。具体要求：每日临睡前完成一日的反省，以对个人生活反省与认识为主旨（内容包括起居行动、思想、言语、修己、治学、应事、待人等）；记录方式为"逐日略记，随见反省，述其迷悟"。教员需在文字、思想、事实三方面酌加评阅，并按周录送给各院主任导师，审核登记以利于训导。最后返还学生本人，要求其逐周装订一册，作为个人历史记录，但导师及教员可以随时调阅。② 毋庸置疑，这样的反省和训导，在崇尚"自由""民主"的大学里，难以被师生们认同，当然"做给看"的态度也就难免，在联大学子多年后的回忆中鲜有提及，而有关训导运行反馈等讯息，在此时期联大校刊（含国立西北大学）中，亦渺无踪迹。似乎联大师生们更愿意用遗忘和淡漠，默默捍卫着他们的"自由"。

在进驻乐城当年的首届暑期集训中，一群从未有过军旅生活的学子们，接受了雨中行军、集合待命、打靶、军事演习、阅兵等一系列军事训练，兴奋之余也切实锻炼了体力、增长了军事常识。学生毕竟不是职业军人，对军事技术性训练易于也乐于接受，但在思想观念上却不容易"服从"，于是各种消极和积极的"抵制"行为频频出现。

① 《西安临时大学校刊》1938 年 1 月第 5 期。

② 《全校一年级学生写作修养日记和读书答记办法》，西北联大校刊 1939 年 1 月 25 日第 9 期，第 10 页。

先是行动上的“破禁”。每次教官训话以灌输一套政治说教时，学生们大多以直立注视却充耳不闻的方式“熬”时间；教官强说“脏水不能饮，也不过两月”，学生多去茶房偷净水喝。有的学生不满教官重体力训练、轻视军事技能训练的安排，宁可被罚，也只是采取消极走路对策。由于不能忍受集训期间不许会客的强制隔离，不同学院的学生们纷纷约在中午两个钟点的诊病时间，跑去医院会面畅谈。

其次是对集训发生质疑。面对教官们以粗暴、武断方式指责学生思想不服从的惯常做法，学生们颇为反感，进而质疑集训的宗旨。各大队负责训练的中队长及区队长常常不认真询问一下事实的内容，就笼统而敌对地指责学生中“有思想复杂的”，还动辄傲慢地嘲弄大学教育的散漫，引得学生反感。学生发出只有“军事训练”而无“军事教育”的感慨，指出，“训练式的严厉，只能发挥在平时，教育的力量才能完全发挥在战场。训练式的严厉，只能有用于集训中，离开集训便一切完了；教育的功用，在于永远保持住当时所学的技能”。

学生们以为参加集训，是为接受实用军事技术训练，如军用电报电话等，但真实的集训却颇令大家失望。在训练队长官们看来，把学生们从“文”的校园拉到“武”集训军营中，那就是文武结合，实际上把学生当新招募的士兵看待。而在学生的认识中，如果能把在实验室学习的技术和知识，和军队训练的内容融合起来，才能够算真正的文武结合。因此，更希望“以后的集训，应该是一个尽量包容文武的实质，尊重各自所学，而且彻底的合作起来，化合文武实质的一个学校，不偏重，不歧视，务使适合于国家民族之需要”①。

---

① 左禹治：《集训中的一些观感》，《西北联大校刊》1939 年 3 月第 12 期，第 46 页。

与训斥和灌输相比，富有仪式感的内容——出队会餐仪式，反倒成为学生们集训中最感兴奋和激励的活动。首先是教官和学生齐聚校场，六人一组围绕“一盆猪肉烩白菜、两盆馒头”席地而坐，全部小组以中央升旗台为中心，等待奏乐升旗后，一声令下，大家伴随着管子号节奏，同时狼吞虎咽；饭毕，经时任汉中警备司令、中央陆军军官学校第一分校主任祝绍周训话等等。在即将结束军训、返校正常学习的喜悦中，回营的步伐也前所未有地整齐，《大刀进行曲》也唱得响亮合拍、令人振奋。

大学乃研究学术的殿堂、培养人才的圣地，抗战时期的大学，更被赋予了特殊的使命——保存民族精华、培养战后建国栋梁。在迁播之中，不同院校的师生们朝夕相处，研究学习、工作生活同处一室，形同一家。在清贫的物质生活中，静默自持、相互借助、乐观进取。在内迁的分分合合之间，虽有分歧的不悦，仍能脚踏实地研究学习、稳重务实、服务地方；虽处严苛政治环境中，亦能保持一份思想的自由和教育的坚持。如果说，西南联大是一朵盛开的奇葩，长久地炫目于国人的视野中，西北联大则如缓缓流动的一股清泉，永远地渗透在西北广袤的厚土中。

三、内迁工厂之新景观

全国抗战爆发后，西迁到陕西的数十家工厂中，荣氏兄弟资本集团下的申新四厂，从汉口迁至宝鸡。①

荣氏兄弟乃是指江苏无锡荣宗敬和荣德生两兄弟。早在 20

---

① 此节及以下关于宝鸡申新工厂内容参阅萧尹：《宝鸡申新纺织厂史》，西安：陕西人民出版社 1992 年版。

世纪初年，清政府鼓励振兴实业，两兄弟即敏锐地觉察到机器工业的发展前景不可限量，遂放下父亲留下的钱庄，投身实业。从1901年在无锡办第一家机器面粉工厂开始，不过才20年，到1922年，福新第八厂已经开车生产，日产1.6万袋，在荣氏各面粉厂中产量最高。至此，荣氏兄弟开办的面粉厂有茂新4个厂、福新8个厂，分布在无锡、上海、济南、汉口等四城市。“绿兵船”牌面粉行销全国十几个省，以至远销海外。荣氏兄弟成为时人皆知的“面粉大三”。就在面粉厂走上轨道时，荣氏兄弟也涉足了纺织业。从1907年荣氏第一个纱厂——振新纱厂在无锡开工，至1931年，荣氏购买了盛宣怀后辈占有的上海三新纱厂，更名为申新九厂，荣氏企业的纺织厂有9家，共有纱机52万锭，布机5 300台，全年用棉100万担，计有工人3.17万人，全年产纱30万件，布280万匹；自有资本2 660万元，固定资产总值达4 180万元。

荣氏的工厂基本都分布于中国东部和东南部城市，仅有福新五厂（面粉）和申新四厂（纺织）在汉口。

李国伟是荣德生的长女婿，由铁路工程师转投实业界。1918年在汉口的福新五厂从奠基到建成的过程中，李国伟得到初次历练。后来因为面粉厂需要大量面袋，荣宗敬决定在汉口投建申新四厂，由李国伟协理。不同于荣氏兄弟的长辈做法，李国伟在其主持的企业中，无论在生产还是管理上都进行改革，出现了许多新颖的做法，申新四厂虽历经日本企图吞并、长江水灾和工厂火灾，不但迅速复兴，还以生产效率高、管理科学而在荣氏众工厂中颇为突出。全国抗战爆发后，荣氏在东南的各工厂均遭到不同程度毁坏。在西迁浪潮下，在“中国工业合作协会”（简称“工合”）的邀请和宋美龄的敦促下，李国伟力排众议，将汉口的申新四厂除部分迁至重庆复工外，迁往陕西宝鸡。宝鸡作为“工合”的西北办事处，后来成为“工合”运动的中心。李国伟主持的宝鸡申新四厂，在西北竟然克服重重困难，“立秦宝工业之基础，为中国经济之先导”①。申新四厂携带着中国当时最先进的机器、技术和管理，为西北的工人们开创了一幅职业生活的新天地。

（一）十里铺的窑洞工厂

1939 年夏天，宝鸡斗鸡台火车站站台上，突然亮起灯光，耀人眼目。这灯光正是由宝鸡申新四厂的一台 75 匹马力的蒸汽机发电供应的。此前，只有宝鸡县城的人们见过由西京电厂供应的那几盏如同萤火虫一般昏黄的路灯。

申四厂到达宝鸡后，先是从西安、咸阳等地搜集购买建厂的砖瓦，从耀县买来石灰，从河南、重庆大费周折地购买水泥（时称“洋灰”）和钢筋再转运至宝鸡，最终才修建了十几间平房做纺纱工场，安装了几台粗纱机和一台细纱机，准备先开始小量生产。从汉口运来的大发电机尚未安装，暂时从哪里找到动力呢？申新的工程师就自己动手，研究东拼西凑借来买来的旧集成式木炭炉和汽车引擎，终于成功驱动了这台 75 匹马力的蒸汽机。这才有了斗鸡台火车站的一幕。

迁到西北的工厂，最大的问题是建厂的材料严重缺乏。陕西地方不能生产，从沦陷区购买难度也大，建厂复工十分艰难，更怕随时会来的敌机轰炸将刚刚建好的厂房和机器摧毁。生存尚且是个问题，遑论工厂的生产和发展。

申新四厂要恢复生产和规模，必须建造坚固的原动力工场和

---

① 1942 年 5 月 24 日，经济部长翁文灏由重庆抵宝鸡，参观十里铺工业区各厂，给宝鸡申新四厂的题词。

生产车间，因为发电机和纺织机器是工厂生产的根本条件，生产工人的安全同样必须保障。西北地区水深土厚，建造大厂房的地基倒不存在问题，致命的是现代建筑材料和机械严重缺乏，加之气候干寒，当地老百姓传统上都是掘土挖窑洞做居室(关于西北窑洞，详见第四章)，这启发了申新四厂的负责人和工程师们。

1940 年春天，考虑到电机和锅炉因其高度无法安装在窑洞里，地面厂房目标太大，一旦被敌机发现，后果不堪设想，申四最后决定在平地上盖一座具有窑洞功能的堡垒式建筑：锅炉房墙壁和屋顶厚度被加大到一般建筑的三倍以上，屋顶上堆积黄土 10 余尺，形似小山——隐蔽的厂房可以躲开敌机侦查。锅炉房顶最初为拱形结构，施工困难，没多久圈顶就裂缝、坍塌了，重新设计时改为平顶(由此可见西北窑洞顶上平坦能行车马是其来有自)，屋顶上紧密排列着"T"字形水泥钢梁，钢筋并非普通建筑钢筋，而是铁路路轨！1940 年底，原动部工场建成，建筑面积达1.6万平方英尺，耗费 58 万元。第二年初，申新3 000千瓦透平发电机正式运转使用，工厂开始了全面复工。

申新复工的消息在宝鸡是一件大事，因为申新四厂发电供给了附近的维勤纱管厂、民康毛棉厂等小厂，紧接着也供给宝鸡城内照明。1944 年，申新电机全年发电量已达 760 万度。

1940 年 1 月，申新四厂开始在陈仓峪下开山挖洞，建筑地下工场，准备作为纺纱工场。

在窑洞建造车间，是西北老百姓闻所未闻的事情，也是南方实业家不曾预料到的。姑且不说窑洞的挖掘耗费，窑洞的通风和光照是否符合纺织工厂要求，都是申四股东们提出反对的理由。股东们盛赞这想法新颖，同时也明确提出中止建造计划的要求。但李国伟信心满满，他不仅详细勘查陈仓峪下的地形地貌，还向陇海铁路局工程处的工程师征求意见，工程师吴凤瑞以铁路隧道为例说明可行。在宝鸡“工合”工作的路易·艾黎，也认为建造窑洞工场是避免空袭损失的可靠办法。

工程最初交由上海建业营造公司承包，后来由于物价上涨，承包商无法承受而中止了合同。李国伟即任命复旦大学土木工程科毕业，年仅29岁的工程师李启民主持建筑工程。李启民年轻自信，不仅对施工方法有许多独到的见解，还严格施工标准，身体力行亲自给工人做示范。在李国伟的督促和李启民的主持下，窑洞工场终于在1941年2月全部竣工，共有窑洞24个，其中长度在200英尺以上的7个，7个长窑洞由6条横洞穿过，使其连通。窑洞的宽度一般在7—16英尺之间，最宽的达18英尺。窑洞全长5 835英尺。窑洞工场的面积为5.2万平方英尺，容积55.4万立方英尺，安装2万锭纱机的前纺部全套机器和细纱机1.2万锭。申新纺部设备的70%皆安装在此。4月19日，窑洞工场正式开始运转，被命名为“纺纱第二工场”。

窑洞工厂很快就经受了考验。1941年5月22日，日寇在战场失利，于是，着力破坏中国后方生产机构。当日，日寇飞机一架窜入申新厂区上空，1小时后，敌机8架列队进入申新上空，盘旋多次后即分4架为一批，轮番投弹，掷下各种类型炸弹40余枚，都落到申新厂内，炸毁房屋20余间，一部分面粉机等被炸毁，烧毁新花千余包。但是，建筑坚固、隐蔽妥善的原动工场和窑洞车间没有受到损失！

与窑洞工厂同样令人咋舌的是，就在这样艰苦的战争环境下，申新四厂居然以纺织厂为中心，为自行解决生产、生活所需的电力、包装、饮食、居住等供给问题，先后还建了数个工厂和农场，俨然构建起了一个工业基地。主要工厂和农场如下：

福新面粉厂。与申新四厂同时期迁入宝鸡后，福新面粉厂也在1941年正式开工，加工能力每日10万市斤小麦，全年加工小麦40万担，每天生产面粉2 000袋。全年生产面粉60万袋。能自给自足、供应本厂职员和工人自不待说，面粉一开始销售就供不应求，除了一部分交宝鸡县政府合作社“统销”外，“为了避免中间商人剥削”，多由申新在宝鸡城内五福巷的办事处直接售给用户。十里铺附近居民近水楼台，可以在厂中门售部直接买到适价的面粉。不过，同时期在甘肃天水创建的福五天水面粉厂受时局、物价和地方影响，仅艰难维持数年。天水毛纺厂至抗战胜利后，虽勉强建成车间，但最终未开工。

宏文造纸厂。申新纺织厂出产的棉纱需要大量包装纸。宝鸡凤翔纸坊为代表出产的、以千百年前的传统方法制作的手工纸，古朴美观，却无法满足现代机器生产时代的需要。纱厂又有大量废棉堆积如山，李国伟萌发了建造纸厂的想法。随即请人设计图纸，机器由申新铁厂和木工自己制造，厂址选在纺织厂和面粉厂附近。1944年春天，宏文造纸厂开始利用废棉作为原料造纸了。品种有道林纸、白报纸、打字纸、封面纸、牛皮纸、火柴纸和包纱纸等，“飞熊牌”纸品商标在各报刊上出现。抗战时期，宝鸡的《通俗日报》和《西北晨报》是宏文的主要客户，西安的各报刊也纷纷订购。“飞熊”也西飞到兰州、天水等地，纾解了抗战时期西北的纸荒。

举办农林场。不同于江南，陕西地方除棉麦为大宗外，农作物生产受气候和农业技术的限制，称不上丰富多样。1938年底，初到斗鸡台的申新四厂职员工人条件十分艰苦，一部分职工只能住在报废火车守车上，没有菜吃，去剜野菜，或到不远的水田里拣螺蛳，夜晚甚至需要敲击器物，以防有狼靠近……申新建厂开工之初，为解决工厂数千人的吃住问题，就决定自己生产蔬菜等农产品，以实现“自给自足”。为此，成立农林股专门负责这项工程。申新在斗鸡台做了一个农作物多种经营和改造生活环境的大实验，并且成就斐然。

第一，种树。从1940年2月开始，从武功农学院购买白杨树苗、柏树苗种在申新厂内，随后按照“植树造林五年计划”每年种植5 000至1万株。造林时节，农林股半数工人都去植树。工人多数是河南逃难来的农民，能吃苦，能出大力。植树造林范围很广，由厂内山坡到长乐园，一直到背后塬顶上，都栽遍了洋槐等各种树木。山上无水，为了浇灌，都由工人一担担从山下挑水上去。

第二，种蔬菜。1939年，在厂内空地上种了5亩菜园，1940年就可以向职工出售蔬菜。1941年中，在铁路南近河滩处增加了40亩菜地，半年多时间生产蔬菜17万斤。1945年，蔬菜生产量达到31万斤。1946年，蔬菜产量达到42万斤，比1945年增加30%。1948年，蔬菜种植面积扩大到80亩。自种蔬菜，首先解决了职工集体食堂的吃菜问题，继而蔬菜生产的收入不但超过了投资，还有盈余。

第三，农作物种植和动物养殖。申新厂区塬上和铁路南有五百余亩，主要种植小麦、豌豆和蚕豆，还有十几亩稻田，发展至1949年，共有农林园艺场地271亩。农场还养猪、牛、羊、鸭等，1944年，养猪数量达到103头，另有小仔猪和种猪共170头。1948年全年存栏数为130头，全年宰猪93头，出肉8 400余斤，是屠宰数最多的一年。但，据称这个数字尚不足申新职工3个月食用。至于牛、羊、鸭之类，不易成活，因缺乏兽医，加之西北多干旱缺水，农场养鸭最多时仅到500多只。不过，申新农场还是颇令人好奇和赞叹，因为农场里居然还养过熊、猴子、獐子、狐狸等野生动物，甚至专门购买过1只野羊、1只黄鼬、3只小鹿、6只野狸、1只鹰、1只天鹅。

第四，美化环境。抗战时期的申新厂所在之十里铺，除了出现前所未有规模的厂房和工人外，围绕厂区内外原本数百亩杂草丛生的荒坡上也种满了树木花草。

植树造林，是为了绿化厂区内外、改善生产和生活环境。自1940年2月开始，先从厂内植树造林，继而厂外、厂外山坡，申新的建筑到哪里，植树绿化就到哪里。不仅平时有农林股工人负责种植，每年3月12日的植树节，厂内职员们也人手植树一株。积累之下，厂区东、西、北三面围墙，栽植两行，主要是白杨、榆树和梧桐，共千余株。厂门正门围墙，栽白杨、梧桐、柳树；自西围墙起经粉厂至山顶马路两旁遍栽双行合欢、槐树和垂柳；在山坡地种了2万株枫树、桃、白杨和梧桐。1944年时，申新厂区厂后山坡，已是一片绿色，易于生长的洋槐和箭杨竟长得很高，因为已妨碍到建筑物和光线，农林股还专门利用农闲季节对历年栽植树木进行整枝修剪，至年底才修剪了一半。在长乐园西部和后山，主要营植“保安林”“经济林”和“混合林”，以楸树、楝树、椿树和柿树为主，也种些小叶白杨和柳树。

绿化生活区。在宏文纸厂、单身工房、长乐路，种植以洋槐、箭杨为主的“行道树”。申福新医院（疗养院）建立后，农林股又在医院内外植树六七百株，算是“风景林”，有雪柳、棠棣、龙爪柳，及少量的黄杨和木槿。到1944年，除了种树，繁殖树苗成了这时申新林业的主要任务。农林股在厂西南角新辟的西苗圃8亩地上和西菜园播种树种不下10万棵，仅扁柏就有4万棵，核桃1 000棵。四年后，申新苗圃培育的各种树苗已实现自给自足，而申新厂区也被绿色覆盖，几乎没有什么空地。厂区内外所到之处，可谓郁郁葱葱。

不单是绿色，一年四季的各色花卉，也是申新厂区内外的独特景观。农林股努力开建了花圃10亩、温室3间,所培育花草主要用于空地布置花坛、栽植,办公室盆花、切花。培育栽植的花草品种繁多,有牡丹、石竹、八月菊、三色堇、蔷薇、黄杨、木槿、龙爪柳、绿萼梅、龙爪槐、女贞、丁香、金银花、海棠、红梅、碧桃、红叶李、黄刺梅、紫荆、大丽花、美人蕉、唐菖蒲、桂花、象牙红、万年青、昙花等等数百种,仅菊花品种达70多种,1946年秋天又搜集到20余种。10月中旬,申新举行"第一届菊花展览会",展出各种菊花1200盆,得到各方观者好评;又捐赠200盆参加宝鸡县菊展义卖,救济灾区儿童。至1948年10月举行第三届菊展时,申新菊花品种已达百余种。

这些各色花草,被布置在厂内外各建筑物周围及职员家属住宅区,建造花坛,种植草坪,布置和保护最好的地方是职员们居住的长乐园。想必当时厂区内的人们,在生产生活之余,看到满眼的绿树花草,能暂时忘却战争带来的恐慌。一时间,在满是土黄色的西北黄土塬上,申新工厂区内外竟是一个花团锦簇的所在。

在十里铺的老百姓眼里,申新四厂带来了一连串新鲜事儿。庞大的厂房、轰鸣的机器、雪亮的电灯,数千名井然有序的工人,绿树繁花的环境。这些都不仅展示了西迁实业家因地制宜的创造力,更传递了闻所未闻的生活内容。

(二) 童工进厂记

萧尹先生在《宝鸡申新四厂史》中有一段"童工进厂记",描述了申新四厂当年招收的童工周米娃初次进厂的情景,读来颇为生动。摘录在此,以飨读者:

1944年旧历年关时,陕西渭南县一个14岁的农家男孩周米娃和比他小一岁的伙伴,离开老家,坐火车来到宝鸡。天黑时到达斗鸡台。他们是经人介绍到申新纱厂当工人的。他们下车时斗鸡台车站真是黑灯瞎火,什么也看不见。只有车站对面高处有像是星星的点点亮光,一闪不闪的,好像是许多只眼睛,盯着他们两个乡下来的孩子——后来他们才知道,那是工厂后边山坡上的电灯。

周米娃和他的同伴不知道该向哪里走。这时一个提着玻璃罩灯的铁路查道工走了过来,他们赶紧迎上前去,并按照临走时妈妈的嘱咐,见长胡子的就叫爷爷,问他申新纱厂的门在哪里。他们按照查道工师傅的指引,找到了申新纺织厂的大门,向厂警递上介绍人留给他们的条子并说明是来当工人的。他们的话还未说完,那厂警就不耐烦了:“明天来!”纸条隔门飞出,厂警转身便进到里边去了。

腊月的西北风到夜里刮得更紧了。两个十三四岁的娃娃,该到哪里过夜呢?斗鸡台那时没有旅社,即便有,他们也不知道那是可以进去住一夜的地方,又不是舅舅家!风像刀子一样刺人肌骨,两个孩子就蹲在一个墙角角里,缩成一团,等待天明。他们冻得发抖的呻吟被一位老人听见了,老人走过来问了问,把他俩领到一个装棉花的车厢里,叫他们睡到棉花包中间去。一会儿,他们觉得车皮内外简直就如同两个天地了。

第二天天一亮,他们俩就沿着铁路道轨的方向,找到了夜里来过的工厂大门。经厂警传达,做他们介绍人和保人的一位同乡职员出来,领他们到人事股去办了立折手续。从此,他们就成为申新的养成工了。

他们从人事股出来,朝西走了好像是一里路才到住的地方:童工宿舍。

从偏僻的乡下初进工厂,感到一切都新奇:铁的门,比白杨树还高的烟囱,好几亩大的煤场……两排整齐的厂房里传出不间断的轰鸣声——对这个他们都能猜想到:里边是机器在转动。宽阔的宿舍大门足以过一辆马车。见了管宿舍的先生行了鞠躬礼,恭听他讲了宿舍的各项规矩。他俩表示都听明白了,一定要遵守。

他们俩被指派到养成工住的房间里。一间不大的屋子,住12个人,都是三层床。管理员先生发给他们每人1套被褥:被子、褥子、床单和枕头,这些全是白"洋布"的。他们每人还领到1个铜脸盆和1个小木箱。

吃饭的时间到了,他俩跟着别的养成工一起排队,管理员带着到第一饭厅。按照宿舍先生吩咐的,他们可以尽饱吃,但不许带走,吃的是:大米饭、"洋面"馍,每个桌子上都有好几碗菜。他们觉得这是他们长这么大第一次吃到的好饭。

饭后,宿舍先生把他俩交给了织布工场的两位教练。教练带他们到车间里去,刚到门口,一股难闻的气味就扑面而来;进了门,只见满屋都雾气腾腾的,使人看不清稍微远一点的人的面孔。坑坑洼洼的砖地上稀泥水流得到处都是。机器发出的声音太大了,使人面对面大声讲话也听不清。车间里又闷又热,潮湿得厉害,一会工夫,周米娃他们就浑身冒汗了。这时他的那个同伴觉得一阵恶心,想呕吐,简直想跑出去,但他没有敢这样做。

教练命养成工们靠墙壁站成一排,不准蹲下,有一个比他俩早来几天的童工蹲了一会儿,被教练看见,重重地扇了一巴掌。教练给每个养成工发了一绺纱头,然后做示范动作,教大家学着接头。这是织布工人的头一课,一般要学一个星期左右。好容易熬到下班，教练员带领他们排队走出工场到饭厅去吃晚饭，饭后再由宿舍管理员带领排队回到宿舍。

养成工周米娃进厂第一天就这样度过了。他们两人进厂的经过代表了申新纺织厂所有工人进厂当工人的过程。

童工问题，由来已久。1919年成立的国际劳工组织，把保护童工权利作为核心使命之一，并相继通过一系列最低就业年龄限制公约。

受国际劳工组织和西方国家劳工法的影响，国民政府对这一问题也作了相关规定。1929年12月30日，南京国民政府正式公布《工厂法》(实际于1932年12月30日公布并正式实施了修正后的《工厂法》)，关于雇用童工和童工年龄的限制，规定“凡未满14岁之男女工厂不得雇用为工厂工人”；“男女工人在14岁以上未满16岁者为童工，童工只准从事轻便工作”等等。①

申新四厂作为颇有知名度的民营纺织厂，为什么明知《工人法》，还要雇用童工呢？答案是，工厂根本招不到足够的青年工人。

申新四厂是纺织工业，由于机器纺纱的运转速度快，要求工作者细心、眼明手快，能熟练操作机器，还有一定的耐受力。因此，青年女工是最佳选择。但是申新纺织厂的负责人和职员们自汉口迁来宝鸡的一路上，虽对各种战时重重困难，都能齐心协力克服解决，却没有预料到招不到纺织女工。

出于以下原因，申新四厂不得不改变招工策略：

一是，西北地方近代工业起步晚，机器生产的纺织工厂在抗战前几近于无。纺织工人这一现代职业，在西北没有能够产生的土壤。

① 彭南生、饶水利：《简论1929年的〈工厂法〉》，《安徽史学》2006年第4期，第85页。

清光绪三年(1877),甘肃最早在左宗棠任陕甘总督时就创办了兰州机器织呢局。1880年开工后一天产呢8匹,三年后即因锅炉爆炸停工。光绪二十三年(1897)陕西学政赵惟熙,用人力轧花机和纺纱机,在咸阳花行公所设局试办织布局,结果无疾而终。陕西地方经济作物虽以棉花为大宗,但始终依赖原棉贸易,民间并没有发展起纺织业,因此,民间妇女也普遍不擅长纺织。甚至于新疆这样的棉花、皮毛产量皆盛之地,衣被用料却几乎都来自毗邻的俄国。

到1936年,湖北大兴纺织公司首在陕西西安设立纺织厂,名为"大华纺织公司西安大华纱厂",西安的老百姓才初闻"纺织厂"的面目。1939年时,大华织厂规模为纱机2.5万锭,布机820台。不过三年,又有申新四厂迁至宝鸡斗鸡台、雍兴公司在陕西建蔡家坡纺织厂(1941)和咸阳纺织厂(1939)。[①] 陕西四家纺织厂合计规模虽并不能称得上庞大,但陕西地方从没有过这一职业的需求和养成时期。一时之间,要找到农忙时不离厂回家从事农活、一直在厂的男工人,尚困难,要找到"熟练女工",几乎是不可能。

二是,西北风气未开。萧尹先生的厂史对此一笔带过。陕西虽为西北五省之中地理上最靠近东部的省份,却是最为保守的一个省份。原因是多方面的,理学浓厚,民风朴实有余,竞争、求新之风气不足;妇女缠足、不能随便出入公共场合,加之生产力水平较低,多数妇女实际上和男子一起承担了繁重的农业劳动。1924年,

① 雍兴公司是中国银行在西北投资创办的实业集团,1940年开始,先后在陕西、甘肃创办、接办了13家厂矿,涉及纺织、机器、煤矿、运输、化工、制革、印刷等,是西北地区实力雄厚的一家国有企业。参阅王建领编《雍兴实业股份有限公司档案史料选编》,西安:西北大学出版社2018年版;张一诺《抗战时期雍兴公司在陕西的发展》,《陕西档案》2019年第1期,第18—19页。

燕京大学教授王桐龄在西安的街道上，几乎看不到女子，禁不住发出“几有投身入光棍堂之感焉”的感叹。① 甘宁青和新疆等地的少数民族女子，虽无缠足风俗，但在游牧生产方式和生活习俗影响下，女子实际上成为家庭主要劳动力，几乎不可能走出家门做工。

另外，西北地区社会风俗，安土重迁。不但各少数民族因宗教民族等原因聚居不散，一般汉族农民也极看重世代所守的薄田几亩，朝夕辛勤耕作，企望风调雨顺，轻易不选择背井离乡。即便是遭受天灾人祸，不得不离村，也很少有远走他乡者。加之，西北各省交通不便，更鲜有远赴长江流域进入现代工厂的“打工者”。西北地方进入内地谋生者少，而内地也鲜有大量（手）工业人口流入，社会流动有限，风气为之闭塞，纺织厂招不到女工也就在情理之中了。

申新四厂轰隆的机器不能停，招工也必须进行。先是在进入陕西的河南难民中招女工，未有满意成效；再是到陕西南部的汉中，招到25名女工，竟“算是成绩最显著的一次，曾作为一件大事被文书室记录在《内迁大事记》上”；又南下四川重庆，招到20名女工；寻找已倒闭的纺织工厂失业工人；甚至不得已在“为生活所逼堕入青楼”者中“择勤良无习气者”少数进厂工作。

据《宝鸡申新纺织厂史》的统计，申新纺织厂工人数最多的1943年，工人总数达3 439人，其中女工仅710人，仅占全厂总数20%。而女工最多的年份1944年有793人，也仅占全厂工人总数的22%，足见当年申新招工的困境。

女工不可得，惟有转而求其次，一个是招收男纺织工，一个是招收童工自己培养。《宝鸡申新纺织厂史》的1942—1946年统计表

---

① 王桐龄：《陕西旅行记》，沈阳：辽宁教育出版社2013年版，第24页。

明,最高是 1943 年的童工,有1 262人,占工人总数36.69%,1944 年有 881 人,占总数的28.67%。男工则始终占工人总数的二分之一左右。

招收童工以养成,是申新纺织厂在西北期间解决用工问题的无奈之举,无意之中,却扮演了西北纺织职业培训基地的角色。

周米娃和小伙伴进入申新纺织厂后,是如何被养成的呢?

近代中国工业发展初期,实业职业教育方兴未艾。对新工人的劳动技术训练大多靠工厂自行进行。新工人招收进厂后,经过一段时间的“养成期”,然后才能成为正式工人。在养成期的非正式工人叫作“养成工”,养成工制度是近代中国纱厂普遍实行的制度。一般的做法都是将养成工直接分配跟着一个老工人学习,类似中国传统的师徒传带。

申新纺织厂总经理李国伟,是一个富于革新精神的实业家。早在 1934 年,申四在汉口就对新招收的女工进行统一培训,编订了“标准工作法”,操作方法开始规范化。抗战时期的申新进行了多项管理改革,1940 年开始招收童工后,即在已有养成工制度基础上又略作了一些因地制宜的改变。

养成工制度,包括以下几个方面:

1. 招收标准。根据申新的“招工简章”,它的劳动力素质标准有 4 条:年龄标准;知识标准;品德标准;体格标准。

性别年龄,最初要求招收 14—20 岁的女子,由于女子报名者太少,即改为男女同时招收,对男工的年龄规定为 15—18 岁。在宝鸡时期,把养成工中的男工转正后也统称童工,一般是 14—18 岁的男工,后来招 15 岁至 19 岁的男工,也叫童工。知识标准的“略通文字、算法”,抗战时期放宽为“身体健全,品德端正,能吃苦耐劳,无不良嗜好均可”。体格标准实际上是最重要的一条,当时申新规定的养成工身高最低限度144.78厘米，反映出纺织机器所必需的劳动力素质条件。

2. 担保条件。养成工报名时须找“殷实铺保一家或本厂正式工友两名担保”，并要填写“保证书”一纸。如果自行告退，须由本人或保人赔偿教育费及膳宿费。厂方还规定，养成工毕业后不得跳入他厂工作，否则也要赔偿损失。因为离厂需要赔偿，大多数离厂的工人，实际采取了“逃离”的方式。

3. 养成时间。养成期为 3 个月。在养成期内没有工资，只供给食宿，发给少量津贴。养成期满，成绩及格，即转为正式工。

4. 养成工的训练和管理。

养成工工籍由人事股负责。由训练股将合格的养成工姓名写在“立折簿”上，经工务主任签准后，由人事股“立折”，填写“工籍表”及名册，注明“工号”，在工籍表上盖上刻有“养成工”三个字的戳记，归档保存。

养成工的训练由惠工股和训练股共同担任。惠工股负责教课及生活训练，厂方“聘有专职人员负责管教”，训练股派训练员教授“工作法”。

训练养成工的 3 个月里，第一个月每天上课 4 小时，在工场内实习 8 小时；第二、三月上课时间逐步减少，在工场练习操作的时间增多。按规定是要学“国语”“公民常识”和“标准工作法”等课的，实际主要是学操作技术和逐渐顶岗干活。根据厂方规定，3 个月期满经考试成绩及格即升为正式工，成绩优良者可提前毕业。事实上提前毕业者极少，而延长训练期则是可能的事。

5. 毕业的标准。每一个养成工能够做到梳棉机管 8 台；并条机管 12 眼；粗纱机管 1/2 台；细纱值车，20 支纱管 20 个毛辊，共 160 个纱锭；摇纱 20 支纱管 22 车，每车 40 锭；织布机管 2 台。以上，是工作能力要达到的标准，占成绩考核分数的50%；其次还要看品性、出勤、清洁工作等等。

从申新的训练内容和标准来看，一个新手经过三个月培训就可以初步掌握一般的机器操作了。但据申新经验发现，16岁以下的男童工实际上还不能胜任工场劳动，很快被繁重的体力劳动淘汰。申新最终所用男童工实际都在16岁以上。这迫使申新一直在招收童工进行养成，据统计申新从1940年开厂到1946年，先后培训养成工近万名，但实际长期留厂工作的仅十分之一。申新的劳动力流失严重。

但是，这种情况对抗战时期的西北地方社会也有积极的一面：具有一定机器工业劳动素质的纺织工人群体慢慢出现；带动周边纺织业的繁荣和发展，劳动力市场需求不断增多；传统职业观念和教育观念也由这一现代性职业养成过程的推动开始出现改变。

据统计，在申新1944年工人离厂原因调查中，该年离厂2765人中，“因事自退”者551人，占总数20%，“久停”者1485人，占53%，其余包括体弱、病亡、解雇等共27%。按照申新的做法，进厂的工人都要经过训练，因此，大量流失的劳动力，实际上是拥有纺织业劳动素质的。这些人离开后，流向哪里？根据申新自己的调查和当时社会学者的调查研究，大致有这样几种情况：

一是抗战时期的劳动力需求大，供不应求。抗战时期的十里铺形成工业区以后，以申新为龙头的纺织业迅速繁荣起来。但是西北以往缺乏机器生产工人这一职业养成，加之抗战时期修机场等交通建设对劳动力需求以及其他工业工厂的增加，一时间劳动力十分短缺。工厂之间为争夺工人，不惜高价竞争；大量手工布坊也竞相吸引纺织工人跳槽。

二是机器工业生产效率高，但是劳动时间长、强度也大，工作环境特殊。西北以干寒为气候特征，纺织厂车间工作环境多高温、潮湿。冬天工场里也常常在38摄氏度，同时为降粉尘进行喷雾。本地的工人们多数不能适应，加之战时物价腾贵，而工人工资并不高，难以养活家人，时间一长纷纷或因病或难以忍受而离开。

三是已经接触过现代工业的工人，也具有了在不同工厂之间流动的能力和意识。除了客观上的原因外，从原来的农民转变成掌握一定机器生产技术的工人后，在劳动力市场供不应求的情况下，工人们也具有了选择不同工厂和工作的意识和能力。现代工业的从无到有，对于西北地区的老百姓而言，不仅是出现了新的劳动方式，也出现了要求“遵守严密工作制度，合作完成规模、批量生产”的新的劳动组织方式。抗战时期西北工厂的劳动力流失现象，也是本地工人在适应这一新劳动组织方式过程中的振荡。

工人流失，对努力培训新工人的工厂而言，是一件有损利益的事情。不过，对于刚刚开始发展的西北工业以及打破封闭的西北社会来说，却无疑是做了必要的开拓和积累。更何况在新职业中，纺织厂的工人们，也接触到了不同于传统的新生活方式。

（三）纺织工人之生活

刚被招进申新纺织厂的女工们，在一间房子外排起了长队。她们在等待，听到叫自己的名字时就进入房间，由厂里请来的裁缝测量尺寸。几天后，每一个新女工都穿上了厂里的“工作制服”，随即鱼贯而入，在纺纱、织布车间开始了一天的劳作。

养成工周米娃看到穿着统一工作服的女工们走过，心里还是升起了一丝丝羡慕。刚进厂被领进童工宿舍时，和小伙伴一起领到白洋布制成的被褥，他就被震惊了。没想到出来做工，居然能用到这么好的白洋布，比家里的炕席柔软、舒服多了。

统一的宿舍被褥和工作服饰，只是申新纺织厂给新工人的见面仪式的一部分。不论以前是家庭主妇还是农民，从此就要开始适应工厂的生活方式了。

机器纺织厂由于其工作特点，对熟练女工特别重视。为管理和留住这些女工，早在申新汉口厂时期，就已经形成了一套工人“福利措施”。抗战期间，劳动力更加缺乏，申新管理者也更注重这方面的推行实施了。关于工人生活之衣食住行、工余休闲，已就形成了一套迥异乎传统农耕生产的生活方式（农耕生产的生活方式见后章）。

宝鸡申新纺织厂窑洞车间的女工

资料来源　萧尹：《宝鸡申新纺织厂史》，西安：陕西人民出版社1992年版。

衣：统一着装。讲究简洁、干练，防止机器绞缠事故。纺织厂生产环境潮热，加之，不能污染新纱和新布，宝鸡申新开厂初期，新工中男工一律穿“制服”，是用本厂自织的平布染成灰色，由厂外裁缝铺制作的。给女工一律缝制旗袍，也是用本厂所织棉布。女工们最喜欢穿的是阴丹士林蓝。车间女工系套头、及膝的白洋布围裙，剪成短发，刘海用卡子别起。抗战后期，棉纱棉布管制日紧，缝制工人服装须向官方申请，又要呈送全厂工人花名册，手续繁杂，工人服装也渐渐由工人自理，不统一制作了。

食：出于工厂的生产需要和战时原因，衣食住行各方面中，申新厂最注重工人的膳食。

从膳食组织来说，申新工厂采取免费向工人提供膳食，工人集体在厂食堂就餐的形式。最初仿照汉口经验采取厂办膳食堂，但实行一段时间后，出现各种纠纷，原因是西北工人传统上食量大，且以面食为主，常常为早上吃粥不耐饥、米饭多、馒头少而不满。随即改为各工场自办膳食堂，各食堂需用的米面蔬菜肉食则由工厂庶务处统一发给。第一纺纱工场工人膳厅为“第一膳厅”，纺纱二工场工人膳厅为“第二膳厅”，布场工人膳厅为“第三膳厅”，总务课及粉厂工人食堂为“第四膳厅”，铁工厂工人食堂为“第五膳厅”。工人集体就餐，1947 年盛时，第一膳厅每次可开 110 桌，每桌 7 人，每次可容纳 770 人用餐；第二膳厅每次可开 34 桌，供 238 人进餐。

工人吃饭排队进入膳厅，早餐将用以记载本人生产量的“工折”投入工折箱内，午餐和晚餐凭膳食证。男工、女工和童工分别在指定的桌上入座，绝不许乱跑。从宿舍到膳厅、由膳厅到工场，宿舍管理员、食堂管理员、工场助理员等，都一步不离地“维持秩序”。膳厅门外有持枪的厂警在站岗，并规定“警卫对待工友应严肃和蔼，工友纵有违膳厅规则时应婉言劝告，不得互骂或动手打人”。①

① 萧尹：《宝鸡申新纺织厂史》（第六章工人状况），西安：陕西人民出版社 1992 年版，第 347 页。

西北地方按照农耕生产需要，饮食习惯是每日两餐。申新厂则根据机器生产工作需要，采取一日三餐。饮食结构也沿袭汉口做法，每日米、面、蔬、肉尽量营养搭配。一日三餐主食是馒头、米饭。主食自行取食。菜蔬由厨房工人推着小车送到各桌。早餐每桌两样菜，以咸菜为主。早餐中必有“三豆”中的一豆，如煮黄豆、五香蚕豆等，以满足工人身体对蛋白质的需要。同时庶务处每天向各厨房分发的蔬菜中，有4样是必须有的：青菜、萝卜、豆腐、豆芽。其中豆芽的用量特别大，以至于把当地市场的豆芽价格也推上涨了，这大概也是战时方便的做法。午餐和晚餐都是一桌四碗菜，主食馒头米饭。面条制作不易，因此工人很少能吃到面条。不过，馒头却是尽量供应，每次膳厅开饭时，几十张桌子，大筐的米饭和白馒头，每桌好几碗菜……由乡下初来的养成工一见，觉得比他们村上最大的财东过喜事还“红火”，饭菜也是西北的庄稼人很难吃到的。

维持战时膳食标准尚且不易，要达到膳食花样美味，就更为其难了。因为大锅饭菜样式单调、口味寡淡，久而久之，居然出现了浪费的现象，一度每天有足够五六十人吃的三大桶剩菜，馒头四百余斤。看重供应膳食，是因为要确保工人营养，以付工场劳动和减少劳动力流失。但针对浪费粮食，厂方不断采取管理措施以期减少这种现象。比如把馒头做小、采取登记制，进餐时登记吃米饭的坐一边，登记馒头的坐另一边，不许乱拿等等，但收效甚微。“剩馒头堆得‘像座小山’，有时倒在菜地旁沤了作肥料。从山里进厂送柴、送木炭的农民觉得可惜，除了自己吃又用来喂牲口，走时装满他们的褡裢或羊毛口袋驮回家去。有时剩馒头多，干了，厨工用铁锹铲了填进灶火里。”从另一个角度看，这一现象，表明申新四厂的工人们至少是温饱无虞。

住：为方便工人按时上工，申新厂提供了工人集体宿舍。内迁的管理职员大多携带家眷，工厂也盖了职员宿舍。

1939 年，首先建起女工宿舍，称“一部宿舍”。后来又有男工宿舍和童工宿舍，分别称二部宿舍和三部宿舍。宿舍建筑有平房，也有窑洞。1944 年时，仅男工宿舍共有寝室 82 间，住宿工人近1 600名，以后又续建，至 1947 年时，共住男工1 800余人。

工人宿舍每个房间约 14 平方米。每间屋子放 6 张或 8 张两层铺或三层铺的铁床或木床，住 12 人或 16 人。绝大部分工人住在这样的宿舍里。少数有眷属的技工则住在工人眷属住宅区——劳工新村。

劳工新村建筑均为单瓦屋面、青砖屋脊、土坯墙壁、青草泥后粉光，纸糊顶棚，煤渣三合土地面，进门即为 12 平方米的前屋，后为7.8平方米的卧室，再往后便是厨房，有 5 平方米大小。每户住宅面积约 25 平方米。至 1947 年，在工人家属工房居住的工人共有 280 户，这年又续建了 10 幢。

厂方尽管不断续建住宅，但还是不能满足所有工人居住需求。1949 年时，申新全厂有家眷的职工约1 500户，厂方提供的职工眷属住宅仅 500 户，其余约1 000户工人均在票房后、刘家湾、张家底自行搭盖草房居住。无窗无门的窝棚，掘地尺余，上用高粱秆搭成人字形，用破被单挂其上，人卧其中；与锅碗瓢盆皆置露天石头上的难民的家相比，申新工人的居住条件相对好一些。

与工人住宅不同，职员住宅建筑在山上。职员眷属住宅按“忠孝仁爱信义和平”8 个字排列。经理住甲种“忠”字第一号，厂长住乙种住宅，工场或课主任等中级职员住丙种住宅。

布局有两种：一种是供高级和中级职员居住的单独住宅，一种是供普通职员居住的“集合住宅”。集合住宅一般是 4 户一排平房，每户进门处有一点较宽的台阶为“阳台”，进门为一间客室，后为两间卧室，还有一间女仆室；小院后有厨房、储藏室各一；全部面积为 50 平方米。建筑为单瓦屋面、土坯墙粉灰泥，踏步和地面均铺以青砖。单独住宅面积更大，功能更齐全，最小的两种面积也有 50 平方米或 68 平方米不等，住宅内有客厅、餐室、浴室及 3 处卧室、1 间仆室，以及小院后厨房和储物间各一。

值得一提的是，除了集体宿舍，所有住宅从 1939 年建造劳工新村开始，厂方派有职员进行管理，并按期通知工账股酌扣租金。后来，对工人住宅的房租、电灯完全免费，而职员眷属住宅的房租、电费还是每年酌收的。

医疗卫生：1929 年，陕甘经历了一场大旱灾后，“虎烈拉”大爆发，造成惨重伤亡。此后，西北防疫建设才拉开序幕。至抗战爆发后，西北卫生防疫虽不至于空白，但医疗卫生水平仍十分有限。迁入西北的申新厂，为了保护工厂的员工，服务于生产，延续汉口厂的惯例，开工不久即筹设了医务所。专门聘用苏州人、医科专门学校毕业的潘艾初为厂医。

申新工厂的所有职员工人及其眷属，主要获得以下几方面的医疗服务。

一是厂内免费就医。但厂外就医费用自理。对于因技术和设备条件限制不能医治的病人，就送宝鸡或西安的医院，医疗费及杂费均由厂方负担。

二是平时接受门诊诊治、换药、夜间急诊、病房疗养。诊疗科类包括内科、外科、眼科、耳鼻喉科等。1942 年，每天平均治疗病人 210 人，其中内科病人 50 人左右，而外科病人每日平均有 120 余人。

三是接受种牛痘，每年注射防疫针和开展体格检查。1940 年

6月，厂人事会议下令：全厂职工一律强迫注射霍乱伤寒混合防疫苗，包括在厂内建筑厂房的建业营造公司的工人也一律注射。以后，每年注射这种霍乱伤寒疫苗。

1945年，申福新医院建成，申新厂员工的医疗设施得到进一步改善。有4名医生，其中大学毕业的3人，医学专科学校毕业的1人；护理人员中有4名是在护士学校或短期护士训练班受过教育的。

除了在工人宿舍所设病房外，建筑呈四合院的医院中设有治疗病房，可以接受20人住院治疗，另有挂号、配药和待诊室、手术室、外科治疗室、休息室等。院内向阳的一边是男工病室，病室门前有较宽的台阶，边沿是砖砌的花墙，形同栏杆，病人可凭栏晒太阳。按设计者王秉忱工程师的设想，这是男工和女工的日光治疗台。院子中间则是一个大花园，栽满了月季、芍药、牡丹及剑麻。接受治疗的住院（包括宿舍病室）病人由厂方供应牛奶，膳食由小厨房按医生嘱咐制作送至病室。经过两年的发展，1947年申福新医院已有病床百张，其中男工用80张，女工用20张。有普通病室3间，一等病室3间，特别病室、隔离病室各1间。有医师5人、护士5人、药剂员2人、工人8名。医疗分内科、外科、五官科，后增妇产科。医院有3个诊病室，1个外科手术室（换药室），有药剂室、试验室各一。医院内有两间浴室，搪瓷澡盆2只。这样的医疗条件，在当时的西北地区的各工矿企业中，都是十分鲜见的。

除了一般的流行性感冒、肠胃病和外伤等常见病外，因为车间工作环境湿热，工人最易患的职业病是烂脚病。一般易患的传染病为疥疮，甚至连厂长家中也有人生疥疮。但在抗战时期，即使普通药物也十分缺乏。在宝鸡，连磺胺噻唑之类的药片也买不到，其他如奎宁丸、鱼肝油、盘尼西林等更是贵重如金。治疗疥疮没有特效药，只有一种“灭疥”药水有些疗效。1941 年 12 月一瓶“灭疥”八九十元，值一两袋面粉；1944 年 11 月，每瓶卖到八九千元，相当于十几袋面粉了。当时职工及家属中患肺结核的很多，需要鱼肝油，申新在宝鸡、西安购买不到，曾求助于宝鸡工合医院。工合医院根据申新医师证明，按名单以“让赠”的形式给厂里若干瓶，后来分得药品的人向工合医院赠送面粉近百袋以表示答谢。

20 世纪 30 年代初西北“虎烈拉”的流行，其中一个原因就是缺乏公共卫生观念（关于西北公共卫生的情况，可参阅本书第三章）。申新主持人李国伟和他的管理团队，在保护申新员工身体健康方面，实行两手抓。除尽可能设置医疗设施外，就是组织全厂员工注重清洁卫生，确保公共卫生和个人卫生。主要包括下面几个方面：

一是厂内厨房膳食卫生。1940 年 12 月经理李国伟在人事会议上特别强调膳食卫生的重要性。他说：“对膳食一项尤其要特别注意。食为人生必要的事，虽不必过求精美，但清洁卫生总须做到。它足以影响全厂职工的健康和做事的精神。所以厨房犹如全厂的命脉一样，万万不可忽视。”①讲究膳食卫生，主要的做法就是给厨房装上纱窗，防止苍蝇叮染食物。每个食堂都专门配有一两名专门打扫的杂务工。厂长、工务主任则每周都到厨房察看、督促。

二是厂区环境卫生。为了搞好环境卫生，厂内有“清洁班”，由庶务股管理。有专门的勤杂工，负责打扫院落、清理垃圾等卫生工作。其他还有管杂务、浴室及缝洗被褥的人。惠工宿舍配备了 10 多名杂务工每日清扫室外，室内由住宿工人轮流打扫，每个寝室少

① 萧尹：《宝鸡申新纺织厂史》（第六章 工人状况），西安：陕西人民出版社 1992 年版，第 351 页。

者12人，多者16人，由管理员指定的室长负责督促本室工友每天洒扫。每周又大扫除一次。针对工人宿舍中卫生的大敌臭虫，申新想了很多办法，比如把床铺改为可拆卸式，规定自清明节开始至重阳节，每月须将床烧煮一次，冬季也要每两月烧煮一次，同时把墙壁和地面上有缝隙处全部填光，再将墙壁粉刷过，使臭虫无处藏身；用酒精喷灯喷烧，并用在地上洒盐水等办法。据说效果不大，疲乏的工人一觉醒来，身体底下常常压死臭虫一片。

每个工人上班前必须把自己的床铺整理整齐。被褥要叠得方方正正，有棱有角。有些工人为了使被子叠出棱角来，就找来一块小木板，夹在被子边角一折，然后轻轻将木板抽出，被子边角就折得如同一条线一样直了。每个人的铜脸盆都须放在一定的位置，漱口杯中的牙刷，把柄也得朝着一个方向……总之，一切都有规矩，且马虎不得。这样的场景在当代的大学生军训中，是人们十分熟悉的画面。令人难以想象的是，它也曾出现在抗战时期西北地区一个纺织工厂的工人宿舍。

在清洁卫生的基础上，申新还组织工人自己动手美化环境。各部宿舍都有花坛，有专门的杂务工每日整理、灌溉。有的宿舍屋前紧靠山坡，就在山坡上种上各种树木，宿舍屋外有空地的，宿舍管理人员就组织工人利用"劳作"课时间动手自建花园。工余休息时间就可以看到三三两两的青年工人，或在花间散步，或在茅亭下对弈。

三是工人的个人卫生。1942年12月，李国伟在人事改进会议上同时强调："请惠工股负责人注意工人卫生。衣服、头发均应加洗涤，尤其要以灭除白虱、跳蚤、臭虫等为首要任务。"

西北这样的干旱缺水地区，传统上没有勤于洗澡的习惯。但在申新厂的职员们的示范和厂方的管理要求下，建立浴室，初期时是大池子，工人洗澡时由宿舍管理人员组织，分批进行，只能 10 天洗 1 次。人多池子小，每次 25 人同时入浴，每次限制 5 分钟时间。后来宿舍都建立起浴室，洗澡就比较方便了。由于工人都能按规定时间集体洗澡，传染病日渐减少。

除了定期免费洗澡，还要求工人们定期理发、拆洗被褥，以尽可能清除臭虫、跳蚤和虱子等害虫。理发室和医务室在建厂之初就设立了，大多时候有一定收费，另外给女工补贴，也有全免费由工厂补贴的。宿舍被褥规定半个月拆洗一次，由厂方雇人专门拆洗。为提高拆洗效率，1947 年还从上海购买了一台美制洗衣机，是不锈钢制的，横筒式，后因耗电太多等原因被弃置。

工人中患疥疮的很多，宿舍管理人员同卫生股配合，一方面遵照医生嘱咐调用药石，另一方面在清洁卫生上下功夫。各部宿舍都设了隔离室，让患者集中，统一治疗。此外，还用了三条辅助治疗办法：1. 给患者发经常换洗的衣服，使身体保持清洁；2. 用“灭疥”药水沐浴，两天 1 次；3. 教导患者用日光照射身体杀菌。这些措施，效果显著。1944 年 5 月间，38 名患者中有半数治愈上班了。

为了使工人们养成讲究个人卫生的习惯，申新宿舍管理者们也动用了各种组织和宣传手法，如组织卫生观摩，进行清洁比赛，指派各室长带领宿舍参观团，互相参观，进行评比。对卫生最好的发锦标鼓励。个人卫生好的奖给毛巾、牙刷、牙粉，有时也发水果作为奖品。每逢节日前夕，全厂进行清洁总检查，宿舍一律开放，请人参观批评。搞卫生宣传大会，1944 年 6 月，惠工股利用端午节在宿舍操场举行卫生宣传大会，会场主席台前挂着几个方形灯笼，上面画着放大许多倍的四害图：蚊子、苍蝇、臭虫、跳蚤，借以触目惊心，达到教育效果。李国伟经理亲自详细询问工人的健康状况，并讲解一些卫生原理，鼓励工人要养成讲卫生的习惯。厂长瞿冠英和申福新医院潘艾初医生也讲了话，宣传清洁卫生的意义。

实事求是地说，抗战时期的西北地区，在飞机轰炸、厂区频频受到损毁时，在落后的社会经济环境下，申新工厂不仅仍能够坚持生产、服务抗战，还能够坚持举办这样的工厂"福利措施"。这一幅幅工人生活的场面，不仅在西北地区前所未有，即便是在全国，考虑到战时的情况，也十分难得，令人对主持宝鸡申新四厂的实业家李国伟和他的管理团队肃然起敬！

同时期其他西北地区的内迁工厂和地方自办工厂的史料中，很少透露工人实际的生活内容。显然，在近代工业尚不发达的情况下，厂矿生产经营就已经足够引发人们操心的了，工人生活的实际内容则多半应付了事，乏善可陈。如青海马步芳办的"八大厂"(洗毛厂、三酸厂、玻璃厂、火柴厂、毛纺厂、皮革厂、修配厂和水泥厂)，形同马氏个人麾下，各工厂实行"军营式"的管理："除公司派来的职员和从外地请来的技师外，全部工人按班、排、连形式编队，指派队长和正副班长。上班生产时，由带班的班长管理，下班后由队长管理。起床出操、吃饭睡觉、打扫卫生，都得统一行动。如吃饭时，需一个班围着一个饭桶，等'开动'的命令发出后才吃，否则就得挨军棍，或被罚跑、罚站、罚跪。有事外出，需向队长请假。请假一天以上者，需经厂长批准。期满不归者，要受重罚。如私自离厂，按'逃兵'论处，抓回来后施以重刑。"①大华纺织厂也有工人养成制度，但管理工人生活方面尚未见相关详细资料。相比之下，立

① 徐全文：《解放前青海的洗毛等八工厂》，载于政协甘肃省委员会文史资料委员会编：《西北近代工业》，兰州：甘肃人民出版社 1989 年版。

足私营的申新纺织厂，则更坚持在企业管理和市场方面不断革新。因此，《宝鸡申新纺织厂史》在对工人与工厂的矛盾和斗争问题的陈述中，称："申新没有发生过政治罢工，即使经济罢工也只发生过一次，那是在抗战胜利以后了。"

第四章　抗战时期西北社会之衣食住行

在人们的日常生活中，首当其冲的是满足人们基本生存需要的衣、食、住、行。在长期的历史发展中，衣食住行作为物质生活的最基本内容，不仅反映了自然、社会经济条件的变迁，也体现了政治教化和社会风俗的浸润。

抗战时期西北社会的衣食住行，在短短十余年内所发生的有限变化，大致可以归功于“战争”所引发的政治作为、技术改良、经济发展以及人口的流动和观念的融入。走进西北的旅行者们留下的文字记录，为我们了解过去的生活图景打开了一扇扇窗户。

一、饰发与放足

衣服发饰依赖一定的自然物质材料制成，具有遮体保暖、审美装饰乃至显示等级身份权力界限等功能。因此，在不同历史时期、不同民族及国家社会中，衣服发饰往往会反映其经济物产之特色、主流审美标准，乃至社会发展的程度。

抗战时期西北地区，因着“西北开发”和“战争”这两个特殊时代力量，对传统服饰有承继有革新，不同性别和用途的服饰变化程度不一。其中，关乎“头”与“足”的样式，最能体现习俗之继承性和变革性。

(一) 简朴耐寒之民风及变动

西北地方，产棉为主，少数民族地区由于事畜牧业，盛产皮毛，服饰多取棉、毛为材质。由于民间纺织业和毛纺业并不发达，服饰所用之材料或为粗糙手工制作而成，或仰赖外省输入。受种种条件的限制，民间服饰无论在材质、色泽及样式上，无不以简朴、耐寒、崇实用为风尚。

一般官服，在晚清时期尚有固定的式样规定和严格的等级区分，不得逾越。及至民国，政体变更，清朝官服被废除，中山装取而代之，成为政府公务人员之标准服装，西北与全国各地均同。至于中山装在西北民间的接受情况，则后置于男子服饰变化中进行考察。

民国西北汉族服饰，因地势高亢、气候多干寒，在一般样式上，男女均为上袄下裤，有身份的、鲜有体力劳动的士绅官商之类，最多在外罩一长袍。西北农耕区多产棉，服饰质地多为粗棉布，鲜见绫罗绸缎。男女都在裤腿处以布带缠裹，冬天可防风，夏季能挡芒刺钻裤腿。一般男子还有缠腰带的习惯，俗云“三夹不如一棉，三棉不如一缠”，取半尺宽、长短不一的棉布带，在腰间缠绕三两圈，冬天保暖，夏天擦汗，平时则可以把长管旱烟袋之类插在腰间。青海西宁的农人为抵御高寒，还常穿名为“钻钻”①的薄面背心。陕西男子还有“套裤”，即单做两条裤腿，上端用扣绊系在裤带上，罩在

① 这种背心，无领无袖，两腋下开口，套在衣外，御寒保护肚腹。朱世奎主编：《青海风俗简志》，西宁：青海人民出版社1999年版，第754页。

裤外，用以防腿寒，多是一些有钱人家才有。因为无腰无臀，被无力置办者讥笑为“穿上套裤图洋哩，屁股跟上受凉哩”。

在陕西北部、甘宁青等地，服饰多用皮毛。其中以宁夏中卫一带所产滩羊皮最为珍贵，非一般人可用。一般民众多用山羊、绵羊皮作为材料，制作极为简朴，大致分为两种：一是毛向内，革向外，“远瞩为丧服者然”；一是毛向外，革向内，“远瞩像山羊两足立行之状”，①西宁农村称之为“白板板皮袄”，陕西北部称之为“吊面子皮袄”。财力尚可的中等人家，则多采用“革向外”式样，并在革外挂布面或者绸缎面。

妇女的大襟衫子，斜开、两侧开小衩，长至膝或者刚过膝如长袍，古朴端庄，但更重要的是其保暖、盛物的实用价值。下地摘瓜采豆，上集购买物品，撩起衣衫前襟成兜置入，就可以抱回家了，集中表现了陕西妇女尚实惠、重节俭的实用审美。穿裙子在平时劳作的妇女中是少见的，仅在走亲、过节、婚嫁之类的特殊场合偶尔穿一下，有的贫寒女子终生也不曾有一件裙子。青海湟源一带的汉族女子，为御寒更“多穿长袍，鲜有着短衫长裙者”②。

西北服饰所用棉布多为家庭土织，本白之外，多以土法染成黑蓝色，根据四季变化，除了夏季多本白外，余皆蓝黑。陕西民间因此有“冬天青、夏天白(音北)，春秋二季一锭墨(音煤)”之谚。直到1930年代细纹的“洋布”传入，因为物美价廉，很快在城市里取代土布，但最受欢迎的还是阴丹士林蓝和海昌蓝两种颜色。抗战时期斜纹布也沿着陇海铁路，随人口内迁流行起来，先是哔叽，后为咔叽，但主要是制作中山装一类的新式服饰。

① 王金绂编著：《西北地理》，北平：立达书局1932年版，第343页。

② 王昱、李庆涛编：《青海风土概况调查集》，西宁：青海人民出版社1985年版，第128页。

在西北诸如棉帽之类用作保暖头部的服饰，并不普遍。陕西农民无论冬夏均无戴帽习惯，反倒是喜欢头顶毛巾或手帕：男人在头上扎一条白羊肚手巾或者手帕，女子则头顶手帕。区别在于平原和高原的毛巾扎法不同，关中人毛巾的结打在脑后，陕北人则相反，山地的陕南人则不分男女，都有包头帕的风俗。《陇蜀余闻》就记载："汉中（陕南）风俗尚白，男子妇女皆以白布裹头，或以黄绢加白帕其上。"头顶帕子还是看重其实用价值：可遮土，少洗发（西北总体是土厚水深、干旱缺水），擦汗。越往西、往北去，多用蓝、黑、黄等颜色。

西北甘宁青的回族，与汉人服饰相近，惟对于戴帽子尤为重视，颇有特点：男子戴称作"号帽"或"礼拜帽"的无檐小帽，夏季尚白，冬季亦有蓝、黑色。妇女都戴圆撮口帽，搭盖头，包住头发、耳朵、脖颈，以长短分长幼，少女少妇遮住脖子即可，老妇则须要达至背心处。又以颜色分长幼，未婚绿色，已婚用黑色，待至老年则用白色。更甚者如青海西宁县的回民妇女，除了"无论冬夏，戴一古风帽式之暖帽，名曰'盖头'"外，又"戴一面罩，名曰'脸罩'，虽步行，亦如此"。① 若从实用功能上看，回族的"号帽"和"盖头"具有御寒、防尘等作用。但甘宁青回族（时人称为汉回）汉化已久，服饰趋同，而帽子上的区别，主要还在于"按回教教规，凡信回教者，有一定服制"。② 至于甘宁青的藏族（时称"番族"），以及新疆普遍信仰伊斯兰教的族群，不仅服饰别具民族风，连发辫也独有特点。详见"民族服饰之五光十色"一节论述。

随着近代西北社会逐步发展，特别是抗战时期的交通改善、货

---

① 王昱、李庆涛编：《青海风土概况调查集》，西宁：青海人民出版社 1985 年版，第 43 页。

② 马鹤天著，胡大浚点校：《甘青藏边区考察记》，兰州：甘肃人民出版社 2003 年版，第 20 页。

易发展、技术进步，民间风习亦逐渐发生变化。

以汉族为主的陕西地方，曾一度出现过趋奢之风。由于“自乾嘉以还，当国家全盛，士农工商各安其业，风气静穆，人物恬熙，击壤歌衢，有老死不知兵革者”①，随着近代商品经济逐渐发展，民间生活的奢华风气渐行，先是在商贸较为繁荣的地方出现，如，泾阳“昔年城市衣履稀有纯绮，乡村老人皆服大布，履而不袜，……近日则裘马绮罗充塞街衢，十金之子即耻布衣”，三原“城市益贪利务诈，妇女华饰倍前”。② 随即在一些地狭人稠之区流行，如扶风“邑非繁富之区，然亦不甚鄙陋，驾轻策肥，所在多有，衣服则富绅大贾以洋布羽绫为亵服，以绮罗锦绣为礼服。寒士农夫则大布亦不为过于破蔽”。即使遭遇回民起义，东府大荔等地因“各乡及朝（邑）渭（南）富室避居城中”而一变朴素为奢靡，出现了“服食器用竞趋华丽，街巷车马辚辚往来如织……女饰花样愈增愈奇，襟袖边缘费愈正幅”的现象。风气所至，澄城“东南与大（荔）朝（邑）毘连，风气相似，多读书尚礼义。近颇趋于浮华，妇女喜缘饰，贫者亦与富争丰”，③韩城“兵荒以来，服奢而女妆较甚”。这股改“但求持久”的实用取向，将之一变为绮罗绸缎的趋奢尚华之风，自清中叶延续至清末，很大程度上与地方安定、商业发展有关。在理学尚称弥漫的陕西关中一带，此风甚令理学先生们感到忧虑，但确实是民间社会自发地对传统礼法约束下服饰之保守和拘谨的突破，也是对传统等级身份的一种挑战。

及至抗战时期，这股奢靡之风已然消失，服饰重返简朴的同

① 《续修陕西通志稿》卷一九五，民国铅印本。

② 《续修陕西通志稿》卷一九五，民国铅印本。

③ 《同州府续志》卷九，光绪七年刊本。

时，也追慕新潮时髦。究其原因一是自光绪末年到民国初年，天灾人祸连结，民间社会损失惨重，民穷力竭而无从奢靡；一是民国肇立，民主、科学新风尚兴起，移风易俗蔚然成风，尤以全国抗战爆发后，工厂、人口内迁，为生产方式、生活方式带来新风，影响西北地方服饰风尚变动。

首先，传统服饰上的严格等级区分被打破，在服饰式样上趋于多元化。尤以男子服饰的变化最为剧烈，社会职业服饰成为新的身份象征。

在抗战以前的西北地区，服饰保留了较多的传统等级标识和民族特色。一般的清朝官服，虽在民初已被命令取消，但在西北一些边远高原之地，仍是遗风流韵犹存，譬如直到全国抗战爆发之前，青海的"一些蒙旗人犹多半爱穿清制蹄袖衣服，公务人员竟有着蟒袍戴花翎者，……庭讼时五公以及公务人员，犹御清衣帽，至今不改"①。

1912 年，中华民国政府参议院仿照西方各国惯例颁布了国人男女礼服的形制。其中，男子礼服包括大礼服和常礼服两种。大礼服有日间服和晚礼服，形制均采西式。常礼服中西兼有，西式形制和长袍、马褂并行，端看穿戴场合而已。女子礼服主要是取消了清朝制式，沿用传统上袄下裙样式。至于特殊机关人员如地方行政官、外交官、警察、陆海军、检察官、监狱官等服制也有陆续规定。1929 年，南京国民政府重颁的《服制条例》，一反西洋风，强调民族风：男子礼服包括长袍、马褂和中山装（颜色除夏季为白色外，主要是黑色），西式制服同时也存在；女子礼服在袄裙之外恢复了旗袍。官方规定服饰主要着眼礼服和公务制服，人们日常所着服饰，自然

---

① 周振鹤编：《青海》，上海：商务印书馆 1938 年版，第 124 页。

上行下效之外，则是任凭时尚所趋。可见，当时的服制呈现出多元混杂的局面。

1930年代起，以陇海铁路为代表的交通改善，使得不同社会阶层的外地人士到西北考察游历、建设、做生意、逃荒谋生，西北经贸和内部流通增强的同时，服饰出现多元化和民族融合化。青海西宁原本充斥的满是长袍马褂的男子和上袄下裤或长衫长袍、绣花鞋的女子，自抗战初期一批男头戴礼帽、西装革履，女身着旗袍、蹬高跟鞋的知识青年到来后，一时间“西宁城内男女纷纷仿效，地方政界要员、绅士也以穿西服为时尚，至30年代后期，中学生几乎都是新式的装束，而西宁城里的青年则流行穿马裤”。[①] 较西装而言，中山装更容易在西北城市为一般公务人员和文化人士接纳，也更容易在知识青年中流行。中山装（地方俗称“制服”）也因较西服宽大、采用小立领、四个口袋等这些更舒适、保暖等的特点，易于为人们接纳。因此，一些混搭风格的服饰，出现在城乡街头：着中山装的搭着传统大裆裤，裹着裤腿或者穿马裤、粗布鞋；着长袍的，戴礼帽穿皮鞋或者黑粗布鞋；着粗布中山装或黑色对襟上衣，搭件乡间称为“大氅”的大翻领西式大衣。值得一提的是，从民初至抗战时期，军人服饰在民间受另眼看待。特别是马裤，这种原本的骑兵服装，一度仿行民间，原因一是军阀混战时期军人活跃强势，民多畏之如虎；一是其形制裆肥大而裤腿窄，恰好适于保暖，何况裤腿外侧钉排纽扣或拉链也很显威风。军政人士和富商们都喜欢，如身着“中山装马腿裤，一身老粗布的黑色公务员制服”的李敷仁在回乡下时，忍不住上前跟强行拉粮的军人对抗争辩，结果是对方观其

---

① 邓慧君：《青海近代民族服饰、饮食状况分析》，《青海社会科学》2000年第3期，第103页。

衣着，疑惧其身份，竟让了步。①

一般商人和旧士绅新文人们，仍多沿用长袍马褂、针工精细的裤褂和汗夹，冬天则有毛棉鞋。曾经作为社会身份象征的长袍马褂配套穿法，此时已经大不讲究了，只要是劳作不碍，长袍倒是更能御寒和文雅一些。所以掌柜的穿，伙计们也能穿了。抗战爆发后，随着一些工厂和企业内迁的工人和技术人员的到来，一些城市人也渐渐习用了工人服、两用衫、夹克衫等。

掌柜和伙计们合影

资料来源　宗鸣安编著：《西安旧事》，西安：陕西人民出版社 2002 年版，第 133 页。

农人的服饰，在式样上变化不大，但在服饰中的一些附带品上却透露出慕新的气息。比如传统上凤翔男子多在腰间勒佩绣花

① 李荷丽主编：《李敷仁诗文集》，西安：陕西人民出版社 1984 年版，第 44 页。

“围肚”，用细布和绸缎精工巧作，以示“富贵”，到民国时就有在腰间勒佩鳄鱼皮制的眼镜盒子，陈列于胯前，炫耀于人。

不同于男子服饰较多彰显社会等级身份的功能，女装更多承载了审美的需求，政体的更迭对女子服装的影响远远不及经济和文化。

旗袍和洋装，这样的服饰民初即开始进入西北，直到抗战时期才能称得上流行起来。先是内迁来的妓女们引其潮流，其次是一些富商人家的主妇、官太太等，最后才是一些有职业的妇女和女学生身着多半是改良过的旗袍走过街头。因为地方风气一直比较保守，女子在大街上抛头露面都鲜见，但女学生终究抵挡不住时尚服饰的吸引，巧妙糅合传统长及膝的上衣和旗袍，可以看到紧致的肩

1941 年，周至县一位富商的妻子和儿女们

资料来源　王安泉主编：《周至县志》，西安：三秦出版社 1993 年版。

头和稍纤的腰身。当然，更多的还是乐意采用大偏襟直领宽袖单褂搭配“现代”裙子的着装，新潮又庄重。比较服饰的变化，头饰的变动就要矜持得多。全民族抗日战争爆发前后，烫发、着军装之类时髦做法涌入省城和一些交通改善的城市如潼关、宝鸡、咸阳。

其次，受连年天灾人祸的影响，抗战时期的西北地方服饰，仍以朴素无华为特色，但也呈现出尚简、尚新的风气。

1924年，受邀来长安讲学的燕京大学教授王桐龄先生在长安街头所见民众“衣甚朴素，除去政界以外，皆穿布不穿绸，军人教员大商人皆然，不独细民也”。[①] 十年后，小说家张恨水在一篇为旅行社撰写、给来陕旅行者的游览攻略中，还劝诫西去的人要穿得朴素一点，“因为除了东方去的年轻官吏，本地人是绝少穿西服的。摩登少年，也不过穿穿那青色粗呢的学生装”[②]。当地无论军、政、商、学、民皆穿着朴素布制服饰，鲜有绫罗绸缎，常视着西服绸缎者为“老爷”之流的外地人，大有侧目而立之势。因此，抗战时期的西北服饰在质地上的差异，远不及追求简约的新时尚和追求民主的新精神风貌更能代表西北人对新生活方式的触摸。

相比较官员、富商、知识分子等阶层人士而言，一般西北城镇民众对新服饰风尚的感受和接纳方式，更能体现地方社会变动的情况。一些看似新潮的服饰，既不适应生产劳作又与传统审美存在较大差异，一般民众尚不能照单全收，但新式服饰中一些新元素，如简洁干练、随体有形的特点渐渐被接受和吸纳。原来的上衣大褂，多行“宽、大、短”，舒适无拘束还实用，但难免臃肿拖沓。现

① 王桐龄：《陕西旅行记》，北平：北平文化学社1928年版，第33页。

② 张恨水、李孤帆著，邓明点校：《西游小记·西行杂记》，兰州：甘肃人民出版社2003年版，第56页。

在则渐兴"窄、细、长",实用的功能减少了,但人却更加精神有型了。除女学生改良了旗袍外,一般女子则在细节上做功夫:袖子收窄、衫缩及臀,可身量裁,长裤顺身收腿,结果衣服虽仍布制,形制却时尚又干练,精神振作,气质秀雅了。青年男子无论衣裤还是长袍,也一反往昔的宽大臃肿,一变为随身可体,少了闲散,多了干练和朝气。即便是新式学校的小学生们,也有了整齐统一又利落的童子军服装。

"几个青年男女,后花园留影"

资料来源　宗鸣安编著:《西安旧事》,西安:陕西人民出版社 2002 年版,第 142 页。

最后，服饰作为一种文化的载体，不仅表现出对新时尚转变迅捷的捕捉，还表现为对传统审美观念的积淀和留存。这在传统礼仪文化积淀深厚、传统生产方式相当稳固的西北，则以婚丧服饰中对传统服饰的持续得到体现。

一般陕西人尽管平时生活俭吝，可对待婚丧节日等显脸面的大事却十分看重。不仅富贵人家看重给女儿的陪嫁以显示其排场和财力，贫寒人家女儿平时衣着朴素简单，出嫁时则一定要备条像样的裙子。这种传统，在民国时期沿传不息。从待嫁姑娘服饰到结婚当天服饰的华丽奢侈和高贵庄重，都充溢着对富贵的向往和对新生活寄予的美好期望，与平时俭朴的服饰形成强烈对比。如清末至民国年间一直流传在岐山县的一首描写待嫁姑娘的歌谣唱道：

> 黄土地里跑白马，一跑跑到丈人家。
> 丈母娘，没在家，门帘背后看见她。
> 银簪子，银耳环，白净脸，脂粉擦。
> 梳油头，戴翠花，雪白手，银指甲。
> 大红棉袄绣蓝花，鸭青背心蝴蝶花。
> 百褶裙子海棠花，缨缨红，鞋面花。
> 扭扭捏捏转几下(读哈)，我回家，告诉妈。
> 卖田卖地要娶她。

即将出嫁的姑娘，面容姣好，特别是身着绣饰精美的传统短袄长裙，不仅是令小伙子心仪的对象，也是人们心目中美的典范

结婚的这天，在凤翔县，新郎着长袍，戴礼帽、插金花，披红。新娘子则头插石榴缎花、金银簪环，身着红绸缎袄、红绿绣花缎裙，手捏红绿丝帕子，脚着绣花红缎鞋(西北地方，装饰实多以金银、红绿

等象征富贵的、饱和度大的浓艳色彩为主)。不仅女子服饰之中尽显华美与富贵,连媒公的服饰也要求大襟褂套马甲,内白裤,外穿黑套裤,紧扎腿带,显尽利落和庄重。

在韩城县,直到民国后期,由于当地人认为完婚类似于及第和招驸马之类的大事,是“小登科”,因此在当地婚礼中,男子身着长袍马褂,头戴礼帽插金花,女子则身穿大红龙袍(龙图仅绣前胸襟,两臂无,前襟下则以蓝白相间的海水波纹相绣),头戴酷似古装戏中公主所带的凤冠,俗称“龙袍凤冠”。富室和平民概不免俗,以至于因为民众需求较大,而制作一套这样的礼服又耗费较大,当地甚至出现了专门租赁这种婚礼服饰的行当和经营者。

相比较而言,抗战时期的西北,虽然已经有部分城市人士举办新式婚礼,或者在传统婚礼中使用西装、旗袍、白色婚纱等新式服饰等,但,也仅在极少数西迁的上层人士或者知识分子中流行。如甘肃兰州,本地西式服装制造业始于1938年,至1945年仅有20余家,一套西装售价90元(时价相当于一两黄金),实在是当时一般民众无法承受的。①

至于丧葬,男孝穿毛茬白孝衣,胸缠背结绞孝白布,头戴孝帽、吊沾泪小棉球,脚拖白布鞋,腰缠麻辫;女孝穿白孝衣、白鞋、白布尖孝帽;孙辈搭红布。这种丧白的习俗,承传已久,并无变化。近代有作志书者,在分析陕西人衣冠尚白的原因时,力主“旧志谓为诸葛公戴孝,又谓明季兵革凶服迎丧,相沿不觉,又谓秦地属金,地运使然,率系无稽之谈”,认为“此种习俗亦勤俭太过之故也,染色之布价稍昂于白布,故著白布者多。而妇女亲属又多于男子,男子

① 《兰州服装业发展史》,《兰州文史资料选辑》第11辑,内部资料,甘肃日报社印刷厂1990年印,第201页。

之孝服惟施于本族而已，而妇女有夫家母家二族，每有族人之丧，虽只缌功之丧而白冠白履必从新制，新制者非数月所可敝，则终岁著之，往往此族之丧服未毕而彼族之丧服又至。故妇女有数年而不变其白服者”。[①] 此说未必完全正确，但服饰色彩的选择受地方生活勤俭和重丧事的习俗影响，是有一定合理性的。

（二）民族服饰之五光十色

西北少数民族聚居的地方，民族服饰特色鲜明，皆与地方物产、生产风俗、生活方式相呼应。

甘宁青的藏民，无论男女，冬夏皆穿圆领长袖的皮长袍，袖与身长均及地（女子袖及腕部，盖因藏民女子是主要劳作者），偏袒右肩，袖管垂曳背后，腰间束以大带，或赤足，或穿皮靴，但不着下裤。皮衣袍又宽又长，白天当腰束带，胸前怀中衣变作兜状，可放杂物，晚上松开束带就地而卧，皮衣如被，护住全身，皮袍也就是随身携带的被褥。男性“成年人腰间必悬一柄大刀，非谒上官，从不卸去。另有随身小刀一柄，则为食肉之用，因其不能用箸也”。[②]

藏族女子的服饰样式基本与男子相同，只是袖管较短或窄。最引人注目的是“无数的”小辫子和盛放辫子的“唷哇袋”[③]。辫子既表明女子的婚姻状态，又表明财富程度，“披发于肩者无夫，束发为辫者为即示有夫。辫盛于辫袋中，自脑后垂至足跟，袋宽三寸许，缀以银饰及蚌壳等，一见即知其贫富。”[④]据时人目击所见，被称作“唷哇袋”的辫袋是布制的，可视为藏民家产的测验器，“有钱的

---

① 《续修陕西通志稿》卷一九六，民国铅印本。

② 安汉、李自发编著：《西北农业考察》，武功：国立西北农林专科学校 1936 年版，第 58 页。

③ 顾执中、陆诒：《到青海去》，北京：中国青年出版社 2012 年版，第 78 页。

④ 安汉、李自发编著：《西北农业考察》，武功：国立西北农林专科学校 1936 年版，第 58 页。

人，唷哇袋上装着很多的黄蜡、玛瑙、珊瑚、银盾，大概要值两三千元不等。最普通的，也装上十几个银盾，值几百元。耳环很大，也有装上宝珠等等东西。”①

新疆少数民族众多，仅以人数较多的几个民族为例，可见其民族服饰之五光十色。维吾尔族（民国时称“缠回”，1930年代引发该族抗议，“维吾尔族”之称谓始行），占新疆总人口70%左右，语言文字、容貌风俗，均与各族不同，服饰亦别具特色：男子服饰，圆领右衽②长袖，颇似西装大氅，袖小而长，下幅两旁无叉。腰束布带，而佩小刀于左。夏衣素白，棉衣、皮衣，则红褐不一。阿訇及富有者，罩在长袍外，另加直襟套衣一件，颇似西式大衣。女子服饰则有领无衽，自首套下，“那是用整块的布做成的，只在颈项那里开了个洞，头钻进去以后，再用带束在二肩之上，衣服一直拖垂到足踝。就是小孩子穿的衣服也是这样。”③女子服饰色尚红、绿，外套背心或者短褂。女子外出以纱巾罩面，从头垂到膝，风吹纱荡，即用手握住，以防纱飘露面。但“已经出嫁的女人们不戴面幕，似乎自由的多”。④ 女子发辫数目，妇（人）女（少女）各殊，皆梳垂于背。头戴平顶小帽，金银彩线，盘绣花卉，价颇昂贵。阿訇时以白布缠头，类

---

① 顾执中、陆诒：《到青海去》，北京：中国青年出版社2012年版，第79页。

② 关于“右衽”考证，王金绂编著：《西北地理》，北平：立达书局1932年版中，称“回疆回民，……男左衽”（第347页），而谢晓钟在1916年考察新疆后所著的《新疆游记》中，称“男右衽带扣”（第242页），上海《申报》记者陈赓雅在1934年考察新疆后著作《西北视察记》中，亦称“男衣右衽小袖”（第259页）。《回疆志》于“衣冠”一节称：“衣则长袍整衿齐袖整领俱用”。

③ 天涯浪子：《新疆漫游》，载于旅行杂志丛刊《西北行》，桂林：中国旅行社1943年版，第124页。

④ 天涯浪子：《新疆漫游》，载于旅行杂志丛刊《西北行》，桂林：中国旅行社1943年版，第124页。

似印度人的缠首。[①] 男女皆穿皮靴。男子多长筒及膝，女子则多裸足，外出时方着靴。

蒙古等族各具风采。如阿尔泰蒙古族，男女冬夏皆着长袍下裤，一般民众多用布袍，贵族才用锦缎丝绣，充以驼毛。右衽平袖，衣不镶边，腰束布带。女子服饰长袍如两截衫，窄袖对襟，下截如围裙拖曳至地。惟发辫繁复，耳、腕、指处，多戴珊瑚和金银珠宝，堪称华丽。富贵者和一般礼服，则多头戴金丝毡帽，顶结红绒或红丝长穗。[②] 阿拉善旗的贵妇则更喜欢挂满珊瑚珠宝之类。男女皆着皮靴，惟颜色区别尊卑。蒙旗之台吉、桑吉（官名），均着红香牛皮，而“一般民众衣履或黑或黄，无敢用红色者”[③]。哈萨克则男女服饰皆圆领窄袖，不结纽扣，长及膝盖。男子敞前衿，左衽掩腋下，腰束皮带，镶嵌金银珊瑚珠宝，左悬皮囊，右佩小刀。妇女袍较长，当胸多用金线编织，缝缀环纽，衣服前后多系有小布袋，盛放小物件，以方便随时取用。这大概与其游牧生活迁居不定有关系。男女服饰皆以黑色为尚，白色次之。同是游牧民族，哈萨克族却不同于藏族，男女服饰皆着有袖无衿的襦（短衣），富者多以用貂、獭、猞猁等皮，贫者用羊皮，均喜衬白布及五彩裨襦。男子冀皮制高帽，内衬幞头，女子的皮帽则方顶阔檐，出嫁后则改为用花巾斜卷头上，一两年后，才换作戴白布面衣，“制以白布一方，斜纫如袋，蒙首至于额，而露其目，上覆白布圈，后帔襜襜然下垂肩背（长二尺余）。”[④]

西北少数民族聚居区大都远离内地，服饰上的民族特色，基本

---

① 陈赓雅著，甄暾点校：《西北视察记》，兰州：甘肃人民出版社 2002 年版，第 258 页。

② 谢晓钟著，薛长年、宋廷华点校：《新疆游记》，兰州：甘肃人民出版社 2003 年版，第 305 页。

③ 王金绂：《西北地理》，北平：立达书局 1932 年版，第 347 页。

④ 谢晓钟著，薛长年、宋廷华点校：《新疆游记》：兰州：甘肃人民出版社 2003 年版，第 156 页。

得以保留。《大公报》记者范长江在青海西宁，就颇觉“在街上来往的人们，但从服饰上，很显然分出汉蒙回藏四族，初到此间的旅客，诚有五光十色，难以接应之势”。① 但在抗战时期的西北开发和社会流动下，一些民族服饰也或多或少受到影响：

一是新式流行服装也为部分往来内地的人士穿着。不少少数民族中的上层人物或经常往来于内地的商人、就学于新式学校的青年，也逐渐穿起了中山装、西装。二是，随着抗战时期西北各级政权机构设立，内地公务人员的选派，以及垦荒业的推进，内地与边疆之间的人员流动加大，少数民族中一些服饰上的习惯得到改良。如“按藏族习惯，都不穿下衣，近年来与汉人交往较多，已有不少人穿着了”。② 藏族女子头饰多“重、繁、奢”，愈靠近宗教势力中心寺院的部落愈讲究。如夏河县(1927 年以前称拉卜楞)作为西北佛教圣地之一，是甘、川、青、康四省的边区重地，其寺院附近的妇女“把头顶中间挑出一小圈头发向后梳成一条辫子，其余四周留下许多头发又辫成无数根小辫子，每根仅有少数根头发，由额中分开，拉向背后，系于腰间一块大软板上，软板是大红色的，由头顶直拖到脚跟，软板上都钉满沉重的饰物，富贵妇女钉的是大小数十个黄琥珀和红珊瑚，其次的钉上四五十块袁大头银圆，再次的钉黄铜片，穷的钉些白洋扣子和贝壳之类不值钱东西。软板以腰带系住，以减轻下垂的重量。”③离拉卜楞寺院较远的康根康萨地区，由于新式教育在牧区中办得比较成功，风气较为开放，当地女子就大多数梳根大辫子，什么饰物都不戴。

---

① 范长江：《中国的西北角》，北京：新华出版社 1980 年版，第 87 页。

② 俞湘文：《西北游牧藏区之社会调查》，上海：商务印书馆 1947 年版，第 77 页。

③ 俞湘文：《西北游牧藏区之社会调查》，上海：商务印书馆 1947 年版，第 79 页。

在社会经济并不发达的情况下，民族服饰的宗教、文化蕴涵，使其接受汉化乃至西化服饰的程度并不高。西北地区民族服饰在实用功能上，有着西式服饰所不能替代的作用。自东南亚来到西北考察的林鹏侠，所携带昂贵之西式羊裘大衣，在经陕西进入甘肃之前，仍难耐其寒，只好弃置不用，以 20 元购得当地老羊皮制成大氅，一路上虽“风沙蔽日，寒威袭人，幸御新制老羊皮大衣，長然奇温不觉寒苦”。①“甘肃其寒，非老羊皮不能抵御。缘其毛绒长而皮板厚，不致透风，且坚韧耐久用，为旅行西北必须之品。南人所服细毛，至此几同废物”。② 1935 年冬，记者范长江和同行人士从西宁继续西北行时，发现“地势越高，气候越冷。故服饰方面，汉式装束，既不大相宜，西式之普通冬季服装，简直毫无用处。最适宜之服装，为藏族用之大领皮袄与长筒毛靴，在马上尤为相宜”。③

（三）剪辫易放足难

与服饰的质地和样式主要受经济条件和社会风尚的影响不同，剪辫和放足在清末民初被看作是告别旧时代迎接新时代的标志。不过，在西北，这两件事情的成效却有所不同。

首先是剪辫。民国初创，发布男子剪辫令，以示共和、与清朝诀别。此为一项强制执行的命令，公务人员和学生首先响应，最初剪成齐耳短发，俗称“二道毛”，随后又留起类似今天小平头的“洋楼”。而一般乡民多因对革命缺乏真正理解，并不能完全听令仿行。于是，政府采取强制手段在省城和各县城门派出军警，对出入

① 林鹏侠著，王福成点校：《西北行》，兰州：甘肃人民出版社 2001 年版，第 26 页。

② 林鹏侠著，王福成点校：《西北行》，兰州：甘肃人民出版社 2001 年版，第 21 页。

③ 范长江：《中国的西北角》，北京：新华出版社 1980 年版，第 104 页。

城门的人进行检查，发现留辫者一律强行剪去。

> 日前警务处申令剪发已志报端，而各乡民无识之辈均不肯剪去。记者昨至长安县门首，见有乡民五六人各推小车皆垂长辫，适被岗警及司法警生看见，立即执而剪之，发辫仍交本人。内有一年约半百者，持发而泣，悲叹不已。观者无不笑其顽固云。①

泣者不跟时代，笑者讥其顽固，自是城乡之间对剪辫各有不同认识。迟至抗战时期，陕甘要冲之地的泾川城门，“第见城防卫兵，执利剪以伺土人，遇有蓄发辫者，则笑而剪之；并还其人曰：‘民国几年了？你还不剪发辫？’或有不愿剪者，官长又婉劝之，态度和蔼，卒亦剪去。”②据称这样每日在四个城门所剪的人数，多达数百。而往西去，蓄辫之风更甚。

实际上，清朝远逝，民国已立，西北乡民留辫者，多是因地方闭塞不知王朝易主，并无所谓俗好剃发留辫的眷恋，不过是几百年祖祖辈辈如此罢了。如今辫子既留不得，定期剪发又颇需花费，不少农民干脆剃成“和尚头”。如此，既劳作方便，又可以应对留与剪的纠缠。

男子发式变化代表了权力更迭，女子的放足却是对民间传统陋俗的改造。甲午战前，由于地方闭塞，新学未兴，沿海地区放足活动颇有声色的时期，西北女子缠足之风依然浓厚。

1914 年，陕西留学生李寿亭等组织“天足会”，入会成员约定自家不给女孩缠足、互为嫁娶，始开风气。③ 其后，官方民间不遗余力

---

①《乡人持发而泣》，《陕西日报》1921 年 10 月 3 日。

② 陈赓雅著，甄暾点校：《西北视察记》，兰州：甘肃人民出版社 2002 年版，第 286 页。

③ 三原县志编纂委员会：《三原县志》，西安：陕西人民出版社 1991 年版，第 902 页。

地通过强制、呼吁和示范以推行放足。1927 年，陕西民政厅厅长邓长耀以某宫巷发生大火死伤数十人，尤以缠足女子为最多，出发通告，限令女子放足。为此，邓氏举行了别开生面的宣传：收集裹脚布数千，开脚带会；组织小脚赤脚游行各乡各邑，沿户发《放足歌》曰：

大嫂脚大走路快，二嫂脚小摇摇摆。大嫂耕田又种麦，种得白菜挑上街；二嫂做不来，跪在河边洗脚带，臭得一家都走开。

放脚好，放脚好，大脚姑娘走路快，小脚姑娘走一步来摇两摆，半天摇到山底下，抱着小脚妈妈叫。

更有大规模的亲民大会，布置了奇特的会场：大门内两廊东列裹脚布，“修短阔狭，参差不一，条条下垂，一若百货商店所陈列之围巾然，而裹脚布中亦有血迹斑斑而未及洗净者”。二门高悬红绣小脚鞋数百双，尖如角黍，煞是引人注目。过二道门，还有“放足歌曲展览处”。邓氏更是亲自登台，作裹脚布令人发呕之态的滑稽表演。既有数名媛入会场登台放足示范，又有邓氏夫人翘其两足任群众检验。

经此种种宣传，与会妇女解放甚多，而乡村妇女仍多有缠足者。为此邓氏也发出严厉的惩罚措施：凡妇人四十仍不放足，罚大洋二元，二十以外者罚大洋五元，幼者罚大洋十元。①

比较而言，甘肃的女子缠足风气更甚，回民女子亦不免此陋俗。西行的考察者们，也多见甘肃缠足妇女平时劳作时均“膝行”之怪状。1932 年，林鹏侠女士在兰州所见妇女缠足“此在富有之

① 李荣楣：《中国妇女缠足史谭》，载姚灵犀编：《采菲录》，上海：上海书店出版社 1998 年版，第 16 页。

家，妇女不事操作，痛苦犹小。至乡间农家妇女，工作不减男子，而亦迫其缠足，其工作时间，乃竟以膝代步。”①至 1937 年顾颉刚先生在兰州投宿民家，仍可见“其家妇女之执役者，皆膝行而前，盖缠足过纤小，不能支其身重也”。②

同陕西情形相似的是，民国甘肃省历届政府同样扮演了推动地方妇女放足的主要力量。《申报》记者陈赓雅的考察记录曾刻画了这一模式的应用：1934 年的酒泉县长魏允之，对于放足一项，颇为用力，在陇西一带各县中，尤其突出。县长亲自骑一脚踏车，前往民家调查是否遵令放足。又亲赴女校，令女生脱袜检查是否放足，当众斥责。并借此扩大放足运动分为劝导、检查、罚办三期，每期二月为限。厉行之下，颇有成效。不过，魏县长的做法被一些地方人士讥为“野蛮”。③

无论是官方的宣传还是民间精英的示范，能够从婚嫁、劳动生产和卫生的角度着手，都切实符合对民间生活的关怀，民间放足之风由此渐开。不过，缠足之陋俗，乃是由男性审美观念和婚姻取向积累而成，是限制妇女活动及社会身份、性别角色的结果之一。实际上，放足的成效与西北社会对妇女开放的程度相关联。

1924 年到西安讲学的王桐龄教授，就戏谑在长安市街“几有投身入光棍堂之感焉”，更感叹“社会中公开之职业不许女子加入”，难怪所见“缠足者尚多，亦甚纤小”。④ 剪辫放足的活动在城市尚且如此，也就无怪乎一直到了 1936 年，仍有学者发出“在关中三里五里聚族而居的农民，……辫发小足的点缀，处身其间，真不信这是

① 林鹏侠著，王福成点校：《西北行》，兰州：甘肃人民出版社 2002 年版，第 62 页。

② 顾颉刚著，达浚、张科点校：《西北视察记》，兰州：甘肃人民出版社 2003 年版，第 14 页。

③ 陈赓雅著，甄暾点校：《西北视察记》，兰州：甘肃人民出版社 2002 年版，第 175 页。

④ 王桐龄：《陕西旅行记》，北平：北平文化学社 1928 年版，第 33 页。

二十世纪的文明时代”的惊叹①。

西北地方把劝放足禁缠足的切入点和示范点，分别选在学校女学生和公务人员家眷的身上，是因为她们是当时西北社会中接受了新式教育新思想，社会地位较高、个体行动较为自由的一部分人。在回民较集中的宁夏省，回族妇女也多缠足，虽经省政府严令取缔，而穷乡僻壤仍顾若罔闻，除了满族、蒙古族素尚天足外，回汉之“天足女子，仅能于学校或交通要埠中见之，为数甚少”②。天足者多是15岁以下女孩，至于青年妇女和老年妇女，则是莲步姗姗、行路蹒跚了。③

因此，西北社会民间经济、教育发展水平以及社会开放程度，是“放足”的移风易俗活动最根本的推动力。

二、西餐与茶烟

到了近代时期，西北传统的饮食特色和丰富的饮食文化，既受收到“西风”（西方文化）的吹拂，也渐得了“东风”（中国东部文化）的融合。及至抗战时期，以西餐为代表的新式饮食风尚和东部各路菜系随着沿铁路西行的人流而入，迅速被卷入西北风中，与崇实尚礼的旧习俗并存不悖，城市的文明请客与乡村的郑重待客也各得其所，既见雅俗共赏的茶酒文化延续不辍，亦见鸦片吸食风尚之大行其道。

---

① 蒋杰：《关中农村人口问题》，武功：国立西北农林专科学校出版委员会1938年版，第18页。

② 丁世良、赵放主编：《中国地方志民俗资料汇编》（西北卷），北京：北京图书馆出版社1989年版，第240页。

③ 傅作霖编著：《宁夏考察记》，南京：正中书局1935年版，第15页。

（一）传统的饮食结构与习惯

抗战时期西北地区的饮食结构和饮食习惯，基本沿袭了传统地方特色。

在饮食结构中，陕西主食以面食（包括玉蜀黍、荞麦、糜、谷、豆、芋等杂粮）为主，制作方法则多达十余种。擀面，不仅是陕西妇女出嫁前必习的技能，也是结婚后夫家十分看重的能力，甚至以此衡量女方娘家是否有教。制作之面食，从薄到厚，有薄如纸、细如丝的，或薄厚均匀，状若韭叶的手擀面；还有宽寸许、厚如硬币的裤带面，还有细条面、扁平面、菱形面、疙瘩面、手揪面；从简到丰，最简单是直接调上盐醋辣子即可，其次是炒葱花拌面、油泼面，比较讲究的就有将肉丁、黄花、木耳、豆腐、红萝卜等切制成小方丁炒制浇拌的"臊子面"，炸酱面等；从汤到干：捞面、拌面、烩面、连锅面、浆水面；从主到副：除了以麦面制作的面食外，还有利用各种杂粮制作的美食，有大米、麦面的凉皮，豌豆扁豆等制作的凉粉，玉米面制作的搅团、凉鱼鱼（形似蝌蚪而得名），荞麦面做的饸饹，可谓洋洋大观，令人惊叹。最为重要的是，这些饮食的关键都在一个以酸、辣为主的调味上，离开了这种浓烈的香味，就不是真正陕西人所谓的"有劲""嘹得太"。比如搅团，制作方法虽然简单，主要是在沸水中均匀地撒玉米面，同时用擀面杖顺一个方向搅动，最后制成一锅匀润滑腻的面食，食用时的汤料是关键：舀一勺搅团放在碗中，浇上有蒜泥、香醋、辣油和香菜的汤水，恰似黄黄的中央围有红艳艳、油晃晃的水波。陕西人还给这种民间家常饭起了一个文雅形象的名字叫"水围城"。食用时要一圈圈、一层层的吃。酸辣香滑，滋味悠长，食者神清气爽。这一利用玉米补麦面之不足的饮食，因为简便味美，被城里乡间视为家常便饭。诸如此类雅俗共赏的陕西面食比比皆是。这种在单调中创造丰富和讲究细致，于平淡中调制浓郁的饮食风格，不同于东南的奢华细腻，亦不完全类同于西北其他省份的古朴粗犷，在近代西方饮食及其文化传入内地后，仍然被陕西人固执地保留下来。

在饮食习惯上，城市一日三餐，农村多为一日两餐，农忙时才一日三餐。所谓晚餐，俗名"喝汤"，实际上就是简单的吃馍和喝水。在不善制作和食用"汤"的西北地区，吃面才是正餐，喝汤自然有简陋和随便对付的意味。吃饭时，城市人多围坐桌前合餐，关中农村则有"老碗会"的习俗，妇女一般在家吃饭，而男子多喜欢端一老碗，一碟辣子，蹲在街道旁、树荫下，甚至小土堆上，三五成群围在一起，边吃边聊（俗称"谝"），因此，流传至今的民谚"关中十大怪"中有六怪都是关于饮食方面："面条像裤带，锅盔像锅盖，泡馍大碗卖，碗盆分不开，辣子一道菜，不坐蹲起来"。① 由简中求繁的饮食特点和厚实粗犷的就餐习惯，可见半干旱半湿润地区的陕西农耕文化表现。

就副食看，肉食以猪、羊、牛、鸡肉为主。羊肉的食用尤其受到自唐代以来聚居陕西关中的回民饮食影响。同治年后，关中的回民数量很少，但以"羊肉泡馍"为典型的回民饮食，却早已融汇到关中的饮食习惯中。海味之类比较匮乏，只有富户人家在婚葬嫁娶等节庆宴宾时才得以偶见。食鱼的情况也不尽相同，在关中的东南部秦岭北麓，存在多种鱼类，饮食受到陕西南部影响，当地人尚有捕鱼食鱼现象。地处关中北部较为高燥的地方，虽见产鱼，而民不知食。如耀州（今铜川耀州区）"弹铗冯欢每作歌，加思水族意如

① 除了食以外，其他四怪分别描述了传统上关中日常生活中衣、住、行和娱乐的特点，称作"帕帕头上戴，房子半边盖，姑娘不对外，秦腔吼起来"。

何。惭无初写黄庭字，市直双羊换一鹅”，注说“河水盛涨得鱼或盈尺，产鼈尤多，豁涧并有蟹。州人无取食者，傍水处亦不饲鹅鸭。因此乔志谓二羊换一鹅非虚语也”。[①] 陕西北部因畜牧业发展，也善食羊肉。由于蔬菜种植品种相对较少，葱、蒜和辣椒等在城乡普遍佐为副食。

甘宁青和新疆诸省中，汉族人均以面食为主，惟制作不及陕西之细致花样繁多。倒是少数民族之饮食，代表了西北饮食粗犷豪迈的另一特色。

以牛羊肉为饮食大宗的西北主食，甘宁青新各族人都能吃出特色来。新疆维吾尔族人尤喜食用米、肉果干等制成的“抓饭”，先置油锅烧热，将肉（多用羊肉）细切，杂以葡萄干、胡萝卜或杏干与米翻炒加水同煮，熟后盛于大盘中，主客皆围坐于炕上，盘置其中，各自以手抓食。较丰盛的和待客的则有全部菜皆用不同部位羊肉制成的“全羊席”。抗战时期，在“西风”“东风”共同熏染下，维吾尔族人用餐加以改良，“惟近来已用勺箸了”。[②] 维吾尔族人也以麦面为主食，但不是制作面条，而是善制称之为“馕”的面饼，“土砖砌瓮，内颇光泽，烧热贴饼烙之，色黄而香”。[③] 食馕不需菜蔬，仅冷水配食即可，瓜果佐餐。一日二餐，或米或面，并无定制，仅看家境贫富或有无节日宾客等而丰俭不同。

宁夏的回族人不同于甘肃回族人，以宁夏东部盛产稻麦，老百姓更擅长羊肉的烹制。除了手抓饭，还善制烧烤羊肉、爆涮羊肉，

---

① 顾曾烜：《华原风土词》，宋联奎辑：《关中丛书》，西安：陕西通志馆1934—1936年排印本。

② 丁世良、赵放主编：《中国地方志民俗资料汇编》（西北卷），北京：北京图书馆出版社1989年版，第341页。

③ 丁世良、赵放主编：《中国地方志民俗资料汇编》（西北卷），北京：北京图书馆出版社1989年版，第330页。

手抓羊肉最脍炙人口，“将羊羔肉切成大块，入笼清蒸至熟，另备盐末、椒面、酱油等调味品，食时，即以手持肉蘸盐末等调味食之，食毕以纸或面巾揩去手中油汁”。其他肉类如法炮制，制为烤鸭、烤鸡，变作“手抓鸭”“手抓鸡”。当年，银川饭店的烤鸭就颇为有名。与西北各地不同，宁夏得黄河之利，产鲤鱼、鲫鱼，于黄河冰冻之时，凿冰洞，洞口放灯引鱼跃出，遇冷即僵，名为“冰冻鱼”。在三月河解冻时，鱼纷纷出泥跃水，以网捕捉的“开河鱼”，味极为鲜美，最为驰名。还有一种传为“鸽子鱼”的宁夏特产，因为鳞细身扁，肉极为嫩腴，当地人传说是鸽子入水的化身，①当年还引得西北建设考察团团长罗家伦作诗赞“肥鲜馔鸽鱼”。②

西北业农的少数民族，皆有围坐炕上共食的特点，虽与从事游牧业的少数民族围着火堆就食不同，但都有御寒就暖的功能取向。

哈萨克人也是以肉食为大宗。除了羊肉和手抓饭，这个游牧民族最喜食的是熏肉，尤以熏马腊肠为佳品。做法为：将三四岁的马驹肉切细，拌入调料，其中马肠多为三尺余，烤干备用。食用时煮熟，美味无匹。其民间有谚“柯支，客支，可美支”，意为马肠、美女、马奶是三宝。③

牛羊鸡鸭各类肉食，虽食之简朴，但最讲究的是活物屠宰，且一定是同教之人屠宰制作的肉类，才能食用，否则绝不取食。④《大

① 丁世良、赵放主编：《中国地方志民俗资料汇编》（西北卷），北京：北京图书馆出版社1989年版，第241页。

②《西北行吟·宁夏纪事》，上海：商务印书馆1946年版，第42页。

③ 丁世良、赵放主编：《中国地方志民俗资料汇编》（西北卷），北京：北京图书馆出版社1989年版，第365页。

④ 丁世良、赵放主编：《中国地方志民俗资料汇编》（西北卷），北京：北京图书馆出版社1989年版，第336页。

公报》记者范长江在《中国西北行》中就记称，在一民族饭馆中探问色黑的牛肉是否为“死牛肉”，竟激得店主持刀拍案怒目叱责，不得不谎称询问是否“水牛肉”搪塞，才有惊无险。

蒙古、藏族饮食，同样以牛羊肉为大宗，但食法不同。食用方法十分简单，“非生食即仅煮烧，绝不至大熟，有时煮过者，仍鲜血淋漓”，然后以刀割手持，大快朵颐。但是藏族人平日也喜食“炒面”，是用青稞面，在锅内炒热，再手磨成面粉，拌了茶和牛酥油而成。①

藏族人好客，加之高寒和劳作的缘故，每日就餐会食次数，大致三小时一次。宾主围坐灶头两旁，主妇已经烧好一锅浓茶，因为有客人，特别表示尊重，会将碗干擦一遍，随即置酥油一片、炒面一撮入碗，盛上茶，众人且饮且谈，大约一两个小时喝饱茶后，主妇再为各人碗中放酥油一大片、青稞炒面一大把，谈笑间，大家各自用手和成面团，直接吃掉。② 最后，再喝两碗茶，一顿饭即告结束。起身劳作，数小时后，再如法吃一遍。若是晚饭，则是肉多面少，天黑以后，众人劳作归来，主妇会将割成小块的肉煮在锅中，分食给众人，随即在煮肉的锅中撒些许青稞炒面，人人就着清汤肉丁吃喝管够，随即饱暖入睡。③ 看起来豪迈洒脱，但是一般内地人，强食酥油炒面也多不能，不免有“闻味即不能耐，强劝之食，食仅少许，其眼泪几已夺眶而出，亦云苦矣”。④

---

① 《青海志略》(1943 年上海商务印书馆铅印本)，丁世良、赵放主编：《中国地方志民俗资料汇编》(西北卷)，北京：北京图书馆出版社 1989 年版，第 263 页。

② 顾执中、陆诒著，董丙月整理：《到青海去》，北京：中国青年出版社 2012 年版，第 75 页。

③ 丁世良、赵放主编：《中国地方志民俗资料汇编》(西北卷)，北京：北京图书馆出版社 1989 年版，第 273、274 页。

④ 范长江：《中国的西北角》，北京：新华出版社 1980 年版，第 50 页。

（二）东来的新风尚

随着近代西方文化的逐渐传入，西式的饮食和饮食文化精神也渐渐由沿海回传入内地，及至抗战时期，这一趋势得到加强。传统的饮食结构和饮食习惯出现了一些新的因素，对西方饮食的一些内容也有一定程度的接受，不过变化主要还是集中在城市。

首先是西餐的传入。西餐在民初已成沿海城市的一种时尚，传至内地却较迟滞，且是以改良的面目示现。1924年，王桐龄教授在陕西讲学期间，刘镇华督军即宴请教授们四次，三次是西餐，分别在省署、督署以及讲武堂，据称署内厨师自制的西餐，味道极佳但中国风味较重。① 至1931年左右，在陕西省省会西京市的军政机关和学校即以西餐待客为尚。当时进行了中国式改造的西餐，已进入西安饮食业，以分餐、卫生、简单时尚的就餐形式与风味浓厚的饮食特色相结合，吃西餐，与其说是吃其味，不如说是吃其神。到了抗战时期，由于西北开发吸引了一批批投资者（银行、旅行社、股份公司等），西安、宝鸡等铁路沿线城市，相继开设了一些较为先进的饭店、酒店和招待所，西餐和各路菜系也都争相出现。不过，享用西餐者也多是有相当经济条件的军政、工商界人士，一般的市民和农民是无缘的。比较而言，一些西式食品，如西式面包、糕点和饮料（如汽水、啤酒）等，在一些铁路沿线兴起的城市里纷纷出现，与各式传统食品一起丰富着人们的饮食。受西式食品的影响，甚至一些地方传统食品也开始采取西式包装、行销国内甚至走出国门。如潼关万盛源的酱笋采取马口铁皮罐头装，红底黑字金黄花，两面是品种样式，两头还有中外文谨启说明：

---

① 王桐龄：《陕西旅行记》，北平：北平文化学社1928年版，第36页。

> 陕西潼关久著历史,而因城内外河沿岸水土优美,所产之酱笋酱菜为各省冠,清时列为贡品。本号自道光年间专制斯品,历百余年,精益求精,久蒙各界赞许。只因提高国货,并为畅销特产,普及全国起见,特将精致之酱笋、八宝小菜、什锦包瓜装成精美罐头,物高价廉。既便于礼品赠送,尤利于旅行携带,凡承购者请认明本号招牌,庶不至误。潼关万盛源谨启。①

其次是随着抗战时期西北的开发和大量外省人口的流入,各路菜系随着交通线的延伸,纷纷聚集省城,丰富和发展地方饮食业的同时,一些新的饮食习惯也逐渐为人们接受。

以抗战后期的西安为例,大中型餐馆最多时发展到 800 多家,小饮食摊点3 000多户。平均每千居民拥有 10 个饮食网点,从业人员超过万人,占城市人口的2.5%。著名的大型餐馆达 71 家,包括 12 个菜系,其中经营陕菜的 27 家,京津菜 12 家,苏锡、淮扬菜 10 家,西餐 6 家,豫菜 4 家,清真菜 3 家,川菜、湘菜各 2 家,鲁菜 1 家。仅西京(今西安)东大街一路上,著名的菜馆就有西京招待所(西餐)、南京大酒楼(江苏菜兼西餐)、西北饭店大餐间(西餐)、玉顺楼(河南菜)、天赐楼(应为清真菜,笔者注)、第一楼(陕西菜)、十锦斋(天津菜)、鸿源饭庄(河南菜)。② 西安饭庄、清雅斋饭庄、德发长饺子馆、白云章饺子馆、同盛祥牛羊肉泡馍馆、春发生葫芦头泡馍馆、樊记腊汁肉店、徐记稠酒店等,都是当时饮食业的佼佼者。

与此同时,各种地方特色的小吃店、小饭馆也纷纷兴起。抗战后期西安大型饮食摊群以平安市场、游艺市场、车站广场、国民市场、民乐园、竹笆市、南院门、社会路、城隍庙、北桥梓口、麻家十字、

---

① 《潼关文史资料》第 8 辑,西安:太白文艺出版 1998 年版,第 118—119 页。

② 倪锡英:《西京》,上海:中华书局 1936 年版,第 133 页。

滴水河十字、八仙庵等地的饮食摊群最有名，经营的小吃在600种以上，其中名贵小吃也有60多种。越来越多的人开始适应于不在家中用餐，大饭店、酒楼、小饭馆、工厂食堂成为不同职业和阶层的人们就餐的场所。

显然，西式餐饮的逐渐出现和接受，特别是以西餐待客的新风尚，一定程度上，显示了在日常饮食生活中逐渐出现的变动态势。但不能为我们忽视的是，这种风气的蔓延并没有越过城乡之间的界限。在乡间，日常的生活饮食几无变化，仍保留着浓厚的传统色彩。

在乡村，待客是一件大事。因为小农经济的生产方式，乡村社会交往的范围比较狭小，主要是在村内和以联姻形成的村落之间。因此，婚丧节庆等情况下的宴客被十分看重。俗称"过事"，就是要"扬名声、显家世"的意思。因此，筵席多讲究丰盛、够"标准"。有十三花碟子、九碗、八碗一品席、三八席(二十四样菜)等等。正席上还讲究茶、酒、果品的搭配。肉食的多寡也是个标志，富裕之家的席面样数多、肉食也多，家境比较差的，也要量力为之。否则，就会被乡邻讥笑。纵是像蒲城李敷仁这样当过兵、出过洋，又长期活跃于教育界的人物，也不免因为父亲过世时(1929)只请了乡亲一顿"米儿面"而觉内疚，到兄弟结婚时又因"小搞儿"(1932)，被大家批评为"涩皮"。① 足见乡间生活中对待客更看重的还是厚实度，而不是西餐式的新形式。

如果说，近代中国社会生活的变迁是中国近代化的重要组成部分，那么以西方工业文明下的生活方式是传统生活方式变迁的参照系看，从蹲着吃面、围炕而坐，正襟危坐的分餐到传统饮食风

① 李荷丽编:《李敷仁诗文选》，西安:陕西人民出版社1984年版，第62页。

味和饮食习惯发生的新变化，都表明了在西北这样一个相对闭塞和交通尚不便利的地区，新式饮食方式的形成所受阻力是不小的。但近代以来，西北吸食鸦片之风的盛行和持续，却是一个奇特的现象。

（三）茶酒习俗与鸦片吸食陋习

西北地势高寒，饮食结构迥异于温润之东南地区，不惟食之重厚味、讲浓烈，日常和节日，都离不开浓茶郁酒之饮。

西北人嗜茶。陕西人以陕南和关中人，几乎日不离茶。喜清早饮茶，但饮茶方法各异。关中农家，不论冬夏，天亮起床，头一件事就是沏一壶茶，空着肚子喝，而且不在家中独饮，喜欢三五成群，手持小茶壶，或站在屋前，或蹲在树下，边啜饮边谈论，俗称“茶壶会”。品足饮够之后，再各自操持其营生。陕南人则喜欢用陶罐煨制，除了茶叶，又喜加入面粉、果仁或盐或糖等，风味简直似煲汤了。陕西南部大巴山一带，自古就是产茶之地，“紫阳毛尖”“秦巴雾毫”“午子仙毫”“汉水银梭”等炒青、烘青茶都曾一度为朝廷贡品。但是自陕西关中往西北去，反嫌炒青太过清淡无味，关中泾阳县竟成了“砖茶”加工贸易之大县。卢坤的《秦疆治略》记载：“泾阳县官茶进关，运至茶店，另行检做，转运西行。检茶之人，亦有万余。”

茯砖茶来自古代用官茶换取甘、青、川、藏等地少数民族马匹的茶马互市制度。自宋神宗熙宁七年（1074）行茶马法，至明洪武四年（1371），户部确定以陕西、四川茶叶易番马后，属陕西布政使司西安府所辖之泾阳县始出现茯砖茶。左宗棠经营西北之际，为了鼓励茶商运销湖南茶，特允领有陕甘茶课的茶商，运茶过境，只缴纳茶厘的两成，其余的八成减纳的“减厘法”。[①] 此举促成茶商大量贩运湖南安化黑茶。从水路或陆路运到陕西泾阳，压制成泾阳砖，包装成封，运载到甘肃兰州，逐步再“走西口”，穿越河西走廊一带的戈壁滩大漠，茶盐交易，兽皮兑换，各自淘金一桶。南茶在泾阳加工制作二次发酵的过程中，经过一道独特的发花工艺，茶品中生长繁殖了一种益菌，俗称“金花”，现代定名称“冠突散囊菌”，改变原南茶的风味、提高其品质，形成了独特风格和功效。深受边区藏民的喜爱，茯砖茶自泾阳向西运销至西北少数民族地区及中亚诸国。[②] 泾阳同时又是兰州水烟南运的贸易集中地。根据1935年对泾阳过境货物的大宗统计数据，砖茶由湖南输入200万公斤，全部转输入甘肃，而兰州水烟则由甘肃过境了250万公斤，全部转输入东南各省，是仅次于棉麦的大宗商品。[③]

砖茶行销西北各省，少数民族每餐必备。前文已述，蒙古、藏族人每日必以茶为“吃喝”之底色。早从吃茶始，晚以喝茶终。加之牛油乳酪，其浓烈甘暖之程度可想而知。

西北人亦好酒。关中人喜喝白酒，但自酿者少，多是从商铺沽酒而饮。最著名的酒是西凤酒，产自凤翔。年输出在500万斤左右，运销于河南山西甘肃等省。[④] 唐代西凤酒就以“甘泉佳酿，清冽醇馥”被列为当时珍品。北宋苏轼任职凤翔时，最喜此酒，有“花开酒美喝不醉”的诗句。其酒清亮透明，醇香典雅，甘润挺爽，诸味协调，尾净幽长，清而不淡，浓而不艳，集清香型与浓香型于一体。

当地有一种独特的饮酒方式，人们围炕桌而坐，桌上置一小

① 陶德臣：《左宗棠与西北茶务》，《安徽史学》2005年第1期，第52页。

② 韩星海：《揭开泾阳茯砖茶历史文化之谜》，《农业考古》2014年第5期，第272页。

③ 泾阳县志编辑委员会：《泾阳县志·商业志》，西安：陕西人民出版社2001年版。

④ 王金绂编：《西北地理》，北平：立达书局1932年版，第183、184页。

杯，依次传递，传到谁面前就要一饮而尽，否则将被视为失礼而受罚。一圈轮完，再从头开始，如此循环往复似磨盘轮转，俗称“饮磨盘酒”。陕西北部产黄米，酒自是热滚滚黄澄澄的自酿米酒，陕西南部有稻米，则用糯米酿造“黄酒”，或用糯米加特制的甜酒曲药酿成色白汁清，略带酒味，醇香绵甜的醪糟（甜酒）。陕西人好客，待客必饮酒，饮酒必划拳行酒令，不是吟诗附雅，而是高门大嗓，或吟唱酒曲，频频敬酒，若得主客皆酩酊大醉，才算主人尽了地主之谊。平日里农人文人均不常喝，怕落得“酒鬼”、不务正业之羞名。概因高寒农耕之地，人们必须一年到头劳作不止方得温饱，也就鲜有南方物产丰腴之余的饮酒吟诗风雅之娱了。

善游牧的蒙古、藏、哈萨克族人和务农的维吾尔族人，亦喜欢以酒宴宾客。维吾尔族人最诗意，有沙枣酿制“阿拉克”、麦稻糜子酿的“巴克逊”，马奶酿的“七噶”，最上等佳酿乃为葡萄酒，宾主尽畅饮，酒至酣处，则男女围坐，载歌载舞，鼓瑟相和，殊为动人。① 蒙古族、藏族人最豪迈，平日嗜茶，酒虽本地不产，由内地专卖而来，酬酢则必不可少，且“每饮辄醉”，酒酣必舞。② 旷野之上，无繁文缛节，无含蓄委婉，宾主皆喝得、跳得身心豁达通畅！

西北人亦离不开烟。西北民间的普通烟草吸食，主要是旱烟、水烟、鼻烟、纸烟等。相应的烟具，有旱烟杆和水烟筒、鼻烟盒（壶）。抗战时期，陕西农民给人深刻印象的形象中，除了头上都围着一块布巾，腰里用一条带子束着外，就是“多附带着一枝旱烟管”了。③ 西北蒙古、藏族土司、喇嘛皆好吸鼻烟。牛角制就的鼻烟盒

① 林鹏侠著，王福成点校：《西北行》，兰州：甘肃人民出版社 2002 年版，第 154 页。

② 丁世良、赵放主编：《中国地方志民俗资料汇编》（西北卷），北京：北京图书馆出版社 1989 年版，第 266 页。

③ 蒋杰：《关中农村人口问题》，武功：国立西北农林专科学校 1938 年版，第 18 页。

外，多镶嵌宝石、珊瑚、银花，遇有宾客，则出壶相敬。阿拉善旗蒙古人民重礼仪，日常生活中最普通的礼仪即换鼻烟壶，凡主客相见或途遇亲友，双方必各取出鼻烟壶鞠躬互换，并彼此问候家常，以示敬意。[①] 一般蒙古族男子亦多吸旱烟，柴达木盆地一带的蒙古族妇女亦善吸旱烟。[②] 吸烟与茶酒一样成为应酬、待客的必备，不仅男子吸食，在家庭中有一定地位的中老年妇女也吸食，吸烟甚至成为身份、财富和成熟的一种标志。

到明末的时候，吸食鸦片之风蔓延，吸食鸦片人数逐渐增加。鸦片战争后，吸食鸦片已经成为一个严重的社会问题。而西北地区的鸦片吸食，成为社会生活中一个畸形发达的现象。近代游历西北的各界人士，无不对西北鸦片吸食者印象深刻：1901 年，美国人尼科尔斯受《基督教先驱报》的派遣，来到陕西调查 1900 年大旱和饥馑的灾情。他记录道，"在陕西的道路旁，会看到很多以乞讨为生的人，其中大多数是鸦片吸食者。……他们是这片土地上萎靡不振的受害者，总能从满脸菜色和破衣烂衫上辨认出来"。[③] 甘肃平凉河西走廊素有"金张掖、银武威"之称的大县，恰恰是甘肃鸦片种植和吸食最严重的区域。《申报》记者陈赓雅 1935 年于武威"沿途所见，多为鸠形鹄面、习染烟癖之辈。据闻男子吸烟人数，约占百分之五十，女子较少，亦占百分之三十（时该县人口 22 万）。晚入民户闲串，中老年夫妇，大半横卧炕上，对灯吸烟，并各喷云儿

① 参阅杨钧期、刘慧等编著《民国阿拉善纪事》，银川：阳光出版社 2015 年版，第 125 页。

② 丁世良、赵放主编：《中国地方志民俗资料汇编》（西北卷），北京：北京图书馆出版社 1989 年版，第 288 页。

③ [美]弗朗西斯·亨利·尼科尔斯著，史红帅译：《穿越神秘的陕西》，西安：三秦出版社 2009 年版，第 52 页、第 53 页。

女；见有客至，仅口呼‘坐’，而稍缩其腿，即自‘嗤嗤’吸食如故”。[①]

从社会生活的角度来分析，大致可以概括为以下几点：

首先，鸦片自身的刺激性、成瘾性和迷幻性对吸食者具有持续吸引力。大致在道光初年，鸦片由上海、武汉、天津等商埠，从东、南路进入陕西。在道光十年（1830）左右，陕西的一些地区已经出现了种植、贩运和吸食的现象。[②] 道光十七年（1837）左右，当地吸食鸦片的风气开始兴起，并形成了颇有规模的烟市。时人有描述泾阳县的烟市谣曰：

> 嘻嘻出出鬼窃语，油灯如豆人似鼠。半夜城西忽摩肩，火光千点明列炬。闻香一市齐垂涎，蜀客粤客来贩烟。浪将黄金尽掷土，错疑白日卧登仙。十里市尘五里烟，鬼往人来落月暮。何处佳人梦锦茵，谁家王孙鬻纨裤。我读五行说不闻，此妖孽鸦片毒自天竺传，罂粟花种几时灭，人人吸引如醍醐。国典明禁淡巴菰，江西夫子圣贤徒，漏卮奏上严追捕，君不见京兆一朝来行县，红日升天鼠乱窜。[③]

正是鸦片烟本身具有的浓烈刺激性，闻鸦片之“香”，齐市垂涎，吸之则如醍醐灌顶，因此在“自乾嘉以还，当国家全盛，士农工商各安其业，风气静穆，人物恬熙，击壤歌衢，有老死不知兵革者”[④]的长期太平盛世浸润下，在这“裘马绮罗充塞街衢，十金之子即耻布衣”追奢求华的关中商贸大县，比水旱烟的味道更为浓香迷幻的大烟，便成了奢华之风中旋起的一个嗜品。在赛戏赌博一类的娱乐

---

① 陈赓雅著，甄暾点校：《西北视察记》，兰州：甘肃人民出版社2002年版，第270页。

② 李庆东：《烟毒祸陕述评》，西安：陕西旅游出版社1992年版，第1页。

③《续修陕西通志稿》卷一九五，民国铅印本。

④《续修陕西通志稿》卷一九五，民国铅印本。

生活中,鸦片也跻身其中,一经品尝,欲罢不能。故而为官为宦者率先享用,呼啸游市的强豪公开劝人品尝,贫者与富者争丰,鸦片烟迅速从上层的奢侈品转为民间广泛接受的时尚品。时人描述:

> 同州刀客昔无之,近日成群市上嬉。夜间做贼日间耍,大伙横行官不知。黑烟争说闹排场,到处开灯劝客尝。不是长官先过瘾,民间敢有许多枪。①

19 世纪 60 年代后,陕西各地吸食鸦片成风:"乃至老少奔波,男女争嗜。始而城镇,继及农村;始而富豪,继而贫窭。倚枕燃灯,俾昼作夜。而通都大邑之间,有斯癖者,竟十居五六焉。"②

民国年间就有人认为:"穷究烟民成瘾,其起源不外(一)有闲阶级因无聊偶尔消遣,积久成瘾,(二)摴蒱(赌博)队里、花柳(妓院)场中,借此振作精神,积渐而致沾染;(三)因治疗疾病,病愈而瘾成,不能戒除等。"③这是从鸦片作为一种嗜好品的角度,对吸食现象进行的较为中肯的分析。因此,清末以来的鸦片持续盛行,不仅受社会政治、经济方面的重要影响,还与其特殊的食用性能满足人们的畸形精神需求有关。

其次,天灾人祸苛捐重税之下,西北鸦片种植、吸食蔚然成风。

如果说鸦片吸食之风兴起是源于奢华之风的盛行,那么,这种具有相当迷幻性的物品,在兵祸灾荒接踵而至的民国时期,则又成为挣扎在苦难和困窘当中,甚至失去对生活希望的人,用以麻痹自我和逃避现实的选择。民国初年,与革命党、会党、刀客和军队的

---

①《续修陕西通志稿》卷一九五,民国铅印本。又见于《徐太常公遗集》卷三,柏堃编印:《泾阳文献丛书》,1925 年铅印本。

②《续修陕西通志稿》卷三五,民国铅印本。

③ 陕西省政府秘书处:《陕政》1939 年第 1 卷第 13 期。

激烈氛围相伴随的，是社会上弥漫的一股惶恐颓废的气氛。当时流传民间的一首宝塔诗，把动荡不安的年代中，相当一部分人在惶恐颓废状态下，转而吸食鸦片以及时行乐、避世苟安的社会心理表现得淋漓尽致。诗云：

> 来！快哉！床上歪，快把灯开。吸口何妨碍？这才合乎时派。光棍财主无三代，及时行乐何待将来！人说我吸烟人终须败，我看你不抽烟也未发财！①

1929年的陕西大旱，持续了五年之久，“人民求生不得，转而求死，故投河者有之，坠井者有之，吞烟悬梁者亦有之”②。陕西省政府的一位查灾人员，就曾目睹扶风县一位吸食鸦片的老农，卖光土地、房屋木料甚至砖瓦后，连儿子也卖掉了，最后一个人铺半张破席、枕几块烂砖，瘐骨支离，仍然抱着一盏烟灯吞云吐雾的场面。③

抗战时期的西北民众，不惟受旱灾兵祸连结之苦，还要承担各种苛捐杂税的榨取。一般民众的土地收入，不敷缴纳田亩赋税，上好的田地不得已改种鸦片，才能完税略有盈余，是以良田阡陌，皆为罂粟花海。

当时陕西的税捐有田赋和临时摊派两种。田赋含有民粮和军粮，一般山地、旱地、川地的粮税约合每亩2角到3角不等，但水地是其十倍或几百倍，因此，水地基本都种植鸦片才能应付，政府又以禁烟为由开征烟亩罚款，每亩10元到50元不等，结果水地所纳税竟每亩高达30元到70元不等；临时摊派，驻扎的军队除了得了军粮赋外，每年还径向农民摊派，每户竟达20余元，地方当局向农

---

① 李庆东：《烟毒祸陕述评》，西安：陕西旅游出版社1992年版，第66页。

②《大公报》1929年10月25日。

③ 李庆东：《烟毒祸陕述评》，西安：陕西旅游出版社1992年版，第67页。

民摊派的各类苛捐杂税多达33种，一些名目诸如门牌、路灯之类的实物农民竟然从来也没有见过！① 甘肃农民负担各类税捐亦达33种，宁夏41种，青海竟53种。② 为着负担税捐，能种鸦片的田地是一定要种鸦片的。但是，政府又要禁烟，不论有没有种鸦片，农民头上人人又多了一项“烟苗罚款”。结果是鸦片种植日隆，鸦片价格日跌（1935年，在甘肃一角钱可以买好几大口烟土③），依旧是入不敷出。缴不上税捐的，大致有两条路可走：一是被地方官惩以杖刑，是以甘肃河西人称“金张掖”的地方竟有了替人受罚一次得两角余钱的生意，至于不幸被杖死了，则连这两角钱也挣不了。④二是借高利贷。据调查，彼时甘宁青的高利贷利息分别为甘肃35%、青海35%、宁夏29%，其高度是全国所无！⑤ 三是高利贷更还不起，就只有弃地而逃了。于是，一面是贱卖甚至白送土地，只求替担税捐而无人愿意买，致良田荒地连片，一面是满街道老少男女结队行乞、露宿街头，年轻的女子只好卖身，年轻的男子只好离村的怪相。⑥

层层盘剥之下，人民皆有“时日尽丧，予及汝偕亡”之感慨。无以为生、鸦片既贱又幻，穷困吸食者就屡见不鲜了。

再次，鸦片吸食已经融入社会生活文化之中，民间并不以吸食鸦片为耻，官方的鸦片禁绝也就缺乏了深刻的社会道德规范的支持。

---

① 行政院农村复兴委员会编：《陕西农村调查》，上海：商务印书馆1934年版，第152、153页。
② 安汉、李自发编著：《西北农业考察》，武功：国立西北农林专科学校1936年版，第50页。
③ 范长江：《中国的西北角》，北京：新华出版社1980年版，第35页。
④ 范长江：《中国的西北角》，北京：新华出版社1980年版，第123页。
⑤ 安汉、李自发编著：《西北农业考察》，武功：国立西北农林专科学校1936年版，第53页。
⑥ 范长江：《中国的西北角》，北京：新华出版社1980年版，第119、120页。

人们对吸烟很有讲究，烟具——烟枪（包括烟葫芦、烟杆、烟嘴）、烟灯、烟盒、烟盘等多是用银质、钢质甚至玉石、玛瑙制成，做工精致，一般价值不下百元（银两）。无论城乡，遇婚丧之事，都常把吸食大烟作为招待宾客的重要礼仪。平常家中来亲友也要以摆烟盘招待.连唱戏的也多是“瘾君子”，要先吸饱烟，才能上台演出，否则浑身发软。①

20世纪30年代，宝鸡“市镇乡村，都有那‘大事小事，烟灯下了事’之语，即为人人应酬如此，各事和解亦用此。故居于本域之人民，无论家庭大小、经济充裕与否，皆以此烟具应付社会环境。故现在本域内无一家无染有此癖者之人，甚至于全家染此，亦不为罕见之事”②。1940年代，地价飞涨，陕西关中各处也是“月夜扣柴扉，烟灯下说帖。马上话落点，票子张张揭。临明指界畔，主人泪暗滴。田地转百主，伢子笑语接”③。鸦片吸食甚至被视为选择配偶的必备条件之一。据说，盛产鸦片的周至县某富户，为儿子选择配偶，尝以女方是否娴习烧烟技术作为条件之一。善烧烟者，被认为必能善待公婆者。④ 宁夏省汉民普遍嗜食鸦片，绅商各界，无不以鸦片为应酬常品。据时人统计，多有不足百户之村，却拥有鸦片灯百三十余座；全省年产鸦片六百万两，除运销省外三百万两，本省竟亦坐销三百万两！⑤

在吸食鸦片作为民间生活中一件十分普遍的事情、渗透到礼仪

---

① 政协渭南市文史资料委员会编：《渭南文史资料》第6辑，内部资料，1995年，第189页。

② 董志诚：《宝鸡乡民生活之回忆》，《陕西卫生月刊》1935年第1卷第4期。

③ 李敷仁：《樊川行》，载自李荷丽编：《李敷仁诗文选》，西安：陕西人民出版社1934年版，第299页。

④《秦中公报》1914年11月2日。

⑤ 傅作霖编著：《宁夏考察记》，南京：正中书局1935年版，第15页。

和交际中的同时，民间信仰中也创造出一个嗜好鸦片的“神”来。

民国年间的陕西三原县，在历代受到地方民众敬奉的城隍庙，东廊房娘娘殿左侧即五殿阎君的栅栏门外，一座两米见方，高八尺的神龛内，供有“方神”一尊，高约尺五，着中式长袍马褂，坐像。不但备有和大殿一样的“奉献箱”、签筒、签簿、签票，并有专人照管。此神无固定会期，经常有人敬神、还愿、抽签问事，尤其初一、十五，香火更盛。关于这方神的来由，当时有一段传说：光绪年间，城隍庙附近有个大烟馆，晚上经常有个老头来此买烟，自称姓方，住庙内。几次赊账后，又不见来。烟馆主人遍问庙中，并无方姓之人。后在娘娘殿左侧柱顶石旁发现正是该烟馆所售的大烟壳一堆，才知道赊烟乃方姓之神显圣。于是出资建造神龛，供奉这个方神，并以该馆有神人交往而四处相告，以增其收入。某文化人还戏言：方伯是地方长官，方神岂不是地方神耶。① 传说当然不可信，传说的主要受益者是城隍庙旁的烟馆。因此，此嗜烟的“方神”自是与鸦片烟有着密切关系的人所讹传。但传说和“方神”受到敬奉的存在，却揭示了近代鸦片吸食在民间风行，甚至通过“神”的说法传递吸食鸦片合理化观念，强化社会心理上对吸食鸦片的认可的现象。

值得注意的是，西北吸食鸦片者主要是汉人，维吾尔族人、回族人、哈萨克族人一般不吸食鸦片，藏、蒙古族人亦鲜有吸食鸦片者。回族军阀控制的青海，更是禁绝种植鸦片。

最后，鸦片种植、吸食风气炽热之下，鸦片买卖也分外繁荣。1916 年财政官员谢晓钟在平凉县城，“最可怪者，鸦片商店，所

① 政协三原县文史资料委员会编印：《三原文史资料》第 10 辑，内部资料，1993 年，第 192 页。

触眼帘，几疑身在上海租界。……沿途市镇，又复烟馆林立，吸者往来拥挤不堪，万目睽睽，无所饰讳，称以烟国，名实符矣”。并称时人以两广为烟国，也并无平凉这样明卖烟膏之况。① 南京国民政府行政院农村复兴委员会 1933 年组织对陕西农村的调查，在调查者的日记中清楚地披露了当时鸦片市场的异常繁荣。西安城街上的商店，最惹眼的就是鸦片商店，约有四五百家之多，大多是一间门面，柜台后一个煤炉子，一个人在那里用铜锅熬鸦片，熬好了放在大碗里，预备零碎出卖。每两约卖一元三角。街上有摆摊卖吸烟用具的，如烟枪、烟斗。凤翔县鸦片商店四五十家，而吸食者占十分之四，连乞丐也吸食。渭南县城里商店有二百余家，鸦片商店就占了六十余家，其中以田市的天合昌字号的鸦片棒子最有号召力。② 自青海过祁连山入甘肃，从东乐县到张掖县，百余公里路程，所过市镇，商贸萧条，却都有以“民药局”为招牌的鸦片商店。③ 吸食者愈多，卖者愈活跃。

显然，鸦片从西方的舶来品、官绅的奢侈品到走向民众，实现了大众化，而这种嗜好品的畸形发展，给近代西北社会带来了深刻的影响和严重的破坏。

三、“长安居大不易”

居住是人类物质生活的基础之一，又是个人和家庭生活的重要内容。围绕民居形成的村落和市镇更是人们经济、娱乐、信仰

① 谢晓钟著，薛长年、宋廷华点校：《新疆游记》，兰州：甘肃人民出版社 2003 年版，第 37 页。

② 行政院农村复兴委员会：《陕西省农村调查》，上海：商务印书馆 1934 年版，第 157—167 页。

③ 范长江：《中国的西北角》，北京：新华出版社 1980 年版，第 117 页。

以及人际交往活动的基本环境。地方的自然条件和经济水平是居住生活的重要前提，而居住条件的改善和居住生活环境的变化，在很大程度上依赖于社会的安定和发展以及政治的稳定和作为。

(一) 居住场所及其变迁

由于地势和气候的影响，以汉族人为主的陕西民居在形制和平面布局上，基本沿袭了明清以来传统的特色。① 在平静迟缓的生活节奏下，宁静封闭的居住生活风格和长幼尊卑的居住生活秩序十分浓厚。因为变化甚微，文献资料比较缺乏，对当时民居生活的详细记载也相对较少，但我们仍可以通过一些旅行者的眼光，了解民国时期西北民居的基本情况。

民国初年，西北地方经济历经劫难，反映到建筑上，则是学校“皆沿用宫廷式和衙门式”，鲜见楼房，占地多而材质差，“梁栋多用杨木，墙壁材料杂用砖坯灰土，因玻璃极贵，多不用”。官署多沿用前清衙署，“房屋虽多，则恢饰朴素，无异于民居也”。至于一般建筑，“乡僻之人多住土房，城内之人虽住瓦房，亦往往用土墙土壁”，而瓦房是“有仰瓦，无俯瓦，半边盖”。② 在抗战时期西北开发的背景下，城市民居逐渐出现变化，但是来西部游历的人们，仍然有一种很深刻的印象，即“这里街巷的墙垣，很少抹石灰的，一看之下，那淡黄的土色，由平地以至屋顶，完全一样。尤其走到那冷巷里，踏着香炉灰似的浮土，眼前前后左右，全是淡黄色的墙壁包围着，

① 此处关于民居的基本形制，参阅《陕西省志・民俗志》，西安：三秦出版社 2000 年版，第 129—145 页。

② 王桐龄：《陕西旅行记》，北平：北平文化学社 1928 年版，第 15—33 页。

有说不出的一种情调”。①

彼时,陕西民居,土木结构的房屋仍是基本形式,有厦房和庵房两种。庵房,俗称大房,形如马鞍,两坡流水,有木制高屋脊。厦房,是一坡流水、没有屋脊,恰似将庵房从屋脊处一切两半,因此有“房子半边盖”之说。院落往往以大房和厦房为主,加筑土墙,形成三合院、四合院的形式。三原县孟店老宅和韩城党家村民居,是清末以来陕西关中民居里富贵人家的典型。每家独门独户,设有围墙和大门,与外界隔开。宅基坐北面南,一般由院门、照壁、天井、厦房、大房、后院等部分组成。大房高大宽敞,多为一明两暗三间(一门),中间称堂,一般作为全家吃饭、团聚、会客的场所,两边是主人居室;厦房,坐东坐西向,多由晚辈分别居住,一般人都是住在西厦房以背冬季寒风,东厦房堆放杂物;火檐墙高耸于民居院墙之间,用于防火防盗;照壁虽非核心,却有挡在大门前,使来客不能窥视宅内活动的作用。此外,照壁也为居所造就了曲径通幽式的丰富内涵,彰显了陕西人内敛含蓄的社会心理,因此贫富皆然。这种民居普遍存在于陕西城乡,虽然宅院的大小和房屋的多寡取决于主人的经济条件,但通常都体现出以下几个特点:1. 每户都是一个封闭的院落,由大门、围墙和大房、厦房构成一方矩形的狭长空间,大门是唯一的出口,“半边盖”的厦房背墙本身就是高耸的围墙,连雨水也因此流向宅院内。其封闭的特性,既反映了半干旱地区对水资源的重视,亦集中体现了关中农业社会生活方式中强烈的内敛个性。这种自我封闭和保守的居住状态,在民初兵乱和灾荒的侵扰下,进一步得到强化。《关中农村人口研究》描述了关中东部

① 张根水、李孤帆著,邓明点校:《西游小记·西行杂记》,兰州:甘肃人民出版社 2003 年版,第 47 页。

与西部共计六个县份的农民生活,特别指出,在"民间所通常吃的食品为金粒的小米稀饭和铁色的粗馍,有时也作一点面条调剂一下……"的情况下,一个突出的表现是,"这里的村庄,四面围着一层土墙,并且每家门口,均有家犬",这无疑是出于维护居住场所的安全性和私密性的目的。2. 民居内平面安排,体现了长幼尊卑的秩序。大房是主人房或长辈房,厦房往往是子辈的住房或者用作厨房或储藏粮食的地方。经济条件较好的人家,除了大房与厦房外,还有门房和后院(即四合院),甚至有杂役人员居住的偏院,体现了以大房为核心的附从关系。有关学者的研究也表明,关中民宅中除了这种体现传统尊卑观念的居住安排外,甚至在房屋的空间布局上,也表现出从低到高逐渐递增的现象。① 3. 从室内的设备来看,最具特色的是一概为土炕。从实用角度看,关中四季分明,冬天寒冷,同时关中林木缺乏而黄土深厚,当时煤炭贵而秸秆丰富,烧炕取暖成为"不二法门",正是适应自然条件和地方物产条件的选择。从生活文化的角度看,一家人或是宾主一起围坐于温暖的土炕上,闲谈、说事、吃饭甚至从事家庭手工业生产活动。土炕,实际上是一个具有多种功能的重要生活场所,成为维系家庭亲情、邻里乡情等精神伦理的依托。正如合餐制一样,土炕式的民居生活是传统社会生活方式的集中体现。4. 从居住的习俗上看,注重"礼""祥"等。礼,即除了在居室的安排上注重长幼尊卑外,还有一些反映礼教的习惯,如"官不进民房,父不进子房";祥,则是在居住中对不同功能和时期的房屋有详细的讲究,如坐月子的产房,男子不得入内;结婚的新房,孕妇不得入内等等。

---

① 武联、霍小平:《浅析陕西关中架构民居文化》,《西北建筑工程学院学报》1999年第3期,第48—53页。

除了土木房屋建筑外，在关中渭北高原、陕西北部一带，窑洞也是较为普遍的民居形式。由于地处黄土台塬、高原区，崖高土厚，土质坚硬，平原与塬地几乎成90度而不坍塌，多数居民因地制宜，在向阳的塬壁上开挖窑洞。最能体现地方生活风格的是地坑窑，主要是利用平原地区水位较低、土质深厚的特点，在平地上向下挖掘出方形或长方形的深坑，造成人工崖面，再沿坑壁向三面开凿窑洞，剩余的这一面筑成斜坡或阶道通向地面，窑顶平坦能行车、能晒麦子。地坑窑的布局一如房屋式的三合院，而与地面上的三合院相比，不但不需要另筑院墙，还因凹入地下，远望似无，走近才发现别有洞天。其隐蔽性和保守性，与房屋相比有过之而无不及。

如前章所述及，西北五省从东到西，存在农耕、半农耕、游牧并存的劳动生产方式。民居的特色遂与此劳动生产方式相适应。总的特点是：农耕区的民居，以“土”为主要的建筑材料，以平顶为建筑特色；游牧区的民居，皆为可拆装的毡房。

在宁夏，因木材少，一般住屋，悉用土筑。建筑之法为：先用木条作框，实土其中，桩之使坚，以成墙垣；屋顶亦用土铺敷，平坦如广场，少数如舟形，以黄土性黏，层层相因，颇为坚厚，无雨雪侵漏和冲毁之虞，色几于地面无异。人畜可以在上面行走，并可曝晒衣服和谷麦，堆集草秆杂物等。① 甘肃岷州，虽木多易，公署、寺院和富人之室，雕梁斗拱、屏窗栏槛，用起木材来毫不可惜，唯独四壁墙垣，仍“多砌以土坯”②。至于平凉、庆阳、泾川、固原等地，因木料维

① 丁世良、赵放主编：《中国地方志民俗资料汇编》(西北卷)，北京：北京图书馆出版社1989年版，第242页。

② 丁世良、赵放主编：《中国地方志民俗资料汇编》(西北卷)，北京：北京图书馆出版社1989年版，第214页。

艰，傍山凿穴居之，“登高望之如蜂房”。① 甘青两省乡村民居，大多覆土，而不盖瓦。制法上：柱梁架椽，椽上铺草，草上垩泥，厚约三寸即成。屋顶微作倾斜，其平若坪，以曝马、牛、羊之粪，干则凿洞于坪，扫入灶房，以充燃料。该洞平时可充烟囱，雨时亦可盖之。② 这种土屋，少则三年，多则五年，屋顶就需重置新泥，否则就会渗漏雨水。新疆维吾尔族人之土居，近似汉人，惟屋顶专铺芨芨草席，覆泥厚重，达五六寸，墙壁喜用白垩涂抹，绘以花卉人物，美观喜乐。平顶多开天窗，以通空气。屋角砌炉，上圆下方，高出屋顶约三尺，颇似穹庐。最不同处，在于门朝北开，又屋旁多喜植建果园，瓜果香甜，林荫沟渠，可摘食亦可消夏延游。

至于蒙古族、藏族等族的可拆移的牛皮毡房，功能近似，形制略有别。藏族毡房的造法，是屋脊式，“架一梁于二柱以为脊，张幕其上，沿边以铁镢钉地，与内地行军帐相似”。蒙古包的制法，是穹顶式，“形圆尖，有天窗、有门、有烟囱，房屋围以储满羊粪或青稞之皮袋。”③毡房是一家人的全部起居所在，毡房中通常为一灶火，由此分毡房为左右两部，男性居左部，女性居右部，不可混乱，夫妇亦然。

这样的民居特色，虽无本质变化，但抗战时期仍然出现了似乎相反趋势的变动：

一方面，从三四十年代的大量东部人士记述来看，大多数人对于民居中“窑洞”的数量之多、分布之普遍，印象十分深刻。不仅是甘宁青及陕北黄土高原一带，多以窑洞、地窑为主，关中如彬县亦

① 丁世良、赵放主编：《中国地方志民俗资料汇编》（西北卷），北京：北京图书馆出版社1989年版，第192页。

② 陈赓雅著，甄暾点校：《西北视察记》，兰州：甘肃人民出版社2002年版，第12—25页。

③《青海志略》二卷，上海：商务印书馆1945年版。

多窑居,“远望之如蜂房,如排衙,亦饶雅趣。富者于窑外筑有门户,贫者则否。”而“西安以西如咸(阳)、永(寿)、彬(县)、长(武)诸县本多穴居”。[①] 这一现象,源自两种原因:1. 利用窑洞冬暖夏凉的实用功效,在以房屋民居为主的城市内,有一定经济实力和居住条件的人家,往往特别在院落中挖掘窑洞作为避暑的处所。所谓“靠崖凿土窑,当户停汽车。一窗好风月,四季无冷热”[②]。2. 在聚族而居的村庄中,“好像蜂房样的密居在土窑里”的,主要是遭遇变故、经济状况极差的本地人或外乡人。[③] 与此同时,从民国时期的方志史料和新中国成立后的文史资料看,除省城外,城乡也鲜有类似清末时期那种陕西三原孟店老宅、泾阳式易堂般精致和韩城党家村一样规模的民居,这在一定程度上反映了清末民初以来西北地方物质生活水平普遍降低的情况。

另一方面,随着 30 年代陇海铁路西进、汽车交通线的构建以及商行、银行、机关、学校、工厂企业的纷沓而至,世代相沿的封闭宁静、分散又亲土的居住方式,首先在城市中被打破。一些铁路沿线的城市,率先出现与传统民居相比照的新居住区,多为官僚或实业家们所居的新式洋房和豪宅。如 1936 年前后,在西安新城北门外的北新街附近,陆续盖起了“一德庄”“四皓庄”“五福庄”“六谷庄”“七贤庄”等新村,是当时西安城内最阔绰的住宅区和街房。这些住宅纷纷仿西式洋房建筑,尤其是室内大多具备了西式会客厅、

---

① 刘安国编著:《陕西交通挈要》下编,上海:中华书局 1928 年版,第 87 页。

② 李敷仁:《樊川行》,李荷丽编:《李敷仁诗文选》,西安:陕西人民出版社 1984 年版,第 300 页。

③ 蒋杰:《关中农村人口研究》,武功:国立西北农林专科学校出版委员会 1938 年版,第 18 页。

卧室、卫生间、取暖设备、电话电灯等设施。[①] 一些内迁工厂、企业设立了工人居住区,房屋大多类似于集体宿舍式的建筑,附设有某些公共生活设施。如陕西的中南火柴厂等,不仅有专门供职工及家属居住的宿舍,还在工人住宅区内备有自来水、电,并设有低价供应日用品的供应社、医疗室、理发室,甚至俱乐部等,[②]从而形成了工人的新式居住方式。

近代居住建筑也逐渐向西辐射,青海西宁"40 年代初一些富豪之家修建的高级住宅有中式平房和楼房,又有仿西式的'洋楼''洋式房子',附有花园、凉亭、长廊等,备极华丽"[③]。在青海马步芳的公馆里,更是力趋新式,会客厅布置的是简单沙发及新式小桌,而不是西北官场习用的虎皮或豹皮交椅。[④]

抗战时期,西北乡村民居,与城市相比较,仍是继续衰败下去了。

(二) 居住环境及其变化

居住环境既是人们物质生活的基本空间环境,也是精神生活和多层次社会交往生活的空间需求,一定的居住环境反映并不断强化着居住区民众的物质生活和精神生活方式。抗战时期西北地区传统的居住环境,在城市和乡村中,发生了不尽相同的变化。

---

① 政协西安市委员会文史资料研究委员会编:《西安文史资料》第 1 辑,内部资料,1981 年,第 226 页。

② 政协西安市委员会文史资料研究委员会编:《西安文史资料》第 2 辑,内部资料,1982 年,第 180 页。

③ 崔永红、张得祖、杜常顺主编:《青海通史》,西宁:青海人民出版社 1999 年版,第 757 页。

④ 范长江:《中国的西北角》,北京:新华出版社 1980 年版,第 88 页。

1. 传统乡村居住环境的转变

在人口密度较大，居住较为集中的乡村，多根据耕地和生产活动的范围，联户而居，形成规模较大、分布较为集中的村庄。传统上，居住环境包括村中道路、公共设施（祠堂、庙宇、私塾、戏楼和水井等）、自卫防御性设施和具有社会道德示范和表彰作用的“牌楼”“牌坊”。这种村落居住环境，集中了教化、娱乐和生产、交往、自卫和凝聚乡民感情的社会功能，形成一个自足、完整和相对封闭的社会生活空间。村庄公共生活秩序方面，如公共卫生环境，生产活动，行路规则、祭祀祈雨等公共活动，则主要依靠乡规族约来维持。比如，民国时期的潼关县李家村虽然户多村大，但在诸多村规民俗的约束下，村中秩序井然。譬如维护公共环境卫生的乡规，为严格划分饮用、洗涤时间段而形成“管理长流水规俗”：上午饮用水时节，妇女不得在水渠洗衣物等，违者罚青油多斤；成人不得大白天裸体于渠中洗澡，违者吊打；水浇地以点燃木香寸长为计，凡偷水浇地者，罚青油或者粮食。①

少数民族村落，基本上是围绕着清真寺或者寺院而形成的聚居区，如甘青藏边界之拉卜楞地区（1928 年设置夏河县），就是以拉卜楞寺为政教中心，一度，嘉木祥活佛与拉卜楞寺大襄佐（为拉卜楞寺最高管理者）、拉卜楞保安司令，皆是藏族黄氏一门兄弟所任。拉卜楞寺宗教势力所及含青海、西康、蒙古、西藏等地共 108 寺，寺内组织除主管总务的大襄佐外，还有下属襄佐的吉瓦主管财政，列里瓦带兵兼管民事司法，古错掌理外交和民事等等。寺院拥有土地、僧院、信众和金银财富，管理信仰、教育、贸易和民事兵事。一般民众只知有活佛和黄司令，不知有县政府，故县政府

---

①《潼关文史资料》第 8 辑，西安：太白文艺出版社 1998 年版，第 348 页。

政治力量设施，不易及于藏民。[1] 甘肃的清真寺，同样是回族聚居区的中心所在，“宗教隐然支配政治、军事及一切社会活动”，清真寺的主持阿訇，以清真寺所辖区域大小而权力不同，但“回民信仰宗教，其一切行动，皆以回教堂圣经为准绳”。即便是伊斯兰教新教的西道堂，也承担了所辖区域的文化管理、教育、救济等一切社会公共事业。[2]

长期以来，这种乡村自我治理的模式，不仅维护了乡村社会秩序，也比较有效地实现了中央政权对于分布地域极为广阔的底层乡村社会的统治。有学者认为，这是传统社会时期政府政治上的一种有意的设计。[3] 事实上，在自给自足的小农经济社会，无论村庄大小、距离政治中心远近，乡民都可以从比较完整的社会自我服务体系中获得归属感，并成为乡村生活的有机分子。这样一个村庄，实际上就是一个大家庭、小社会和小王国。除了完赋和赶集使普通乡民与国家和村庄以外的社会发生联系外，传统乡村始终展现出安静、自足的姿态。

进入民国，传统西北的乡村生活环境，开始逐渐发生变化。

一方面，随着近代国家政治的发展，国家权力在下延至乡村社会、建立基层政权控制体系过程中，试图通过基层组织创建和基础行政人员的培养，对乡村社会实现直接、有效的控制。在这个过程中，原来的社会各系统随之发生变动。仅从乡村居住环境来看，主要表现在随着居住场所功能型建筑的逐渐破败，以村庄为单位的

---

① 马鹤天著、胡大浚点校：《甘青藏边区考察记》，兰州：甘肃人民出版社 2003 年版，第 44 页、第 39 页。

② 范长江：《中国的西北角》，北京：新华出版社 1980 年版，第 48 页。

③ 李怀印：《中国乡村治理之传统形式：河北省获鹿县之实例》，载于黄宗智主编：《中国乡村研究》第 1 辑，北京：商务印书馆 2003 年版，第 102 页。

生活环境被打破，社会功能也被分解转化，出现了建立以行政单位为主的乡村生活环境的趋向。

传统上，庙宇、祠堂、戏楼等建筑物是一个村落内精神信仰和社会文化教育活动的主要场所，兼为处理村内各类事务的处所，往往也是村中比较宏伟和华丽的建筑。民国肇立，这些场所多为军队驻扎，或遭拆庙毁屋，或自行失修破败。抗战时期，传统的祠庙大多成为地方学校校舍或村公所办公地。随着场所的逐渐破败甚至消失，传统功能出现分解。其中，传统的庙宇祠堂多被改造为新式的学校，学校也逐渐取代私塾承担了对乡村学龄儿童的文化教育功能。对普通民众的社会教育功能，被统一到以县为单位的民众教育处。少数民族地区则在不触动宗教寺院、教堂的同时，通过政府推动学校教育以分离其教育功能；村中有关教养、卫生、自卫、生产等诸种事务的管理，从原来的村规族约和族中村内有德望人士那里逐渐转移到政府政令和甲长、保长、联保主任、区长，直至县长（1933—1940 年期间，1940 年以后精简为甲长、保长、乡长和县长四级制）等行政人员手中，村务场所亦从祠庙中分离出来。至于像牌坊和牌楼一类的道德示范类的建筑，民国期间不曾立过。在抗战时期，原来的忠义祠之类的祠庙，多被作为奠祭抗日阵亡将士的场所得到肯定和支持。

显然，以新式生活方式作为指向的新式生活环境变动，打破了传统乡村生活方式的封闭和完整，为乡村居住环境之外延和内涵的重新构建奠定了基础。

另一方面，民国时期持续的战乱和频繁的自然灾害，对乡村居住环境的破坏较为直接，也更为严重。在乡村居住环境被注入新因素的同时，战争和灾害也打破了世外桃源般的古朴自然、安宁的氛围。

对乡村老百姓来说，他们原本安静有序的生活环境开始发生变化。早先，是在县城外燃起战火时，还有人专门带上干粮前往观看。不久，战火就蔓延到乡村，村民们开始联合起来，随时准备躲避一拨又一拨的军队骚扰。① 战争不仅让他们的生活失去了平静，更让他们的内心充满了惶恐。富商大绅纷纷到城里去寻找安全，青壮子弟也源源不断地走向战场，乡村越来越落入萧条和破败的境况。所谓"祸不单行"，不期而遇的特大自然灾害，再一次重重打击了日益脆弱的生活环境。"千户万村，悉化丘墟，万里膏原，多成赤地，饿殍载道，谷罄粮绝，乃至树皮草根，剥食殆尽，拆房毁舍，难求一饱，卖妻鬻子，死别生离之惨，无可形容"，②恍如人间地狱。饥民之所去，弱者流落他乡，强者流为匪，横行乡间，"啸聚数千，气势颇炽，屡挫官兵，民不堪民"，"妖气所播，抢案时出"社会风气形成，令一些地方有识之士极为痛心，呼吁"至非痛绝根诛，焉能风清俗美乎？"③。

少数民族地区的兵祸连结不遑多让，更多了一重民族仇杀的烈度。以甘肃洮河北岸的临潭县为例，1928 年，先是国民军（汉）与河州回民军队之间发生冲突，继而又扩大为回汉仇杀，"焚烧杀戮，互为鸡犬之不留"。同年，回军过洮州，回民暴动，赶走县长，围著汉人，焚烧一空。次年，回军率回民再过洮州，又焚烧藏民村落，于是藏回互相仇杀，本地藏民最大寺院卓尼寺、伊斯兰教新教西道堂均被焚。此番劫难之下，被杀各族人口总在十数万之多，洮河上游

① 李荷丽编：《李敷仁诗文集》，西安：陕西人民出版社 1984 年版，第 10 页。

② 林鹏侠著，王福成点校：《西北行》，兰州：甘肃人民出版社 2002 年版，第 15 页。这是时任陕西赈务会主席康寄遥所述 1928 年陕甘大旱后五年的实况。

③《乾县新志》，1941 年铅印本。

所有城池、寺院、教堂、村庄，皆成焦土。[①]

2. 城市居住环境的不断完善和维护

与乡村居住环境的逐渐破败相比，城市的居住环境却不断完善和优越。清末民初以来，由于兵荒、灾荒的频繁发生，乡村的富室大户多避居城市；抗战时期，陇海铁路通到西北宝鸡后，大量战区灾民和投资经商客涌入，刺激了城市的膨胀和发展。不仅像西安这样的交通枢纽城市，出现了“长安居，大不易”的现象，一般的县城也在战争的裹胁和社会的开放中跌跌撞撞地发展起来。

正如今人所熟知的“要想富，先修路”一样，抗战时期的西北开发也始于交通建设。本书前面的章节已述及，陇海铁路修到宝鸡、西北公路网的构建和航运线路的开设，都为西北近代化创造了客观条件，令东西部的交流成为可能。随着全民族抗日战争的爆发，东部工厂、机构和学校的内迁，大量东部人口涌入西北，多数驻留在西北各省省会城市或铁路沿线的新兴城市。甘肃兰州人口，从1930年的9.5万，增至1944年的18.2万。新疆迪化，1930年人口近4.5万，至1937年达9万。人口激增最剧烈的是陕西西京（即今西安），从1930年的12.5万激增至1939年60万余，增长了近5倍。由于大量的人口留居西京市，城市规模也迅速扩展，城中东北部，原来是一片荒地，30年代则围绕火车站，形成了一个新城区，纵横街道各九条，形如棋盘，布有中国银行西安分行、中旅西京招待所、陇海铁路西北管理局、民乐园、游艺市场等等各类金融、管理、市场、服务机构和住宅新村。甘肃兰州虽然还没有铁路之利，但也随人口的激增和工业发展，城区面积到1944年也从十余平方公里扩

---

① 范长江：《中国的西北角》，北京：新华出版社1980年版，第44页。

展到 146 平方公里。[①] 在战时繁荣下，西京市展现出一派欣欣向荣之状，城市建筑雨后春笋般竖起，土地价格随之飞涨，“从每亩十数元，暴涨至数百元，甚至千元以上”[②]。旅馆业尤为兴盛，大小旅馆分三个等级，上等如西京招待所、花园饭店、西北饭店、大华饭店、西京饭店，房内陈设雅致，饭菜可口，浴室自来水一应俱全；二等为关中旅社、西北大旅社、经济大旅社等，室内用具齐全，经济适宜；三等为招待乡下人或普通商贩所用，膳食、炭火、饮水一应自理，价格低廉。不入流的则是给贩夫走卒之类，仅为一夜间遮蔽而已。要在西安租房常住，必需请托亲友熟人介绍，否则难以找到。除妥租金之余，备房礼（一般是猪肉一斤或食物一包）赠送房主，[③]才能欲求一住处，令人颇有“长安居，大不易”之慨。

新兴城市宝鸡亦是如此，人口从 1936 年 6 月到 1937 年 6 月竟激增了 12 万，形成了当时颇为生气勃勃的秦宝工业区。在这个“战时景气的宠儿”城中，与西京招待所头等房间收取一样房金的新市区旅馆房间里，“糊纸的矮窗，房里老是黄昏，按上去手就会吱吱叫的方板桌，破旧的木椅，高脚木凳，不平的楼板老叫为绊脚，……坚硬的土炕……铺上几层毛毡……”[④]仍是天天客满。

传统城市的转型、新兴城市的发展，使城市民众的居住不竟随着城市建设的推进而逐渐变化，具有了现代城市生活方式的功能。

一方面，不仅有学校、民众教育处、阅报处和讲演场所（如洗心

① 王永飞、李云峰：《抗日时期西北城市发展论述》，载于《中国历史上的西部开发：2005 年国际学术研讨会论文集》，北京：商务印书馆 2007 年版，第 301—306 页。

② 范长江：《中国的西北角》，北京：新华出版社 1980 年版，第 58 页。

③ 宗鸣安：《西安旧事》，西安：西安出版社 2009 年版，第 207 页。

④ 茅盾：《见闻杂记》，上海：上海文光书店 1943 年版，第 33 页。

所之类)的文化教育场所和公园、电影院、舞会场、戏院等休闲娱乐场所,还有中西医疗医药机构,餐饮、旅馆、银行等生活服务设施。人们活动和交往的场所不断扩展,内容不断丰富。妓院也热热闹闹地居于城市街头。

另一方面,出于对城市居住环境维护的需要,消防、交通、城市建设和警务等专门的行政机构出现了。1928 年,西安市内各大街还是仅有太平水缸数个,至民国末年,关中各县已具有消防组,专司防火救灾之务。1935 年,陕西省政府、西京市政建设委员会、省会公安局等 15 家机构,联合组建西京市政建设委员会,统筹西安市的市容和环境卫生事宜。次年,西京市就建成公厕 29 座,小便池 15 座,在城里随处便溺的现象大为改观,到 1945 年,西安市已经拥有 763 人的清洁大队。与乡村公共环境的维护主要依靠社会习惯和舆论规范不同,行政作为和法律制度开始成为维持城市公共居住环境的主要手段。在这种居住环境下,酝酿和浸润的正是多元的社会阶层、密集的社会职业和扩大的社会交往,它们纠合共存于城市生活之中,与乡村居住环境形成了愈来愈大的差距。

四、"一滴汽油一滴血"

随着时代的演变,行旅生活的变化也折射出不同时期政治、经济和社会文化习俗的内容及其变迁。抗战时期,随着社会流动的加大,铁路、公路网等交通道路的改善和战时经济的发展,飞机、火车、汽车、自行车等新式交通,逐渐进入西北民众的生活当中,不但大大缩短了旅途时间,也减轻了出行的艰难,拉近了西北人与新生活方式的距离。

（一）新式交通工具入陕

从行旅方式上看，无论在陆路、水路上，以机械力代替人力、畜力的近代交通工具，给行旅生活带来了质的变化。由于中国地域广阔，各地区的交通工具变迁的速度和程度有所不同，给当地民众的行旅生活带来的影响亦有所不同。西北地区各省地貌多样，虽高原、山地、沙漠、戈壁、河流兼具，但地势高亢，陆路交通工具是主要的行旅方式，并最先发生变化，陕西即率先体现了这一变化。

陕西人出行，水路主要是依赖渭河、黄河舟楫船只。舟船虽称普遍，但渭河水浅沙深，平时行速缓慢，汛时又摇荡不安，故较少乘人出游，多为渡口摆渡而已。境内黄河干流枯时泥沙拥塞、水浅难行，讯时则河流太急，货运即称费力费时，成本居高，若游人出行倒不如沿途陆路交通便利。陕西南部依汉江、嘉陵江、丹江的水运虽称便利，但主营货运，多有险滩急流，鲜有载人出行。因此，水路多是大型物资货运的通途。

若走陆路，早期多有牛马骡拉行的畜力大车，载货乘人，在城乡都十分普遍。这种大车多以硬木制成，为了减少木轮磨损，在轮缘上包上铁条，是最能负重的工具。关中土层深厚又土质疏松，久而久之，大车所行之路，虽称宽敞，惟两边车轮陷入较深，远远看去，竟然"好像铺了铁轨一样"①。小巧轻便又造价低廉的独轮车（又叫鸡公车、狗脊梁车，因木制铁轴独轮得名），一般轮直径 3 尺，车面有一突出的空腔脊梁，半个车轮嵌于空腔内转动，是颇有驾驶技巧的农夫农忙时显身手的好工具。还有被称作地轱辘车

---

① 蒋杰：《关中农村人口问题》，武功：国立西北农林专科学校出版委员会 1938 年版，第 18 页。

的人力两轮车，车身前低后高，前窄后宽，造价不高，农闲时，前放包袱，媳妇抱娃娃坐在车后，丈夫推着咯吱咯吱走亲赶集。至于轿车，构造较精巧，单骡车拉的是省长以下官员，也是中上等人家外出和迎送客人的工具，特别好的会用木条套构成透格拱形车顶，飞檐翘角，罩以绿呢绒，车厢两侧有透明纱窗。一般民众多是通过租赁，不过因为“赁价太昂，行路又不快，时间金钱俱不经济，故用着绝少”①。

骑牲畜也是最便捷的交通方式之一。多根据经济状况，有钱的骑骡马，经济差的则用驴。不过，牲畜作为农业生产的主要工具，也是关中人比较贵重的财产之一，因此十分爱惜，轻易不作为代步工具。

另外，传统上具有身份等级象征的轿，既然“陕西官场不用轿”②，一般民众生活中自然绝少用，但在婚嫁中以花轿迎娶新娘子。

陕西北部因多沟壑纵横、坎坷不平的山路，难于行车，代步工具主要是毛驴，运货或用骡子。毛驴性情温顺，劲大，能推磨拉碾，还能驮东西、拉车子，善走山路，是老太太出门、媳妇回娘家、小孩子上街赶集、娶媳妇嫁女儿时的全能王。最经典的陕北出行图景，就是一头毛驴驮着抱娃娃的小媳妇，或者是货物，缓缓地行走在崎岖起伏的沟壑、土山道上，赶货的小伙子则常常在孤单的行路中放声唱起悠扬悦耳的信天游。20 世纪 90 年代，笔者常能听闻来自陕北的同学敞亮高扬地演唱《赶牲灵》，其中唱道：

---

① 王桐龄：《陕西旅行记》，北平：北平文化学社 1928 年版，第 27 页。

② 王桐龄：《陕西旅行记》，北平：北平文化学社 1928 年版，第 27 页。

走头头的那个骡子①哟哦
三盏盏的那个灯
哎呀带上的那个铃子哟
噢哇哇得的那个声

白脖子的那个哈巴哟哦
朝南得的那个呀
哎呀赶牲灵的那人儿哟
噢　过呀来了
你若是我的哥哥(妹妹)儿哟
招一招你的那个手
你不是我那哥哥(妹妹)哟
走你得的那个路
……

陕西南部秦巴山区，多狭窄曲折的道路，车马同样难行，出行主要靠滑竿。滑竿是将一排竹片用绳子串起来编成软床，绑在两根较粗的长竹竿上，前后两端各横着绑一截短竹做抬杠。软床前面垂吊一木板做踏脚板，后面支一个靠枕，人在软床上可坐可卧，由前后两人肩抬而行。竹竿富有弹性，行走中上下颤动，乘坐者可减轻疲劳，沿途还可观赏风光。因为抬滑竿后面脚夫的视线容易被挡住，加上路况复杂，前面的脚夫如不报告路上发现的情况，便寸步难行，因此，陕南脚夫中便有《报路歌》伴随一路行：遇到独木桥，走在前面的报唱“独桥两边空”，后面答“两脚踩当中”；遇到转弯时，前唱“连环之字拐”，后答“你摆我不摆”；路上迎面来了牛群，

① 此处用“骡”不用“驴”，那是因为赶货出行须得用力气大的骡子。

前唱“牛马不说话”，后答“赶快让一下”；若路上遇见蛇，前面报唱“路边有根绳”，后面答“绕个弯弯行”；遇一边是山崖，一边是万丈深渊，则唱“前面山路险”，答“靠山不靠边”，喊得抑扬顿挫，起落有致，既协调了脚夫的脚步，避免发生意外，又减轻了途中的辛劳和寂寞。[①] 河汉水网地带，须靠平底木船摆渡而过，利用汉江运输的人们则常用竹或木材，用绳或藤捆扎成长排的筏子，由人撑运载货顺流而下。

陕西城乡人力车和畜力车低沉、缓慢的咯吱咯吱声尚不绝于耳之时，辛亥革命的枪声，还引来了各式的新交通工具的涌入，一经出现，即打破了千年的沉寂，迅速拉近了陕西与时代的距离，推动了传统交通工具的变革。

日本的黄包车（又称东洋车），1912 年先行进入陕西，以其轻巧便捷、可资谋生之特点，很快风行省城。不久，有专门经营的车厂 30 余家，汽车路修好后，更是行驶东西大道，经营范围分布到陕西各个地区，乘人拉货，堪称便利。

1915 年，西安街头出现了第一辆汽车，那是时任陕西督军陆建章的座驾。1921 年冯玉祥出任陕西督军，为行车方便，责令驻军和沿途各县修建了西安至潼关的公路，后来又相继修建了渭南宜川、三原合阳、渭南白水、白水大荔等公路，并购置汽车 20 辆。汽车速度和承载量大大超越传统马车和东洋车，很受欢迎，大有供不应求之势。因此之故，时人记称“虽运费甚昂，常容浮于车，其拥挤之状，概可想见”，“若再增加车辆，沿途又售短票，则更善矣”。至于传统的畜力大车、轿车、手推车、人力车羡慕汽车路之平坦易行，纷纷“盗借汽车路干净平坦之便，曾不终朝。毁路苛罚伤人扰民种种

① 陕西省地方编纂委员会：《陕西省志 · 民俗志》，西安：三秦出版社 2002 年版。

笑话，叠出不穷”①。1923年，西安开行“环城汽车”，是西北城市公共汽车运行之始。1928年，西安至咸阳、三原、富平、蒲城、大荔、朝邑等县的汽车在土路上开通。

1931年后，抗战时期的西北开发建设，构建了以西安为中心的全省公路交通网络，汽车的数量和运行范围不断扩大。到抗战后期，陕西省已经拥有40辆城市公共汽车，各种官办民用的客货汽车共1 151辆，其中以民用为主，达977辆。②

陇海铁路1931年首次通车至潼关，1934年至西安，1937年至宝鸡通车运行，从此，陕西人旅行出省不再是一件困难的事。

新式交通工具方便、迅捷和舒适，令人羡慕不已，但是其代价也大，时人描述称：“一滴汽油一滴血，美国汽油喂汽车。大姑奶，小少爷，忽地一声上了街。上了街，上了街，电影院里歇一歇。”③其言“一滴汽油一滴血”，指称汽车十分便捷，但汽油昂贵，非一般普通百姓所能轻易享用。

但是，这启发了人们对传统交通工具的改造和利用。1932年，西安骡马市玉兴铁厂的掌柜张炳玉，就利用汽车的旧轮毂和轮胎改铁轮大车为胶轮大车，试售于市场，因为新大车拉着轻而载重大，很快受到欢迎。随着公路的修筑，铁轮大车会对路面造成损害，1934年，陕西省政府布告悬赏改良铁轮大车为胶轮大车的发明人，并在全省禁售铁轮大车，省建设厅机器局还利用汽车手刹车原理对胶轮刹车进行了改进。此后，胶轮大车大行其道，逐步取代了铁轮大车，成为陕西出行工具中仅次于汽车的新生畜力车，至

① 刘安国编著：《陕西交通挈要》下编，上海：上海中华书局1928年版，第51、46页。

② 陕西省地方志编纂委员会：《陕西省道路交通管理志》，西安：陕西人民出版社1997年版，第214页。

③ 李荷丽编：《李敷仁诗文选》，西安：陕西人民出版社1984年版，第364页。

西北乃至全国广为使用。西安还有人发明了以木炭取代汽油运行的汽车，在西安街道试行，可惜未得推广实施。在基本不行乘人船只的渭河，也有人试用汽艇和浅水滑水艇，足见汽车之入西安，竟引发了一股创新的风气，实为陕西社会生活中勃勃生机之显现。

此后，城市传统的出行方式受到影响，骑骡马的已经鲜见自不待说，城乡稍有能力的人都开始购置自行车。早在西汉年代已经是关中古道驿路主要交通工具之一的独轮手推车，到民国后期，因为轴承充气人力车的盛行而自行消失了。人力黄包车颇受欢迎，成为城镇乘客运输的主要工具之一。① 还有一种四轮马车，相当漂亮，在 1933 年进入西安，金属所制，前后轮之间装有转向盘，车窗装有玻璃，车前备有驾车人座位，一般可乘 3—4 人。当时还成立了新马车公司，有车 40 辆供租赁用，后来也因为小汽车的出现而自行消失。② 显然，追求平稳、快捷、经济舒适的出行方式，逐渐成为陕西人行旅生活的主流。

行旅方式的多元化也带来了旅宿方式的多样化。一方面传统的马店仍然兴旺，一方面诸如西京招待所一般的西式旅馆渐次出现。还有大量存在的是介于二者之间，专供乘车途中住宿的简易旅舍。

马店：③陕西关中一带县城与县城之间多为五六十里或八九十里的距离，多骑马或赶马车抵达，旅客与车马夜宿地多被称为马店（旅馆不叫客栈叫马店，可见这种牲口使用之普遍），距离一百里以

---

① 刘安国编著：《陕西交通挈要》下编“陆运”，上海：上海中华书局 1928 年版。

② 陕西省地方志编纂委员会：《陕西道路交通管理志》，西安：陕西人民出版社 1997 年版，第 170 页。

③ 刘安国编著：《陕西交通挈要》下编，上海：上海中华书局 1928 年版，第 15 页。

上的会在其间至少还有一家驿站。中餐地，又叫搭尖地，往往在县城与县城之间，驿站与驿站之间，可以午餐、喂马并购置马店可能不提供的食物。马店内的情况是，马房之建设，为一长方形地址，四周建房，中间为空地，车马安置其间。后方在石阶较高的地方，有房一进，是旅客的宿所，普通宿所多提供土炕。前方左右建有两列小房，为车夫马夫住。除了大都会的马店，一般马店都供饮食。寝所之内有两三席之地为大小便所，每天清晨扫埋。比较南方的暗屋污所，反倒良好干爽得多。都会的马店更为繁华，陈设如官场之接应，且附设菜馆，旅客可以点餐。

新式旅馆：抗战期间，沿陇海铁路、西北各公路主干线城镇的旅馆业，十分繁荣。且不论这种繁荣的背后动力和前景，仅从当时兴起的一批较为现代的招待所，可了解旅居方式出现的变化。如中国旅行社（隶属于上海商业银行）在西北设立的一批招待所最具典型性：抗战前中旅就随陇海铁路的向西延伸，相继在开封、郑州、潼关设立分支社及招待所。九一八事变后，又紧随西北开发的实施，先后在西京（今西安）、宝鸡、天水、汉中、兰州等设立招待所。其中，西京招待所“其布局设计，前面有花园颇宽敞，正中为三层楼房，两翼均为二层楼。斜向东南，外观格局颇幽雅庄严，实际建筑面积三千余平方米，拥有客房四十六间，在两床房中配有浴室及（抽水马桶）卫生间，其余则具有公共卫生洗澡间。有餐厅，备有中西菜。附设理发室、洗衣房及代收电报。冬季有暖气设备”[①]。相比马店，这种新式旅馆无论在规模上还是在建筑设计上，都突破了传统形制。最重要的是内部设施和使用功能上，具备了现代卫生

① 政协西安市委员会文史资料研究委员会编：《西安文史资料》第 2 辑，内部资料，1982年，第 154 页。

设备和生活便捷服务。与此同时，省内汽车交通沿线上也出现了一批规模小、设备简陋的新式旅店，一方面仍是土炕、纸窗、豆油灯；另一方面又比较清洁卫生，甚至还起上一个新潮的名字，如“中西旅店”等等，以招揽顾客。这突如其来的近代旅居生活，以新旧混杂的方式广泛地展现在地方民众面前。

（二）西北行之新旧辉映

从当时的首都南京出发搭乘最为通行便捷的交通工具，入潼关一路西行至新疆，最终返回南京，其一路所见所闻，可为读者勾勒出一幅详备的抗战时期西北行旅攻略图。1928 年，时定居南京的陕西渭南人刘文海先生，为赴父丧，千里迢迢从南京赶往甘肃酒泉，随后经新疆取道内蒙古返回南京，记称“凡乘火车行八日，轮船四日，汽车一日，骡车四十日，骆驼几五个月。饥寒忧患，皆所备尝”①。刘先生结合此时期西北考察人士们的游记，为读者勾勒出一幅抗战前后行路对比的西行攻略图。

第一阶段，进入陕西。在 1931 年陇海铁路灵潼段通车之前，无论是外地旅人还是出省的陕西人，如果走潼关进（出）陕西，②须先乘火车到达陇海铁路河南灵宝县，由灵宝县雇用骡车往潼关。旧路循土山中行，新路沿黄河南岸，一路崎岖，黄尘扑面，抑或会遇到劫匪，雇车独行多有不便；搭乘邮政包车同行，大致 3 天可

---

① 刘文海著，李正宇点校：《西行见闻录》，兰州：甘肃人民出版社 2003 年版，第 1 页。

② 关中自古称四关之中，因此古时入长安，除了潼关道外，还有三条路可入，分别是武关道：经蓝田、商州通向南阳、邓州、荆襄以至于江南和岭南的古驿路；褒斜道：循渭水支流斜水及汉水支流褒水两条河谷而成的一条谷道到达四川的栈道；散关道，经宝鸡市东陈仓道越秦岭北侧大散岭循嘉陵江上游东支流的沿山临河路达四川。四关之中，潼关最为通途，余皆称险要。

达；或者可以坐黄河民船，从陕州到潼关，180 里黄河水道得走 4 天。[1] 由潼关就可搭乘汽车往省城西京（西安），一日可达。比之大车，汽车可称为迅捷，惟道路尚未认真整修，在疾行中颠簸跳跃的汽车常常会与嗒嗒小跑的骡马、轰轰隆隆的铁轮大车相伴而行。待驻足西安城门时，行人会发现，在一路飞扬的黄土洗礼下，风尘仆仆的自己仅从色调看，就立刻融入了这座笼罩着蒙蒙淡黄色的城市。[2]

抗战时期，入陕最显著的变化是陇海铁路通车到潼关（1931），继而通车到了西安（1934）。乘坐陇海铁路的火车，虽然拥挤、气味不佳，但沿途既可以在各车站购买本地小贩叫卖的鸡蛋等二三熟食充饥，又不用担心遇到土匪劫财或者军队设卡检查。因此，战时东来的人们挤满了车厢，经沿途的车站涌入陕西的城镇。对于公务出行或者有相当经济能力的人们而言，1931 年 4 月以后，还可以选择由中德航空公司经营的欧亚航空公司开通的沪新线，由南京经洛阳到达西安。1936 年开通的西滇线航班，可以从西南昆明经成都至汉中翻越秦岭到达西安。

抗战时期的西安城内，新式的饭店如西京饭店、西京招待所、青年会旅社等，是比较先进、设备高级的旅宿之处，而西去的路途中，就很难遇到这样的旅舍了。

第二阶段，入甘宁青。从西安入甘宁青，须先经陕甘大道至省城兰州，随后北上宁夏，南至青海西宁。复归兰州，再向西行沿甘新线进新疆。

---

① 孙伏园：《长安道上》，北京：晨报副刊社 1924 年版。

② 张恨水、李孤帆著，邓明点校：《西游小记・西行杂记》，兰州：甘肃人民出版社 2003 年版，第 47 页。

从西安到兰州，抗战前后最大的变化是，从乘骡马大车换为乘汽车，这得益于西北公路交通体系的构建。西兰公路在陕甘大道的基础上先后整修，抗战时期为确保抗战物资供应通道，划归西北国营公路局管理，西行者大可购买二等、三等车票往兰州去。若是购买二等车票，也不要期望太高。一方面可能仅是一辆无篷无座的货车，另一方面则可能同时有二十余位乘客等待一起出发。沿途或艳阳高照，或寒风刺骨，一路颠簸跳跃而行，坐在货物上的乘客，随时有坠地而死的恐惧。途中可能会遇到军人或者官员之类的强行搭车，更可能遇到劫匪。[①] 据当地人称，陕匪只劫财物，并不害人性命，而甘匪则劫财物之外，说不定还要把无辜的旅客一刀两断。[②] 但这样的情形，比之抗战前回汉动辄仇杀，大道亦处处惊恐已经算是比较安定的时期了。若遇到陡峭上坡之路，汽车靠雇用的骡车拉上去，乘客则集体下车跟着徒步走上几里。若遇到汽车司机借故障拖延行驶日程，而沿途上的几乎都是土炕土窑和不清洁的饭菜、简陋不堪的旅舍，则不能走也不能留，实在是奈之若何！大多数来考察者，都遵循一个习惯的做法，就是每到一地，首先面见当地行政或者军事长官，以求下一段路程能够同行或者是派人护送和关照。

乘汽车固然相对快捷，却会失去欣赏沿途风景名胜的机会。西去的行人也可以选择雇乘骡车和骑马，在途中，行人还可以遇到用手推动的独轮车和靠牲畜拉动的大车（在甘肃境内的各支线公路上，除了汽车，畜力车主要是用驴车），[③]以及盛开的罂粟花田，一

① 顾执中、陆诒：《到青海去》，北京：中国青年出版社 2012 年版，第 34 页；陈赓雅著，甄暾点校：《西北视察记》，兰州：甘肃人民出版社 2002 年版，第 280 页。

② 顾执中、陆诒：《到青海去》，北京：中国青年出版社 2012 年版，第 40 页。

③ 顾执中、陆诒：《到青海去》，北京：中国青年出版社 2012 年版，第 53 页。

如在陕西农村所见，大致有些不同的就是田中劳动的妇女们，大多因为缠足过于纤细，竟不得不跪在田地中劳作，以及十二三岁以下不着下裤的小儿随处可见。[1] 而这一场景，过了兰州再往西去沿途中已不鲜见。当然，若希望直达兰州，可以乘坐九一八事变后欧亚航空公司先后开辟的沪新线、西兰线、渝哈线，直飞兰州。

若是从兰州往西南行，往临夏夏河之拉卜楞寺，一径山路，骑骡马是普遍的行路方式，骑不惯的人则可以雇一顶名为架窝子的山行工具。这是一种用木条制成的摇篮式的篮子，在竹席顶和四周装上简单的木条、缀上布，用以防晒和御风雨，篮子两旁附着两支木杠，木杠两端用皮带和绳子相缚，架在两头骡子背上，乘客坐在铺了软垫的篮子里。随着骡子不一致的步伐左右摇摆着，慢慢沿山路而行。进入临夏，就可以遇到较为清洁卫生的回族旅店和品尝到比较清洁可口的清真餐了。夏河拉卜楞寺附近，被架窝子摇得腰酸背痛的人，大概会羡慕藏民那骑马疾驰、洒脱自在的出行方式。[2]

随着抗战时期西北公路体系的构建，行人无论是从兰州西行至青海西宁，抑或自兰州东北上宁夏，皆可循公路乘汽车前往。但汽车数量有限，道路大多依土路整修，晴天颠簸，雨天泥泞，最大困难者，其实是抗战时期，汽车因为没有汽油多半停运。根据宁夏省道管理处的说法，宁夏至兰州的车程，大约需要汽油 16 桶，每桶 26 元，往返汽油合价 800 余元，均需乘客负担。平时乘客较少，票价每人 30 元，就算票价卖出两倍之多，依然无法敷用，更何况大多时

---

① 林鹏侠著，王福成点校：《西北行》，兰州：甘肃人民出版社 2002 年版，第 37 页、第 3[illegible] 页，陈赓雅著，甄暾点校：《西北视察记》，兰州：甘肃人民出版社 2002 年版，第 167 页。

② 李孤帆著，邓明点校：《西行杂记》，兰州：甘肃人民出版社 2003 年版，第 140 页。

候根本无汽油可买。[①] 故,骑乘骡马大车前往最为普遍,不习者也可雇乘架窝子。加之,途经多为少数民族聚居区域,所遇回、藏、蒙古各族人民,有好客者、有反感者,大致行人结伴而行,秉持尊重、平等对待民族人士的原则,都会受到较为热情的对待。若想直接进入宁夏省会,搭乘欧亚航空公司的兰包线最为便捷。在宁夏省内,则多有乘黄河筏子和舟船的机会,草地沙漠之处,驼队则是更好的代步工具。

西宁城内各民族汇聚,步入街头只见五光十色之民族服饰,抗战时期在马步芳治理下,颇有一些严肃整齐的风气。公务人员除了马氏本人有一辆福特篷车外,各级厅长以下官员多自备骡车一辆出行,或者干脆安步当车。人力黄包车在这里了无踪影。[②] 只要想到甘肃的县长们也常常骑着脚踏车(自行车)四处调查办公,就知道在西北做官,是需要有一些吃苦耐劳精神的。

第三阶段,入疆。自兰州进入新疆是国内入疆三线路的南路,即甘新线。此线自兰州穿过河西走廊、经星星峡抵达哈密,是当年左宗棠为进军、收复新疆而下令整修的,以马驴等畜力车的运输为主,单程用时在两到三个月,沿途税卡较多。自玉门到星星峡一程有三百余公里,却十分荒凉,而星星峡到哈密一段更是戈壁滩,虽有八个驿站,但间距较长,一路气候干燥、人烟稀少、水质苦咸,只有骑骆驼行旅才最可靠。驼队成行,驼夫牵头驼,十数头以缰绳维系,依次鱼贯而行。尾驼颈悬大铃,叮叮当当,若有骆驼掉队脱落,尾驼即停下,驼铃声止,驼夫可以及时觉察。[③] 随驼队者骑在驼峰

---

① 陈赓雅著,甄暾点校:《西北视察记》,兰州:甘肃人民出版社 2002 年版,第 86 页。

② 李孤帆著,邓明点校:《西行杂记》,兰州:甘肃人民出版社 2003 年版,第 132 页。

③ 陈赓雅著,甄暾点校:《西北视察记》,兰州:甘肃人民出版社 2002 年版,第 208 页。

间漫步缓行，欣赏西北独有的戈壁和沙漠风光，世人皆以“梦驼铃”言其浪漫迷人。但实际上，从事运输的骆驼必须成队缓慢出行，随行人需要自行备足干粮、水和露宿的行装。遇到寒风凛冽，则可到骑骆驼，若遇到黑风，老驼会将嘴唇埋在沙中，行人须得尽快想办法避风。还有一种能疾驰的“骑驼”倒可以单独行动，但鲜有行人敢于独自行路。

民初，新疆省长兼督军杨增新以较为保守的策略治理新疆，并不热心改善新疆通往内地的道路，因此，以商人的身份入疆或以文化人士的身份更有利于进疆后的行程。

抗战军兴后，随着公路交通的发展以及津浦铁路和陇海铁路的初步建成，甘新线逐渐发展成为新疆通内地最重要的公路交通线路。自金树仁上台后，即派人修治了古城至哈密、星星峡的公路，与甘肃的公路相连接。甘新线公路在 1937 年同迪化至哈密的迪哈公路相接。刘文海先生 1929 年从兰州到酒泉驼行用了 27 天，而 1942 年李烛尘先生乘汽车，仅用了 2 天。随着抗战物资的紧张，汽油更加难得，汽车线路多半停运，驼行马运仍是主要的交通方式。

从内地进入新疆的第二线——绥新线，是从张家口过蒙古草原入疆。此路由归化进入乌里雅苏台大草原后分为两支线，一支经科布多达阿勒泰、布尔津，另一支则向西经巴里坤、古城子到迪化，全程需七八十日，骆队是主要运输工具。自 1923 年京包铁路贯通后，新疆货物经由绥远转运京津更加便利，令新绥线一度超过甘新线，成为重要货运路线。但这个盛况在 30 年代初期的新疆暴动中受到重创，驼队屡屡被抢劫。1933 年在原来新绥驼道基础上开辟的新绥公路交通线通车后，汽车单程 12 日左右即可到达，大大缩短了新疆与内地往来时间。全民族抗日战争爆发后，日军控制了平绥铁路，内蒙古德王和李守信的伪蒙古军在内蒙古成立了汉奸政权，新绥线随即堵塞。

甘新线又一次成为新疆与内地运输的国内唯一交通线。随着抗战局势的发展，东南沿海主要城市、港口和铁路的先后陷落，甘新线为主体的西北国际交通线（该路线以新疆迪化、甘肃兰州、陕西西安为联结点，实际上包括了西兰公路、兰青公路、甘新公路以及迪伊公路等），作为国际援华物资输送通道①的战略地位陡然上升，成为接受苏联援华物资的西北国际交通线，亦成为西北通过新疆与外国（苏联）运输的重要交通线。只不过，这条国际交通线的整修和发挥作用，主要在于作为抗战期间唯一未曾被动中断的（1941 年苏德战争爆发后，苏联方面的援助逐渐停顿，此交通线才逐渐沉寂）、接受外国（苏联）援华军事物资服务抗战最终胜利的特殊交通线。对于西北地区而言，直接影响则在于通过“易货军援”方式输出的大量矿产品和农产品，强行整修出来的贯通西北的汽车交通线，②借助阿拉木图至兰州的中苏航空的民航线③以及战时繁荣起来的驼马驿运。从出行的角度说，西北民众乃至经由西北从事商贸的人士，因此获得了西北地方历史上前所未

① 抗战时期，为接受国际援华物资，国民政府前后开辟了数条国际交通线，最初的几条包括华南线（经由香港）、滇越铁路线、滇缅公路线和西北线，1941 年苏德战争爆发后，又开辟有中印公路线、驼峰航线。自全民族抗日战争爆发后一年，由于沿海城市陷落、英美的绥靖政策和苏联需要中国坚持抵抗等原因，实际上西北线成为“陆路方面最可靠”的重要国际交通线。参阅侯风云《抗日战争时期西北国际交通线》，《江苏社会科学》2005 年第 4 期，第 228—229 页；许瑞源《抗日战争时期西北国际交通线的历史作用》，《纪念中国人民抗日战争暨世界反法西斯战争胜利 70 周年国际学术研讨会论文集》2015 年 9 月。

② 王文元：《抗战时期西北国际交通线大抢修》，《档案》2015 年第 4 期，第 40—43 页。

③ 当代中国民航事业编辑部编：《中国民航史料通讯》1991 年第 131 期，第 20 页。

有的交通条件。

还有两种方式可以不经陕甘直接进入新疆，抗战前，可经苏联的西伯利亚大铁路进入新疆；由满洲里乘西伯利亚火车（1916年全线通车），到塞米巴拉金斯克站，转雇马车行500公里（约需45天）到达新疆塔城，是进疆路线中最便捷的一条。麻烦是经此路假道赴新需要获得苏联驻京使馆的批准并发以出境护照，常会因为局势的影响而无法确保成行。① 抗战时期，比借道西伯利亚更便捷的方式出现：搭乘欧亚航空公司开通的沪新线，自上海经南京、洛阳、西安、兰州、哈密飞达迪化。全民族抗日战争爆发后，沪新线停运兰州以西，则可以改乘渝哈线，自重庆经兰州飞往哈密。

因此，旅行西北的人，在饱览了西北独特多样的风光，也饱受了各种惊险饥寒之后，只要财力允许，可选择最为便捷的方式返回。

（三）行旅之目的和范围

尽管，随着时代变迁也发生着变化，但受农耕经济、半耕半牧及游牧生活方式的影响，尤其是交通条件的限制，西北人长期以来形成了守土重迁、不愿远行的习俗。

木心写乌镇，云“江南杭嘉湖一带，多的是这样的水乡古镇，方圆甚大，人丁兴旺，然而没有公路，更谈不上铁道，与通都大埠接触，唯有轮船，小的很，其声卜卜然，乡人称之为‘火轮船’——那是三十年代前后”，足见近代交通工具并非不眷顾西北，江南小镇也是后来才有，只是不同于西北村庄的是“每闻轮船的汽笛悠悠长鸣，镇上的人个个憧憬外省市的繁华风光，而冷僻的古镇，虽也颇

① 谢晓钟著，薛长年、宋廷华点校：《新疆游记》，兰州：甘肃人民出版社2003年版，第17页。

为富庶”。[1] 反观关中一带，却谚云“出了潼关城，双眼泪淋淋”，“好出门不如歹在家”，“十里路上吃一回嘴，不胜在家喝凉水”，言出门就是一件苦差事，而况如陕西北部的贫瘠之地，更有“物离乡贵，人离乡贱”的凄凉之说，[2]这表现了陕西人浓厚的乡土观念。清末开始在陕西、甘肃、宁夏、青海一带流行的民歌《走西口》中，即将出关往内蒙古一带谋生的男子与情人告别之际唱道，“哥哥我走西口，小妹妹你实在难留，……小妹妹你有句话儿留，走路走那大路口，人马多来解忧愁。……”这厢妹妹泪流满面，紧紧地拉着哥哥的袖，因为“小妹妹你苦在心头，这一走要去多少时候，盼我也要白了头”。西北之地，高亢苦寒，人们往往出行百里，所见仍是山高路长、戈壁(沙漠)茫茫，路途之艰险可知，前方之凶卜却未定。故没有现代交通条件的西北人，是畏于出行的。自抗战爆发，即便有了便捷的交通工具，目睹自东来的人潮拥挤，若不是不得已，出门去那依然是沦陷区和战区的地方，似也非明智之举。

因此，抗战时期西北人出行的目的，多数仍然出于生活所迫，而以经商和求学为目的的出行活动也逐渐增多。但是，其范围往往局限在本省以内，至于出外省，是尽可能少的事。这在民国年间的有关调查数据中，可以得到反映(表 4－1)。

---

① 木心：《塔下读书处》，收录于木心作品集《即兴判断》，桂林：广西师范大学出版社 2013 年版，第 17—31 页。

② 陕西教育厅编辑室编：《陕西谣谚初集》，西安：西京克兴印书馆 1935 年版，第 245、246、259 页。

表 4－1　1 273户农家在外家属之出外原因及百分率

出外原因	贫穷	经商	地少人多	年荒绝粮	旱灾	求学	公务	依靠者	教书	家庭不睦	传教	其他	总计
人数	87	44	35	25	21	18	11	8	4	3	2	3	261
百分比	33.3	17	13.4	9.6	8.1	6.9	4.2	3.1	1.5	1.1	0.8	1.1	100

（资料来源：蒋杰：《关中农村人口研究》，武功：国立农林专科学校 1938 年版，第 139 页）

这是 1935 年至 1937 年间，在陕西关中东部及西部共计六县中抽取1 273户人家的调查统计。按照每户 5 口人的平均量计算，约为6 365人，而在外家属共计 261 人，约占 4%。出外的原因，比较集中在因为贫穷和生活困难或者灾荒而出外谋生上，高达66.4%。其次就是经商求学和从事公职的人，仅占 28%。而对这 261 人所外出的范围进行调查的结果表示，流向本省的多达 195 人，占74.7%，另外以西北为主，甘肃 20 人，占7.6%，宁夏 6 人，占2.3%，四川 4 人，占1.5%，其余低于 1%。值得注意的是，这 261 人中，进入城市的多达 212 人，占 81%，主要从事商业、公务和其他专门业。①

借此调查，大致可以看到当时乡人们出行的目的和范围还是有相当局限性的，城镇的人们当强于此况。至于出外求学和经商之类的事情多半也要以是否离家太远，能否照顾家庭为标准，否则就认为出外多有不值。李敷仁先生在其自传中就曾提到，当年(1930)在得到陕西绥靖主任杨虎城的选拔和资助前往日本学习时，家中亲人不仅不支持，反而劝阻道："人家都说你当了县长，却要游洋去，不知有多么远的路程，家庭又没有人照管，漂洋过海的，

① 蒋杰著：《关中农村人口研究》，武功：国立农林专科学校 1938 年版，第 139 页。

娃！我看你还是不去的好。”如此看法相当普遍，如在礼泉，“近则中级学校肄业者尚多，入专门大学者概不多见，虽有力之家亦多不肯遣其子弟负笈远游，可慨也”。[①] 当然，民国年间多半处于兵乱时期，出行的危险也是令人裹足。刘安国先生在其著作《陕西交通挈要》中也指出：一般的马车，一日行百里不容易，主要是错过马店虽然可以在中途土窑石室避雨露，但“行旅常遭强盗之厄，宿住殊多不便，已为不可掩之事实”。打尖地多半提供住宿比较困难，因此一日、二日路程需要按站行宿，否则，白日和夜晚行走均比较危险。

畏于远行他乡的西北农人，对一种乡村生活范围之内的出行活动，却乐此不疲，不辞辛劳，那就是朝觐寺观之行，俗称“朝山”。每逢佛道大小节日，陕西关中的佛、道信徒要朝拜长安的兴善寺、西安的八仙庵、终南山的南五台，[②]周至的楼观台、扶风的法门寺等庵观寺院；陕北信徒则是朝拜佳县的白云山、志丹县的三台山、延安的万佛洞等名山古刹；陕南信众拜小南海、天台山等佛教圣地。这些被称为“香客”的朝觐者，肩背香袋，内装香、蜡、黄表，随身携带雨伞干粮，一路上要逢庙烧香、见佛磕头，到处广结善缘。途中滞留时间较多，每天行程只不过三四十里，夜晚借宿寺庙，随僧道茹素食斋。僧道一般不收食宿费，但香客要给庙里施舍少量的香火灯油钱，名为“布施”。庙会期间，不仅有各信众自发组织的香社搭台赛乐器、唱大戏，还有各种日用百货小吃汇集，香客游山、听戏，买几件小东西，其实也是农闲时的娱乐活动。寺观所在的山上坡下人头涌动、香火缭绕，好不热闹。迥然不同于背井离乡出远门之恓惶凄凉。

---

① 《续修礼泉县志稿》，民国铅印本。

② 宗鸣安：《西安旧事》，西安：西安出版社2009年版，第158页。

与善事农耕的汉、回、维吾尔族人不同，西北的蒙古族、藏族游牧民族则视旅行为基本生活内容之一。在逐水草而居的生活方式下，常常要随着季节变换和草地丰瘠进行迁移。为了安全和互相帮助起见，常常举族而行。出发首日，要请喇嘛占卜，举族敬神，没帐煮食，共同进餐。出发后，五六人一组连同牲畜同行同住，日出拔帐而行，日暮立帐而宿。无论暴风阵雨，每一组帐房都派一人轮流巡守。途中某组的牲畜被劫或被盗，必定派人追踪械斗或交涉，不惜重大牺牲，不达目的不罢休。若途中遇到年节、佛诞节等，必停止行程，赛马、歌舞、喝酒吃肉欢乐，随后才继续旅程。若有特别需要，也会派出一二人骑快马、轻行装，中途除了烧水吃茶面之外，片刻不停疾驰，夜晚随地就宿，次日兼程。这样的惯于出行，当然是得力于蒙古、藏族人民善骑行又身强力壮、不畏寒苦的优势。至于朝山进香，是许多蒙古、藏族人一生的大愿。每逢年节，不论距离远近，必成群结队奔赴寺院朝拜。其礼拜动作，可谓五体投地，极为虔诚：先举双手于额上，然后合于胸前，复伸双手于地，身体随之平伏，两手向两旁划一圆后起，①如此重复。各种朝拜中，尤其以朝拜拉萨、神山等为盛事。必从出发地起，一步一拜达目的地为止。

① 《青海》，上海：商务印书馆1945年铅印本。

第五章　抗战时期西北地区公共卫生生活

民国时期，是中国近代历史上一个多灾多难的时期。在这个时期，中国不仅遭受了近代以来最为灾难深重的日本侵华战争的摧残，也承受了频繁自然灾害的肆虐，使得中国近代化的历程充满了艰辛和曲折。因此，解读近代中国社会的发展历程，除了反侵略与求发展的时代主题外，抗灾害与求生存也是一个不可或缺、十分现实的主题。

由于中国地域辽阔，不同区域的自然环境、经济基础和社会组织水平差异明显，因而不同地区抗灾害能力有所不同，灾害带给地方社会的影响也颇为迥异。

民国年间，接踵而至的自然灾害，使普通民众长期挣扎于生与死的轮回中，可怕的疫病更如影随形，令人不寒而栗。在这种极为严峻的生存危机中，西北公共卫生事业艰难萌生，并在抗战时期的开发活动中取得较为显著的成绩。公共卫生体系从无到有，并以此为契机，推动传统社会生活方式向现代生活方式逐渐转变。

一、“阙如”

西北地区自古是多民族汇聚、激荡和融合之处，实际上也成为多种医疗理念和医疗方法的共存之地。这里除了汉民族的传统医学——中医（汉医）之外，还有藏医、回医、维吾尔医、蒙古医和哈萨克医，共同护卫着地方各族百姓的生命健康。从近代化的观念看，在西医以近代科学代言人姿态，从最初被猜疑拒绝到今天独步天下的过程中，以西医为核心的现代卫生体系，在抗战前的西北地区，显然是“阙如”的。与同时期中国其他地区相比较，西北的情况表现得更加迟滞和缓慢。

（一）传统医卫条件及观念

在西医进入之前，西北地区主要有中医和藏医、回医、维吾尔医、蒙古医、哈萨克医等民族医学流派。

中医。汉族二千余年实践经验积累而成，奉《黄帝内经》《伤寒论》等为传统理论经典。古岐黄术之称，今习称“中医”。以阴阳五行为理论基础，视人体为精、气、神的统一体，通过“望、闻、问、切”的诊断方式，以六经辨证、八纲辨证等分析方法，用“汗、吐、下、温、清、补、和、消”等治法，①使用草药、针灸、推拿导引等治疗手段，促进人体内部阴阳调和，实现康复。对少数民族而言，此为“汉医”。自古中医师“悬壶济世”，但，中医学并不入科举考试之列，因此习医者多为知识分子自学兼修，或师徒相授而成，加之，更讲究理论和实践的圆通融汇，非数十年难以成就，因此医师的产出率比较

① 刘渡舟：《〈伤寒论〉十四讲》，北京：人民卫生出版社2013年版，第31页。

低。迟至清末民初，对于中医教育的医政建设仍付之阙如，而“废止中医”的喧嚣却声浪迭起，[①]但大多数中医先生们仍多以诊治验效传口碑于民间，坐堂药店应诊或者行走江湖疗治。据 1940 年的统计，仅陕西西安城区注册登记开业的中医有 40 人，中药店堂 53 家，而中药店堂多有坐堂医生应诊，西安著名中医黄竹斋先生就是其中一位自学成才、著述颇丰，热心于中医发展事业的伤寒派名家。[②] 新疆最初有中医，是随左宗棠大军入疆而来的内地中医开堂坐诊，至 40 年代末，迪化的中医药店和个体行医者已达 30 余家。[③]

藏医。藏族人民在长期的生产生活经验下形成了一定的保养和救治方法，至吐蕃王朝时期藏医开始形成并发展，成为以西藏地区为主的藏族人民共享的医疗诊治方法。藏医奉《四部医典》为经典，认为人体内存在着“隆”（气）、“赤巴”（火）、“培根”（土和水）三大因素；饮食精微、肉、血、脂肪、骨、骨髓、精七种物质基础；大便、小便、汗液三种排泄物。由于三大因素支配七种物质基础和三种排泄物的增减和量质的变化，人生病的原因即在于体内三大因素的失调。[④] 采用望闻问切的诊疗方式，善用动植物、金石等药材，尤为重视舌苔与清晨首次小便的色泽质地变化。与中医师徒相承的培养方式不同的是，藏医人才培养主要依赖藏传佛教寺院。民国年间，在甘肃南部拉卜楞寺，青海塔尔寺、广惠寺等藏族较为聚集

---

① 张婷婷：《“医政”背景下近代中医教育改革及其困境》，《中医药文化》2016 年第 3 期，第 14—15 页。

② 陕西省地方志编纂委员会编：《陕西省・卫生志》（人物篇），西安：陕西人民出版社 1996 年版。

③ 陈雁：《民国时期新疆中西医事业的起步》，《和田专科师范学校校报》2002 年第 4 期，第 14 页。

④ 格知加：《浅谈藏医理论中的健康》，《亚太传统医药》2016 年第 20 期，第 26 页。

的地区，主要依赖寺院培养的“麦让巴”（即通过学习、答辩后授予的医学博士）提供诊治。甘南的拉卜楞寺于1784年建成的一座曼巴札仓（医明学院），是专门培养藏医人才的。① 一般普通民众只有先入寺做喇嘛才可能学习医学，因此，传统上藏医都是喇嘛。青海的塔尔寺也是藏传佛教有名的大寺院，这里的曼巴札仓建成于1757年，是中国藏医医方明发展的中心之一。广惠寺的曼巴札仓培养的藏医，主要面向青海牧区，乃至蒙古、新疆等地。一度发展昌盛时有学生500余人，求学者多来自蒙古、新疆等地。但民国时期逐步衰落，1941年时，仅有老藏医7人，年轻藏医20余人。②

蒙古医。生活在北方逐水草而居的蒙古民族，在常年的游牧狩猎生活过程中，吸收了藏医、印度医学以及中医的部分精华，形成了独特的民族医学。自普遍信奉喇嘛教之后，蒙古医的培养同样依赖佛寺的曼巴札仓。善用食疗、热灸、药材和正骨术等。

回医。元代随着“回回太医院”“回回司天监”的设立，回医正式发展起来，成为回族人民主要的医疗救治方式。回医奉《回回药方》《海药本草》等为经典，以天人浑同的“真一”理论为核心，以元气、阴阳、四元、三子、气行学说为基础，兼收“四体液”与“四际分空”等，形成了“东西合璧”的民族医学。③ 因此，回医者一般都是受过经堂教育的穆斯林知识分子，如元末著名学者丁鹤年，为虔诚的伊斯兰教徒，工儒学，通奥义，精诗律，是一位兼善医术的人。回医疗法也与汉医多有相似，使用药剂、食疗和针刺等。1930年代

---

① 参阅马鹤天著，胡大浚点校《甘青藏边区考察记》，兰州：甘肃人民出版社2003年版，第64页。

② 李健胜：《清代民国西宁社会生活史》，北京：人民出版社2012年版，第171页。

③ 傅景华：《东西合璧的回回医学》，《中国民族医药杂志》1997年第4期，第7页。罗彦慧、方华林：《百年回医药研究述评》，《回族研究》2013年3期，第112页。

西安的回族名医马芾轩就善用中草药方剂，研制成多种中成药，长于治温病，其开设的福生堂药铺常常接济贫苦无资之患者。①

维吾尔医。与回医有相似之处的是，维吾尔医是由维吾尔族人在长期生活经验中积累形成的医学知识体系，同样，是在吸收了阿拉伯伊斯兰医学和中医的医药精华基础上，形成的东西合璧的结晶。维医以四大物质（火、空气、水、土）学说、气质学说和四体液等学说为理论基础，提出针对性治疗原则，以纠正气质和体液失调，强调增强患者的体质。② 这样的医学知识多数是由家族传承下来，或者通过经文学校传授。

哈萨克医。分布在伊犁、塔城、阿勒泰等地的哈萨克民族，在游牧生活中积累了丰富的防病治病经验。哈萨克民族医学受古希腊医学、阿拉伯医学和中医的影响。哈萨克医奉《哈萨克医典》③为经典，以阿勒特吐格尔学说（六元学说，即天、地、明、暗、寒、热）为其理论核心，认为六元之间关系造成人体的温热与寒凉、松紧与软硬、动静与醒眠、吸收与排泄、干燥与稀湿十种物质的平衡，平衡的失调是疾病产生的根本原因。④

近代以来，西医东渐。西北的西医，初期主要是伴随着外国传教士深入内地甚至边疆的传教活动而渐次出现的。⑤ 因为施医药

---

① 马德宏：《回族名医马芾轩》，《西北回族与伊斯兰教》，银川：宁夏人民出版社 1993 年版，第 542 页。

② 孟庆才、吕刚、马丽：《维医学理论及中维医结合理论探索之我见》，《中国民族医药杂志》2006 年第 3 期，第 7—10 页。

③ 张洪雷、张宗明：《〈哈萨克医典〉医学伦理思想研究》，《医学与哲学》2013 年第 10A 期。

④ 阿尔根别克·艾尼瓦尔、马尔江·马迪提汗：《哈萨克医学阿勒特吐格尔学说（六元学说）与人体生理病理》，《中国民族医药杂志》2013 年第 11 期，第 1—2 页。

⑤ 尚季芳：《亦有仁义：近代西方来华传教士与西北地区医疗事业》，《西北师大学报（社会科学版）》2011 年第 3 期，第 108—115 页。

者不仅是异族人，还常常附带着进行宗教信仰宣传，在西北这样一个多民族、多宗教的地区，早期西医的影响力并不容易比中医更能超越各少数民族医生。

及至民国初年，西北各民族传统医学仍是人们主要依赖的医疗方式，这一时期西北民族医疗卫生生活也具有一些共同特征。

一是，各种民族医学都基于人与自然协调的观点，在长期日常生活经验基础上形成了相关医学理论。其对治疾病的方法，均是依据气候、环境、体质等变化因素，以调整身体平衡达到祛疾的目的，因此，多尚食疗、针刺、热灸等自然方法。比如汉医以四季对应五行，讲究阴阳平衡，如夏季，人体此时阳气外盛，但是内部困寒，故夏季不宜多食寒凉，以伤脾胃。用药讲究温内，食疗讲究"冬吃萝卜夏吃姜"。蒙古、藏、哈萨克等游牧民族以肉奶为饮食，故善用这些食物进行食疗：如羊肉、马肉为热补之品，可用以补虚、暖胃、壮阳，同时配茶饮以助消化，奶品则有滋补、安神、养阴、解毒作用。西北寒燥，人体则多阳热，受风寒邪之后，多有头疼、发热、骨节酸疼等症，各少数民族医学均有放血疗法，即是通过特定的穴位点刺出血，以调节人体体液流动、平衡达到治疗效果。

二是，共享西北地方盛产的药材。西北自古是药材出产大区，不惟如甘草、黄芪、当归、大黄等植物药，还有鹿茸、麝香、牦牛骨、野牛心、虫草等动物药，砂仁、岩石等金石药，种类繁多，西宁更是著名的药材集散中心。[①] 丰富的药材，不仅为西北地方各民族医学的药剂治疗提供了物质资源，甚至也丰富了食疗的内容，比如汉医应用当归炖羊肉补阳虚，回医用黄芪炖羊脖子补气血虚，藏医则利用藏红花泡酒，可饮可擦敷。这对西北民族医疗方式的持续存在

① 王金钹编著:《西北地理》,北平:立达书局 1932 年版,第 112 页。

以及强化各民族医疗观念有着重要作用。

三是，基于自然的医学理论和医药资源，西北地方民众的医疗观念表现为以“调”为主，“治”为次，辅以“咒、符”等手段。这其中，普通个人、医生、被视为有特殊法力的宗教人士都不同程度地参与其中。

传统医学的理论，相信人本身是正常的、没有病的。如果病了，则是身体的平衡被打破、人与自然的关系不协调了。因此，医生的医治，是针对不同的体液、体质，通过不同的手段，促成这种平衡的恢复。与之相适应，是西北人也普遍认为人能劳动干活就是健康的，“相信假如人体与地面成直角，则无病，与地面成平行线则有病。于是，人非所与地面成平行线时不能请医生。”[①]勤劳肯干的人往往能够讲究干净、保持健康。陕西民谣《十二婆娘》里唱道：勤婆娘是“早起迟眠，梳了头，洗了脸，堂前问安”，懒婆娘则是“托下懒腰，见做活，只发心焦，身上的母虱密死靠”，干净婆娘“……板、锅上常拭，不落灰千。庭前常扫，只现宽展。……闲无事，一日茅房扫三遍”。富家婆娘虽是“穿的是苏州绫子，广州纱，吃的是兰州水烟福建茶”，但“药壶不断，窗台上的药渣。越吃越瘦，不拙（生育的意思）娃娃”[②]。西北回族因教义而成习俗，普遍注重清洁卫生，有“常洗大小净，百病难以生”的俗语。不仅如此，回族人民还特别讲究饮食的清洁。被赞赏的回族妇女，必是每天会把自家庭院打扫得干干净净的。据说如果在晨礼结束时，女主人还没有清扫干

① 陕西省教育厅健康教育委员会：《卫生教育与宣传》，《陕西卫生月刊》第2卷第2期，1936年8月。

② 宗鸣安注：《陕西近代歌谣辑注》，西安：陕西人民教育出版社2007年版，第172—177页。

净庭院，是会被邻居和路人耻笑的。①

民众不到绝境不去求医，一则因为医生数量的确太少，二是医生的水平参差不齐，能否寻到高明的医家并得到救治，每每要靠运气。因此，一旦有病卧床，寻医问病的同时，一般患者家人也会以求神拜佛、求符作法等方式寻求帮助；有的因为经济原因，甚至直接求助巫祝之类。

藏民都希望能够得到活佛的“摩顶”而祛病，平时逢遇法会或活佛莅临，必是无论远近，跪伏相迎，敬献金银财物，求活佛“摩顶”赐红绸条祛灾辟邪，消除痛苦，活佛也无不慈蔼应允。1935年，马鹤天以护送班禅回藏专使行署参赞名义，在甘青藏边考察中，就数次记录了各处藏民迎活佛献财物求摩顶的场面，其中班禅行至夏河附近甘家滩，“是日民众近万人，各携财物，求班禅放头。……班禅乘椅轿出，音乐队前导，首在帐外，与层跪之喇嘛数百人，以手摩顶。继至广场，与围坐之俗人，用代手之‘咒满’拂顶，绕行一周，一千余人之顶遍拂，皆大欢喜。”②至于班禅、活佛、宣化使之类的藏族大人物们，平时不仅饮冷水、食藏餐，虽回藏路途遥远，也“仅携有藏医一人，所谓大夫堪布，并无中西医随行。宣化使署职员、卫士数百人，而无一医生，可知藏人注重身体抵抗，而不注重医药也”。③西宁的百姓，还可以前去北禅山的道观中，向吕洞宾神像前的签筒求药问方，签词居然分“内科外科、男科妇科等”。④

---

① 喇海青：《回族爱好清洁》，《西北回族和伊斯兰教》，银川：宁夏人民出版社1993年版，第334—336页。

② 马鹤天著，胡大浚点校：《甘青藏边区考察记》，兰州：甘肃人民出版社2003年版，第52页、第54页、第81页、第93页。

③ 马鹤天著，胡大浚点校：《甘青藏边区考察记》，兰州：甘肃人民出版社2003年版，第72页。

④ 马鹤天著，胡大浚点校：《甘青藏边区考察记》，兰州：甘肃人民出版社2003年版，第175页。

(二) 公共卫生体系的阙如

公共卫生事业在近代中国的引入和创立,被认为是有功于从"以中医学为主导的传统医学体系向以西方医学为主导的近代医学体系的转变"的。① 原因在于,直至20世纪初,"以医院为中心的西医模式与以个体开堂行医的中医模式尚处于平衡状态。尽管前者在眼科、外科等手术学科上有明显优势,但内科疾病的治疗,在化学药物,抗生素维生素等发明之前,并不优于中医。"但,西方国家在工业资本主义发展中出现的人口集中和传染病流行,显然推动了它们对于公共卫生的重视和采取措施,并形成了相关公共卫生科学体系。鸦片战争后,西风东渐中,传教士也充当了传播和呼吁公共卫生知识的一个群体,而近代中国公共卫生事业则率先出现在上海租界。② 20世纪初期,由于清末新政和地方自治运动的推进,北京和一些重要的口岸城市,如广州、天津、汉口、武汉、厦门、重庆等也渐次出现地方公共卫生事业。

不同于个人卫生,公共卫生是一个关系社会群体生命安全和健康的卫生体系,包括环境卫生、饮食饮水卫生,保障民众健康卫生的医疗系统和正确的社会卫生观念和习惯,以及防止传染病和控制疫情等。作为具有社会性的事业,公共卫生状况常与国家政治经济文化的发展有密切联系,公共卫生体系的建设也主要是由现代国家政府所主导的。

南京国民政府成立后,不断推进卫生行政工作,多个省会城市先

---

① 邓铁涛、程之范主编:《中国医学通史》(近代卷),北京:人民卫生出版社1999年版,第473、474页。

② 何小莲:《论中国公共卫生事业近代化之滥觞》,《学术月刊》2003年第2期,第64—65页。

后成立了独立的卫生部门，但迟至1932年以前西北五省均不在其内。至1932年为应对“虎烈拉”（霍乱）疫情，陕西省防疫处正式成立，替代民政厅管理卫生部分事务，成为西北公共卫生事业的先声。

因此，在近代医学体系和公共卫生事业尚未创立的西北地区，民族传统医学体系在仍然为西北人共享并养成其一般卫生观念的同时，也呈现了其应对公共卫生和对治传染病上付诸阙如的方面。

其一，各民族缺少对于细菌和微病毒的认识、医生的培养周期长及医政管理的缺失，使其难以应对大规模、突发性的传染性疾病的爆发情况。如南疆和阗、于阗、洛浦三县自1912年即发生瘟疫蔓延，但因地方缺医少药，1916年仍未停息，1918年，新疆省长杨增新曾派三位官医前往援治，但是，广大维吾尔族民众不信中医，许多染病的人选择不接受医疗，数年下来人民死亡竟近十万。[1] 医药缺乏之余，地方政府也缺乏相应的管理和培养机构。以陕西为例，关于医政的内容，仅有记录如“清末民初，卫生工作由警务、民政部门管理。省、市卫生机构是合一的。设立的巡警总局、省会警察厅等，既管省会西安，又监督各县社会卫生防疫”。“民国5年（1916），军阀混战，省城西安实行军政府管制。成立军医课，管理军队和地方卫生事务。张懋源任军医课长。民国16年（1927），陕西省民政厅成立，下设四科，卫生事务归第二科掌管。首任厅长邓长耀。”[2]1918年，南疆再发瘟疫、波及迪化后，于次年督令举办新疆医学传习所，培养含有维吾尔族、回族的中医学员39名，两年后赴南北疆行医，以期改变现状，[3]但杯水车薪，远不敷用。

---

① 谢晓钟著，薛长年、宋廷华点校：《新疆游记》，兰州：甘肃人民出版社2003年版，第221页。

② 陕西省地方志编纂委员会编：《陕西省志·卫生志》，西安：陕西人民出版社1996年版。

③ 牟全胜、柯岗：《新疆中医药学会的沿革及发展简史》，《新疆中医药》1995年第4期，第59页。

其二，传统的医疗理念和治疗手段对疾病多采用间接的调理方式，而非西医的直接干预方式，在老百姓中形成的医疗观念就是平时多注意食养健行（劳动），以防未病，相对能重视个体和小环境的干净清洁，但忽视社会公共环境的卫生清洁。蒙古族、藏族则是更重视个人身体强壮和抵抗力而不是清洁的程度，西宁藏民就有“每年八月某夜，无论男女皆在大夏河浸浴数小时，最多者达 4 个小时，出水后饮特别熬制的肉汁，厚衾而卧，以强壮身体”①的习俗。平时对一般卫生清洁则不甚注意，如《大通风土调查》（1932）记载：“大通人民对卫生方面不太讲究，整年不洗面孔，所穿衣服直到穿破，不加一水。”《青海省各县风土概况调查》（1934）记载：“贵德县人民有病多求神佑，不讲卫生，有数年不沐浴者。”“湟源县公益卫生素不讲究。”

西北回民在长期的生活中结合教规形成了经常大小净的生活习俗。其中，洗全身称大净，洗局部称小净。虔诚的伊斯兰教徒每日的五次礼拜都要小净。按照教规则至少七天一次大净。洗小净的程序为：洗手、洗两便，又洗手、漱口、戗鼻、洗面、洗两肘、抹头、抹耳及颈，洗两脚等。洗大净则前七步与小净同，后三步为洗头、洗周身、洗两脚等。②

在汉人中则可能由个人扩及一个独立的家庭能保持清洁（如前文述及陕西对“干净婆娘”的称许），但更大空间如村庄、城镇等范围，一旦缺乏运行良好的乡规民约以资约束，几成为被忽视的公共空间。蒙古、藏等族由于宗教戒律的要求，群体集中的宗教活动

---

① 马鹤天著，胡大浚点校：《甘青藏边区考察记》，兰州：甘肃人民出版社 2003 年版，第 95 页。

② 马玉琪：《回民习俗简述》，《西北回族和伊斯兰教》，银川：宁夏人民出版社 1993 年版，第 320 页。

场所譬如法会会场往往尚能保持清洁，而非宗教场所，则同样可能是随地便溺的去处。护送班禅回藏专使马鹤天在甘青藏边寺院间所见，既有法会数千人竟无人吐痰的宗教自律，亦有“各僧院无一厕所，便溺多在门外。日来开时轮金刚法会，蒙藏民众聚集立市(夏河县)，约数万人，无论男女均随地便溺，法会附近尿流如大雨，即较远通衢，亦无地无之”①。

因为对于环境卫生和瘟疫的关系缺乏足够认识，个人突发疾病，尚可求医或求神，若出现大规模人数发生传染病形成大疫，民众只能茫然无措、任由肆虐。

其三，地理、气候条件和社会文化特征，也进一步弱化了西北地方社会对瘟疫的应对能力。西北地势高亢干寒，虽称自然资源丰富，但在前现代社会时期，交通、土地、技术等资源贫乏，尤其是受到水资源限制的情况下，并不是一个丰饶的地方，也不利于人口繁衍，因此始终处于“地广人稀”的荒凉状态。西北虽然发生瘟疫后造成的损害相对轻，但事后积极启动预防措施和建立应对机制的可能性也更小。这是因为不论瘟疫给地方社会造成的伤害是轻是重，要启动救治措施和建立预防机制，还与地方社会中的官方、精英以及民众有密切的关系。不论官方的因素，东南地区仅相对较高的经济文化水平以及密集发达的大家族群体便都是更为有利的社会自助力量。西北传统上经济发展水平在全国较低，有清一代甘(含宁青)、新地方各项官办事业的维持所长期依赖的“协饷”，民初亦被停止。② 文化教育较为落后，加之少数民族关系复杂，专

① 马鹤天著，胡大浚点校：《甘青藏边区考察记》，兰州：甘肃人民出版社 2003 年版，第 91 页。

② 慕寿祺编著：《甘宁青史略》，中国西北丛书文献编辑委员会编：《中国西北文献丛书·西北史地文献》第 22 卷，兰州：兰州古籍书店 1990 年版，第 207 页。

业医学知识学习者寥寥，社会自助自救的能力也受到限制、不能成长，反过来令地方愈来愈陷入困顿无助，循环往复，终成外人畏足之远地。

最后，各民族医疗知识因为不同的物质生产生活方式而各有所长。譬如长于游牧业和半牧半农的少数民族因为多食用牛羊肉，在长期屠宰活动的经验积累下，熟悉骨骼肢节，在正骨、治疗跌打损伤等外科方面有优势。饮食结构之差异，造成身体素质强弱不同，西北的一般汉民体质多不及其他少数民族强健。因此，在现代公共卫生体系阙如的情况下，西北汉族人口较为密集的陕甘地区，一俟遭遇大疫，伤痛更为惨烈。

二、契机

（一）西北疫情

民国初年以来，西北疫情不断。据袁林的《西北灾荒史》统计，几乎无年无疫。发生瘟疫的传染病包括喉痧、痢疾、鼠疫、大头瘟、霍乱、伤寒，以及其他不明传染病等。其中，明确造成死亡统计人数过千的较大瘟疫包括：1917 年，新疆和阗、于阗、洛浦等县，自 1912 年即发生瘟疫延续至是年，洛浦县报自 1913 年秋至 1917 年已因此死亡3.2万余。三县疫没者总达十万之众；1918 年，甘肃（甘宁青）天水、武都、文县、临夏、和政、固原等地均发生瘟疫，死亡甚众，仅天水秦州城乡死亡2 017人；1928 年，甘肃和政县入暑后瘟疫大行，次年冬止，死亡七八千人；1929 年甘肃天水瘟疫大行，城乡死亡数千。同年甘肃多数县份均出现瘟疫；1931 年，陕北旱、疫尤烈，蔓延 19 县；1932 年，甘肃平凉及多县发生霍乱，华亭一地两月即死亡3 000人；1933年，甘肃瘟疫流行，传播到50多个县，令人民的生命、财产遭受了很大损失。①《西北灾荒史》对一些瘟疫的情况记录，并未详尽，实际上1928—1930年间，陕西甘肃等地大旱连年，②进而引发大疫，人民死伤枕藉，惨烈至极。

据载，甘肃从1921年开始便遭受了连年大旱，起初尚有少数县份可收成，至1926年又继续大旱，"田间泥块，大如牛腰"，秋夏无收，"素为富有者，多变成赤贫"，到了1928年，就无县不受旱虐，人民无食，转徙流离，"死于冰天雪地中者，达三十余万"。人相食的惨痛事件，时有发生。而"瘟疫流行，尤属可畏，缘以去春人死大半，厉气舍于宇间……加以秋间绿蝇过多，大若牛虻，每一病室，千百成群，拂之号然作鸣，宛如出巢之蜂群，当病者尚在床呻吟时，则耳目口鼻之中，白蛆蠕蠕然动，此则流行甚速，无法遏制，凡有目者，睹之莫不酸鼻，或数十口之家，仅留一二，八口之家，尽成疫鬼，诚亘古未有之奇惨也"。③

同时期的陕西，也遭受百年不遇特大灾害。1928—1932年，"陕西连续五年发生大旱，继之风、雹、蝗、水、鼠疫等灾害并发"，以1929年最为严重。全省92县，县县有灾。自1928年始，全省大旱，夏秋歉收，至1929年已波及73县，灾民530万余人，因灾死亡72万人。1930年12月，"部分地区连降大雪，深达2米，灾民饥寒交迫，死者愈多。"陕南宁强、城固、南郑、汉阴等县又遭水灾，尤以南郑、汉阴严重，死人很多。灾情波及76县，灾民558万余人，死亡

① 袁林：《西北灾荒史》，兰州：甘肃人民出版社1994年版，第1520—1527页。

② 西北旱灾最为严重，民国西北深受其苦，民间有"三年一小旱，五年一大旱"之说。其中1928年到1930年是最严重的三年。参阅袁林《西北灾荒史》，兰州：甘肃人民出版社1994年版，第71页。

③ 沈云龙主编：《近代中国史料丛刊三编》第60辑，台北：文海出版社1987年版，第96、97页。

人数连前累计 250 万人。“1931 年,又大旱,关中西部扶风、武功、乾县、醴泉、郿县(今眉县)等县最为严重,有的村庄已绝人烟,灾情波及 59 县”①。其他地区如陕西救济会通讯所记仅华县一地,原有 40 万人,罹灾之下,灾民冻饿倒毙者,不计其数,“千人冢,万人坑累累皆是”,或死或逃,人口只剩 7 万有余。② 连年的重大灾难,导致实际人口锐减,据统计,1931 年陕西省总人口比 1928 年总人口减少了 283 万余人。③

大灾之后必有大疫。1931 年冬陕北发生鼠疫,蔓延 7 县,病亡 3 万以上。1932 年 6 月从潼关开始,自东向西,“虎烈拉(霍乱)”在陕西关中大爆发并迅速扩散,渐行南北,“约计全省疫区达于五十三县,患病人数至五十余万人,不及救治而死亡的人数多达十二三万余”④。在当时卫生环境差、医疗设施缺乏的情况下,民众因缺乏医药和卫生知识,谈“虎”色变,生活在惶恐之中。旬邑人马志超记述虎烈拉,“从早到晚街坊所见之人颜面苍白,均代(带)恐容,一手遮其鼻腔一手持有香表,东奔西跑,求神保护,有者门悬草人、红裤、白碗等形形色色,实为奇观,最可伤者,父背其子尸,子抬其父棺往来不绝,口内只叹道:上天收生,或云外人使汉奸下毒于井。众言纷纭,语论不绝,其情之惨,目不忍视,种种苦况诸纸难宣”⑤。

兽疫的大规模发生,给西北地方蒙古、藏、维吾尔、回等少数民族地方民众造成严重的经济损失,有些畜类疾病还会危及人。

① 陕西省民政志编纂委员会编:《陕西省志·民政志》,西安:陕西人民出版社 2003 年版。

② 沈云龙主编:《近代中国史料丛刊三编》第 60 辑,台北:文海出版社 1987 年版,第 116 页。

③ 曹占泉编著:《陕西省·人口志》,西安:三秦出版社 1986 年版,第 92 页。

④ 叔吉:《陕西八年来之卫生行政》,《陕卫》1940 年 1 月创刊号。

⑤ 马志超:《对二十一年虎列拉流行的所见到一段感想》,《陕西卫生月刊》第 2 卷第 6 期,1936 年 12 月。

1931 年青海爆发牛瘟，死亡 20 万头。1933 年仅甘肃一省因瘟而死之牲畜羊 12 万，牛 8 万，马 1 万匹。[①] 以《西北灾荒史》中"西北畜疫灾害志"所录民国西北兽疫看，亦是几乎无年不疫，动辄"死者无数，十栏九空"，更有"人与猪、牛多喉症（1917 年，华亭）"[②]

由于人们普遍缺乏现代卫生知识和科学认知，突发、传染迅猛的疫病威胁着每一个个体的生命，更对地方社会经济发展造成威胁。

（二）卫生建设

随着全国统一抗战局面的逐渐形成，西北民众也迎来了时代契机。南京国民政府在逐渐推进其全国统一建设的同时，着手开发、建设西北。1928 年成立建设委员会，该会于 1930 年制定了《西北建设计划》。1931 年 11 月，全国经济委员会正式成立。次年 5 月，通过《全国经济委员会组织条例》，规定其目的在于"促进经济建设，改善人民生活，调节全国财政"。这期间关于西北各省的严重灾情的报道连篇累牍，引发社会各界震惊，也促动了开发计划对于西北卫生事业的关注和推进。

1932 年夏，"虎烈拉"开始从潼关一路向西、迅速扩散，四个月的时间，疫区已达 53 个县。虽有陕西省政府派出医师前往 28 个县防治、临时筹设检疫所和传染病院，注射疫苗 20 万余人，但仍因人员和设备不足、防疫应急体系缺乏，未及救治死亡者达 13 万余人。可见，地方公共卫生体系严重缺失。时任第十八陆军医院院长的

① 《西北防疫处之沿革设施及防治兽疫工作》，《中国实业》1935 年第 12 期，第 2225—2230 页。

② 袁林：《西北灾荒史》，兰州：甘肃人民出版社 1994 年版，第 1532 页。

杨叔吉先生，在虎疫正烈之时，坚决呈请省府设立"防疫处"，得到时任省政府主席杨虎城的大力支持：指示"关于防治虎疫，由杨叔吉先生主持，用款见他私章拨给，用人由他调动，关于在省的一切设施，应竭力援助"。① 当年 8 月，陕西防疫处正式成立，成为当时全国除北平中央防疫处成立后继起的唯一永久防疫机关。杨叔吉兼任处长，下设防疫课和制造课、事务室：防疫课主要负责宣传、人才培训和设立传染病及贫民诊疗所、巡回医疗队、种痘传习所等；制造课制造疫苗；事务室负责文牍、杂务和会计。陕西防疫处的成立，揭开了陕西现代科学卫生体系创建的序幕，也为西北公共卫生体系建设作了先行尝试。

1933 年 6 月，全国经济委员会在《西北建设实施计划及其程序》中，对西北卫生建设计划的实施作专门说明。

> 西北各省，因地方经济及人才之缺乏，卫生事业素乏基础，疫症流行甚烈，一切防疫医疗及妇婴卫生等事业亟应举办。尤以陕北鼠疫及青海兽疫，每一发生人畜死亡相继，农村损失殊为不赀，现拟协助西北各省地方政府举办防疫医疗卫生及兽疫预防事务，初步计划拟在陕西、甘肃两省之省会各设一卫生实验处，并在青海之西宁设立卫生院，由甘肃卫生实验处管理，统筹举办全省卫生事业。其工作之实施为举办医院、试验室、助产学校、产院及乡村卫生实验区暨卫生教育学校卫生等事项，凡为两省所未举办者尽先举办之，必要时得将原有之卫生机关加以改进，并与内政部卫生署西北防疫处合作，共同制造疫苗、血清暨研究传染病及兽疫等事务。在陕西，因陕北年年发生鼠疫，故决定在榆林或其他适当地点设以卫生院，

---

① 杨叔吉：《本处成立周年纪念感言》，《陕西防疫处一周年纪念特刊》1933 年 11 月。

> 特别着重于研究鼠疫病院，实施防治工作及关于兽疫预防上之一切事宜，为实施前项计划，卫生实验处派技正姚寻源、顾问司丹巴，并调派兽医学校教官爱勃倍克等于三月上旬赴西安、兰州各地实地考察，四月回京，草拟报告及进行计划，于五月初，复由处派技正姚寻源、顾问司丹巴及医药专门人员一行，携带应用药械复往西安开始筹备，并分派一部分人员前赴兰州分别积极推进工作。①

1934 年 4 月及 5 月，时任全国经济委员会主任宋子文分别在西安、兰州的欢迎大会上重申，全国经济委员会苦于力量有限，只能选急切的基本工作，一步一步做去。这四项基本工作分别是：一交通，二水利，三农业，四卫生。②

1934 年 6 月，全国经济委员会以财力和人力协助甘肃省成立卫生实验处，掌管全省卫生行政，统筹全省卫生事业。同年 8 月，内政部卫生署在兰州设立了中央西北防疫处，主要负责调查、防治西北各省的兽疫，制造防治急需的兽用疫苗制品，并协助民众防疫。西北防疫处下设人医、兽疫两科，人医部，主要负责制造霍乱和伤寒疫苗；兽医门诊部防治并制造部分兽用血清疫苗。能生产兽用疫苗有牛瘟脏器苗、牛瘟血清、二号炭疽芽孢苗、鼻疽菌素等，年产量 40 万—60 万毫升。西北防疫处的设立，开启了以现代生物技术科学防治西北兽疫和民众传染性疾病的先河。③ 同年 11 月青海卫生实验处成立，行使医疗保健、学校卫生、环境卫生、妇婴卫

---

① 《西北建设实施计划及进行程序》，《民国开发西北》，西安市档案馆内部图书资料，2003 年，第 169 页。

② 宋子文：《建设西北》《西北建设问题》，《中央周报》第 309 期，第 310 期。

③ 杨阳：《民国西北防疫处述论》，《新乡学院学报》2017 年第 1 期，第 52—56 页。

生、疫病预防及兽医等管理职权。次年，西宁防疫处与青海卫生实验处合并，成立了兽医检验室，主要从牧区、农区采取病料，进行病源分析、菌种鉴定。两年后，西北防疫处驻青海办事处成立。[①] 1934 年 12 月 15 日，由西北卫生事业调查团组建、隶属于宁夏省政府的宁夏卫生实验处成立，“一切设备，悉出于全国经济委员会，大部需要之药械器物，颇具规模”，下设医务科和保健科。[②]

陕西防疫处在已有工作基础上，经 1936 年组建陕西省卫生委员会进行过渡，该委员会由国民政府特派卫生署次长金宝善主持成立，由民政厅、教育厅、中央经委驻西安办事处卫生组和陕西省防疫处组成，于 1937 年 7 月 21 日，正式成立陕西省卫生处，直属省政府，掌握全省卫生行政及医疗卫生技术事宜。[③]

新疆的情况与其他各省略为不同，其公共卫生体系先后由新疆地方、苏联、中国共产党人以及国民政府共同推动形成。20 世纪 30 年代以前新疆尚无西医医院，1931 年金树仁始设立军人医院，请苏联医生应诊。1933 年盛世才统治新疆后，实行“六大政策”，在苏联贷款的协助下新疆计划实施三期三年建设计划。第一期三年计划涵盖政治、教育、交通、工业等各方面，其中民政建设计划中称要“改善保健事业之扩展”[④]等。新疆的公共卫生事业由此渐次展开。1936 年，省立迪化医院成立，新疆省立公办医院开其端。此后，全省各行政区、县分别建立省立医院和县诊疗所。[⑤] 卫生行政

---

① 《解放前青海的卫生医疗事业》，青海省志编纂委员会：《青海历史纪要》，西宁：青海人民出版社 1987 年版，第 315 页。

② 宁夏省政府秘书处编：《十年来宁夏省政述要·卫生篇》，宁夏省政府 1942 年印。

③ 陕西省地方志编纂委员会编：《陕西省志·卫生志》，西安：陕西人民出版社 1996 年版。

④ 李烛尘著，杨晓斌点校：《西北历程》，兰州：甘肃人民出版社 2003 年版，第 63 页。

⑤ 贾秀慧：《西医东渐在近代新疆》，《新疆社科信息》2011 年第 4 期。

方面，1934 年，新疆各县设立警察局，内设卫生稽查，管理县公共卫生事宜，1938 年移交县卫生院。1941 年开始的第二期三年计划，于卫生保健事业颇有成效。据 1942 年统计，全疆共建医院 11 所，诊所 19 所，大药房 4 所，医校 2 所。三年共增加经费7 175万余元，保健事业经费3.5亿元，每年用于医药经费均在 200 万元以上。1937 年后，还建立救济院 26 处，医校培养医务人员数万人。[1] 由苏联聘任的医生和医务专家 60 余人，由苏联留学回来的高级医务干部 14 名。卫生防疫方面由苏联聘任的防疫医生设立卫生检查处，经常检查各公共场所。[2] 1938 年起中国共产党人毛泽民（化名周彬）担任新疆省财政厅副厅长、代理厅长期间，有力推进了当地文教卫生事业发展。1941 年，他调任民政厅厅长后，更举办医药医疗训练班和速成学校，培养出一批包括少数民族的医务人员，分配至省立医院、县诊疗所、卫生院，并在全疆实行免费医疗以开全国之首例。[3] 1944 年 9 月，新疆省政府卫生处设立，管理全省公共卫生行政和医疗行政。[4]

三、构建

在南京国民政府西北开发建设计划的推动下，西北地方各省积极应对、控制疫情，开启了现代公共卫生体系的构建活动。随着抗战全面爆发，西北防疫处也从兽疫防治为主、协助人疫为辅，转

---

① 赵挺：《赵剑锋新疆见闻录》，南京：江苏人民出版社 2013 年版，第 65 页。

② 韩清涛：《今日新疆》，贵阳：贵阳中央日报社 1943 年版，第 88—89 页。

③ 周彬（毛泽民化名）：《变更医疗机关收费简章的意义》，《新疆日报》1942 年 5 月 15 日。

④《新疆通志》编纂委员会编：《新疆通志・民政志》，乌鲁木齐：新疆人民出版社 1992 年版，第 8 页。

为生物制品研究制造，兼顾防治人疫，为抗战军民作出贡献。西北各省的公共卫生建设，一方面应时以服务抗战、提升民族体质为己任，不断推进公共卫生事业，另一方面也遭遇到现代卫生事业发展的普遍困境。

（一）公共卫生体系的构建

如前所述，旨在应对陕西霍乱流行的陕西防疫处先于西北防疫处建立，甘宁青新各省公共卫生体系则在全国经济委员会和西北防疫处的协助下次第建立，后文将分述之。

陕西　1932 年 8 月，陕西防疫处应灾情而成立，由日本千叶医科大学毕业的杨鹤庆任处长。随后，陕西公共卫生事业即以陕西防疫处为中心次第展开。首先，针对疫情展开防治，派出防疫员五人赴陕北防治鼠疫，立传染病医院，年收容传染病人 700 余人，组织巡回医疗队，两月余诊疗达 1 037 人；其次，发行防疫周刊，刊印各种防疫宣传单行本和传单，举办防疫训练班三期，培训防疫人员覆盖全省 71 县(每县两人)；再次，规定每年 6 月入夏即购置霍乱疫苗、鼠疫苗、救急水以及霹雳散、痢疾散等，以东路为重点分发各县，并委托陆军医院、省立医院、红十字会医院负责在省府全城四区注射霍乱疫苗和种痘。① 随着防疫工作逐步走上正轨，1936 年，通过组织公私医院及各医务卫生机关，进行霍乱疫苗的免费注射工作，有效地防止了五年一大流行的循环性霍乱症爆发。②

有关人士也对这场瘟疫进行了深刻反思，杨虎城将军为防疫

---

① 杨叔吉：《本处成立周年纪念感言》，《陕西防疫处一周年纪念特刊》1933 年 11 月。

② 王崇智：《可怕的霍乱年》，《陕西卫生月刊》1936 年 2 月第 2 卷第 1 期。

处周年刊题词“防患未然”以肯定其工作。有关人士甚至将“疫”等同“匪”，称“夫匪患，有形之患也；疫患，无形之患也”，“盗匪之宗旨在财，故越货者不必其意存杀人，劫掠者不尽皆屠城纵火，包载而归，目的既达。疫疠之发，其生机易于蔓延，……万一此菌发生，则繁衍甚速，传染甚易”，“如不加意预防，则有传遍世界之可能，人类灭绝之堪虞”云云。① 这在当时的政治形势下，显然是将“防疫”提到相当高度，以强调防疫意识的重要性。

为强调以防疫工作为主的公共卫生体系和观念的重要性，地方政府和卫生界人士，将“防疫”提升到“传递现代科学力量”和“强国强种”的高度。

时任省府主席邵力子，为防疫处题词勉励，“无恒不可为医，防疫更有甚焉，勿仅谈‘虎’而色变，愿共弭患于未然！利用科学以破迷信，乃知人定可胜天。”②石解人在《西京医药的使命》一文中指出：暴日之侵国，“无非是由于日本信奉科学，尤其维新后，利用科学优生学之奖励强种”。他呼吁医药界同仁，打破门派之争，协力探求科学医药真理，介绍研究西北之特殊医药学术、普遍西北卫生知识的宣传，兴建西北医政，兴议医育之方策，鼓吹优生学，培植优秀人种，以资抵制帝国主义者之侵略。③ 此观点颇具代表意义。《西京医药》后多次刊载类似观点的文章，如《救国强种应先普设红十字分会说》《在抵制日药声中筹设制药厂之我见》(第 2 期)，《公共卫生与国家盛衰之关系》《防疫与国防》(第 6 期)，《强国强种的一种捷径——小儿结核病之预防》(第 8 期)。

---

① 贾友三：《防疫重于防匪》，《陕西防疫处一周年纪念特刊》1933 年 11 月。

② 《陕西防疫处一周年纪念特刊》的题词。

③ 石解人：《西京医药的使命》，《西京医药》1933 年月 1 月创刊号。

随着陕西防疫处工作范围扩大和程度不断加深，陕西公共卫生体系初步建立，主要呈现在以下几方面：

首先，预防传染病的机制逐步健全，现代防疫体系初步建立。

当年鼠疫和虎疫发生时的被动状况得到改变。新机制下，不仅能够较为及时地对传染范围进行控制，还能有效开展先期的预防注射。每年近夏，防疫处即开始免费注射虎疫疫苗，并责令各县分领疫苗。对传染病患者则接至传染病院隔离，并派员前往患者家进行消毒和注射疫苗，以控制病情扩散。当时能够预防治疗和施种的传染病，主要是鼠疫、霍乱、天花、伤寒、赤痢、白喉、斑疹伤寒、猩红热、流行性脑脊髓膜炎九种。以种牛痘为例，在省城，除委托陆军医院、省立医院和西安红十字会医院等施种外，还在民众教育馆、青年会等机关及城郭附近乡村小镇、学校广为布种；在各县乡，则由防疫处培训的卫生助理员进行宣传施种。为满足日益扩展的防疫工作需要，陕西防疫处积极研究制造疫苗。三周年时，"除牛痘不敷应用外，余如霍乱、伤寒、赤痢各种疫苗，供本省已裕如矣"。[①] 五周年时，河南、山西、甘肃等省，纷纷向陕西定购包括牛痘疫苗在内的各种疫苗。另外，为有助于达到永久防疫，防疫处主持订立了小菜市、屠宰场、饮食店、戏园、澡堂、理发店等的卫生清洁办法，以及各街巷的卫生、家宅的清洁、厕所的改良，埋葬的规定等，呈请省政府令公安局妥为指导。显然，从省城到各县乡，从个人到公共场所，虎疫及各种传染病的预防敷设的范围不断扩大，注射疫苗防治疫病的观念逐渐为民众认同。据防疫处统计，1933 年夏，仅在省城接受虎疫疫苗注射的有26 211人，1936 年夏，达70 078

---

① 李松年：《陕西防疫处六周年纪念感想》，《陕西防疫处第五六周年刊》1936 年 11 月至 1938 年 9 月。

人，1937 年则达到 99 392 人。[①]

其次，从传染病院到县级卫生院，不断建立健全的地方医疗体系，使民众就医环境逐渐得到改善。

民初，陕西较先进的医疗机构主要集中在省城西安，如省立医院、陆军医院和红十字会医院。各县除了外国传教士设立的小型西医设施（如三原的英华医院）外，基本上没有近代意义上的公共医疗设施。防疫处成立后，除了要求省立医院、陆军医院和红十字会医院等承担免费预防注射任务，将其纳入公共卫生体系外，还在防疫处设立专门的传染病医院。该院的“诊疗范围，纯以防止疫疾之传播，隔离传染病人为主”。实际上，根据民众的需要，该院附设门诊部的诊疗范围包括内、外、小儿科以及妇人科、皮肤花柳科、耳鼻喉科、眼科。诊疗规则“只须挂号，以定次序，不收取挂号费，诊费亦分文不取，住院费、药费还视经济状况酌情免取”。[②] 该院成立一年中，传染病院门诊先后收治急慢性传染病人 845 人，非传染病患者1 020人。其中急性以赤痢、流行性感冒和伤寒为大多数，最猛烈的是白喉和猩红热，慢性传染病以肺痨和沙眼为主。最令人惊愕的是一二三期梅毒在贫民中更普遍，反映了当时民众卫生观念的淡薄和公共医疗设施的缺乏。

在防疫处主持和推动下，一方面，设立一些服务贫民的公共卫生设施，包括巡回诊疗队、贫民治疗所、民众眼科诊疗所、戒烟院所等，一切挂号治疗及各种手术完全免费，使一般贫苦患者均可得到诊治；另一方面，防疫处从 1935 年开始在各县创设卫生院所。截

① 《防疫处一周年种痘人数统计表》，《陕西防疫处一周年纪念特刊》1933 年 11 月；《防疫处五六周年种痘人数统计表》，《陕西防疫处五六周年刊》1936 年 11 月至 1938 年 9 月。

② 吴湘桂：《本处附设传染病院一年之诊疗概况》，《陕西防疫处一周年特刊》1933 年 11 月。

至1939年,先后设有华县、三原、榆林、凤翔、渭南、临潼、周至、泾阳、南郑、朝邑、城固卫生院和洛南、陇县、兴平卫生所。

随着公共卫生体系的逐步建立,防疫处的工作已超出单一的“防疫”范围。在此基础上,陕西省卫生委员会于1936年成立,并于次年7月改为省陕西卫生处(陕西防疫处的名称也随之取消),负责全省卫生行政工作,下设秘书科、行政总务科、医务保健科、防疫检验科。

值得注意的是,在全国抗战阶段,为了普及医疗,陕西省卫生处依照《修正陕西省贫病医疗实施办法》,在各县普遍成立了中医诊疗所,服务人员由县府指派当地内、外科中医轮流担任义务服务诊疗所医师,所需经费及药资统一由当地药商分担,必要时可向各界劝募或由官署予以补助。① 在抗战时期经费和人才不足的困境中,积极利用传统中医资源,不仅有力地支撑了抗战,也是地方现代公共卫生体系得到协助和发展的有效途径。

再次,采取多种形式开展卫生宣传活动,推广现代卫生保健知识,培育现代卫生观念。

建立近代公共卫生体系,不仅是硬件设施的建设,更重要的还在于培育民众公共卫生观念,这一点为当时热心从事地方卫生事业的人士普遍认同。因此,在积极推进地方防疫和医疗体系建设的同时,陕西卫生处还从卫生行政角度推行保健工作,②由地方政府强制推行,具有较强的示范效能。保健工作主要包括:(1)实施医药管理,主要是组织专家形成中、西、牙医各种委员会,分别办理各项医务人员的审查发照事宜。稽查各药房医院和审查医药广

① 金叔度:《三十年度陕西省卫生工作报告》,《陕卫》1942年1月第3卷第1册。
② 金叔度:《三十年度陕西省卫生工作报告》,《陕卫》1942年1月第3卷第1册。

告。(2) 推行环境卫生，由省县各卫生机构协同当地警察局，改良消毒水井、厕所，进行环卫调查、劝告和取缔。(3) 推行妇婴卫生，进行产前检查、产后护理、接生。对旧式接生婆加以提高训练。(4) 推行学校卫生，举办学校卫生讲习所，对各中小学担任体育和自然常识的教员进行培训。视察改良学校卫生环境、矫正学生缺点、诊治学生患者。(5) 改进战时营养，计划从事牲畜、菜蔬的增殖。(6) 举办卫生教育，以壁报、传单、讲演、展览会、母亲会、儿童会、家庭访视等方式进行教育宣传。这其中，办得最有声色的是卫生展览会，即使在抗战爆发后仍坚持举行，如 1940 年的西京市卫生展览会，展览内容包括妇婴、营养、环境卫生、传染病预防、救护、工作成绩六部分，展览物品有实物、模型、图表、照片之类。展览四日内参观人数达2.38万余人，相当于当时西京总人口的十分之一。

利用治疗活动进行宣传。大多数公私立的医院诊所通过免费为患者诊治，由患者回去进行现身说法，劝告和吸引更多的患者前往医院、诊所等医疗机构寻求科学的治疗。以妇女接生为例，旧式产婆接生方法迷信落后，产前一般是孕妇怀孕五六个月时，“产婆即带核桃、杏等圆形物给孕妇，所谓催生”；临产之际，“孕妇跪伏于前面一人身上，后面一个人则抱产妇的腰，产婆静候其旁，婴儿娩出后剪断脐带”；由于缺乏有效消毒措施，婴儿感染后，“多用香火燃烧婴儿鼻端两侧、嘴角和头顶等处，救治率低，还容易造成母伤子折的后果”。① 这种落后、不卫生、不科学的接生办法，致使民间视女子生产为“过鬼门关”，妇婴卫生安全几无保障。针对这种现状，1934 年由邵力子的夫人傅学文募捐成立的私立西京助产学校（同年改为省立），就附设诊疗所和产院，对患者进行免费的检查、

---

① 刘雅茹：《助产士与妇婴卫生》，《陕西省立助产学校妇婴卫生特刊》1935 年 7 月。

接生、护理和诊治，收到培养妇婴卫生专业人才和宣传现代育种观念的效果。省民政厅和公安局也借助该校教学资源，举办产婆训练班，教授民间产婆各种浅显的消毒法和较科学的接生法、假死初生儿复苏法以及产妇看护法等，借以推广现代妇婴卫生科学。[①] 民众眼科诊疗所也声称，其主要目的“乃在于预防最普遍蔓延之砂眼。但因初创，民众尚不明瞭，亦无信仰，势必现就患砂眼者为之解除痛苦，使之发生信仰心，则间接宣传预防砂眼之方法，始可收实效”。

新闻媒体宣传。为了提高一般民众的卫生常识和自救能力，一些报刊开辟专栏介绍一些简易的疾病预防和治疗方法。由于战乱和灾害，地方事业的发展始终受到财力和人力的限制，要实现真正意义上的普及医疗，还面临诸多的现实困难。为了满足民众防治需求，卫生界人士积极利用卫生刊物和宣传品，针对一些常见病介绍病症、病理和预防治疗的方法，如《可怕的霍乱年》(《陕西卫生月刊》第二卷第一号)介绍霍乱症状和简易防治方法，《夏日可怕的臭虫》(同前)则介绍夏季传染媒介，《灭虱简法》(《陕卫》第五期)介绍适宜地方环境的方法——灭虱锅、灭虱炕。简易的救护方法如《毒瓦氏中毒与救护法》(《陕西卫生月刊》第一卷第六期)，改善环境卫生方法如《井水消毒法》《急应改良的洒扫术》(《陕西卫生月刊》第一卷第六期)等。随着公共卫生事业的发展，影响较大的《新秦日报》《老百姓》等地方报刊，也主动开辟卫生小专栏，介绍中西医卫生知识和如鼻出血等常见病的单方、偏方。

甘宁青虽公共卫生体系起步稍晚，但在南京国民政府的西北开发计划推动下，也跻身于 20 世纪 30 年代首批设立省级独立卫生

---

① 《本校概况及组织》，《陕西省立助产学校妇婴卫生特刊》1935 年 7 月。

行政机关的省份。①

抗战时期，甘宁青三省的公共卫生体系从无到有，在一定程度上，改变了地方民众之公共卫生生活方式。概括起来看，大致如下：

一是，省级专门卫生行政管理部门确立并历经波折持续下来。

在1934年各省卫生实验处成立之前，卫生事宜的工作，始终置于省警察厅属下的卫生科之内。卫生科之职掌有"清洁、保建、防疫"三大类，列一位科长、一位科员的设置。② 各省卫生实验处建立后，即作为该省最高卫生行政机关，指挥监督全省卫生医药、卫生教育的机关，下设四科一室：总务科、保健科、防疫科、兽疫科（甘肃）以及技术室，并有附属机构省立医院、助产学校、兽疫防疫所、健康教育委员会、妓女检治所（宁夏），以及各县卫生院及乡村卫生所等。③ 三省的卫生行政机构经费，均来源于全国经济委员会补助和本省自筹两部分。1937年全国抗战爆发后，全国经济委员会暂停了对三省的卫生事业补助，改由地方财政及经营收入支出，卫生实验处实际上停办。如甘肃的卫生行政一度又改为民政厅代办。直到1939年6月，内政部卫生署通过战时卫生建设计划，重新发放对三省的卫生经费补助，按月协助甘肃卫生实验处2万元，④宁夏省则在1934—1941年底卫生事业支出总经费中，获国民政府补助

① 1937年前，国民政府协助建立的第一批拥有省级卫生行政机构的省份有9个，除了西北的陕甘宁青四省外，还有江西、湖南、浙江、云南和安徽。参阅金宝善、许世瑾《各省市现有公共卫生设施之概况》，《中华医学杂志》1936年第1—12期，第1237页。

② 王宗佑汇编：《甘肃省城警察汇志》，甘肃省会警察厅印行，1915年。

③《甘肃省卫生建设事业概况》（自筹备日起至二十四年度终止），《公共卫生月刊》1936年第3期，第204—207页。内政部编印：《卫生统计》1938年9月，第12页。

④ 姚寻源：《甘肃卫生概况》，《新甘肃》1947年第1期，第11—12页。

有263 671.12元。[①] 1941年，三省各卫生实验处先后更名“省卫生处”，继续履行全省最高卫生行政管理职能。

值得一提的是，全国抗战爆发后，由于中央防疫处战时疏散生物制品产量降低，不能供应战时需求，设立在大后方兰州的西北防疫处遂承担起支持抗战的重要生物品制造。西北防疫处将兽疫工作剥离为西北兽疫防治处，划归农林部。西北防疫处则专门制造各种疫苗、痘苗和血清等。1938年以后，西北防疫处每年生产生物制品数百万份，逐年递增。除了大部分供应抗战军队外，还供应西北各省和全国十余省，有力地支持了抗战，也成为西北公共卫生条件中的一大优势。

二是，在各省卫生处的主持下，培训各类医疗卫生人员，充实公共卫生体系人员。

西北诸省最感缺乏者，不唯是财政而更是人才。西北各省办卫生事业，首当其冲是需要有一批具有一定卫生知识的专门人员。各省卫生处主要采用长、短期培训班，特种培训班等方式，集中培训各类卫生人员，以弥补医师缺乏的情况。如甘肃卫生处(时卫生实验处)办理助产学校，在1935至1936年间培养专业助产士28名；1935年办理卫生训练班，培训屠宰场、肉品、饮食商店等方面的检疫员31名；[②]制定办法，通饬各县卫生院，按照接生婆训练办法，对各县原旧法接生婆加以训练；培训卫生助理员，“特就地招收人员，予以短期培训，俾为桑梓地方服务，自二十八年底，由省卫生处拟具章程，招生开班，计录助理护士组学生十名，助理稽查组学生五名，经授课三个月，分发各院所实习半年后，考核成绩，分别正式委任，此项

① 宁夏省政府秘书处编：《十年来宁夏省政述要·卫生篇》，宁夏省政府1942年印。

②《甘肃省二十五年卫生事业建设概况》，《公共卫生月刊》1937年第10期，第776页。

八员颇合实用，拟再续办数期，俾资解除本省人才之困难。”[1]宁夏省还办有鸦片戒除培训班、救护队等。[2] 青海省除了举办一些助产婆训练班外，1939 年曾以西宁中山医院人员为教员，成立一个医务人员训练所，学制三年，同时举办护士班，学制两年半，各招生 40 人，以期培养本地专业医务人员。第一期招生的学生，毕业后均服务地方。第二期举办期间，学员被调拨至军队服务，护士班因此解散。[3]

值得注意的是，抗战时期的甘宁青三省的医疗卫生体系中，除了由卫生处直接管理和协助建设的省立医院及各县卫生院所外，还有由教会办的西医医院诊所、私人西医诊所和中医药堂诊所。如青海省 1930 年代由青海省主席马麟、马步芳先后支持建立的省立中山医院，设备简陋、医务人员缺乏，只有简易病床 20 张，直到 1945 年，才得到联合国救济署援助的物资，协助修建了病房、手术室，充实了医务人员，建立了护理制度。由西宁基督教会举办的河北医院、1931 年西宁天主教主办的公教医院，都是规模较省立更大的医院。同时，西宁和各县里都活跃着私人诊所和中西药堂。西宁抗战时期私人诊所增多，有复康诊所、惠宁诊所、海仙医院、民诊所、振铎医院、仁济诊所、普济诊所等，著名的西药房有青海药房、寿昌药房、华美大药房、新太和大药房、复源药房、国泰药房等，中药房有复泰堂、寿春堂、兆泰堂、鼎生堂、太和堂、隆兴堂等。[4]

---

① 甘肃省政府印：《甘肃省之卫生事业》，1942 年 2 月 15 日版，甘肃省图书馆藏，第 19—20 页。

② 宁夏省政府秘书处编：《十年来宁夏省政述要・卫生篇》，宁夏省政府 1942 年印，第 7 页。

③ 刘子芳：《解放前青海卫生事业概况》，《青海文史资料选辑》第 7 辑，西宁：青海人民出版社 1980 年版，第 108 页。

④ 刘子芳：《解放前青海卫生事业概况》，《青海文史资料选辑》第 7 辑，西宁：青海人民出版社 1980 年版，第 107 页。

因此，各省卫生处对于地方医疗卫生机构的建设活动则更倾向于构建和管理整个公共卫生体系。

三是，改善公共卫生状况，积极进行疫病检验和防治。

“一盎司的预防胜过一磅的治疗”的信念，对于医疗卫生条件相对落后、短期内改善相对困难的西北地区而言更具有实践意义。各省卫生处成立之时，西北特大旱灾及瘟疫暂时平伏，但白喉、痢疾等传染病仍时时侵袭地方。据统计，甘肃 1935 年 5—12 月间，感染白喉、痢疾、伤寒、天花、霍乱等传染病总人数 20 134 人，死亡 3 157人，死亡率高达 16%。[①] 宁夏 1935、1936、1939、1940 年度感染白喉、猩红热、霍乱、伤寒、赤痢等各类传染病者共161 045人，年均 4 万余人[②]。防治传染病仍是省卫生处的当务之急。各省卫生处一方面采取注射疫苗、种痘等措施防治，一方面整饬地方、改善公共卫生状况。

甘肃卫生实验处积极推行白喉抗生素注射、牛痘接种，1936 年春责令兰州市“凡学校军队，一律施种牛痘；民众方面，由保甲长定期召集市民于指定地点一律免费施种牛痘，其他如白喉抗毒素注射，凡小学校学生取得家长同意，一律免费试行预防注射”。并利用技术优势，研制霍乱疫苗，饬令各县按月呈报传染病简报、定期进行病理检验。[③] 宁夏在进行常规种痘工作时，能有效进行预警防御。1942 年绥西发生鼠疫后，省卫生处立即进行预防检治，每月拨出专款2 500元，联合第十七集团军军医、西北防疫第六大队、蒙古卫生院等，在冲要地点如澄口、陶远、定远营等处设置检疫站，并断

① 《甘肃省二十五年卫生事业建设概况》，《公共卫生月刊》1937 年第 10 期，第 776 页。

② 宁夏省政府秘书处编：《十年来宁夏省政述要 · 卫生篇》，宁夏省政府 1942 年印，第 38 页。

③ 《甘肃省二十五年卫生事业建设概况》，《公共卫生月刊》1937 年第 10 期，第 776 页。

绝交通，成功阻止了鼠疫的蔓延。[①]

改善公共卫生环境，各省卫生处大多先从学校着手。1935年春，甘肃卫生实验处即率先开设学校卫生讲习所，培训在校教师以辅助学校卫生工作，同年10月成立健康教育委员会，直接负责学校卫生教育工作，包括诊治、保健、卫生教育和宣传等工作。逐渐推动本省各级各类学校共同参与改善学校卫生工作。[②] 宁夏则采取同教育厅合作，到小学教师讲习所进行诊疗、演讲，举办儿童健康比赛等方式；宣传对象更推及军警处、政府机关和省会公安局等人群；以办理接生婆培训班，进行产前检查、妇婴卫生宣传等推动妇婴卫生；检查商店卫生、调查水质、管理城市街道垃圾等以改善城市卫生环境等。需要指出的是，这些工作多数在省会城市进行，或者责令各县卫生院执行。在一般乡村社会里，经过短期培训的卫生助理员们，才是一线的推行实施者。这些为数不多的卫生助理员们的遭遇，一定程度上反映了西北乡村公共卫生的实况。

（二）卫生助理员的烦恼

在公共卫生体系创建过程中，卫生助理员的设立和有益实践反映了此期间传统医疗观念与现代生活之间的碰撞，此处以陕西为考察中心。

---

① 宁夏省政府秘书处编：《十年来宁夏省政述要·卫生篇》，宁夏省政府1942年印，第35—36页。

② 《甘肃省卫生建设事业概况》（自筹备日起至二十四年度终止），《公共卫生月刊》1936年第3期，第204—207页。

表 5－1　1935 年 6 月高陵县城镇乡卫生状况调查表

地方别	高仁刘村、庙前村、张铁堡、古同吾家、临泾村
户数	235 户
口数	1 297口(男 695,女 602)
与邻村距离	五村各距里许
一般人职业与卫生概况	各村均属农民,男勤耕耘,女勤纺织,中农家庭尚称整洁,一般贫农,多见矮房屋窄,牲畜和人相居一处,与卫生不合。
关于公共卫生应行改正事项	各村南临泾水,北有平原,空气较佳,唯在灾荒时,树木房屋伤毁极多,村干苦,夏暑焦热,急宜改正
调查后处置	立(即)挨村告诫民众,若无力建筑瓦屋,可因陋就简,或搭草棚,或箍土窑,每值春秋两季,家家广植树秧,以期适合公共卫生。
最近二十年有无传染病发生侵入	无
附记	

县长:陈家珍;调查者:许召庭(资料来源:《陕西卫生月刊》第 1 卷第 6 期,1935 年 12 月。)

陕西防疫处成立后,开始构建以省城为中心的公共卫生体系,截至 1939 年,设立有 10 个县级卫生院所,主要分布于省城周边(关中区此时 40 余县),大部分农村地区医疗和防疫条件仍然极度匮乏。为解决这一情况,各县卫生助理员应运而生。鉴于各地防疫机关的分设尚需时日,早在 1933 年春,陕西防疫处以《督促各县建立对于卫生行政进行办法暨卫生助理员工作标准概略》,呈请省政府施行,后经防疫训练班毕业后派任各县的卫生助理员覆盖至全省 61 县。从现有的资料看,卫生助理员在各县工作过程中遇到的各种问题和感受,揭露了彼时地方民众与现代“公共卫生”的触碰。

卫生助理员的职责，被设定为“平时佐理地方卫生行政，并宣传防疫一切知识，遇有疫疠发生，即专门担任防疫事宜”。

具体工作标准包括四个方面：一为调查（填报调查表），包括传染病状况、城镇卫生状况、乡村卫生状况、地方病和户口数等；二为宣传，通过讲演、壁报、标语、口号等宣传一般卫生知识；三为治疗，包括隔离、消毒、打预防针和一般救急处置；四为卫生行政，包括扫除污物（定期组织举行大扫除）、检查用水、取缔不卫生的饮食物、改良污秽职业和公共厕所及粪场。① 可这个工作标准的内容，几乎涵盖了一个基层卫生行政机构的职责，虽面面俱到，但以一人之力，要完成如此全面的工作，极其困难。载在《陕西卫生月刊》上各县城镇乡卫生状况调查表，也为我们提供了一些当时乡村卫生状况和存在问题的分析文本。

在按照调查表式要求的内容完成对所在县公共卫生状况调查的基础上，卫生助理员们对地方社会和人民生活概况进行了观察和思考。如麟游县卫生助理员邢士郁认为，除了一般人民文化落后、卫生常识简单的原因外，当地人民生活穷困实际上妨碍了卫生意识的建立，像“食极简单，棉布衣服也要购自邻县，未成年儿童为人牧羊每年夏秋两季多不穿衣等等”的人们，生活痛苦已达极点对于卫生就更不能讲求。② 卫生助理员巨廷瑞，除了对永寿县卫生设施和当地中西医诊所、药铺、医师以及戒烟所展开调查外，对卫生条件和观念改善的基础作用也十分重视，为此还调查了该县的行政组织、教育状况、治安组织、经济情况、行政经费等方面。特别

① 《呈省府拟定督促各县对于卫生行政进行办法暨卫生助理员工作标准概略请鉴核施行文》，《防疫处一周年纪念特刊》1933 年 11 月。

② 邢士郁：《麟游一般人民生活的写真》，《陕西卫生月刊》1935 年 7 月创刊号。

是经济情况方面，从田赋和各种税捐数目到公务员、乡村人民和乡村工人的伙食程度、工资，进行了详细的记载，揭示了地方社会较落后的民穷负重根源。① 对于如何普及乡村卫生，卫生助理员何仁均则提出，一要先普及卫生行政，以长官做先导，强调其在乡村的示范作用；二要普遍卫生知识，就是要从乡村人衣食住行的卫生讲求、杜绝早婚、妇女经期卫生的讲求、新式接生、有病求医不迷信鬼神和戒食鸦片、摈弃缠足恶习等十个方面入手。②

实际上，卫生助理员的工作，被赋予了更为广泛的社会改造意义。基于本职工作要求，卫生助理员深入地方民众生活，在调查地方现状、宣传科学卫生知识、推动公共卫生观念形成的过程中，必然会触及并认识到地方社会基本生活方式的根源性条件，从而揭示出实现公共卫生观念形成的深层机制。但我们也应看到，在当时条件下，卫生助理员的工作力度和影响有限，不唯是一般卫生行政事宜，如定期大扫除、取缔、改良等，非得行政机关协助才能进行，在服务抗战大局下，各县卫生助理员也要忙于“壮丁训练”，调查事项、改善环境卫生活动，也就更加形同虚设。

作为这场改造尝试中最基层的实施者，卫生助理员在农村衰败的现实中，感受到了来自官方和民间两方面的压力，加之自身学识威望的限制，其所扮演角色的功能也始终受到挑战，从而在细节上，反映了这场卫生改造工作所面对的冲突和问题。

首先，是地方长官的漠视与财政支持的匮乏。

在防疫处的设计中，卫生助理员是经由省政府委派，前往各县协助办理地方卫生事务的卫生工作人员。实际上，来到各县的卫

① 巨廷瑞：《永寿县普通状况调查》，《陕西卫生月刊》1936 年 7 月第 2 卷第 1 号。

② 何仁均：《怎样普及乡村卫生》，《陕西卫生月刊》1936 年 2 月第 1 卷第 8 期。

生助理员们，几乎都遭遇了被视为“闲员”的经历，每日分配工作，哪方面事情紧迫，就派其到哪方面去帮忙。县政工作，往往按照财政、教育、公安、建设、卫生的顺序，多有畸重畸轻的现象。[1] 造成这种现象的原因，不仅有地方长官对卫生事业的漠视，也在于各县卫生事业费还尚未列入地方预算之中。有的卫生助理员来到地方，因为没有地方长官的支持，闲散无事，洁身自好者往往独拥清名，一事不做，令局外人有尸位素餐之讥，同流合污者作奸犯科，不是助贪官污吏，就是甘做土豪劣绅。对于卫生助理员的不作为，民间也发出了批评的声音，“县里有一个打针的人”，“平常除了领薪俸外，什么事也不作”，[2]对此，陕西防疫处深感忧虑，杨叔吉专门发表文章勉励卫生助理员“无钱有无钱的办法，地方官不热心，亦有不热心的办法，事事处处，以卫生助理员本身为前提，不能专赖外力为应援，得过且过，搪塞应付，乃亡国之现象，勇往直前，一日要有一日成绩”。[3] 1935 年，防疫处重调各县卫生助理员到省城进行为期一年的训练，以期解决卫生助理员学识有限、技术薄弱而缺乏威望的问题。事实上，卫生助理员真正在民间开展工作时也并非一帆风顺。

其次，是民间社会对于现代防疫手段存在的疑虑。

种痘是卫生助理员从事防疫工作的一项主要内容。传统的种

---

① 陈际允:《回顾过去的》,《陕西卫生月刊》1935 年 10 月第 1 卷第 4 期。郭文元:《推进县卫生事业有赖于地方长官之两点》、徐智儒:《警告今日中国的行政长官应积极的注意公共卫生》,《陕西卫生月刊》1935 年 7 月创刊号。

② 亦仁:《陕西各县卫生助理员的责任与今后的县卫生行政》,《西北生活》1935 年 7 月第 2 卷第 7 期。

③ 叔吉:《读了〈陕西各县卫生助理员的责任与今后的县卫生行政〉以后》,《陕西卫生月刊》1935 年 7 月创刊号。

痘法，主要是将已感染天花儿童的痘痂皮剥下研为粉末，吹入准备接种儿童的鼻内，经由接种者自体感染并痊愈后获得免疫力。含有病毒的粉末，常常也会造成一些健康儿童染病死亡。彼时还费用不菲（男孩每种一次需大洋一元，女孩需七毛）！但由政府提供的免费的、更安全有效的科学接种法，民众的接受并不踊跃。华县卫生助理员借村中因旧法种痘导致面麻耳聋的人进行现场说教，敢于自告奋勇来尝试新法种痘的，也不过是一些年少又害怕毁容的大胆女孩子，一般成年父母们却并不愿轻易接纳。① 父母的态度显然不利于儿童新法种痘的普及。一位乡间的团丁讲出了人们的顾虑，"一个个都纷纷议论，现在的新法种痘不如旧法种痘，这新法种痘的先生，他们只给小孩把痘种下，他们就永久不来照顾儿童。你想人家那些老先生，给小孩子种了痘，他们就会天天给我丢些发表的药给小孩子吃，并且还要长久的看管，到了小孩子把天花已经出过了，他们才算交代了。至于人家的父母给他们的孩子种痘，那个出不起钱呢？谁叫你来施种。"②可见，民众对新法种痘保持观望甚至拒绝态度。在贫穷和动荡的年代，推广现代科学卫生观念、使民众信任现代科技手段，还有待于现代科学卫生技术和防疫工作的深入实施和开展。

华县卫生助理员王效儒对此感受颇深，当他到村中时，一位农民问："王先生，我这些天觉得身体懒困无力，三天来，饭量也少了，你说这害的是什么病？"当听到并非医生、不能治病的回答时，围观的村民们即惊异"不会看病，怎样会防疫，疫不是病吗"。③ 不唯一

① 王效儒：《参加本县种痘团的经过》，《陕西卫生月刊》1935年12月第1卷第6期。

② 王效儒：《杂谈记》，《陕西卫生月刊》1935年9月第1卷第3期。

③ 王效儒：《一件乡村的事——和村农谈话》，《陕西卫生月刊》1935年11月第1卷第5期。

般的人们，就连一些士绅们也认为：卫生是对有病的人怎样治病的意思。① 事实上，大多数卫生助理员都曾遭到这样的质疑。在防疫知识比较缺乏的乡村，卫生助理员的说服力，似乎就此打了折扣。这一问题反馈到省防疫处，在后来的培训班上，要求卫生助理员在熟练于消毒、检疫、种痘、预防注射等防疫本职工作的同时，应该掌握救急方法与皮肤病外科症的简易治疗以及十种病的治法、十种药的用法等最低限度的技术。

其实，卫生助理员深入乡村后出现的这些现象，从正反两方面看，不但反映了公共卫生体系在向乡村伸展的过程中面临的财政和人才瓶颈问题，更凸显了公共卫生体系向乡村延伸的积极意义。传统上，一般乡民对待疾病或者是诉诸鬼神迷信，或者就是讳疾忌医。所谓"相信假如人体与地面成直角，则无病，与地面成平行线则有病。于是人非所与地面成平行线时不能请医生"。② 这种非到绝境不去求医的观念之扭转，还要依赖公共卫生事业的建设。不仅需要通过建立城乡医疗体系，使民众有医可求，更需要推广公共卫生知识，使民众掌握防病的方法和观念，从根本上实现保障健康，达到标本兼治的作用。既然防病和治病是保障个人身体健康和维护公共卫生安全的双翼，那么卫生条件和卫生状况差、人才极度匮乏的情况下，防病和治病能否达成统一，对解决乡村公共卫生建设问题具有积极的实践意义。

从这个意义上说，1933 年设立陕西卫生助理员制度与定县保健员制度，都是新中国成立后的"赤脚医生"制度出台之前在不同

① 王效儒：《各地方的绅士和人民对公共卫生的认识》，《陕西卫生月刊》1935 年 10 月第 1 卷第 4 期。

② 陕西省教育厅健康教育委员会：《卫生教育与宣传》，《陕西卫生月刊》1936 年 8 月第 2 卷第 2 期。

区划单位上的积极构想和实践。

四、变动

（一）悄然变化的生活方式

20世纪30年代，陕甘一带的“虎烈拉”疫情造成的伤痛，至今仍是地方社会历史中浓重惨烈的一笔。从疫情传播速度看，20年代末的西北开发带来的交通发展和人口流动的加强，是导致疫病迅速扩散的客观原因。传播的主要途径，是不清洁的饮食和饮食习惯，显然淡薄的卫生观念和落后卫生知识是疫情大爆发的加速器，反映了传统生活方式与现代社会发展之间的张力。

以“防疫”为契机的公共卫生体系建设，目的在于倡导卫生科学、改造社会卫生状况，但在实际的建设过程中，不可避免地触及改变传统生活方式的层面。

首先，是民众医疗生活结构发生改变。

针对“虎烈拉”的防疫工作，在杨叔吉的主持下，迅速采取了近代西方公共卫生的相关措施，即救治、隔离和注射疫苗三步，以阻隔疫情扩散。但，匮乏甚至缺失的现代医疗体系令这次防疫的成效大打折扣，因疫情而殁的人口数量仍然巨大。这促使了陕西防疫处着手构建地方公共卫生体系，试图将“防疫”转化成制度性事务。

随着防疫处各项工作的推进，传统的医疗生活结构逐渐出现两方面变动。

一是，现代医疗体系出现，改变人们无医可求的现状。传统中医虽不乏精到医术和丰富医学理论，但师徒相承的人才培养模式和偏重内证经验积累的诊治方式，限制了中医医师的数量，难以满足一般民众的求医需求，这也是地方民众“不到人体与地面成平行，决不求医”观念形成的重要原因之一。建立了面向公众的现代西医医疗设施之后，民众的医疗生活环境亦随之得到改善。自 1932 到 1939 年间，陕西防疫处先后在 10 个县建立卫生院所，同时，对各种私立诊所进行审查发照，使之成为地方医疗体系的补充。实际上，科学卫生意识也随着医疗条件的改善，逐渐落到实处，如西北民众多因水深土厚、气候干旱，常见眼科疾病，自眼科诊疗所设立后，深受眼病疾患的乡民自然奔走相告，纷纷前来求治。

二是，随着公共卫生体系初步建立，西医开始比较全面地进入地方民众生活，中、西医同时成为民众医疗生活的支撑。与近代公共卫生体系的建立相伴随的，是西方医药科学下的生活观念，究竟是接受新法种痘、新法接生，还是坚持旧法种痘和旧法接生，实际上正是两种医疗观念和生活观念的碰撞。应该说，社会、民众的现实需求更多促成的，是融合的趋势，而非“你死我活”的对决，譬如“虎烈拉”期间《西京医药》上频频发出的“停止中西医之争”的自觉呼吁，以及在战时对中医药资源利用的必要，乃至老百姓一贯坚持的行不行“看疗效”的务实选择。如陕西乾县，整个民国期间共出现了 24 家医院和诊所，其中 20 年代仅有中医诊所 2 家，30 年代就有中医 3 家、西医 4 家，到 40 年代中、西医医院诊所就并驾齐驱，各有 8 家。① 西安市的情况也相似，到 40 年代末全市共有西医医院

①《乾县志》编纂委员会:《乾县县志》，西安:陕西人民出版社 2003 年版，第 552 页。

42所、开业中医118人，注册中药店67家，西药房77家。①

其次，是科学卫生的生活方式得以倡行。

在对传染病的控制和防范过程中，凸显了民众缺乏科学卫生观念的不利影响。倡导科学的、卫生的现代生活方式，成为公共卫生体系构建过程中的重要层面。主要的做法是从直接间接两个层面推进的，直接层面，提倡良好饮食习惯和卫生清洁习惯，切断病菌传播途径。由于大多数传染病都是通过飞沫传播，不清洁饮食是主要介质，因此，第一是从防止病菌传播的饮食习惯着手。“合食”是中国老百姓主要的饮食习惯之一，但从现代科学卫生角度看，这种饮食习惯却极易引发病菌传播。当时人士提出了一个较为中肯的方案：在沿用“合食”用餐习惯时使用“公筷”，以达到既保有合食乐趣，又避免病菌传染的效果。② 此法也确比要中国人改以“分食”更切实可行。第二是在清洁习惯上，指导细致入微。由于西北干旱缺水的自然环境条件，地方卫生清洁的习惯相对较差，因此，特别强调衣食住行等生活方面的清洁卫生，如饭前洗手、不食腐臭食物，与病人分食，饮水应煮沸、衣服宜勤洗晒、不随地吐痰便溺，妇女清洁减少白带病，新法接生消毒避免小儿破伤风等等。③

间接层面：移风易俗，倡导科学健康生活方式。构建近代公共卫生体系，不仅出于防疫以维护社会公共卫生安全的要求，还在于建立保健体系以维护民众健康。因此，倡导科学健康的生活方式，是养成科学卫生观念，包括公共卫生观念的重要基础和保障，这必然与近代中国社会的移风易俗活动相伴随。1936年，陕西省教育

① 西安市地方志编纂委员会：《西安市志》科教文卫卷，西安：西安出版社2002年版，第730页。

② 王崇智：《谈谈分食与合食的利弊》，《陕西卫生月刊》1936年7月第2卷第1期。

③ 何仁均：《怎样普及乡村卫生》，《陕西卫生月刊》1936年2月第1卷第8期。

厅健康教育委员会在个人生活方面进行精准指导,包括衣"宜清洁",食"定时、每日吃青菜、呼吸新鲜空气,每日至少饮白开水四大杯",大便"有定时",睡眠"至少八小时",沐浴"每星期至少一次",清洁卫生要"饭前便后洗手、每日早晚各刷牙一次、喷嚏咳嗽掩口鼻、不用公共饮食器皿及盥洗器皿",运动"每日至少 1 小时",行走坐立"要端正"。① 这些内容,在今天看来,仍是健康科学生活方式最基本的内容和应有的生活习惯,应该具有普遍指导意义。

在整个地方社会开始提倡科学健康卫生的生活方式的同时,是否"传统的生活方式"就是一无是处、完全要抛弃的呢?民间社会也开始了争论和辨别:一位追赶潮流的妹妹指责仍然留着发髻、守着孩子、缠足、留长指甲的姐姐是"一点都不合乎潮流,卫生一点不讲,还谈什么艺术不艺术呀?",这位姐姐反问道:

> 头发留的长了,固然不方便,剪了就是了,何必一定要烫发呢?难道说烫发合乎卫生吗?……肺活量大了好呢?还是小了好呢?为什么为着美观,要把胸部紧束起来呢?……缠足固然不对,太说不下去,试问你们穿的那样高跟皮鞋,行路的时节,究竟方便不方便呢?……我想那总不能说是讲卫生吧?……今天登跳舞场,明天登电影院,出了电影院,又是夜以继日的赌博,多人聚集,空气既不新鲜,而且所映的影片,瞬息变动,对于目力的刺激和调节影响非常大,因为赌博的关系,昼夜颠倒,规律的生活,一点都谈不到,讲卫生的人,原来如此吗?②

尽管"卫生"在妹妹批判姐姐守旧的时候扮演了利剑的角色,

---

① 陕西省教育厅健康教育委员会:《卫生教育与宣传》,《陕西卫生月刊》1936 年 8 月第 2 卷第 2 期。

② 星北:《姊妹花的口戟舌剑》,《西京医药》1933 年 10 月第 10 期。

不料姐姐反戈一击，尖锐指出所谓的“时髦”并不是真正的讲卫生，揭示了时人所谓的“卫生”“艺术”的新生活方式，并非完全是科学和健康的。以“科学”“卫生”的名义提倡的健康生活方式，并非等同于“时髦”的生活方式，反之，传统的生活方式也并非是反“科学”、反“卫生”的。这样的社会性辩论，表明地方人士在倡导科学健康生活方式过程中所采取的必要的审慎态度。

最后，是封闭的生活模式逐渐被打破。

在西北地区长期并存的小农经济、半农半牧以及游牧生活方式，在交通条件落后和人口流动性小的强化下，更加具有封闭和保守的特点。以“虎烈拉”为代表的疫情，反映出在近代交通发展和人口流动加强的情况下，传统应对手段已不能有效抵挡爆发性强和传染迅疾的疫病。传统生活模式未能阻挡细菌的传播，反使人们陷入孤立无援、坐以待毙的境地。

由政府主持建立的现代公共卫生体系，可以通过覆盖全省的疫病监控和预防网络，有效地对大规模疫病的爆发进行控制和防范。由于这个系统一开始就是以社会这个整体进行设计的，灌输给民众的理念是：个人的健康卫生与整个社会的卫生安全，甚至整个民族的强大都息息相关。传统西北地区人畜同居一室的习惯，不仅是自家的小事儿，更是可能经由动物传染而引发地方疫情的大事。在维护公共卫生安全的要求下，地方当局就有责任要求和监督住户对此进行改良。厨师、菜役、理发匠，不仅仅是一般谋生者，而是服务并影响民众健康的重要职业，需由地方卫生机构进行卫生培训，教授以各种有关食品卫生和卫生安全的知识，譬如食具和抹布消毒、苍蝇之害、猫鼠犬在厨房的危害等等。① 正是在公共

①《三原县举办厨司训练班》，《陕西卫生月刊》1937 年 3 月第 2 卷第 9 期。

卫生体系向基层社会延伸、公共卫生观念向民众渗透的过程中，传统封闭的生活模式被悄然突破。封闭的个人、依附于宗族和家族的个体，逐渐向独立的个体、国家社会的有机分子身份转化，这无疑是整个地方社会生活变迁的积极趋势。

（二）影响变化的各种因素

以应对突发公共卫生事件为契机，抗战时期西北公共卫生体系，从启动到逐渐形成，都反映了一个无可避免的事实，即公共卫生服务是必须由中央和地方、精英和大众共同完成的社会事业。

首先，政府的主导，是推动公共卫生体系建立的关键因素。现代社会的发展，带来了人口的增长、交通的发达和城市的扩展，也让疾病获得了前所未有的传播速度和范围。因此，无论从控制疫情扩散的经济成本看，还是就保障公共卫生安全和社会稳定的政治需求说，都只能由政府来承担体系构建的主导角色。

西北防疫处，就是由中央政府直接拨款建立的机构。当然，其下设机构以牲畜防疫为主、兼顾人口防疫的设置，则表明了战时需求的特征。至于青海、宁夏等省级卫生处的设立，也基本是在中央政府的推动下实现的，说明了这一公共事业的实现，对于中央政府主导的依赖和要求。但具体到各省公共卫生体系的切实建设层面，地方政府的情况就颇体现出应然和实然之间的紧张。

陕西防疫处，是陕西省政府积极应对“虎烈拉”疫情、承担地方事业主导角色的结果，这一长期机构的设立和运作，一定程度上控制和防范了疫情的再次大爆发。但，当省卫生处试图将公共卫生体系延伸到乡村的时候，却遭遇基层官员普遍的漠视，这表明政府主导角色的发挥，仍依赖于个别当政者的觉悟和意识。当然，这样的“执政”意识，也与地方经济的托举能力有关。由于缺乏政治上的庇护，各级卫生机构在人员配置、地方预算上都出现畸轻现象，公共卫生体系的构建进展比较缓慢。各县的卫生助理员们被视为“闲员”，常常被调度支应其他行政事务，所谓卫生行政常形同虚设。如同官县在1934年已设置卫生助理员一名，规定年支经费360元，次年编入地方预算后，降至300元，终于1937年以窘迫销于无形。①

国民政府1939年开始在全国范围推行的新县制，尽管论者褒贬不一，但，从陕西新县制推行过程看，由于卫生行政与教育等并列成为地方行政的重要工作，各县的卫生院所和戒烟院所次第成立，成为推动当地公共卫生建设的主要机构。至1940年9月，陕西全省共成立戒烟院所计55个，其中有49个分布在鸦片吸食较为严重的关中和陕南地区，形成了覆盖全面和规模空前的全省戒烟网。② 当然，从推行公共卫生机构的建设方面看，还不能说明地方公共卫生体系的真正建立。无论是硬件设施的创建还是软性政策资源的构建，政府的主导地位都是推动公共卫生体系建立的关键因素。比较《陕西卫生月刊》(1935—1936)和《陕卫》(1939—1940)的内容，前者在1936年已鲜见卫生助理员的身影，而后者把关注点落在建设卫生机构和研究卫生政策上了。这应该是在实践过程中遭遇了种种问题后，对政府主导意识的认识回归，但也反映出对政府主导角色的更深刻依赖。

其次，社会各阶层的参与程度，是衡量公共卫生体系和公共卫生观念深入程度的标尺之一。公共卫生的功能是增强人群的健康，预防疾病，控制感染，延长寿命，提供安全的生活方式和提供安

---

①《同官县志》，民国铅印本。

② 陕西省民政厅视察室1940年9月编印:《陕西民政概况》，第7页。

全、健康的生活环境，可以说，人们的吃、穿、住、行、生、老、病、死，无不在公共卫生的应对范围之中。因此，公共卫生体系的建立，最终不是以有多少卫生机构为标准的，只有人们的公共卫生意识与日常生活浑然一体时，才真正实现了现代公共卫生的社会价值。这就不难理解，为什么陕西卫生助理员在乡下种痘时，被乡民认为是“多事”，陕西的卫生机构纷纷建立后仍然在改善公共卫生环境上差强人意。

从本书所参考的几种刊物看，对于这场虎疫进行深刻思考的还主要是卫生界人士。他们除了热忱于医学知识的传播和研究外，对民众卫生观念的淡漠深为忧虑，在地方长官普遍漠视的情况下，卫生界人士甚至用“防疫重于防匪”呼吁政界人士的关注。在这种努力的影响下，文化界人士尤其报界人士的积极响应，无疑推动了公共卫生体系的创建。卫生助理员们作为公共卫生体系深入乡村的“触角”，对基层社会生活有较多接触，对乡村卫生工作的普及也能提出十分有见地的看法。但在生活水平、居住环境和交通条件上都较有优势的城市，一般民众的公共卫生观念尚称淡薄，遑论彼时正处于不断衰败的乡村的人们。卫生助理员的苦恼，何尝不是民众参与缺失的结果。一方面，是不断增长的来自官方的建设统计数据；另一面，却是大量形同虚设、停留于纸面的公共卫生规范和措施，到后来连卫生助理员这样的基层工作人员，在百姓那里的感受，也只是“知道县上有一个‘打针’的人”。

从面对疫病时的麻木、宿命到对待疾病的主动防治，这种观念上的变化，虎疫是契机，政府是主导，但实现却需要社会各个阶层的广泛认同与参与。

最后，从近代西北公共卫生体系建立的实践来看，要真正实现公共卫生的功能，唤起全民的认同和参与，还有赖于对人才和经济瓶颈问题的解决。地方人才和经济的瓶颈问题，制约了公共卫生推行的广度和深度。世界公共卫生专家温斯洛(Winslow)在1920年就提出："公共卫生是防治疾病、延长寿命、改善身体健康和机能的科学和实践。公共卫生通过有组织的社会努力改善环境卫生、控制地区性的疾病、教育人们关于个人卫生的知识、组织医护力量对疾病作出早期诊断和预防治疗，并建立一套社会体制，保障社会中的每一个成员都享有能够维持身体健康的生活水准。"要建立一个覆盖某一地方乃至全国的社会健康保障网络，从政府操作层面上说，人才和经济堪称经纬。

西北公共卫生体系的建立，一开始就遭遇了人才极度匮乏的问题。各省卫生处都不同程度地通过短期培训卫生人员以解燃眉之急，但对于实现全省公共卫生体系而言，实不敷用。为此，开展专业医药人才培养势在必行，面向社会大众的卫生知识教育普及也刻不容缓。但，实际结果不尽人意。如助产士和助产学校的举办，1934年由邵力子夫人傅学文创办的西京私立助产士学校，随即由陕西省民政厅和教育厅接办，在社会资源或财政支持度上都有一定优势，但最终面临的却是，培养的学员大多数回归了家庭而不是去服务社会，妇婴卫生知识的传授也被限制在了专门学校里。①因此，改变医疗卫生现状所需要的人才，不仅是培养不足，即便是培养出来也不能真正服务社会。因此，在普通学校教育中，开展科学卫生知识教育，是在公共卫生人才培养不足的情况下，一种更简便易行、影响更广泛的做法。现代社会的发展已经证明，培养专门卫生人才与普及卫生常识应是一个互相促进的过程。

无论是政策层面的主导还是社会层面的参与，都无法回避一

---

① 亦人:《陕西省助产学校与实际保健护婴》,《西北生活》1935年8月第2卷第8期。

个现实基础问题，那就是经济发展程度。就抗战时期的西北社会经济发展水平而言，即便是西安、兰州等这样的省会城市在现代工业的发展上都极为有限，而半农半牧和游牧为业的地区，传统生产方式仍然占据上风。在这样一个现代经济发展极度缺乏的地区，要酝酿并实现大众的科学生活方式，最为尖锐的现实是：贫困是束缚在绝大多数人脖颈上的绳索。地方政府承担的管理职能和建设事业，不得不依赖于苛捐杂税和中央财政拨款，建设事业常有停顿之虞，无法深入和持久。

第六章　抗战时期西北地区文化教育生活

鸦片战争以后，敏锐感受内忧外患的知识分子，或求之于域外或求诸内，纷纷发表新见旧说、争论辩驳，试于千年新局面之前，力挽狂澜，救中国于颓废孱弱之中。风潮既起，从沿海到内地，从京师到乡野，文人志士皆感奋而为。一向沉静不乏激情、严肃固执的陕甘士子们，亦不甘其后，西北文化教育的发展遂和着时代节拍渐次推展。清末民初，西北地方亦着力推广学校教育，奈何军阀动荡、灾害频繁，成效鲜见，然一批感受清末颓废和变制之艰难的文化精英人士，经受了思想冲撞、实践历练后，渐渐归聚地方，以改造社会、反哺社会为己任，为地方社会之文化教育生活的改变聚集了先锋力量。20 世纪 30 年代政局趋稳，地方社会元气渐复，又有西部开发推动之力，文化教育有重整旗鼓之势：一为学校教育全面推行，尤以师范教育亟待发展。二为社会教育蓬勃发展，尤以移风易俗、寓教于乐的戏剧、报刊等最为突出。全国抗战的爆发，对于文化教育之发展又产生两方面影响：一为战火远离、东部人口涌入，社会呈现暂时之繁荣，战时东西部社会文化交汇，地方文化教育一定程度上得东部文化风气之影响，迅速发展；一为抗战后方，支前养后，地方社会之浅薄积累几近耗尽，文化教育事业难有纵深发展。

抗战时期的西北地区文化教育生活，即各民族青年能接受什么样的学校教育和社会文化教育，以及文化艺术、教育界，甚至是军政界人士的作为和影响，展现了西北社会从传统文化教育到新时期教育的传递和变革。西北知识人中，如陕西的李桐轩、李仪祉父子，范紫东、李敷仁；甘宁青的慕寿祺、张心一、邓春膏、马步芳、黄正清等，维吾尔族赛福鼎、锡伯族广禄等等的经历，都呈现了西北老、新两代人文化教育生活的曲折和变动。本章即以抗战时期活跃于西北地区的知识人的文化活动和生活历程作为研究对象，通过对他们求学及职业生活的考察，探察抗战年间西北文化教育生活之发展变化。

一、变革时代

(一) 父亲的决定

光绪二十五年(1899)，陕西咸阳北杜镇的一个普通农民家庭里迎来了他们的长子。六年后(1905)，李文会发蒙读书，在艰难匠窘的生活中，开始了求学生涯。父亲李祖培亲自送他到学堂，并叮嘱说：“你老爷(曾祖)是秀才，你爷爷也是秀才，我是因为遭饥荒(光绪三年大年馑)断了书香的。我娃好好上学念书。”[①]对年幼的孩子来说，父亲的决定，影响其一生。李祖培靠勤劳忠实，从商号店员做到管账先生，一年也只是三十串制钱，必须兼作农业生产才可维持生活。是什么让李祖培在家庭并不富裕的情况下，做出这

① 李荷丽编：《李敷仁诗文选》，西安：陕西人民出版社 1984 年版，第 21 页。

个决定的？

作为一个秀才的后代，李祖培在送儿子去学堂时的语重心长，既透露出一个父亲身上承载的文化传统，又渗透了他对社会变异的亲身感触。

陕西关中作为中国文化发源地之一，代有名宿大儒，源远流长。

有学者就明清之际的陕西进士人数进行统计指出：关中进士数量不仅居陕西三区（陕北、关中、陕南）之首，即使在全国仍然处于中上游水平。[①] 读书人一旦获得功名，就获得相应的社会荣誉和社会身份，按照当时的规定，在灾荒期间李祖培就可以凭借其祖父和父亲的秀才身份首先获得赈灾粮。应该说，正是关中优良的文化传统和文化人的社会尊荣引发这位父亲从内心深处流露出对子承文脉的期望，因此，在长子之后，又督促另外两个儿子读书。

不过，父亲的自身经历，使他对儿子的求学，充满着复杂的感情。晚清时局变动不已，关中亦出现异动。从社会发展角度看，一方面，社会经济有了较快发展，工商业发展显著，以关中三原县为例，不仅县城多商贾，"县北而峪左右，水泉滋润，种植蔬果，其利较厚，然中人之家，不能逾十亩，工不事淫巧，止供室宇器械之需。商贾大则盐茶，小则负贩，数年不归。饶裕之家，劝令买地，以为累，万金之子，身无寸土，思欲转移，务本轻末，其道良难。"[②]一方面，自然生态环境不断恶化，人稠地狭引发的社会问题有不断激化的趋势。同州蒲城 30 万人口大县土地相争引发的问题最为突出，后来

① 张晓虹：《文化的分异与整合——陕西历史文化地理研究》，上海：上海书店出版社 2004 年版，第 138、149 页。

② 《三原新县志》卷四，清光绪六年刊本。

竟引发大规模回民起义。道光十年(1830)前后，同州府大荔、蒲城、朝邑等县的刀客，则“平时抵御回民，练习拳勇。无事则掖人游食，散居各邑市镇，交接捕役，为气力财贿所使，走危地如骛”。①

然理学之沉闷与束缚，已使其走向困顿，为世人所不倚。重文强教之风日渐低落，读书子弟或因为贫寒，亲躬力耕，以求温饱，如合阳县“读书多寒门，乏饮助，颇形困蹙”，或追末之时尚而耻言为儒，如泾阳县，“昔年书吏甲天下，儒者次之，商贾更次”。同治回民起义以前，则出现了“崇儒薄吏，与其吏也宁贾，而商者数倍于前”的现象，回民起义后，此风并未削减，“士困农难而商贾竟骎骎凌驾于儒之上”。② 鸦片战争的爆发，加剧了这种局面。

但，关中民间的逐商之风虽起，却尚未能引发如江南浓郁的社会文化风气；③维持生计尚难，更无力撑起“耕读世家”的繁荣景象。李祖培自己的秀才之路，正是在这种变动中趋于破灭。他为谋生计转而习商，不过仍然告诫儿子“衙门钱，一蓬烟；生意钱，水上船；庄稼钱，一万年”，令其在读书同时不许脱离农业生产，学会一手扎实的庄稼手艺。

李祖培的决定还来自关中名儒刘古愚的忠告。李祖培当年在正顺和号做掌柜的时候，天阁村的刘古愚(1843—1903)正在泾干书院(即味经书院，作者注)当院长。一日刘古愚饮酒将醉之时，对他说，“房少盖，地少种，只念书，勿应考”。令李祖培深为感触，自此这几句话成为他治家格言。④ 名儒刘古愚酒后真言，暗示变动之世置业不如读书。

---

① 徐法绩：《奏陈陕西回汉械斗情形疏》，《续修陕西通志稿》卷一七三，民国铅印本。

②《续修陕西通志稿》卷一九五，民国铅印本。

③ 陈江：《明代中后期的江南社会与社会生活》，上海：上海社会科学院出版社 2006 年版。

④ 李荷丽编：《李敷仁诗文选》，西安：陕西人民出版社 1984 年版，第 64 页。

1902年,在全国范围进行的清末新政中,“文教”改革是最显著的一部分,陕西学堂教育也正是在这个时期大张旗鼓地推行起来的。在此之前,关中地方长时期笼罩的沉闷和躁动之气,已在个别书院中被悄然突破。

同治十二年(1873),地方官绅集资而建的味经书院,成立于商贸发达之泾阳县。书院自称与当时著名的关中书院和宏道书院不同之处有三:一为讲实学;二是为师者不仅要授课,还要督导育人;三是书院不属官府,权归物望素孚、品学兼优之书院山长。[①] 此后30年中,先后有三届山长对味经书院进行掌理。史梦轩和柏子俊优于严厉教约,如史梦轩教约严戒者四(吸食鸦片、赌钱游唱、戏场饭馆、骗诱赊贷),定约者三(夜禁、早起、门户火然),功课定格(注重小学、朔望谒至圣、逐日看写读、每人有课程册)。由于章程完善、教学有方,特别是山长管理书院不受官府干扰,地方官绅颇为支持,先后捐资续建了藏书楼和刊书处。书院独立发展之氛围,为开陕西风气之先。其后,掌理书院的刘古愚,不仅沿用史柏章程,更善于教法创新。甲午战后,即响应维新派文化教育“学以致用”和“讲求西学”的主张,在书院内创设“时务斋”,讲习西学。成为当时陕西乃至西北地区最早讲西学的书院。其后,自山东调任陕西的巡抚张汝梅与开明陕西督学赵惟熙,于光绪二十三年(1897)在味经书院的东边创建崇实书院,将“时务斋”并入,院内分四斋,包括“致道斋”“求志斋”“学古斋”“兴艺斋”,均为中、西学并授,尤为注重格致、算术、制造、英文等新学课程。崇实书院附设机器织布局,既为彰显书院崇尚实学之旨趣,又预备以“机局为书院之根

① 陕西省教育委员会编:《陕西省教育志资料续编》,西安:三秦出版社2000年版,第497页。

本”,用织布局的盈利接济书院,以不断生存发展。由此开创了西北地区由官方创建、讲授新学的第一所书院。讲授新学从民间引入开始走向官方的推动。味经书院的山长,是敏锐于一个旧学没落时代的来临,才向乡友吐露了真言。

同样作为父亲,陕西蒲城县的秀才、肄业于宏道书院的李桐轩(1860—1932)给儿子们,甚至给自己的决定,是读书以应新学之路。

李桐轩的父亲是个农民,很重视子孙的读书,李异材、李桐轩兄弟不负父望,于光绪四年(1878)同时考中秀才,因家境贫困,桐轩先去华州任了私塾塾师,十年后(1888)经陕西提督学政选拔进入三原宏道书院。1889 年,李桐轩的次子李仪祉,发蒙读书,先后师从其伯父李异材以及三原的刘时轩,凡四书五经、学诗作论以及八股文章皆达通熟。四年后(1893),李仪祉按部就班应考县试。彼时李桐轩已经从宏道书院肄业,应了陕西舆图馆之请,参加测绘各县地图。测绘应用之技术学问,让李桐轩触摸到时代的脉搏。

他决定让儿子们一边继续读经书,一边学习算学。儿子们跟随他先学了《九数通考》,又学《西学大成》及《梅氏丛书》,再随伯父学习几何、代数、四圆、八线及诸子百家。光绪二十四年(1898),17岁的李仪祉同其兄李约祉一起应试县试,竟考进第一名秀才,兄进第七名秀才。秀才李仪祉旋即荣入崇实书院,学习英文、算学。戊戌政变后,维新派虽在政治上低落,而维新之风潮已然不止,书院也不再是昔日安于只读圣贤书之地了。书院纷纷变了学堂。朝廷的学制改革来了。

身为甘肃河州地方父母官的进士杨增新(1864—1928),在其执掌知州的四年间(在任期1896—1901 年,随后调往新疆任至1928 年被刺为止),除了扶商济农之外,念兹在兹的正是地方文化教育之发展。目睹河州地方变乱后只存私塾若干，教育几近于废的情况，杨增新决意先恢复河州凤林书院。杨增新以恢复凤林书院为开端，意在为河州士子重新接通读经书、就新学之路。

杨知州自捐俸银 500 两，又拨河州善后款5 500两做书院基金，发商生息，拨水地、旱地若干亩，铺面若干，一同确保书院日常用度。为书院聘请举人杨清为山长，招收生童，奖励优等生，酌发麦杂粮以资助学生。书院设有纲鉴、御批通鉴、论文、笔算、数学、格致、地理等课程。为督学进取，还亲往批阅试卷。凤林书院遂文风日盛，成果卓然。庚子(1900)、辛丑(1901)恩、正科考共中举人 9 名，两榜解元均出自河州，时人有"王公(王全臣，康熙四十五年[1706]河州知州)活我，杨公(增新)教我"之誉。[1] 凤林书院后，杨公又如法炮制，创建了宁河龙泉书院和莲花堡爱莲书院，与凤林书院并称河州三大书院。最可称道者，不仅自捐俸银(后两个书院各捐俸银一千两和两千两)，还以土地铺面和银两发商生息等方式，确保书院之用度生生不息，并无"五日京兆之心"的官员做派；建书院于甘肃腹地，发挥教化地方之利，设新学入书院讲堂，开地方风气之先。其作为书院出身的父辈一代之佼佼者，于地方文化教育之殷殷期望，令后世敬重。

就在父辈们沿着传统的文化理念、和着时代节拍，努力敦促子弟继续读古书、学新学的时候，新式学校教育体制扑面而来。

(二) 新学制来了

光绪末年的新政改革中，创办讲新学的教育机构是大势所趋。光绪三十年(1904)初，清政府制定和颁布了"癸卯学制"，即"奏定

① 封华:《杨增新与河州三大书院》,《档案》2008 年第 3 期,第 35 页。

学堂章程”,确立了学校学制。所制定的教育宗旨是“忠君、尊孔、尚公、尚武、尚实”。其教育大纲规章乃“中学为体,西学为用”。

西北各书院在已有的基础上,纷纷开始了由官方全面推动新式学堂的时期。光绪二十八年(1902),陕西巡抚升允奉旨创建陕西大学堂(又名关中大学堂,地址在原西安考院),合并省城西关内外武备学堂与随营学堂为陕西武备学堂。陕西学政沈卫奏请将原三原宏道书院合并泾阳崇实书院和味经书院改立为宏道高等学堂(与陕西大学堂同为陕西两大高等学堂)。次年(1903),升允又奏请将原关中书院改建为陕西师范学堂,以及创设专门训练政务人员的课吏馆(后来改称法政学堂),多数书院、私塾改建为中等学堂和高、初等小学堂,构建了以高、初等小学堂和中等学堂、高等学堂教育为主体,师范学堂、实业学堂为辅的学堂教育体系。甘肃(含青、宁)依例而行,也形成了高等学堂 1 所,中等学堂 14 所、高等小学堂 71 所、初等小学堂 920 所、职业学堂 4 所、师范学堂 3 所的学堂教育结构和布局。新疆在这次改制后,拥有了各类学堂总计 600 余所,学生 1.6 万余名。①

在当局倡导和推动的兴教之风下,敏感地把握这种时代的潮流,为子弟抓住获得立足未来社会的资本而送其读书,也是一位父亲理智的做法。

从学堂的内容到形式来看,这次兴学显然不是传统书院教育的复兴,而是一种新的、过渡式的教育。刘古愚以对时局的敏锐觉察和认识,所言“勿应考”,不仅仅暗示废科举制乃大势所趋,更与这种新学堂的教育取向有着契合之处。

如果说,崇实书院和风林书院,是有识之士在文化教育中自发

---

① 谷苞主编:《西北通史》第 4 卷,兰州:兰州大学出版社 2005 年版,第 734、735 页。

吸收外来文化和新文化的结果，清末高等学堂的创建活动则是肯定这种积极的作为，并以官方立场进行强化和全面推动的过程。在文化教育最高阶段和思想最活跃的阶段率先引入新学，不仅有开风气之先，引导中等和初等教育发展方向的作用，更对社会生活风尚形成有表率意义。这使得西北接受新学的步伐加快，也使新学通过文化教育更深入民众生活。与味经书院等创办的独立性和先进性相比，高等学堂在官方创办过程中，更多受到官方办学思路的影响（关于此点，参阅本节第一部分内容），但官方在资金投入、办学规模以及办学体系建设上具有优势，对于地方社会文化教育环境的改善具有更强的推动力，对改变地方文化教育观念具有积极意义。西北各高等学堂的成立，正是将原有高等教育资源进行整合，通过政府投资配置的方式，使其再一次成为地方文化教育的振兴和发展的核心。

首先，以新式学校设施装备的各高等学堂令人耳目一新。如陕西大学堂，硬件设施方面除了传统意义上的讲堂、教员预备室、礼堂、斋舍、图书器具室外，还增添了新式生活内容的会食堂、阅报室、应接室、职员会议室、浴室、调养室（即卫生室）等。学堂教习，皆据课程需要聘用：总教习多聘请中学深厚、颇有造诣者；新学课程则主要聘任外籍教习或回国留学生。宏道高等学堂和师范学堂就先后延聘过 7 位日本教习，对陕西文化教育交流有积极作用。至于学生的学习时程安排，则大有问新之举。陕西一般作息就餐时间是两餐制，大致为上午 10 点钟与下午 4 点钟。新学堂则规定一日三餐，早起七八点就早餐，中午 11 点为午餐，下午 5 点功课完，晚上 10 点钟统一休息。① 显然，学堂的新生活方式最易为思想活

① 陕西省教育委员会编：《陕西省教育志资料续编》，西安：三秦出版社 2000 年版，第 519、523 页。

跃的学子们感受和认同。

其次，各学堂通过配额、膏火、奖励等方式帮助贫寒学子就学。陕西大学堂按陕西省七府五直隶州平日文风之优劣进行学额分配，确保省内各地学子求学机会。除一律供应伙食外，还设膏火银(类似今天的助学金)对学生进行鼓励。其中正课学生每月给予膏火银二两，副课不给，学业愈精则膏火愈增。学堂创办初期，因学生程度不一，先行补习中学，修满后通过考试，选拔出最优等生、优等生、中等生、下等生，除给予中学毕业文凭外，分别获取拔贡、优贡、岁贡、优廪生等出身功名。师范学堂的毕业生则给予相应的中学堂、小学堂正副教员资格。

再次，高等学堂主动担当文化传播责任，促进地方文化氛围日益浓郁。长期以来，陕西交通不便，书价昂贵，贫寒之士多无力购买，文化风气淡薄与此不无关系。在改变现状过程中，陕西的高等学堂发挥了积极作用，一方面，借助学堂教育之需，大力购置图书。其中陕西大学堂的藏书最富：中学经史子集兼备，西学则以天文、地理、历史、陆军、海军、实业、理化、动植矿物分置。对于重大事件之电文，还用学堂印刷器排印多张，分贴各斋舍，供师生阅读讨论。谓“稽古莫如读书，通今莫若阅报”，设有阅报室，订阅报刊已达 17 种之多。另一方面，积极刊刻官书。宏道高等学堂建立后，除购书外，鉴于经费短绌，从上海购置了铅版活字和铜模机器，将中学、西学各切要有用之书广为排印，廉价发售。数月内，即出书运二十余种，远近州县纷纷购买，风气大开。其中，尤以商州购书最多，每一种书最多达三四百部，最少也一百余部，对地方学风影响极大。①

① 陕西省教育委员会编：《陕西省教育志资料续编》，西安：三秦出版社 2000 年版，第 510 页。

最后，地方职业教育和师范教育逐步开展，尤以师范教育最为突出。

察其原因，一是，西北近代工业初起，职业教育与地方实业发展的供求关系不对称；二是，师范教育对地方而言有培植育才之师、实现地方教育改制的直接社会效果，对就学者而言则有学即有业的直接回报。因此，陕西（高等）师范学堂创建不久，光绪三十一年（1905），关西（潼关县）初级师范学堂，凤翔、同州师范初级学堂，汉中初级师范学堂成立，宣统元年（1909）兴安（安康）师范初级学堂成立，次年，陕西第一所女子师范学堂也在省城成立。职业教育有陕西巡警学堂（1906）和宏道中等工业学堂（1909）、中等农业学堂（1909）等，但从清末陕西教育资料的留存看，这些中等学堂或实业学堂的内容十分缺乏，恐怕与当时重视不足、办理不完善、培养学生寥寥有关。郑伯奇回忆当年西安中等农业学堂，不仅教员缺乏、课目不全，连负责人都是兼差，因此常常不到学校，以致学校发生罢课，官方也表现淡漠。① 这种轻重的取向，对于陕西地方现实和建设所需实业（主要为农业）人才的潜在需求，有忽视之嫌，无疑会对陕西以后的发展造成影响。

全国大办新学堂的风潮让年轻人的视野开阔、问学机会大增，新学制下的地方高等学堂，已不能满足天赋极高的青年们的求知欲。年已 20 的李仪祉从崇实书院肄业后，又辗转于宏道学堂、关中学堂，善于算学，之外最喜英文日文。到了 1904 年，李仪祉索性和兄长直奔京师，考入京师大学堂的德文预科班。此时，甘肃西宁府循化厅（即后来的青海循化县）一位叫邓宗的年轻人，正就读于甘肃省文高学堂，三年后亦考进京师大学堂的优级师范课。后来，

① 陕西政协文史委编：《陕西辛亥革命回忆录》，西安：陕西人民出版社 1982 年版。

他们都先后学成回到地方，不仅以所学专长服务家乡，还以父辈的身份，为子弟指点了新时期的求学之路。

1905 年，“癸卯学制”颁行仅一年余，例行了千年的科举制被废除了。不过六年，千年的帝制也终结了。民国创立，先是壬子癸丑学制（1912—1913），接着是壬戌学制（1922），学堂纷纷变新式学校。读书，不再为考科举得功名。那读书又为何？要读什么书？老一代的文化教育生活方式已成为过去，年轻一代的如何展开？

（三）死读书还是闹学潮

李敷仁在乡下读了六七年改良私塾后，赶上民国初立，又进入县立高等小学校，其间从了一回军，又返回学校，进入省立三中学习，把民国初期的初等教育和中等教育都经受一遍，把学堂和学校的生活都体验了一番。学堂教育的变动和学校教育的发展，让他的知识不断增长，思想不断成熟。

李敷仁在乡下读书时，正是晚清政府令各地改造私塾为高等、初等小学堂并提倡义务教育的时期。对一些年长失学及贫寒子弟失学者，则要求设立简易识字学塾以收教。比如陇县就有公立简易识字学塾八所。这一时期西北的小学堂，比起高等学堂来，无论形式和内容都要慢了大半拍。李敷仁到成年仍然深刻记得初入学私塾时，先生开篇就要求背诵“粤自盘古”的四字鉴，可怜小孩子不解其意，记了一天仍不能背出，遭到先生痛击，昏死过去。而四字中的“粤”字，至中学仍不能明白。此后，还是把《七言杂字》《百家姓》《四书》《五经》一一读下去。可见，传统私塾教育的难度和教授方法，无疑有令一般小孩子望而生畏的地方。不过，李敷仁是幸运的，第二年换的先生，恰是刘古愚先生的弟子，自然带来刘古愚新教风:严教而爱学生。后来的杜秉衡先生,使用新法新知识,仅作文一项,就开宗明义,有题为《说空气》,令学生兴趣盎然,进步很快。教书先生的轮替和教授内容和方法的更新,渐渐透露出的新意,让李敷仁能够获得新的知识和感受,并使他在1913年顺利地考入了高等小学校。

民国政府对晚清新政的种种制度多有更新,而于教育一项则继承更多,至少在推行学校教育特别是义务教育方面做到了坚持延续。

从民国高等小学校课程设置变化看,读经一项,在从1912年至1923年间废了立、立了废,实质就是民国初年帝制与共和制斗争的结果,至于培养政治素养的课程则从修身(20世纪10年代)到党义(20世纪20年代)再变为公民训练(20世纪30年代);作为基础知识的国语、算术、历史、地理始终是保留的项目;最令学生耳目一新的大概要数培养情趣的唱歌、美术、体育和工作。从这些课程的设置上说,新学校教育中,增加了对学生审美情趣和健康体魄的培养,以及对自然科学的认识和动手能力的训练,是比较完善和合理的。相对于传统的私塾教育,教育内容的扩展,必然形成不同专业教师的聚集、教师队伍的扩大,学校不仅成为新知识的传授场所,也促使新教师关系和师生关系形成。新学校必然是学生接受新知识和新观念的第一场所,也是学生最先利用新观念实践于生活的场所。

李敷仁学习十分刻苦努力,因此获得四年免费生的待遇。实际上,1912年继续推行的义务教育,由于经费的原因,迟迟不能完全实现,除了部分省立县立小学校外,大多数小学校仍然以收取学费维持学校的开支。为了鼓励更多的学生进入新学校,高等小学校也常常设立免费生制度,后来在大中学校中,也开始设立奖学金。民国年间文化教育比较发达的县，多能设立教育基金会以奖助优秀的学生继续学业。这使像李敷仁一样的农家子弟，通过自身的努力可以获得更多求学机会。

不过，还有大量学生是在改良过的私塾小学校接受教育的。由于初等教育的迅猛发展，省立、县立的学校远远不能满足大多数学龄儿童就学的需要，这就为私立学校的蓬勃发展扩大了空间。一时间创办私立学校蔚然成风，从长安县教学督导们调查的情况看，在整个十区的小学校中，县立学校还不到 20%。这些私立学校作为公立学校的补充，使学校教育事业得到推动。但教师教学水平的良莠不齐，也令学校教育存在问题。如，在民国年间各省大专学生的统计中，陕西籍学生的比例比较小。如果要溯源的话，小学校的质量较低间接影响了陕西地方高等专门人才的培养。1935 年《长安县教育视导报告》称，长安县第三区共有小学 9 所，其中私立共计 7 所，其中仅有 2 所小学能够按照新式教育分班授课，教职分离，其余 5 个皆为私塾之变相。在此状况下，学校教师素质令人担忧。譬如私立同志小学设于一私宅内，教师丁子尚，高小卒业，耳聋手僵，教法陈腐不堪。这种所谓新式小学的教学质量，也就可想而知。①

高小毕业的李敷仁投军、教书，辗转三年后(1920)，再次投考了省立第三中学(此校于 1927 年与省立第一中学合并)，父亲以学费比较昂贵(一年五六十元)劝他放弃，李则在省吃俭用和半工半读中坚持完成了学业。不过，再次毕业的时候(1925)，他没有再要升学的想法，这在当时颇有代表性。1930 年的全国各省、市学务统

① 《长安县教育视导报告》,《陕西省教育志资料选编》第 2 辑，内部刊物，1985 年印刷，第 5—31 页。

计数据表明：当年陕西中等学校数量35所（含师范和职业学校），学生数4 459名，经费数534 459元，在全国排序中，分别为第20位、22位、21位。而同年专科以上学生总数361人，平均每百万人口中仅31人，这个数据在全国排序第20位，仅胜于甘肃、新疆；陕西籍留学生12位，占全国留学生总数2.7%。①

究竟是什么，让能够进入学校接受新式教育的学子们，匆匆离开学校？

李敷仁总结他高小四年的学习生活："分数"的奴隶制确已麻醉了我，每年考第一，四年免费生；什么都学了，什么都没有学好。后来的中学生活，则是为了"保持学籍"和"免交学费"，脱离学生会，成了死读书的"好学生"一派。一个努力勤奋、学考第一的学生，感受到新式教育内容的新鲜，却感叹自己有拜倒在"分数"脚下的盲目和读死书的无用，大有非主流的感慨。在当时日见繁盛的学校中，究竟是什么样的学习风气，让受过新式教育的学生感到失望，让更多的学生和家长感到畏惧？

高小四年的生活中，李敷仁第一次参加了驱逐校长运动。据称"学识本事都不错"的校长，对学生要求严格得几乎刻薄。有人发现他在经费上不清楚，就开始组织掀起驱逐校长运动。最初是晚上熄灯以后，悄悄做出归寝伪装，然后都翻墙去看戏。不料看戏结束，被站在墙下等待的校长抓住，抡了一顿板子。当晚，学生们就开始酝酿算校长的学费账。第二天一早，涌去和校长吵闹、砸锅摔碗，一起离校，上城楼聚议非赶走校长不进校，还全体进入张爷庙赌咒，轰动了全城。后来，因为在食宿问题上发生困难，纷纷退

① 陕西省教育委员会编：《陕西省教育志资料续编》，西安：三秦出版社2000年版，第163—165页。

却，回家的回家，回校的回校。一场运动以失败告终。①

其实，闹学的现象，早在清末学堂时候就已经出现。1908年，关中“蒲案”爆发，而引发小学生斯原被知县刑罚致死参案的源头，正是蒲城县高等小学堂教师陈同新等与学生由学校经费的问题对知县提出声讨，遭到压制后，发展成为由省教育总会、高等学堂、师范学堂共同参与的驱逐知县和提学司活动。这场运动极大地激起了陕西学界的联合和振作，在争取教育经费独立，唤起官方对教育的切实重视以及推动新式教育的方面具有积极意义。不过，年幼学生于懵懂之中卷入运动而丧命，迎合了地方民众倾向于用极端手段以取骇人之效的风气。对于学生来说，白白丧了性命。对家长来说，送子弟求学，却为“学堂”之激荡吞噬了孩子。不过，时人对这种激烈之作为，不以为忧，反以为勇。民国肇兴，教育兴盛，以五四运动揭橥科学民主之大旗为标志，对新学知识的汲取，不断深入到精神的层面，不过，要全面嫁接缘起西方的科学民主，便首先有了破除传统教育当中遗留的服从精神的做法，学潮之风从此得以沿传。而民初军阀混战，相互倾轧，学生对于时局的认识尚不清楚，所谓学潮，兼有民众闻风而动，时人谓之“闹”学潮。

1920年进入中学的李敷仁，在一场场学潮中开始变得迷惑。最初因为北洋军阀与洋人签订卖国条约，引发学生游行抗议，有学生以头击台角，满面流血，群情振奋，游行示威，并乘势捣毁西关教堂；接着，又有学校驱魏（魏野畴，中共党员）运动；在军阀刘镇华、吴新田、孙岳、李云龙抢夺陕西地盘的混战之中，学生们搞不清究竟是谁该掌管陕西，却义无反顾地投入驱吴运动当中。开始，李敷

① 李荷丽编：《李敷仁诗文选》，西安：陕西人民出版社1984年版，第24页。

仁还是学生会的积极分子，后来因为搞不清究竟谁是谁非，为能够完成学业、谋份工作，索性退出学生会，专心做起了用功的好学生，因此，遭到了革命派学生的口诛笔伐。

在一部分学生以革命的热情投入到一场场运动中时，有一部分学生回归到生活的本质，投向谋生的道路去了。或许，一向学习用功的学生可以在条件允许的情况下，继续求学深造，以获得更广阔的发展空间。不过，民初西北地区的大学，似乎并没有给予求学者更多的希望。

出生在陕西关中一个官僚家庭的王独清，是一个更有条件和机会接受新式教育的青年。但在王独清要求父亲送他上新学堂时，父亲却表示不赞成。这位父亲说："平心而论，我也不反对变法，但是像现在那般人所说的不是变法，而简直是造反！"，而"学堂便是造成这种风气的地方"。① 后来，在学堂越办越盛之际，了解到以儿子在家受业的程度直接进入高等学堂学习也不吃力，却又担忧起学堂级别与其教育程度的不符来，加之来往的学堂监督和学监，以学堂误人子弟极力阻止，终归使王独清与学堂无缘。晚清功名学者对新学堂酝酿的新气象表示出保守的态度，尚是可以理解的，学监的态度却着实耐人寻味。1913 年，王独清终于得到进入当时陕西创办的两所新式高等学校之一——三秦公学读书的机会，却发现大学的生活与他的希望相去甚远。

西北高等教育从高等学堂的创办开始，就由于学生程度不足，各高等学堂分设预科与正科，先以预科进行中学补习，后进入正科学习。截至清亡，除了师范学堂、法政学堂有正式毕业生外，宏道和陕西大学堂均无正科毕业生。学生毕业后取得中学毕业证书，

① 王独清：《长安城中的少年》，上海：上海光明书局 1936 年版，第 74 页。

分流考取国内分科大学、出国留学或者进入社会。甘肃在1909年成立的法政学堂，当年招收讲习科100人，法政别科130人，年龄小有十二三岁，长有六十余岁，知识程度不一，根据身份分为官班（候补人员）、绅班（本省籍举、贡、生、监）、客班（外籍有功名前程之人），平日个人按时领取奖金和讲义，却鲜有到堂学习者。直至1913年甘肃教育厅厅长马邻翼整肃学风，次年令法政学堂这200余人参加考核，其中得以毕业者仅100人，法政学堂告以终结。同年，甘肃公立法政专门学校筹备成立。①

为解决陕西中学生的升学问题、造就西北建设人才，陕西军政府批准创办了西北大学和三秦公学，以清末陕籍留学生和国内高等学校毕业生为师资力量的主体。当年，西北大学就吸引了陕、甘、新等省学生共600余人前来投考，三秦公学则招取了学生428人。王独清恰是在此时开始了他的大学生活。两所大学虽科类设置略有不同，但大致来说，都把大学办成了高等预备班或者中学补习班。如西北大学分设大学部、专门部和大学预科部，先招取的是大学预科学生和文、法、商、农专门部，到1914年停办时，除了原来法政学堂的毕业生外，再没有毕业生。1924年再办后，学员一度达到258人，到1926年，在经费缺乏和西安围困的双重压力下，已经师生俱无了。三秦公学设置的留学预备科，主要为准备留学考试的补习班，下分英文、德文、日文班；高等预备班则是国内大学备考班；另有数理化专科、桑蚕专修、简易科，以及中学班。② 三秦公学和西北大学的学生，实际上与中等学校的学生基本上面临一样的

① 邢邦彦：《清末法政学堂到兰州中山大学》，《甘肃文史资料选辑》第17辑，兰州：甘肃人民出版社1984年版，第6页、第8页。

② 陕西教育委员会编：《陕西教育志资料续编》，西安：三秦出版社2000年版，第590—609页。

升学或就业问题。王独清进入三秦公学的中学班后，经受了种种考验，先是高年龄同学玩弄低年龄学生，除非用打架才能解决，其次学校教授的理科课程内容浅显，国文课还不如《秦风报》上的文章读起来更顺畅精彩，最终因为教员知识水平低下，中学班闹起了罢课。失望中，王独清愤然离开三秦公学，成了游荡在长安城中的少年。在教学水平迫使部分像王独清这样的学生离开学校的同时，军阀政治的黑暗和腐败则令更多学生对学校生活产生了苦闷和失望的心情，一时间退学成风，颇引人注目。

甘肃的情况大致类同，1914 年成立的公立法政专门学校，由日本法政大学留学生、川人蔡大愚主持校务，尽管有严肃学风、奖励全勤之措施，第一年考试和预科毕业，不及格者即半数以上。其学校所处氛围，也是“政党之竞争激烈，省内外之见又深，他校皆相继起风潮，本校学子素称好事，人皆引以为虑”。① 1920 年，甘肃旅京学生邓春膏撰文《甘肃的留学问题》，尖锐地指出，甘肃要培养高等人才，就得将已有的普通知识者分送外省专门学校或到外国去深造，因为“甘肃处群山之中，人民本富于保守性质，所以各种事业都落人后”，此时唯一救济方法就是提倡留学，且“留学日本”不如“留学欧美”以接受直接的学术。② 邓春膏的父亲正是当年考入京师大学堂的邓宗，彼时已经回到甘肃，先后担任甘肃省立师范学校校长、甘肃省巡按使公署教育科科长。邓宗不仅支持儿子邓春膏从甘肃省立第一中学直接考入北京大学，还在家乡主张男女平等，力倡女子教育平等权，女儿邓春兰更在父亲的支持下，写信给北大蔡

---

① 蔡大愚：《甘肃法政专门学校成立记》，《甘肃省文史资料选辑》第 17 辑，兰州：甘肃人民出版社 1983 年版，第 4 页。

② 邓春膏：《留学问题的我见》，《新陇》1920 年 6 月第 1 卷第 2 期。

元培先生呼吁大学招收女生，随后如愿考取了北大第一批女生文科旁听生资格。邓春膏深体甘肃高等教育之状，不久即留学美国并获得教育博士学位。

1918年，新疆的锡伯族青年广禄，从伊犁惠远简易师范学校毕业后，决意前往北平深造。这在伊犁成了骇人听闻的新闻，父母亲戚多加阻拦，以为一个边地青年，一旦到了北平那样的花花世界不仅书读不好，甚至连骨头都找不回来。① 受到新文化感召的广禄决心不动摇。后来，新疆唯一的高等教育学校——省立俄文法政专门学校，在1924年才由杨增新开办。学校里除了俄文和法律是必修课外，就是以四书五经为主要内容的国文课。一贯热心书院和学堂教育的杨增新，对俄文法政学校的学生们却有两个要求：一不准谈政治，二要俄文口语流利，②似以培养翻译人才为目的。这在1918年广禄拜谒杨将军(杨增新)预备前往北平求学前，就已经十分明确。当了解广禄和其余两个青年分别想学习法政、军事和教育时，杨将军当即严肃批评说："新疆并不需要你们想学的这些东西，新疆需要的是实业。你们如果到哈尔滨去学习造毛毡或者去日本去学习纺织，我就给你们公费，学成回来还要重用你们。北平是制造革命党的地方，革命党是主张破坏的，新疆这地方需要兴办实业，安定人民生活，并不需要革命，你们学革命有什么用处？"③在听说青年们表示改学工农业后，即欣然签发给教育部咨文，保送其前往北平求学。1928年，在为省立俄文法政专门学校第一届毕业生举办的毕业宴会上，杨增新被刺杀。1933

① 广禄著，锋晖编：《广禄回忆录》，北京：社会科学文献出版社2013年版，第15页。

② 陈慧生、陈超：《民国新疆史》，乌鲁木齐：新疆人民出版社1999年版，第173—180页。

③ 广禄著，锋晖编：《广禄回忆录》，北京：社会科学文献出版社2013年版，第18页。

年，盛世才改俄文法政专门学校为新疆学院，为民国时期新疆唯一高等学府。

二、抗战时期

清末民初以来，西北的文化教育，随着全国政体、学制的变革而变化。抗战时期，西北迎来了政局稳定、经济开发、战时大后方的历史阶段，西北地方文化教育呈现学校教育和社会文化教育同步并举，老一代、新一辈文化人纷纷活跃在各类新文化事业中的盛况。

（一）留学归来

对于李敷仁这个普通的农家子弟来说，自从中学毕业后开始谋职，从没有想到过竟然还有留学的机会。1930 年，他得到时任西安绥靖主任杨虎城的欣赏和资助，前往日本留学，感到了“从来未有的高兴心情”。

早在清末民初之际，留学就是一件极为时尚的事情。在官方看来，留学是造就栋梁之材的捷径；在留学生自身来说，留学是成为社会精英的捷径，是最有前途的求学之路；在一般民众的眼里，留学生都是社会上见过世面的人、先进的人。无论是就国家的危亡昌盛，还是个人前途命运而言，留学都因为人们对富强的倾慕之情而被寄予了深深的热望。西北学子并非置身局外，只是苦于官派数量稀缺，一般家庭更无力供读。西北交通的不便利，更为学子们的留学平添一份障碍。1928 年，泾阳人冯润璋发现，从上海坐邮轮和火车抵达日本东京去留学的全程票价还不到 20 元，竟比从上海回陕西的旅费还要便宜。① 也就无怪乎李敷仁得到资助后兴奋不已。

1904 年，第一批陕西官派的 17 名留学生，已经坐在异国的教室里了。他们是近代西北最早漂洋过海到日本的青年学生，随后陆续又有四批官派留学生。在官方的示范影响下，问学于域外的形式也很快为陕人热衷，先后有高等学堂、师范学堂、宏道学堂纷纷派员出国考察学务，陕西学务处、署学司派员出国考察学务，甚至出现自费出国考察实业者，陕西私费留学生人数有所增加。一时间形成留学热，是陕西教育史上难得的发展大潮。

对民初的甘肃和新疆青年学生而言，出省到内地读书和出国读书两种情形都被称为“留学”②。1904 年，甘肃派出 7 位学生出省前往京师大学堂和京师法律学堂学习，被视为甘肃留学之始。到 1906 年始选派出第一批 5 位翰林前往日本法政大学。1913 年甘肃省长公署制定《甘肃省派遣官费留学日本学生规程》，甘肃留学生派遣趋向正规化。③

陕西高等学堂监督樊增祥，在首批赴洋留学生饯行宴会上，高举酒杯勉励留学生们“学成名立，三年归来，河狱腾光，桑梓表色，吾将与三秦父老张乐设饮，相见于灞桥之上”④时，并没有想到留学生们会怎样用他们的力量装扮三秦大地。

---

①《老留学生忆留学生活》，《西安文史资料》第 16 辑，西安：陕西人民出版社 1990 年版，第 93 页。

② 孟非：《甘肃近代学校纪事》，《兰州学刊》1985 年第 5 期。广禄著，锋晖编：《广禄回忆录》，北京：社会科学文献出版社 2013 年版，第 22 页。

③ 王劲、杨红伟：《近代甘肃的“留学生”及其对地方经济的影响》，《兰州大学学报》2000 年第 6 期，第 84—85 页。

④《秦中官报》1905 年 9 月第 1 期。

四川举人徐炯于1905年受陕西高等学堂委托，监督陕省各学堂选派赴日本留学学生，于1906年提交了一份当年在册留学生调查表。从生源和选择分科上，详细记载了当时学生的情况，其中，官费生55人，所习科目陆军19人、工科17人、铁道科10人、农科4人、商科1人、医科1人，法科1人、警察科1人、师范1人。私费生11人，习普通科7人，铁路科2人，师范1人、警察1人。由于这批学生年龄16岁至40岁之间不等，预期学满回国都在六七年之间，恰是强壮之年，地方建设可倚重之才。如果以其所习分科，推测未来地方建设中轻重的分途，大致兵工之类为世人所向，趋之若鹜；农商师警作为陕西地方建设急需的学科，反而学者寥寥。徐炯对此表示担忧，在《致尹太守书》中，徐氏认为陆军主于耗财，越整顿耗财愈巨；工艺则主生财，越整顿生财愈巨；财政不修，则一切新政则无从着手。可谓切中陕西地方发展的要害。徐氏显然认为这种理念应该渗透在学务当中，故热心于向尹太守推荐《法政粹编》，建议发至陕省各府县，使有缺无缺者皆肄习；以学务处向各学堂发放各国地图，以明了各国地理历史；建议网罗工科教习、罗致陕西农学卒业生归秦服务。① 而徐氏本人因已经觉察到学生倾向于学习军事，常有集会之举，不仅出面阻挡部分学生报考日本振武学校，更以“前志有之，夫兵犹火也，不戢将自焚，我国历史凡兵溃、兵哗、兵叛诸事，几于史不绝”向尹太守暗示，称军人道德尤为重要，军人聚会尤为不可。留学生马凌甫回忆当年他要求转振武学校时，徐炯就以他平素喜欢研究自然科学而不同意。如果说徐炯对留学生参与同盟会的行动表示担忧，代表了维护传统体制的官方立场，那么徐炯在目睹日本和亲历中国学习西学过程的基础上，对

①《秦中官报》光绪丙午年四月(1906年5月)第5期。

陕西官方办理学务和陕西留学生的发展取向提出的看法和建议，可谓独具眼光。

事实上，不唯留学生对实业表现出淡漠，清末创办的陕西巡警学堂(1906)和宏道中等工业学堂(1909)、中等农业学堂(1909)等也多显薄弱，也表明了官方对实业人才培养的淡漠。这种取向，在教育格局上也形成了轻重之分，都将对陕西社会发展态势造成影响。后来，一向偏以保守和沉静的陕西，竟能成为辛亥革命爆发后的首应省份之一，与留学生的组织领导和积极参与关系极为密切；陕西地方在辛亥革命后并没有获得持续发展，更与陕西地方对培养实业人才的引导不够有关。

陕西为此付出了一定的代价。陕西留日学生击破笼罩在地方的暮霭与沉闷同时，也激起了潜伏在地方的躁动。推倒清朝后，陕西也演绎成了一场“群英会”，武力成为这个时期的霸主，文化教育也就沦落成为权力的第二战场。尽管留日学生们试图开创陕西建设的新篇章，局势却已经不为他们所能控制。1912 年，留日学生发起创办三秦公学时声称，“公学成立，适当共和告成、戎马初息之日。……今日欧美文明进步之猛，令吾辈竭尽心力以追之，犹恐瞠乎弗及，倘稍停足踌躇，则已不可复望肩背噫。……科学者人类进化不可缺之事也，今且孜孜讲求，虽不及欧美，犹人与人之不相及也。若如此再历若干年，恐人之视我殆狒狒狌狌之类也，可不惧哉。”①但仅三年，三秦公学与同时创办的西北大学就先后夭折。此后，近十年时间内，除了法政学校外，陕西的大学教育几乎空白。民初，陕西文化教育发展低落甚至停滞。

---

①《三秦公学第一周年纪念》，陕西省教育委员会编:《陕西省教育志资料续编》，三秦出版社 2000 年版，第 605 页。

随着帝制终结和民国确立，西北地方所办高等学府多有设立预科外文补习课程，亦为西北学子“留学”创造了条件。如，三秦公学所办理的留学预备科补习德文、英文和日文，就助力了陕西输送研习欧美文明的又一轮留学之风。越来越多的实业科学文化类留学生也取代当年御侮类留日学生，开始活跃在西北社会各界。

1930 年冬，陕西留德学生李仪祉，正式开始实施陕西水利工程——泾惠渠，为此他等了八年！其间他曾数度返回陕西，又不得不因时局不稳、无法实施而离开。

早在 1913 年，已是而立之年的李仪祉赴德国求学，遍游“俄、德、法、比、荷、英、瑞诸国，考察河渠闸堰堤防，相与慨吾国水利之颓废，毅然有振兴之志”。因此，专攻水利一科。1915 年学成回国后，最初执掌南京河海工程专门学校，培养中国第一批水利人才，勘察河流形势，颇有成就。李仪祉于 1922 年下半年欣然接任陕西省水利局局长一职，兼陕西渭北水利工程局总工程师，筹划关中水利、引泾溉田，造福地方；同时致力于地方水利人才的培养。1923 年兼任陕西省教育厅厅长，筹划陕西全省教育及振兴文化事宜，倡办水利道路工程专校。1924 年又兼任国立西北大学校长，扩充大学设备、培植西北最高学府专才，同时，倡设陕西古物保管会，振兴陕南水利。1923 年，李仪祉根据勘测资料，编写了《陕西渭北水利工程局引泾第一期报告书》；次年冬，著成《勘察泾谷报告书》《陕西渭北水利工程局引泾第二次报告书》《引泾第一期工程计划大纲》《我之引泾水利工程进行计划》《请拨庚子赔款以兴陕西引泾水利说帖》《工程上的社会问题》《重农救国策》等著作，为陕西水利事业奠定了理论基础。

但是，20 年代之陕西，军阀混战不止，各项水利计划无法实施，李仪祉在给友人的信中，表露了这一痛苦，“弟自十一年回陕，乡人之属望愈切，弟心神之苦痛愈甚，荏苒光阴，去我如矢，前后五年，终无一事可以慰我乡民者。去春冯公来，注意郑白。弟行谷口，遍告乡中父老，谓锸云抉雨，不日可期。无如时期未至，终为画饼。于是弟羞见父老。”[①]稍可告慰者，乃水利道路工程专校（已改隶国立西北大学工科）已有学生学成毕业。1928年，陕西又遭大旱之灾，时任华北水利委员会主席的李仪祉，在主持各类国内水利工程之余，始终未忘复兴关中水利工程之志，时时关注陕西政局变化等待时机。

1930年陕西政局已定，11月杨虎城就任陕西省政府主席，8日宣布治陕方针，第六条就是“兴办水利”，遂邀请李仪祉返回陕西接任陕西省政府委员兼建设厅厅长。同时，在北平华洋义赈会与陕西省华洋义赈分会会长康寄遥充分商讨、实地考察后，[②]引泾工程作为华洋义赈会与陕西省政府的合作项目，正式付诸实施。历六年二期工程而毕其功，灌溉面积达59.59万亩（1936年统计数字），惠民无量。在泾惠渠一期完工之时（1932年），李仪祉即辞去建设厅厅长之职，一意专任陕西省水利局局长，制订《陕西水利工程十年计划纲要》、全力倾注于“关中八惠”——泾惠、渭惠、洛惠、梅惠、黑惠、涝惠、沣惠、泔惠——水利事业，计划在十年内水利惠及全省，使陕西成为一个模范农田水利区。1933年，开始实施洛惠渠工程，1935春动工渭惠渠，1936年梅惠渠开工；其间，还亲赴陕南、陕北考察筹划了陕南汉惠渠、褒惠渠和陕北的定（无定河）惠渠，至1938年李仪祉因病逝世时，泾渭洛梅四渠已初具规模，灌地180万亩，初步实现了“郑白宏愿”。抗战时期陕西水利事业之鼎盛，是留

---

① 胡步川：《李仪祉先生年谱》，《陕西省文史资料》第11辑，陕西省文史资料数据库.

② 康欣平：《华洋义赈会与泾惠渠修建》，《中国社会经济史研究》2011年第3期，第73页。

德学生李仪祉将科学文化和技术播耕家乡、馈赠父老的最珍贵遗产。

1940年留美学生张心一(1897—1992)被国民政府行政院任命为甘肃省政府委员兼建设厅厅长之时,正是他以中国银行农贷稽核兼经济研究室副主任之职到西北视察银行农贷业务期间。1927年以农学博士学成归国的张心一做过金陵大学农学教授、干过立法院农业统计科科长、创办“农情报告”制度、主持农贷等,做研究、搞业务样样精通。这个甘肃农村出身的农业经济学专家在鼎盛之年回到家乡,却执意做了一个“平民厅长”——拒绝宴请、拒绝前呼后拥、拒绝高屋美室!朴素低调、衣食简单,只骑自行车上班办公和出外调查。甚至因为穿着朴素不讲究,进入省政府时被门岗拦住,一时在兰州传为笑谈。

张心一看重的只有一件事,就是本着“要做事,不要做官”的精神,如何“利用中央的经费,省外的资金和外省的人才来办理自己办不到的事业”。抗战期间,作为大后方的战略地位,为甘肃带来了难得的中央支持和人才来源。张心一正是看准了这一点,也利用自己多年积累的社会声望和人脉,在1940—1946年任职期间,积极寻找、利用一切外界的支援,发展甘肃建设事业。这期间,甘肃办理各种建设的“事业费约二十一亿,本省自筹不过十分之一,其余十分之八由中央补助,还有十分之一由国际救济机关补助”;六年里的大型水利借款,共约八亿元,“系由中国农民银行供给十分之九,中央垫借十分之一”等等。用人方面,张心一拒绝说情托请,唯才是用,甚至宁愿“三顾茅庐”去请需要的专业人才,因此聘请了一大批外省人才加入甘肃经济建设,“高级及中级技术人员,十分之九以上都是从外省来的。就是大部分技术工人,也是借重河南、山西、四川等省的人……”①张心一不仅以“要做事”的精神，极力筹措保证各项建设事业经费，更以书生本色，把现代农学科学技术应用到甘肃地方发展中。在他主持建设厅期间，不仅兴修水利、推广农业新品种和农业机械，还特别主持进行了水土保持实验，为甘肃的荒山植树种草，积累宝贵经验，办理湟惠渠灌溉区自耕农扶持示范工作。张心一将抗战时期的各种有利条件和自身所学的现代科学技术有效结合起来，为甘肃地方建设事业做出成就。

与理工农医类留学生们用科学技术贡献地方经济建设、传播科学文化不同，人文学科的留学生们带来了更直接的现代思想、文化、教育、外交理念。

留美教育哲学博士邓春膏（1900—1976），1929 年回到甘肃，接任了兰州中山大学校长一职。邓春膏接手中山大学之时，甘肃的政局尚未稳定，诸事艰难。从 1929 年至 1936 年，兰州中山大学一度更名甘肃省立甘肃学院（1931），②经费、师资、设备、院系等问题都亟待解决。单靠省政府拨付经费严重不足，邓春膏就奔走东部各省地寻求募捐，请求慈善团体救济以扩大财源；构建大学图书馆、实验室、解剖室、礼堂、游艺室、宿舍、教室等各种必备设施，实验仪器、运动场地及器械力求具备；创办中国文学系、政治专修科、医学专修科、农业专修科等学院；延请本省、外省各类学有所长者任教，至 1935 年教职员有 39 人，其中有归国留学生 11 人，获博士学位者 5 人，也有甘肃举人、最优等法官、著有《甘宁青史略》的经史专家慕寿祺老先生受聘为文史系教授。邓春膏还亲自授课，包

① 王劲、杨红伟：《甘宁青民国人物》，北京：中国社会科学出版社 2013 年版，第 280—281 页。

② 张新国、李生茂、王玉林：《兰州大学校史》，《甘肃文史资料选辑》第 17 辑，第 14 页。

括《哲学概论》《西洋哲学》《法律哲学》等课程。①

1925年，自北平俄文法政专门学校“留学”后回到新疆的青年广禄(1900—1973)，很快成长为一名成熟的外交、民族事务专家。忆及初入俄文法政专门学校之时，同学少年竟有“新疆人是否亦吃米面”之问，②广禄愤慨不已，以中国之内，国人已对新疆隔阂如此，而中俄边界自东到西绵延万余里，俄国对中国西部边疆之野心昭然若揭，若不深入了解外国对新疆之认知，日后何以保全新疆版图？留学归去做个一官半职非其所志。广禄因此拒绝了中东铁路服务的差事，请求保送莫斯科大学进一步深造，以期未来能于边疆有所作为。不料，在莫斯科不能如愿以偿入法律系学习，③加之，时任新疆主席杨增新极力留用，遂回到新疆担任了杨的俄文秘书，专长处理关涉中苏事务。广禄很快以他稳健、诚实的行事风格和理性全局的眼光为杨增新赏识，在处理中苏之间以及新疆民族事务上，颇为稳妥和平。

1927年，在南疆喀什抓到几名苏联间谍，按照杨增新的做法，将以“破坏新疆治安”秘密枪毙。但，青年广禄却以“新苏关系一向友好，此次逮捕之苏联间谍，来新后工作尚未开展，为免影响邦交起见，已拘之间谍，拟予驱逐出境”的冷静建议，圆满化解了新疆与苏联之间可能引发的不快，得到杨增新“所拟甚妥”的赞赏。紧接着，当时昌吉、迪化、绥来、呼图壁等县内，由苏联边境逃来的几千

① 王劲、杨红伟：《甘宁青民国人物》，北京：中国社会科学出版社2013年版，第299—300页。

② 广禄著，锋晖编：《广禄回忆录》，北京：社会科学文献出版社2013年版，第139页。

③ 据广禄回忆是因其持有的是北洋政府外交部的推荐信，而非国共任何党派的推荐信，因此被拒。广禄著，锋晖编：《广禄回忆录》，北京：社会科学文献出版社2013年版，第82页。

户哈萨克牧人联名呈报杨增新请求加入中国籍，此事发生后，广禄再次受命前去调查这些哈萨克人的户籍问题。途中，广禄多次受到贿赂却不动声色，待调查清楚后，召集逃哈所有头目，明确公告"不但我无权批准入籍，就是将军也无此权，这是内政部的事，将军根据我的调查方能转内政部核办"，并警告各头目，要想入籍，只有尽快把户口办清楚，送元宝行贿也办不到！① 此举，不仅坚持杨增新与苏联斡旋、极力维护新疆稳定的基本原则，更从国家的高度上，明确了新疆是中国一部分以及中央与新疆的关系，避免了一次影响中苏关系的事件。

广禄一次次站在了新疆是中国不可分割的一部分的坚定立场上。1928 年杨增新被刺，继任者金树仁派遣广禄赴京（南京）公干。次年，广禄又由外交部任命为驻苏联宰桑领事，以为收回新疆边界塔什干、安集延、阿拉木图、斜米、宰桑五领事馆而统一外交权之先声。1930 年，国民政府又以其熟知新疆，任命其为立法委员，广禄遂成为沟通新疆与中央的桥梁人物。九一八事变后，东北抗日义勇军苏炳文、王德林、马占山、李杜四部分军队 1 万余人撤退到西伯利亚，在严寒的天气中忍饥挨饿，四处流落。国民政府与苏联政府几经交涉后，始达成协议，由中央政府负担一切费用，苏联政府将这部分抗日军送达新疆塔城边境，交新疆政府接收，广禄奉命办理接收事宜。"新疆在此危机之秋，获有这批生力军，真是邀天之幸……而我个人竟得担任这样大的任务，也引以为荣。……"广禄积极成立"东北抗日军招待办事处"，募集筹措各类衣食住行一应物品。从 1933 年 2 月始，历时四个月，接回东北抗日军 1.3 万余人。在边卡，目睹衣衫褴褛的抗日军们在国旗面前纷纷跳下车肃

① 广禄著，锋晖编：《广禄回忆录》，北京：社会科学文献出版社 2013 年版，第 85—87 页。

立唱起国歌之震撼场景，广禄窃喜新疆有救，祖国这块版图绝不会变色，不由得感慨万分。正沉浸在接回东北抗日军的喜悦之中时，广禄收到金树仁要求前往办理苏联军援以应对马仲英的任命通知。闻此“与虎谋皮、出卖新疆”的做法，广禄怒不可遏，表示“宁可断头，而不作卖国的勾当，以负国而辱家”，坚辞不就。此事后因苏联另有所思，金树仁也随即下台而不了了之。坚持国家立场、力图维护新疆与国民政府中央关系的广禄，随后在塔什干总领事任上继续服务于中苏外交事务，1938 年竟为盛世才下狱，直到抗战胜利前一年，吴忠信入疆时获释。

曾有短暂留学经历的李敷仁，也被推向了陕西社会文化事业的前沿。

从 1930 年底抵日本到 1931 年九一八事件爆发后回国，李敷仁才刚刚结束日文补习和高等预科学习，还没有来得及完成政治经济学的学习计划。但，令李敷仁感触最深的是日本社会中弥漫的浓厚文化气息和学习风气。惊叹于日本对世界各国最新的名著读物“十日可以译出”，而书刊的价格不仅很便宜，制作也很认真。一般的课本后面，大致都有几版修订的详细说明，修订过十几次、二十几次的书物是相当多的。书店里总是挤满了看书的人，在书店读书蔚然成风。大量的补习学校，不仅养活大量的失业文化人，也教育大量的失学青年、失学成年。“国民生活的困难，与生活的上进，都表现得很明显”。①

李敷仁对此时日本社会严整上进的文化风气颇有感触，这不仅与他之前有过从教的经历有关，更与西北特别是陕西的情况有关。20 世纪 20 年代末 30 年代初，全国军阀混战的局面逐渐结束，

① 李荷丽编:《李敷仁诗文选》，西安:陕西人民出版社 1984 年版，第 60 页。

政局开始趋稳。陕西乃至整个西北，以极其悲壮的方式迎来这种稳定。先是西安围城之战(1926)，举城伤亡十万余众(甘肃、新疆之变乱，民伤亦不遑多让)；继之陕甘三年大旱(1928—1930)，饿殍者大城五六万、小城二三万；随之“虎烈拉”席卷关中(1931—1932)，4个月内夺13万余性命。当极端的痛苦与绝望弥漫在大地上时，反思与振作也开始萌发和生长。为争生存，公共卫生体系和各项水利工程开始创建和推进；在求发展中，各类文化事业开始迅速发展。李敷仁回国后，在从事文化教育工作的同时，更热心于创办《老百姓》报和推动社会文化风尚的形成。

抗战时期身居大后方的西北普通知识青年们逐渐拥有了颇为多样的职业历程。

(二) 办教育、办报纸

与传统文化教育“学而优则仕”的价值取向不同，近代学校教育的普及，目的在于提高整个国民文化素质，使受教育者“养成生活的能力”。

从日本回来的李敷仁，并没有如期担任县长职务，却揭开了他人生职业的第二篇章——从教和办报，这既是其个人爱好的归宿，更是社会变动的结果。

1. 学而优则“士”与学而优则“仕”

如前所述，在民国初期学校教育推行中，由于受时局和各种思潮的影响，学生厌学和退学的情况比较普遍。坚持学习的学生除了极少数升学或者留学，大多数都中止学业，走上社会，谋求一份职业。但是，民国初年局势混乱不堪，军事局面的持续，对于青年学生来说，比学校文化课程的教育更具有潜移默化的作用。乡民对辛亥革命的感受是“下窨子(一种地道，关中人跑战乱时藏身于地方)”“看告示”“看打仗”“讲对联(辛亥革命时从军队流传到民间的对联)”;而城市人的感受则是紧随军营,不约而同地武装起来,争着去抢夺富家和地主家以“发洋财”。“所有在街上跑的人都是扎着包头,绑着草鞋,手里或是来福枪,或是土枪,甚至还有的在拿着大刀、铡刀等。暴动简直是抬起了整个长安……”而地方势力如江湖会党、刀客们,开始了权力的争夺战,竟演成一天之内全城住户门上轮替挂红白旗的闹剧。① 高小毕业的李敷仁,就带着“只有枪杆子能解决问题”想法,买马吃粮当兵去了。父亲对儿子的选择不但未加阻止,反而表示“子大不由父,叫他闯去吧!”至于在哪个军队当兵并不重要,重要的是当兵已经成为青年学子谋取生活和事业的一种普遍的取向和选择。当李敷仁参加的模范营与秀才郭坚带领的以陕西刀客为主的军队对阵时,李敷仁和对方营中数十位同学见面时,竟然能够相对哈哈一笑,谁是谁非置之不理,不过是吃粮打仗而已。当然,除了李敷仁这样投身军队的学生外,还有相当一部分学生出于对革命的追随而踏入军营,军队成为革命的代言人,这进一步说明,军事状态的持续对于青年的教育,要比学校文化教育的影响来得更为直接和有力。

事实上,投入军队被视作谋生手段的背后,仍然有“学而优则仕”的传统影响因素。民初以来,西北地方政府主席多为军人所担任,②

---

① 王独清:《长安城中的少年》,上海:上海光明书局1935年版,第108—110页。

② 自1912年至新中国成立前夕,陕西省政府历届主政者共计23人,其中以督军身份主政者10人,以主席身份主政同时担任重要军事职务的有8人,仅有5人为无任何军职的省长或主席。参阅《潼关文史资料》第8辑,西安:太白文艺出版社1998年版。甘肃自1912年至1949年解放前夕,主政者共计16人,以主席身份主政同时担任重要军事职务者有11人,无任何军事职务的文人主席仅2人。参阅张振中《民国时期历任甘肃省政府主席简介》,《档案》1991年第4期,第39—40页。

本身就意味着军队对地方政府权力的控制。军事权力与政治权力的结合，令学生对投入军队和进入政府趋之若鹜。即使一个党部里派系斗争十分严重，大家仍愿意在一起干，原因是“钱多，进戏园子有免票……骑马、坐轿(马)车”生活体面又舒服。1931 年，陕西省政府秘书处暨各厅职员总计五百余人中，按籍贯分，陕西籍达 421 人、山西 37 人、河北 32 人，其他各省 48 人；按年龄分则 25—29 岁为 207 人，约占总数 38%；按学历计，出身中学和师范学校者最多占 35%，国内外大学及专门学校占 26%，其他非正式学校出身的合计 39%(其中含高小 7%)。① 受此风气的影响，不仅陕西法政学校，连职业学校的大多数毕业生在职业分途上，也“除少数升学外，多半从事小学教育或在军政界服务，其自办工厂、经营实业者不过百之一二而已”②。

值得注意的是，这一时期的学生投军从政，并没有导致新式学校毕业的学生流向基层政务人员群体。行政院农村复兴委员会在 1933 年对陕西农村调查的结果显示，在渭南、凤翔调查到的身份明了的 11 位乡长和村长中，多数未受过教育，其中 7 个经商，2 个开染坊、1 个开粮食店。结论是“一般来说，现在陕西乡村中握有政治权力的，还是比较年老的乡村绅士们”，其中“区长和乡长任期最长的达二十年”。③

陕西的毕业生并没有充分发挥基层建设性人才的作用，原因

---

① 陕西省政府统计科编：《陕西省机关、户口、财政、教育、司法统计表》，1931 年铅印，陕西省图书馆馆藏。

② 陕西省教育委员会编：《陕西省教育志资料续编》，西安：三秦出版社 2000 年版，第 645 页。

③ 行政院农村复兴委员会丛书：《陕西省农村调查》，上海：上海商务印书馆 1934 年版，第 149 页。

至少包括以下几个方面：(1) 除了在乡村担任小学教员外，农村的破败使“毕业生及其家长之心理，皆不愿再回到农村中间，从事农林事业”①，多数赋闲，并没有在农村发挥更大的政治作用。(2) 城市当中没有更多的建设事业吸纳这些毕业生，所谓“毕业即失业”的现象，成为困扰大多数学生的苦恼，也使新式学校颇为尴尬。1931 年，陕西省政府财政建设两厅的职员以年长者较多，其中 73%的职员都为非正式学校出身。② 地方发展的重要部门还缺乏对正式学校出身人士的吸纳，可能是观念影响到了陕省对新建设事业的接受和推行。(3) 城市生活的优越对学生的吸引颇大，因为“从军之知识青年，生活优越，较为特别”，多数学生在求业无路的情况下，纷纷投入军队。因此，宁愿“附属小军阀势力下，以副官、连排长、司书等等，消磨无聊之岁月”。七七事变以后，又“为避免当兵苦累，每混入军警机关，充当勤务号令，供人指使而已”。③ 可以说，民初的文化教育在社会生活中的影响，更多是对传统“学而优则仕”观念的延伸和扭曲。

2. 学校教育的快速发展与从教之风

30 年代初，留学归来的李敷仁再次进入他熟悉的教育行业，先后在省立凤翔二中、汉中五师、西安女师及西安师范学校等校任教。与李敷仁一样辗转流连于文化教育行业或者源源不断地进入文教队伍的毕业生越来越多，这是抗战时期西北文化教育事业快速发展的结果。

---

① 陕西省教育委员会编：《陕西省教育志资料续编》，西安：三秦出版社，2000 年，第 661 页。

② 陕西省政府统计科编：《陕西省机关、户口、财政、教育、司法统计表》，1931 年铅印，陕西省图书馆馆藏。

③《重修华县县志稿》卷九，民国铅印本。

实际上，陕西的文教事业在20年代末就开始了整理。国民革命军（冯玉祥和于右任组合下）督治陕西后，即成立了教育厅，颁布一系列文化教育法令，包括推行“强制教育”，加强师资队伍培养、改善教师地位、鼓励捐资兴学等等，试图对文化教育的发展进行比较全面的介入。① 由此，发展陕西文化教育的事业，在将军杨虎城担任省政府主席期间得到继续，更在以邵力子为开端的文人政府治下得到坚持。全国抗战爆发后，陕西作为抗战大后方之一，因远离战火、政府投入增长和人才流动的加强，文化教育迅猛发展。极为显著的表现，是中小学校数量和学生数量的激增，对于师资人才的需求更是不断增长。

如表6－1所示：1921年到1930年的十年间，陕西学校、学生、教职员及经费的数量增长幅度较小，1937年以后则逐年稳定增长。即使在1945年抗战胜利后，东部人口回迁的情况下，中小学校教育机构的教职员数量也未出现大幅度下滑，说明从事教育职业的多数是本地人士。随着陕西其他各项建设的初步发展，就业机会是相对稳定增长的，这无疑是吸引青年学生和社会人士投入教育行业、从事文化教育工作的主要原因。另外，陕西大量的中等学校毕业生，投考全国专科以上学校的情况并不乐观，也是一个重要推动力。据统计资料显示：1940年，陕西中等学校（包括师范和职业学校）学生数达30 537人，同年报考全国公立各院校的学生323人，被录取仅75人，录取比例为23.22%。1941年，专科以上报考者328人，而录取61人，比例为18.60%。② 这种现象的出现，如果剔

① 陕西教育厅《陕西教育志》编纂办公室：《陕西省教育志资料选编》第2辑第6期，1936年3月内部刊印，第64—85页。

② 陕西省教育委员会编：《陕西省教育志资料续编》，西安：三秦出版社2000年版，第218—219页。

除相当一部分学生从安全角度考虑不愿出省就学和毕业生质量的原因，应该与当时在省内谋取教职相对容易和可行有关系。因此，抗战时期的陕西学校教育发展，对一般就学者的择业取向产生了影响，使从事教育行业渐渐成风。

表 6－1　民国陕西初等中等教育情况变化统计表

年　度	初等教育				中等教育（含有师范和职业学校）			
	学校数（个）	学生数（人）	教职数（人）	经费数（元）	学校数（个）	学生数（人）	教职数（人）	经费数（元）
1921 年※1	6 018	152 237	6 999＋8 681	495 919	18	3 007	100＋156	251 968
1930 年	8 481	247 121	13 508	1 487 682	35	4 459	906	534 459
1937 年	11 722	484 078	18 408	—	44	11 623	1 071	—
1938 年※2	12 105	532 539	18 873	2 628 178	55	12 932	1 090	1 104 347

1. 1921 年初等教育统计中含有初等师范学校和职业学校；2. 初等教育含有幼稚园。

资料来源：本统计表参阅陕西省教育厅统计室编制《陕西省历年教育统计简册》，1947 年；教育部中国教育年鉴编审委员会编《第一次中国教育年鉴》，开明书店 1934 年版；陕西省教育厅：《陕西教育月刊》1923 年第 35 期。

虽然每年学校需求的教职员数量都在上升，但越来越多的中学毕业生走出校门后，并不能完全为教育行业所消化。这就意味着，相当一部分人必须面对择业的问题。反向来看，社会职业的需求也会影响到学校类型的创办。如 1944 年，陕西职业学校就有农林 8 所，水利 1 所，卫生（助产、护士）3 所、纺染 8 所、机械 3 所，商科 3 所，工艺 1 所，音乐 1 所。① 从中等以上学校非义务教育的角度看，推动各类公立、私立学校特别是职业学校兴办的原因，正是不断增长的社会需求。

① 陕西省教育委员会编：《陕西省教育志资料续编》，西安：三秦出版社2000年版，第 261，229 页。

各种教育事业的迅速发展,增加了广大民众接受教育的机会。西北开发经济建设的种种成果也刺激着民众受教育愿望的增长,“读书才能有饭吃”的观念也逐渐形成。对一些青年学生而言,在无法挤入学校教育行业的情况下,一些具有较先进的经营管理和人事制度,资金、设备较为优良,员工的待遇也较好的旅行社、银行、企业等,成为就业的新取向。《西北生活》上一篇题为《吃饭要紧求知更要紧》的文章称:人与人的战争一天比一天紧张,一天比一天厉害。再也不容许你有好的饭吃,常常有得饭吃!咱们现在要维持常常有好的饭吃,有安稳的饭吃,那就非要(用)求知来解决这个问题不可了![1] 当一定的文化水平与谋求职业的机会成正比时,接受文化教育对于一般人来说,确实是越来越“要紧”了。

甘宁青新的情况,折射了学校教育快速扩展的另外一面:师资极为缺乏,小学教育相对落后。1934—1935 年间,记者陈赓雅在考察甘肃教育情形时,就指出“省垣学校教育,颇为发达”:时甘肃兰州高等教育有甘肃学院一所,中等教育有第一师范、第一中学、第一农业学校、第五中学、第一工业学学校、第一女子师范,中高学校共 7 所,共计1 520余学生,共计经费30 742元。小学则多附设在中等学校下若干班。[2] 省外中等教育有平凉师范、中学、女子职业学校各一,天水师范、女师各一,陇西师范一,临洮师范、中学、女职各一,凉州师范、中学各一,甘州中学一,共计 12 所。[3] 同时,“各县因连年水旱为灾,教育经费,濒于破产,以致各级小学校,停顿者甚多。”[4]1937 年,受中英庚款董事会委托,顾颉刚等人在对甘肃进行

---

①《西京民众》1934 年 11 月第 1 期,第 15 页。

② 陈赓雅著,甄暾点校:《西北视察记》,兰州:甘肃人民出版社 2002 年版,第 110 页。

③ 侯鸿鉴著,陶雪玲点校:《西北漫游记》,兰州:甘肃人民出版社 2003 年版,第 104 页。

④ 陈赓雅著,甄暾点校:《西北视察记》,兰州:甘肃人民出版社 2002 年版,第 111 页。

教育考察中致函董事会总干事杭立武称,“本会补助甘省教育,以前未曾注意师范教育,实则最根本之点即在师范。……现在甘省人士已有兴办教育之觉悟,但以师范学校不能遍设各地,故小县之小学教师即感非常缺乏,到外县聘请又以薪额较高,未能供应。其尤缺乏者则为女教员。”因此建议“现在最重要者即在各县办师范讲习所,俾得于短期内培养出若干师资以应急需”云云。① 中英庚款董事会接到考察报告后,决定改变直接补助教育经费的方式,采用自办教育以扶助西北教育,在学校教育方面,举办了西宁的湟川中学,河西走廊则举办了河西中学、安西小学、鸣沙小学、玉关小学和敦煌小学等。②

宁夏的师资缺口更大,据 1934 年的统计,全省小学校 181 所,完全小学只有 41 所,学生共计9 700人,师资仅 356 人,有学历的包括大学(含毕业、肄业,后同)2 人,高中 2 人,师范(包括前期师范、后期师范、蒙回师范、师范讲习所等各类)116 人,初中 78 人,另有高小 75 人,其他 81 人。中等教育仅有省立师范、中学合校一,中卫省立初级中学和省立女子中学各一,共计 3 所,学生 423 人。教职员 61 名,半数多为中学毕业。③ 师资极为匮乏,实为该省中小学教育发展之瓶颈。青海的师资缺口情况较为严峻,统计显示全省中等学校共计 7 所,除 1 所在乐都县外,其余皆聚集西宁,教职员共 177 人,学生 645 人。高级小学 46 所,学生4 954人,教职员 208 人,

---

① 顾颉刚著,达浚、张科点校:《西北考察日记》,兰州:甘肃人民出版社 2002 年版,第 202—203 页。

② 刘继华:《中英庚款董事会兴办西北教育活动研究》,《北方民族大学学报(哲学社会科学版)》2009 年第 5 期,第 34 页。

③ 傅作霖编著:《宁夏考察记》,上海:正中书局 1935 年版,第 72 页。

初级小学校 563 所，学生19 873人，教职员 749 人。①

新疆的学校教育一直发展缓慢，直到 1935 年开始迅速扩展，各区普遍设立县立小学，扩大招生，到 1941 年县立小学增加 202 个班，学生11 702人，为了解决师资问题，各县成立短期男女教员训练班，喀什、和田、阿克苏、焉耆和奇台县共训练小学教员 601 人，同时省立师范扩大 9 个班，招生 439 人，伊犁、塔城、省立三个中学共扩增 19 个班，招生 532 人。不过，以当时新疆 400 万人口而言，这样的学校数和教员数可谓杯水车薪。到 1946 年，据统计全疆小学教员6 071人中，竟有2 000余人不合格，为此，不得不设立暑期教员讲习班、师范班以及设立简易师范以培养师资。②

与中小学教育相比较，职业学校发展迟缓，这当然与西北地区近代工业体系尚处起步阶段有密切关系。事实上，职业教育的发展，是职业市场需求的结果，反过来也是制约近代工业发展的因素之一。顾颉刚在给中英庚款理事会总干事的函中，亦明确指出"职业教育亦各地最缺乏而最需要者。甘省地本不瘠，惟寒期颇长，农产寡少，正当藉副业以增加其农村富力；无如无人指导，兼以贫穷无力建设，农村中竟不见副业。欲改变此风气，惟有提倡职业教育，就各地之物产以兴办各地之手工及畜牧森林诸业。……凡此皆当因地制宜，使各县得借教育以增加其生产，又藉生产以推广其教育"③。从后来中英庚款董事会的"自办"教育机构看，该会把补

① 顾执中、陆诒著，董炳月整理：《到青海去》，北京：中国青年出版社 2012 年版，第 126—128 页。

② 祁美琴：《民国时期的新疆学校教育概述》，《民族教育研究》2002 年第 3 期，第 47—48 页。

③ 顾颉刚著，达浚、张科点校：《西北考察日记》，兰州：甘肃人民出版社 2002 年版，第 202—203 页。

助西北教育的重点放在了中小学学校教育和甘肃科学馆等民众教育机构上，并没有投入职业教育。①

值得一提的是，在抗战大背景下，西京、兰州、西宁、迪化各省会及宝鸡、天水等新兴城市的繁荣和近代工商业的发展，有相当大的战时性和局限性。在文化教育与职业多元化的互动关系中，文化教育适应职业需求和社会建设，得到一定程度的发展，但职业多元化的发展更需要地方社会建设的内在驱动机制发挥积极作用。从这个意义上说，民众文化教育生活的真正改变，还有赖于社会经济多元化和职业多元化的进一步发展。

3. 改造地方社会与从事新文化事业

怀着对国家的热忱，返回故里的李敷仁，从一上岸，"瘦小妖艳的太太们，长袍短褂戴墨镜的老爷，坐车不买票，横着眼睛说大话的丘八官长，荒芜的农村，面黄肌瘦的乡下人"，就令他"越看越难堪，闭起眼来想(我)到底是回到个么子世界"。故乡的各行各业，展现的也是"一般办学校的，是抱了书本，而忘了人生；一般办工厂的，是抱了黄金而忘了人生；一般社会活动者，是抱着标语而忘了人生"的景象。② 这情形，令李敷仁颇感失望和焦虑。七七事变后，全民族抗战的帷幕掀开。《老百姓》报成为李敷仁加入"大众生活"以大展抱负的平台。

李敷仁的选择并非偶然，造福乡梓、改造地方的文化自觉，正是相当一部分文化人先后加入民众教育行列的原因。

与学校教育的发展不同，社会民众教育的发展多靠社会力量

① 刘继华：《中英庚款董事会兴办西北教育活动研究》，《北方民族大学学报(哲学社会科学版)》2009 年第 5 期，第 35—36 页。

② 李荷丽编：《李敷仁诗文选》，西安：陕西人民出版社 1984 年版，第 91 页，第 95 页。

和民间文化人士的积极投入和坚持不懈的努力。其中，民众社会教育和创办报刊等文化活动，其影响范围不断扩大、影响程度不断加深，是抗战时期西北文化教育生活中令人注意的现象。

民国初年，百废待兴。对于一般大众的改造，几乎都集中于剪辫、易服和放足三方面。民众教育便以移风易俗内容为要。官方和民间在手段和方法上又有所不同，官方因为强调示范性，往往采取强令和树立典型的方式加以推进。譬如陕西民政厅长邓长耀在开展览会，将收缴的缠脚布悬挂展览，以示警诫。又如省政府在各城门布置军警强行对路人剪辫。更有武功县教育局局长令男学生走上街头，高举不与缠足女子结婚的标语进行宣传。

抗战时期，为了加强民众教育，启发民智，进一步扫除文盲，甘肃省教育厅从1932年开始推行平民识字运动，每年暑假利用民众教育馆举行市民识字扩大运动一周，约请名人讲演。同时，令各县每年举行识字运动一次或两次，由省督学巡视督查。全国抗战爆发后，为配合抗战建国，每年举行社会教育扩大运动周，其间举办球类表演、音乐会、戏剧、壁报、展览、放电影、讲演等等各类活动，以培养民众抗战智能、激发民众民族意识、增强抗战力量。同时，设立民众学校、短期小学等民教机构，督令各县失学民众接受识字教育。1941年，颁布的《甘肃省国民教育民教部强迫入学法》规定，由各县政府督令各县乡镇公所保甲长会同学校调查管辖区内15—45岁失学民众，各学校根据调查表分期抽调失学民众入学。对不遵循者，不仅要强制入学，还要罚款1—5元。对于交通不便的偏远地区，则由各国民学校民教部设立巡回教学班，以实现无缺漏的扫盲。①

① 高士荣:《试析民国时期甘肃社会教育发展的原因和特点》,《西北民族学院学报》1994年第2期,第84—88页。

与地方政府的直接强制手段、内容和范围的普及性相比，民间的社会教育活动手段更为平缓、内容更为生活化、范围更为精准。

在民众科学教育方面，便有前文述及的华洋义赈会资助陕西水利事业。华洋义赈会从20年代就开始关注西北灾害，决定通过帮助地方兴修水利实现根本赈济。为此，一直考察陕西情况，到30年代初政局稳定、西北开发等各方条件达成，即与陕西省政府合作，实施完成泾惠渠工程。这既是帮助李仪祉先生完成夙愿，也是对陕西地方百姓的直接精准扶助，泾惠渠至今仍在发挥水利作用。又有，中英庚款董事会从30年代兴办西北教育，在履行"借充整理中国建筑铁路暨其他生产事业之用，以其息金用于教育文化事业"宗旨上，采用了董事会的运作方式。① 因此，委托若干教育专家前往西北各省（甘宁青绥）两次考察后，根据专家们的具体建议，开始改变补助方式，一方面直接办理部分中小学校；一方面则致力于办理地方社会教育的重点项目——"甘肃科学馆"。1937年的西北教育考察团成员王文俊，发现"西北为一十足之畜牧和农业社会，一切均停滞于中世纪之状态下，举凡工商业农业概未加以改进，即日常生活，亦充分流露原始状态"，因此"即就西北社会经济文化各方言之，则无人无地不需要科学教育也"。② 顾颉刚也认为，甘肃"省城中各种学校皆备，所差者为科学设备及科学教育之人才，故本会在皋兰设科学教育馆，尽足以弥补缺陷"。针对甘肃省城以外的各县情形，更建议先行配发磨电机和教育影片，以科学教育馆名义，

① 教育年鉴编纂委员会：《第一次中国教育年鉴》，台北：传记文学出版社1971年版，第1797—1799页。田进平、张建中：《中英庚款与民国时期的边疆教育》，《河北师范大学学报（教育科学版）》2006年11月第8卷第6期。

② 王文俊：《科学教育与西北》，《甘肃科学教育馆学报》1939年第1期，第4页。

举办民众教育。[1] 1939年，董事会在兰州创立甘肃科学教育馆，聘请教育家梅贻宝为第一任馆长。该馆利用战争废弃物资制作物理化学仪器、采集动植物标本、编撰科学参考书、制作科学挂图赠送各中学教学使用，[2]创建中心实验室供学生做实验，在蒙古、回、藏族民众中巡回施教；还办科学展览会、放映科学电影、举办中学科学论文竞赛，邀请名人来作科学报告。1943年到1944年，先后邀请来西北考察的英国学者李约瑟博士作“国际生物化学进展”的学术报告，以及曾昭抡、张洪沅、高济宇等专家作科普性的专题报告。[3] 对于启迪民众知识，养成科学信念，颇有积极作用。甘肃科学馆在抗战期间吸纳了一批年富力强的北大、清华毕业生，甚至有留学生担任骨干，[4]充分利用了战时大后方的有利条件推动民众科学教育的普及，在西北地区是颇有影响力的。

社会文化艺术教育方面，主要表现在以陕西易俗社为代表的西北民间艺术团体的创立。

1912年，在省修史局担任总纂的李桐轩，在整理史稿之暇，与修纂孙仁玉研究社会教育问题时，深感戏曲对移风易俗关系重大，遂以“补助社会教育，移风易俗”倡议，与井勿幕等发起创办易俗伶学社（后改名易俗社），聘请名艺人陈雨农、党甘亭等为教练，招收学生，既学戏曲，又学文化，并在该社修建之剧场经常演出。易俗社不但是一个新剧社，还是一所戏曲学校，这在全国独树一帜。在易俗社初创时期，李桐轩亲自担任社长、评议、编辑及名誉社长等职。李桐轩亲自编写《黑世界》《鬼教育》《英雄泪》《一字狱》《亡国

---

① 顾颉刚著，达浚、张科点校：《西北考察日记》，兰州：甘肃人民出版社2002年版，第204页。
② 李烛尘著、杨晓斌点校：《西北历程》，兰州：甘肃人民出版社2003年版，第17页。
③ Y. P. Mei著，山逸译：《西北之科学教育》，《边事研究》1940年第2期，第14页。
④ 李烛尘著、杨晓斌点校：《西北历程》，兰州：甘肃人民出版社2003年版，第18页。

痛》等大小剧 40 多个，被誉为陕西“新剧界之星宿”。他还挺身为易俗社的宗旨回应一些人的讥讽，写《赠易俗社友》与《答长公》等诗，言“晨兴教歌舞，亲履粉墨场，知我谓我乐，不知谓我狂”，“结社得良朋，易俗传清响，寻乐且偷闲，敢希识者赏”。①

作为一个从事社会教育的新文化实体，易俗社区别于传统戏班子的地方，在于剧社组织、剧本创作和演出艺术等方面不断创新。

不同于传统的戏班主雇关系和经营理念，易俗社把演员作为艺术和教育的主体，把戏社自身的生存与担负的社会责任有机结合。在演员的培养上进行创新，对招收的学员采取学校教育式培养和演出实践的结合，教授艺术技能和文化知识，制定学员集体生活制度。不仅使秦腔艺术大有发展，还培养出一批深受民众喜爱的优秀秦腔表演艺术家，如时称与梅兰芳、欧阳予倩三足鼎立的易俗社旦角刘箴俗。1924 年，随鲁迅到陕西暑期讲学的北京晨报记者孙伏园，在后来的记述中，坦言易俗社演员的精神状况和朴实上进的作风与当时京城的演员相比，更令人为之一振。②

在剧本创作上，易俗社先后吸引王伯明、李桐轩、孙仁玉、范紫东、高培支、卢缙青、李约祉、李仪祉、王绍猷、李干臣、胡文卿、吕仲南、王辅丞、封至模、冯杰三、樊仰山等多名新老文化人加入，创作剧本数百部，其中一些脍炙人口的秦腔经典剧本，传唱秦陇大地，甚至闻名全国。

三原宏道高等学堂毕业的关中才子范紫东，拒绝当省议会议

---

① 陕西省地方志编纂委员会:《陕西省志・人物志(中册)》，西安:陕西省人民出版社 2005 年版。

② 孙伏园:《长安道上》，《孙伏园散文选集》，天津:百花文艺出版社 2004 年版。

员，欣然接受邀请加入了易俗社。在任省农业学校博物与理化教员之余，一方面编写《待雨楼戏曲》和《乐学通论》等文艺理论书籍，一方面从事剧本创作，像《三滴血》《软玉屏》《宫锦袍》等名作，主题鲜明，内容健康，情节曲折，引人入胜，一经上演，就引起观众强烈共鸣。《软玉屏》轰动一时，后来被京剧改唱，传遍大江南北。《三滴血》时至今日仍是秦腔演出中经久不衰的剧目。

30年代，面对日本的咄咄逼人之势，范先生陆续创编了反映抗法斗争的《宫锦袍》(1930)，反映八国联军入侵的《颐和园》前后本(1931)，反映秋瑾女士革命事迹的《秋雨秋风》(1932)，反映鸦片战争的《关中书院》前后本(1933)等。把近代史上的一些重要事件或重要人物写成秦腔剧本，用历史事实作戏曲文章，高台教化，唤醒国人。1935至1936年，创作不辍的范紫东还编纂了《永寿县志》和《陇县新志》，1939年又纂修《乾县新志》。①

一面施教科学文化课程，一面编著大众教育剧本；一面用笔唤醒民众意识，一面用笔记录历史留存。像范紫东这样，不求富、不做官，却活跃于社会文化教育的西北知识分子，不乏其人。

1924年从北京美术专门学校学成归来的封至模，是易俗社年轻新文化人的代表。先后在上海周济德文工医学校、北京美术学校求学的封至模，不仅是京剧资深票友，还是话剧活跃分子。1932年，应邀加入易俗社担任该社的训育主任兼戏剧指导后，封至模着手实验打造秦腔舞台上的优美艺术形象。他向京剧艺术学习，把写实的话剧艺术与写意的戏曲艺术有机地结合在一起，在易俗社正式建立了导演制度。在1935年排导的两部爱国主义剧目——《山河破碎》《还我河山》中，就在排演由六十余名军士进行的“大合

---

① 胡孔哲：《范紫东先生生平事略》，《陕西文史资料》第20辑，陕西省文史资料数据库。

操"一场的舞台调度上强化导演意识,开了秦腔之先声。在为易俗社排导的数十出剧目中,在表演、唱腔等方面,封至模依据现代美学原则,突出人物形象美,强调人物内心刻画,令易俗社的舞台艺术形象为之一新。这些在化妆、舞台设计等方面的改造和创新,很快也因其他剧社的仿效而推广开来。抗战后期,封至模离开易俗社,先后创办和主持夏声戏剧学校(1938,京剧)、陕西戏剧专修学校(1941)和上林剧院,招收抗战时期流亡学生加以培养,进一步在组织、编剧和演出艺术等方面尝试改造,戏剧学校的师生时常活跃在抗战文化第一线,实为西北民众教育和戏剧教育中一支劲旅。①

正是这些热心于文化、充满社会使命感的各界人士,在民间文化和社会教育领域积极作为,使西北民众教育在整个抗战时期显现出蓬勃之势。

抗战时期,民众教育的内容增加了文化知识和抗战民族意识教育。一般式民众教育机构的设置中以问字识字处、阅报处、公共图书馆为最多,如 1936 年陕西省教育厅公布《陕西省各县县立图书馆暂行实施办法》要求各县设立图书馆,次年 26 县先后成立县图书馆,藏书共 44 883 册(外文图书 1 308 册);②学校式民众教育机构的数量和教育人数则又远远超过一般机构。(见表 6 - 2,6 - 3)官方的推行具有一定的示范性,但,以陕西 92 县的基数相参照看,民众教育机构在数量上并不突出,又因书报无多、乏人指导等原因,在实际效果上,也无法寄予过高的期望。譬如华县民众教育委员会在各校附设的民教班,不仅学习者"只有妇女",还"非严加督促,

① 王鸿绵:《为戏曲艺术事业奉献终生——封至模事略》,《陕西文史资料》第 24 辑,陕西省文史资料数据库。

② 陕西省文化厅:《陕西省志·文化艺术志》,西安:陕西人民出版社 2005 年版,第 600 页。

来者均欠踊跃”。[①] 据统计，1946 年甘肃全省中心学校民教部举办民众识字班 1 197 个，学生 39 094 人；国民学校民教部举办民众识字班 3 408 个，学生 10.3 万人，中等学校民教班学生 2 422 人；而民众教育馆附设的民众学校仅有学生 1 029 人。[②]

这一时期对官方推行民众教育做出有益补充的正是来自民间的力量。

表 6－2　1939 年陕西省社会教育情况统计表(一般式)

项目	机关数	职员数	岁出经费
总计	2 919	1 147	2 797 876
民众教育馆※	49	183	7 968 176
民众阅报处	933	235	5 011
民众问字及代笔处	1 791	—	—
通俗讲演所	14	22	—
图书馆	43	65	29 436
古物保存所	3	—	—
公共娱乐剧场及电影院	24	518	91 620
民乐茶园	27	47	9 980
公园	22	21	3 384
民众教育试验区	6	6	2 224
电影教育巡回放映区	3	3	8 046
播音教育指导区	3	2	8 046
其他	1	30	23 236

资料来源：据《陕西省人口、行政区划、保甲户口、财政、教育、建设统计报表》(藏陕西省图书馆)修正编制。※按照要求，各民众教育馆内均设立阅报室和阅览室。

① 《重修华县县志稿》卷五，民国铅印本。

② 甘肃省地方史志编纂委员会：《甘肃省志·教育志》，兰州：甘肃人民出版社 1991 年版，第 383 页。

表 6－3 1939 年陕西省社会教育情况统计表(学校式)

项目	学校	教职员数	岁出经费
总计	22 077	22 209	201 918
民众学校	21 827	21 827	170 728
各种补习学校	8	53	13 636
民众识字处	229	229	268
孤贫教养院	9	36	13 542
剧词鼓书训练所	2	2	—
戏剧学校	2	8	3 744

资料来源：据《陕西省人口、行政区划、保甲户口、财政、教育、建设统计报表》(藏陕西省图书馆)修正编制。

譬如，在公共图书馆的建设上，许多私人藏书家打破“秘不示人”的束缚，将藏书供大众阅览，实际变成了私立公共图书馆。回族人士马士瑞的正卿图书馆，汇集大量来自上海、北京等地的伊斯兰教书刊，抗战时期又大量搜集抗战书刊，设立阅报栏，供大众阅览。西安的知行图书馆(5 382册)、高陵的泾野图书馆(1 307册)和乾县的敬业图书馆等都是当时知名的私人图书馆。此外，文化人士还热心向公共图书馆捐赠图书，1934 年，邵力子将上海商务印书局缩印的《四库丛刊》和《四库珍本密集》两套巨著赠给陕西省图书馆；1944 年大荔人冯超如、纪仁轩向大荔县立图书馆捐赠私人藏书 1 万余册。

书店业发展迅速，既传播先进文化，又满足地方民众文化用品需求。在西安，除了全国著名书局如中华、商务等均设有分社外，各种私营书局(店)也纷纷兴起。书店为地方文化教育发展发挥重要作用，如，泾阳县在民国初年仅有县劝学所设立的书局，主要向各学校推销国民课本，抗战时期，又先后出现了协兴书局、天顺书局、教育用品店和群友书店。这些书局(店社)供应各种文具用品,销售课本、图书,其中协兴书局销售各种秦腔剧本并及时引进当时风行国内的历史小说和各种断代史,一时间门庭若市。随着业务的拓展,各书局纷纷自备石印、承揽地方机关和学校的各式图表文件、印制学生作业练习本,供应自制粉笔等等。教育用品社还石印《泾阳周报》宣传进步思想,报道抗日救亡信息,颇有影响。

与图书捐赠和售卖活动相比,创办报刊已形成热潮,成为抗战时期西北社会教育中极为活跃的一支,李敷仁和他的《老百姓》报也正是这股热潮中的一员。据不完全统计,整个民国时期陕西创办的报刊总计 129 种,创办于 1930 年以后的报刊达 89 种,占总量的 69%。[①] 据统计,民初西北报业较为落后,其中陕西有 7 家,甘肃 5 家,青海 2 家,宁夏和新疆各 1 家。而 1937 年以后,西北地区具有较大影响的报纸就有 52 种。[②] 另外,从报刊的创办方看,包括一般报刊社,各类学校、学社、民众教育馆、银行、实业会和政府单位等等。报刊名称也多以"文化""西北""民众"为主题,如《陕西民众》《老百姓》《西北生活》《陕西文化》《学习》《西北妇女》《妇女旬刊》《西北新闻》《抗战报》等等。报刊的类别也不断丰富,既有以内容区分的社会综合型与专业知识型报刊,又有针对青年、妇女儿童、军人、农民等不同读者群体创办的报刊,甚至出现了墙头报、口头报的新形式。

抗战时期西北办报逐渐形成热潮,主要有以下几方面原因:

---

① 陕西省地方志编纂委员会:《陕西省志·报刊志》,西安:陕西人民出版社 2000 年版,第 165—226 页。

② 韩凤玲:《抗战时期西北新闻报刊事业发展述论》,《理论导刊》2006 年第 1 期,第 87 页。

（1）文化教育业的兴盛和西北开发的实施。20 世纪 30 年代以后，国民政府大力推行文化教育，特别是西京陪都的筹建和西部开发的实施，使位居东西通道的陕西颇受瞩目，引发社会各界对文化教育事业的极大热情，报刊作为新文化教育的载体也受到广泛关注。

（2）报刊的经营灵活、费用较低，是吸引从业者的现实原因。与创办民教机构相比，报刊的经营方式更为灵活，特别是非官方报刊的创办，不仅在经费上不受官方控制，在经营上也更少受到官僚风气影响。相对于经营书店，创办报刊的成本较少，创办人员也可采取兼职的方式，对于一般文化人士来说，不失为一种依靠自身文化知识谋生的手段。

（3）内容丰富和形式活泼，令报刊的消费群体更广泛、影响更大。报刊因为新闻性的特点，在内容上时时更新，往往能捕捉社会上新兴的事物；在形式上长短兼顾、丰富多样，一般能粗识文字的人都可以看懂，加之，售价低廉，信息流传较快，影响也更广泛。这使报刊在文化教育社会化的形势下，比教科书和书籍在宣传新文化知识上更便捷和更受欢迎。

受报刊业蓬勃发展的影响，民众生活也出现前所未有的活跃局面：

首先，从社会职业的角度看，作为一种新兴文化事业，报刊业吸纳了相当一批文化从业人员。《老百姓》最早就是诞生在学校，因为符合民众口味，行销很好。李敷仁在失去教职后，干脆专门从事报刊工作。除了从拥挤的教师队伍中转移而来的撰稿人外，具有时效性的报刊之间的生存竞争，也衍生了一批记者和通讯员。华县地方志中也指出，当地文教之风盛行之下，除了办理学校外，从事书局和新闻事业、戏剧教育、文化供应及宣传工作的人士较为踊跃。[1] 民国年间，申请注册的一般性报刊社远远超过校刊和官方报刊数量，从业人数也有大幅增加。

其次，报刊内容日趋丰富化、知识化和通俗化，使报刊不断深入民众生活，成为文化教育和社会思想交流的又一个公共平台，加强社会生活内部的流动性。

与早期报刊更多地受政治局势的影响不同，20 世纪 30 年代以后的报刊，在内容上更加丰富多样、重视民生百态。举凡世界局势、国家大事、地方社会、风土人情、百姓家事等均成为报刊话题。报刊已经成为普通大众瞭望社会生活的窗口，以时评、专著、论说、问答、文艺杂谈、漫画歌曲、快板鼓词等多种形式，讨论宣传各种社会问题，如《西北生活》就围绕青年失学问题发起了各界人士不同角度的激烈讨论，有“为青年出路问题答四红君”的争论，有“青年易入歧途之原因”的分析，还有回忆“我的学生时代的生活”“目前陕西地方教育应趋的途径”的探讨，对“汉中女师学生康晴自杀”的反思，还有“覆同州师范同学一封公开的信”。[2]

无论是综合类报刊还是专业类报刊，或通俗易懂，或亦庄亦谐，或严谨缜密，都积极针对不同阅读群体开展知识性的教育。20 世纪 30 年代陕西公共卫生事业开创，各报刊就积极发挥卫生健康知识的教育作用，不仅有《陕西卫生月刊》《陕卫》《西京医药》等比较专业的刊物进行卫生科学知识的传播，一般综合类报刊也积极进行卫生常识和卫生观念的宣传，比如《老百姓》报上就刊登一些常见病的中西医疗单方，《西北生活》通过《在国难时期如何健全自

① 《重修华县县志稿》卷六，民国铅印本。

② 西北生活旬刊社：《西北生活》1935 年第 1 卷，第 3、4 期；1935 年第 2 卷，第 1—4 期；1936 年第 3 卷第 1 期。

己》从身体和心理健康两方面探讨保健方法。

一些较有影响的报刊，通过专设“读者问答”“读者来信”和“杂谈”“杂咀”等栏目，其中既有专业人士对一般民众的通俗讲解，也有普通百姓的真实感受，更有一般上层人士对乡村生活的认识、反思和讨论。在一定程度上，起到了代民呼吁、引起官方整顿和回应的作用。如，针对乡村卫生助理员医疗知识缺乏、良莠不齐的问题，一篇《陕西各县卫生助理员的责任与今后的县卫生行政》的文章，就引起了当时陕西防疫处的重视，防疫处便征调各地助理员进行了为期一年的专业培训活动。而以陕西关中方言编写的《老百姓》报，更是收到了大量来自洋车夫、脚户、雇农、相公（小店员）、手艺工人、邮工、路工、伤兵、学生、小学教师等下层老百姓的稿件。

再次，打破空间壁垒，成为沟通关中与外界的桥梁；打破政治壁垒，成为沟通民众与国家的通道。

民国时期的西北，由于交通条件和战争原因，与外界之间形成隔膜。而由社会各界人士广泛参与创办的报刊，却成为链接西北地方社会与外界的通道，不断拓展人们的视野，培养近代社会观念。除了在本地行销的外省报刊外，地方性报刊不仅能够向外发送本地的报道，还不断吸引外地稿件，加强与外界的联系。如，《西北文化日报》在报刊之外还成立了边闻通讯社，每日向外发送一期反映地方风土人情的报道。《老百姓》行销全国 13 个省，收集和登载来自西北地区以外的稿子，并以登载域外见闻的方式，让西北人了解国外的情况。越来越多的报刊，为人们提供了解时事和政情民生的窗口，也成为民众参与国事政事，关注社会发展与个人命运的平台。《西北生活》和《西京民众》，既有介绍国家大事的社评，也有大量对地方政情的看法和批评，如《整顿陕西保卫团之我见》《所谓解放了的妇女》《关于陕西省普通文官考试的赘言》《儿童年应注意到小学教师》等等。[1] 抗战时期，各报刊发挥了鼓舞民气、凝聚民力的重要宣传作用。其中，《老百姓》就最擅长用民间文艺形式广为宣传；《数来宝》积极为抗战募捐；眉户调和元曲调编写的《抗战建国纲领曲》被四处传唱，还应读者要求编印了单行本，在小学校甚至被当作教材。而《时事大舞台——唐生智挥泪出南京、朱德把守太行山》更是一段为百姓津津乐道的秦腔戏词。[2] 为了劝说老百姓抗日，《破迷信歌》唱道："敌人眼看到门上，还要进庙去烧香。神圣果真能保佑，解县焉能遭灾殃。城内又有关帝庙，相传是他旧家乡。鬼子进城都烧毁，泥像搬倒大路旁。神圣不知何处去，岂容鬼子自猖狂。劝尔醒来快醒来，勿在梦中过时光。拿起镰刀往前赶，定把鬼子赶他方。假使迷信有神助，先看是否铁脖项。不然行李拾掇好，趁早预备走新疆。上路若无神帮助，你就碰死在西凉。"[3]

1938 年，从苏联留学归来的维吾尔族青年赛福鼎·艾则孜在新疆塔城报社开启了他六年的编辑工作。这期间，赛福鼎不仅笔耕不辍，创作了一批文学作品，还是塔城维吾尔族文化教育活动的活跃分子，教书、组织编排文艺节目，带着维吾尔族文工团，与塔塔尔族、乌孜别克族、哈萨克族等各族在文化艺术活动方面并驾齐驱，亲历了抗战时期新疆各民族的文化教育生活。

（三）少数民族教育

1921 年的一天，新疆阿图什瓦克瓦克村 6 岁的赛福鼎背着妈妈缝制的紫色条纹土布书包，高高兴兴地到村里仅有的老师买木

---

①《西京民众》1934 年 11 月—1935 年 3 月。

② 李荷丽编：《李敷仁诗文选》，西安：陕西人民出版社 1984 年版，第 260，149 页。

③《破迷信歌》，《老百姓》1938 年 10 月 17 日，陕西省图书馆藏。

提力·卡里家里上学，从“艾力甫”和“拜”(维吾尔文 A 和 B)念起。与其他学校不一样，除了教授识字(语文)、宗教外，买木提力老师还教数学，而新疆许多其他这样的小学校只教《古兰经》。买木提力老师的学校是一所比较进步的学校，买木提力老师也因此遭到村里富人们的反感，和他同龄的宗教人士甚至不承认他是一位宗教学者。买木提力老师不以为然，继续他的教学风格。像所有的伊斯兰小学校一样，每周四孩子们都会带来不同的礼物，包括白面馕和杂面馕、一点儿铜钱之类，当作学费送给老师。小赛福鼎就这样度过了他半年的启蒙时期。①

由于父亲在莎车办厂，管理家中事务的哥哥作主，为孩子们在家中办了一个小学校，聘请了一位叫买木提明阿洪的老师来授课，这位老师和买木提力老师一样，除了教授《古兰经》外，还教语文和数学。但是他也被嫉妒他的毛拉们(即阿訇)讥笑和阻止，只好离开了学校。为了不失学，赛福鼎只好又到在村北清真寺正堂设立的学校读书，托帕老师严肃温和，不仅教授学生初级宗教课程，还开始带领孩子读《古兰经》原文的段落，甚至教《纳玛艾克》《潘迪纳曼》之类的文学书籍，只是这些书籍不是阿拉伯文就是波斯文，偶尔夹杂了一些维吾尔文，年幼的赛福鼎还不能完全读懂。在这样的小学校认真学习过的孩子，基本上都能拥有流利的阅读和书写能力了。

赛福鼎没有上过政府办的新式小学校，而是接受了新疆维吾尔族传统小学教育，是因为主政新疆的杨增新反感新学革命分子，对新疆之文化教育多采取保守姿态，全省仅有一个迪化中学、一个

---

① 赛福鼎著，郭丽娟、王庆江、艾克拜尔·吾拉木译：《赛福鼎回忆录》，北京：华夏出版社 1993 年版，第 6—10 页。

伊犁师范、一个俄文法政专门学校，初等教育百余所，对于民族教育则放之任之。①

赛福鼎的父亲是一位开过工厂、经过商，具有新思想的人，从莎车回来后，就在家里举办了一个新式学校，聘请有新知识的老师，除了教授《古兰经》的宗教内容外，还教语言和算术。但是，学校一直遭到当地毛拉和大喀孜（伊斯兰教法官）的反对，他们见到老师又打又骂，甚至绑架老师痛打一顿，逼老师发誓不在这些"秃尾巴学校"教学。年仅 13 岁的赛福鼎因此不得不客串了一回"小先生"，但这样的新式学校终究还是没有办下去。没过几年，17 岁的赛福鼎就被裹挟进了金树仁时期的新疆农民暴动中。

与早年留学归来的锡伯族青年广禄服务于政府不同，从社会动荡中走出来的赛福鼎，活跃在抗战时期的民族文化教育领域。

1933 年新疆"四一二"政变后，盛世才主政新疆，强调与南京中央的隶属关系，突出重视民族问题，提出了"八大宣言"（1934）、"九项任务"（1935），及至 1936 年在中国共产党人和联共党员的协助下，最终形成"六大政策"，在新疆实施"民族平等""反帝"以及"建设新新疆"等为主要内容的施政方针。② 新疆的民族文化教育遂进入了一个难得的发展时期。

先是"新疆民众反帝联合会"成立。盛世才在任命一批民族人士担任省政府副主席和政府各级机关官员后，随即向其"开源留日同学会"的同学发出邀请，邀请他们一起来新疆参与执政。1934 年 6 月，号称"十大博士"的何语竹（何耿光）、郎道衡、王立士（王乃中）、徐廉（徐伯达）、程启明（程东白）、宋念慈、康丙麟（康明远）、王

① 广禄著，锋晖编：《广禄回忆录》，北京：社会科学文献出版社 2013 年版，第 54 页。

② 谷苞主编：《西北通史》第 5 卷，兰州：兰州大学出版社 2005 年版，第 168—169 页。

延龄、郭喜良、崔果政到达新疆，在 1934 年 8 月提议建立了“新疆民众反帝联合会”（简称反帝会），这是官办性的群众性政治团体。① 该会章程称，该组织系“民众自动之政治组织，遵照孙总理之民族主义，领导全疆民众，确立新疆永久为中国之领土；决意与离间新疆各民族、企图乘机攫为殖民地（的）帝国主义相抵抗”；强调“新疆各民族一律平等，沟通各民族间之隔阂”。在随后的十年里，反帝会在新疆地区开展各种活动，先后组织 2000 余进步青年参加反帝理论培训班，学习马克思主义理论，培养了一批马克思主义理论骨干；出版各类书刊数百种，举办各类文艺活动如话剧、舞蹈、戏剧、歌咏比赛等，宣传马列主义和抗日民族统一战线，发动民众募捐，支援抗战。② 除了直接参与新疆民众扫盲运动外，反帝会还指导和协助各族文化促进会举办各类文化艺术活动，促进了新疆民族文化教育事业发展。

在反帝会成立数日后，1934 年 8 月 5 日，维吾尔族文化促进会在迪化成立。随即，汉、回、蒙古、哈柯（哈萨克、柯尔克孜族）、锡索满（锡伯、索伦、满族）、塔塔尔、乌孜别克、归化族（俄罗斯族）八个民族文化促进会先后成立。各族文化促进会成立之目的为，“消灭民族间的隔阂和民族文化界限，使其成为一个共同的文化。”③总会皆设在迪化市（今乌鲁木齐），各地设分会，选拔有力量的民族人物或宗教家担任会长，主要任务是兴办民族学校、提供图书阅览、提高民众文化、参加反帝工作等。

---

① 《新疆民众反帝联合会章程》，《新疆民众反帝联合资料汇编》，乌鲁木齐：新疆青少年出版社 1986 年版，第 13 页。

② 梁文娟、李玉红：《谈谈新疆民众反帝联合会的主要活动及其意义》，《中外交流》2016 年第 18 期，第 37 页。

③ 王寿成：《关于新政府民族政策的报告》，《新疆文化史料》1990 年第 1 辑，第 41 页。

维吾尔族文化促进会(后简称文促会)是诸会中最大的一个,从总会、各区分会、各县分会再到各村支部,到 1943 年,该会已经在新疆 10 个专区、54 个县及其下各支部拥有组织,覆盖了整个新疆维吾尔聚居区。其中,早年文教就盛出的伊犁最为发达,几乎村村都有支部。根据文化促进会章程,该会经费最初来自四个方面:会员缴纳的会费、开办贸易活动收入、收归共有的公共寺院产业出租收入,以及地方募捐款项等。后来,喀什分会将地方宗教税收及宗教机关的不动产"瓦哈甫"所得利润尽收归分会支配,以补充喀什文化促进会分会的经费不足,各分会遂仿效而行。[①] 通过此举,确保了文促会举办新式学校教育的经费来源,也使文促会一定程度上掌握了维吾尔族文化教育的主动权。1935 年 1 月成立的新疆蒙古文化促进会,由蒙古各部落和王公贵族个人捐助的经费为主,或申请省政府偶加资助,举办各项文化教育事业,以其为数不多的人口数量,依然成立了总会、分会十余个,成为整个抗战时期新疆蒙古各旗唯一的群众性文化团体。[②]

在各族文化促进会的积极努力下,新疆各民族教育快速发展。至 1943 年,发展学校教育的结果中,全疆中级学校 5 所,学生3 700余人,省立小学 556 所,学生85 992人,而(文促会)会立的小学则达1 883所,学生180 035人;公立的民众学校 280 所,学生17 920人,会立的民众学校则达1 400所,学生78 336人,若合计各种训练班和军事教育学校,则全省读书的学生达 28 万余人,加之冬学运动和扫盲运动,吸收的大批成年男女接受识字教育,则新疆的识字人口已

---

① 左红卫:《新疆维吾尔族文化促进会组织构成考》,《新疆大学学报(哲学社会科学版)》2007 年第 2 期,第 25—27 页。

② 左红卫:《新疆蒙古文化促进会的组织结构和经费来源》,《新疆大学学报(哲学社会科学版)》2008 年第 5 期,第 72—74 页。

占全疆人口的25%。[1] 值得一提的是，各族文化促进会的工作，主要集中在小学教育上，致力于发展各族固有文化，提高各族民众之文化程度。但因为不懂国语，各族小学毕业生在升入中学后颇感学习困难，中学教育相对薄弱。鉴于此，新疆省教育厅为培养各民族学校教授国语之师资，资助已有民族学校设立国语夜校，分授高级国语、初级国语以及国语会话，率先从维吾尔族和哈萨克族开始，随后推及其他各族。

赛福鼎亲历了这一尽管过程颇具曲折的文教繁荣时期。

1934年，新疆各处局势稳定下来，民族平等政策下的文化事业推动活动，也激发了一些热血青年的积极参与。一个叫麦买提力的人找到赛福鼎，劝说他一同回到家乡办教育。这位麦买提力先生是在苏联塔什干大学读书时受到“土耳其青年统一党”的组织培养并委派回到新疆办教育的。对于赛福鼎来说，家乡的教育经历和眼下全疆各族办新教育的氛围，令他欣然投入到这场创造性的新工作中。为实现阿图什24个村各办一所学校的目标，他们募集到资金，在一所经文学堂迅速办起了短期师资培训班，培养了60名教师，分赴至24所学校并承担起语文、数学、地理、历史等新课程。这些师生都穿短制服，不缠腰带，留发、剃胡须、唱新歌，照旧又遭到了传统宗教人士的反对，被称为“异教徒”，受到隐蔽甚至公开的辱骂和殴打。为此，麦买提力、赛福鼎和老师们不得不向喀什的麻木提师长求助。在通过朗诵、讲演和表演各种节目向师长展示力图为“民族的光明进步的未来，摘掉愚昧落后的帽子”的新教育宗旨后，这场新兴教育运动得到了师长的支持和保护，在阿图什掀起了轰轰烈烈的新教育运动，赛福鼎十分骄傲于这一段教师

---

① 韩清涛编：《今日新疆》，贵阳：贵阳中央日报总社1943年版，第81页。

生涯。

幸运再次眷顾他。当时，新疆省教育厅为了造就中级行政干部，选送各族青年子弟到苏联留学。先后派出三期：第一期派出各族学生有汉33人，蒙古4人，回4人，维吾尔63人，哈萨克2人，合计106人；第二期计有汉26人，满2人，蒙古4人，回8人，维吾尔54人，合计94人；第三期计有汉15人，蒙古3人，回4人，维吾尔23人，哈萨克、柯尔克孜8人，锡伯、索伦3人，塔塔尔1人，合计57人。[①] 赛福鼎正是1935年的留苏学生之一。

在苏联塔什干大学留学期间，赛福鼎不仅用俄文学习了一系列高等院校课程，还参加了丰富多样的课外活动，如音乐、话剧、汽车驾驶、歌舞等等。朝气蓬勃的文艺活动和生活方式，给他留下了深刻印象。满怀激情打算回到新疆有一番作为的赛福鼎，因为形势的变化，并没有按照预期担任中级行政干部，却是被"流放"[②]到塔城，做了一名塔城报社维文编辑。塔城文化促进会的文化教育事业办得有声有色，无论是师资培训还是中学教育，都需要像赛福鼎这样有过教学和留学经历的人才。赛福鼎在业余时间里，先后到塔城师范学校和中学任教，负责政治、文学、历史等课程。学校里塔塔尔、哈萨克、乌孜别克、维吾尔等族的学生济济一堂，男女生分班上课，学生们认真好学，积极思考，女学生们多健美活泼，落落大方。赛福鼎接受塔城文化促进会的邀请，和一些热情的男女知识青年组织文工团，自编剧本、排演剧目，吸收各行各业有舞蹈、歌唱特长的社会人员参加文艺节目的排演，先后公演了抗战题材的《九一八》《血迹》《给不速之客的礼物》等，以及《主与仆》《阿娜尔古

① 韩清涛编：《今日新疆》，贵阳：贵阳中央日报总社1943年版，第85页。

② 赵挺：《赵剑锋新疆见闻录(1933—1949)》，南京：江苏人民出版社2013年版，第212页。

丽》《一仆二主》《理想医生》等剧目。文工团的文化艺术宣传活动，得到塔城群众的欢迎，实现了“超越塔塔尔族（塔塔尔族和乌孜别克族的文化艺术水准，在当时的塔城是最高的）”的愿望，在全省引发强烈反响。丰富的文艺活动令赛福鼎文思泉涌，创作剧本的成功，激励他又创作了反映少数民族社会问题的《孤儿图乎迪》《扎曼库勒》和抗战题材的《亚迪卡尔》等一批小说，见证了抗战时期新疆文化教育的盛况。

与新疆不尽相同，抗战时期的青海回族教育，则在曾经的“满拉”（伊斯兰学者）、时任军长马步芳的军事统治之下，在西北民族中独树一帜。

民初以前，青海回族的教育主要是经堂教育。回族马氏军阀势力控制青海后，为巩固统治计，对回族教育格外重视。中国回族重视教育，在1912年即在北京成立了第一个全国性回教组织——“中国回教俱进会”，以“兴教育、固团体、回汉亲睦”为宗旨，在全国各省设立分会，指出“世界大势非注重教育不足以图存”，提倡发展新式回族教育。[①] 1922年，时任甘边宁海镇守使的马麟，敦促在西宁东关大清真寺成立了“宁海回教教育促进会”，并亲任会长，以“促进回教青年学生教育并阐发回教真谛为宗旨”，致力于推动宁海清真学校，从西宁到湟源、大通、贵德、乐都、民和、化隆、循化等县设立小学推行义务教育，规定学校必须设立在清真寺，除了学习宗教教义外，加授阿拉伯文，礼拜五为休息日，回族子弟强制入学读书。[②] 是故，学校与清真寺次第建立，青海回族文化教育与宗教教育也相互促

---

① 钱志和：《中国回教俱进会与近代回族文化运动》，《中国穆斯林》1994年第3期，第14页。

② 青海志编辑委员会：《青海历史纪要》，西宁：青海人民出版社1980年版，第105—106页。

进。此举比之1932年国民政府教育部颁布的“第一期实施义务教育办法大纲”，尚早了几年。

宁海镇守使马麟对儿子马步芳的教育，寄予了更高的期望。除了送儿子进清真寺接受传统经堂教育，还在家中设立私塾，聘请了西宁名流徐昶、靳绣春、吴正纲等为其教习四书、尺牍和曾(国藩)胡(林翼)治兵语录等。① 青年马步芳不仅很快掌握了阿拉伯文和经典教义，成为一名年轻的“满拉”，也疏通汉文。不过，马步芳没有继续深造，而是投向深深吸引他的军旅生活。

1928年9月青海建省，国民军将领孙连仲任省主席期间，采取延续“回教教育促进会”、继续推动青海回族文化教育的政策，惟于教育宗旨中增加“灌输三民主义”之内容，并创办女子小学，推动回族女子教育。局势变换之下，能够独当一面的马步芳于1930年进驻西宁，主政青海，在子承父业的同时，于1932年继任了“青海回教促进会”(去掉了“教育”二字)会长一职。青出于蓝而胜于蓝，青年马步芳在回族教育上格外倾力，逐渐夯实了回族在青海军政教(育)上的绝对优势地位。先是拨付经费1.6万元改师范讲习所为回教促进会会立中学，增设初高级班次，强制回族子弟入学，后改称会立西宁中学；又在青海各县普遍设立分会和小学，最盛时期甚至在甘肃河州、狄道一代设立分会，开办小学。据考察西北的人士观察，与政府所办普通学校比较，回教促进会附设中学暨各县分会缩版小学，经费充足，“独呈欣欣向荣之势”。② 据统计，1933年青海全省各县高级小学共46所，学生4 954人，教职员208人，全年经费39 451元，初级小学560所，教职员749人，学生19 873人，全年经

① 马效忠：《马步芳传》，北京：中国文史出版社2012年版，第30页。

② 陈赓雅著，甄暾点校：《西北考察记》，兰州：甘肃人民出版社2002年版，第139页。

费62 641元。而同时期的回教促进会会立初高级小学校,共计 92 所,学生5 333人,教职员 201 人,全年经费竟有91 250元。与全省相比,学校师生仅占总数的 17%,经费竟占达 47%。[①]

1940 年,会立西宁中学改称会立昆仑中学,计有初中 14 班,高中 3 班,简易师范 1 班。1942 年以后,会立昆仑中学更成为青海省地方行政干部培训班。昆仑中学在青海中等学校中首屈一指,不仅仅是因为经费充足,还在于马步芳对该校实施军事化管理。学校设有军事训练的大队部,由马步芳派遣军人进驻担任教官,学生除了学习宗教教义和文化课外,每周有十个小时以上的军事训练。学生统一发给公费、配给制服,违反校规或伊斯兰教规要受到严厉处罚。毕业后少数优秀生和权贵子弟报送至国内各类军官学校学习,回青海后委任较高官职,大部分毕业后充任马步芳军队或权力机关的中下级军政人员。[②] 记者范长江参观回促会多半学校,感慨其振振有生气之余,亦觉察到回教促进会所办诸学校,并不十分注重回教教义的训练,在校青年学生每周所授教义——讲回教经典,每人不过两小时。[③]

在马步芳影响下,青海其他各族的教育,亦趋向了军事化管理和培植子弟兵的方式。1931 年 7 月成立的青海蒙藏文化促进会,以马步芳为理事长、各蒙藏上层人士为理事。该会附设蒙藏小学一所(一度改为蒙藏中学),“学生都是蒙藏王公千百户的子弟,一律读汉书,兼代蒙藏文,学生服装与生活完全军事化。”[④]文促会在各县和牧区设立十余所小学,“边疆教育专款”亦完全由文促会支

① 顾执中、陆诒著,董炳月整理:《到青海去》,北京:中国青年出版社 2012 年版,第 128 页。
② 青海志编辑委员会:《青海历史纪要》,西宁:青海人民出版社 1980 年版,第 174 页。
③ 范长江:《中国的西北角》,北京:新华出版社 1980 年版,第 94 页。
④ 范长江:《中国的西北角》,北京:新华出版社 1980 年版,第 93 页。

配使用，关乎教师、教材、课程之类，不容教育行政部门过问，亦不接纳督察、视学等人员。[1] 鉴于此，1938 年中英庚款董事会在听取了西北教育考察委员王文俊的报告后，即决定自办湟川中学，课程以教育部规定，英文、国文、数学并重，招收西北各地各族青年学生，以充足的经费补助青海学校教育。

甘肃夏河县拉卜楞寺的保安司令黄正清在藏民中颇有声望。但是，藏民文化促进会在推动藏民文化教育上却遇到颇多阻力。这阻力不仅来自经费，更是由于藏民全部生活深受宗教之支配。拉卜楞辖一百零八寺，是跨川、甘、青、藏的藏民聚居区。1924 年拉卜楞寺五世嘉木祥活佛和他的寺院再次受到马麟军队的发难。黄正清作为活佛的兄长，不得不数次前往兰州，寻求省政府的援助和仲裁。在兰州期间，黄正清深受启发，以为藏民要生存，必要发展藏民文化。遂于 1926 年在兰州成立藏民文化促进会，意在“导入汉族文化，提高藏民知识，企求民族间的平等”[2]。亦希望借此获得政府及汉族人士之帮助，通过“团结和进步”，使“反抗有力量”。黄正清自幼进入新学校学习，聪敏好学，熟通汉文，喜读报刊，了解国内大势，曾经游历平津沪杭汉诸地，颇具开通新思想。在其努力下，1927 年拉卜楞局势安定，活佛回归。藏民文化促进会亦迁回拉卜楞，创办藏民小学一所。但是，招生却出乎意料地困难，原因是藏民常常不愿子弟读书，只终生信奉喇嘛教，有子即送入寺院做喇嘛，留女主持家务。所幸黄正清以其声望，强制附近各庄报送学生，承诺提供一切读书膳宿费用，并免其家庭的各种赋税及差役负

---

① 青海志编辑委员会：《青海历史纪要》，西宁：青海人民出版社 1980 年版，第 123 页。

② 顾执中、陆诒著，董炳月整理：《到青海去》，北京：中国青年出版社 2012 年版，第 83 页。

担，勉力劝说，仅招到学生60余人。①

经费之难则源于藏民之俗，以财产赠送寺院为荣，而不愿捐学。逢法会、迎活佛，广大藏民纷纷敬献银币珠宝之类，甚为可观。1939年，黄正清率藏民五千迎嘉木祥活佛自西藏返回，藏民纷纷至其宅前，敬献哈达和迎佛斧资（旅费），银币相击，闻于户外。迎得活佛，沿途行辕所置之地，周边藏民扶老携幼，赴聚近万人，各携财物，求班禅放头，所敬献者，有羊皮、首饰、食物、现洋等，均以布袋盛之。② 但，藏民大多不愿子弟读书、视读书为畏途，故不似蒙古、回各族，不愿捐赠财物给学校，文促会办学校的经费时称困难。到1930年会立小学仅剩20余人，1931年夏河县教育局不得不将会立第一小学迁入县立第一小学。这样，一个学校校址内，就办了县立和会立两所学校。身为活佛之兄，负有护持拉卜楞寺之职的保安司令黄正清，亦未能扭转藏民和喇嘛们对新教育的恶感。1938年，来到夏河县卡加寺的顾颉刚先生，在提出参观县立卡加小学时，即觉察到喇嘛现出"不豫之色"。至小学校后，即听闻校长哭诉办学之艰难，谓"此间喇嘛深知新式教育发达则出家者必日少，将危及寺院前途，故频施打击，学生之穿制服者恒夺而撕之，上山斫柴，又遭鞭扑"。③

藏民普遍视寺院为一生之精神和财富寄予之处，家有青年男子皆以入寺院做喇嘛为荣。因此，寺院也承担了藏民的主要教育功能，拉卜楞寺有五大扎仓即"僧院"，正是藏传佛教僧众学习经典

---

① 据称，其中纯藏族仅2人。马鹤天著，胡大浚点校：《甘青藏边区考察记》，兰州：甘肃人民出版社2003年版，第32页。

② 李孤帆著，邓明点校：《西行杂记》，兰州：甘肃人民出版社2003年版，第151页。马鹤天著，胡大浚点校：《甘青藏边区考察记》，兰州：甘肃人民出版社2003年版，第51页。

③ 顾颉刚著，达浚、张科点校：《西北考察日记》，兰州：甘肃人民出版社2002年版，第234页。

的学校。其中,曼巴扎仓专门培养藏医,其余四个扎仓则分别为专攻佛经教理的铁桑浪瓦扎仓、专门训练各种仪注(负责筑坛、演神、法乐、塑像、诵赞、绘图等事)的丁颗尔扎仓(佛事院)、结多扎仓(法事院)以及密宗的纠巴扎仓。平时喇嘛们除了共同诵经、听大师讲经和研读经书外,一项颇为精彩的学习方式就是"辩经"。

"会场在广约十余亩之大园内,园中杨、柏矗立,大者数围,北面张一大幕,可容千余人。幕上蓝花,周围垂黄红布缘,中悬彩幡数十,华美庄严,下有数柱支之。分座位为四区,纵横有路,上面有屋有台,下有喇嘛数千人,就地对坐,各披红氆氇斗篷。……全体口中喃喃,高僧领导诵经,约数十分钟,宣告终止,群争奔出,其声如雷,如学校学生之下课然。……未几复集帐下如前坐,但非诵经,一人起立站正中,面台上,口中滔滔不绝,手之舞之,频自击掌有声,群相呼噪,或鼓掌,或举手,亦有时发出嗤声,如演说场之情状。……一人演说毕,另一人起立,群大鼓掌,但其人殆讷于言,群复鼓掌,台上数人如教师,如评判员,有肩用厚垫张成方形,如戏剧中判官者,有时嘉木祥活佛亦至场,时许多藏民,在帐外面(向)台上叩头。此系全体大辩论,有时在外分若干小组辩论,其式亦同,即一人起立向坐者辩难,或数人起立,争质问之,或抱坐者之头,强刮其耳,非常有趣。盖寺院对佛学之研究辩论,一如学校之上课考试,颇为严格。"①

观此场面,丝毫不逊于现代学校之集会开演讲赛。若以喇嘛学习佛经之活跃精进方法,学习新学校教育之科学内容,其效可预见。足见,藏民不是不能学新式学校文化知识,而是不愿学。顾颉

① 马鹤天著,胡大浚点校:《甘青藏边区考察记》,兰州:甘肃人民出版社 2003 年版,第45—46 页。

刚考察之后，建议中英庚款董事会对藏区之补助，用力于学校教育，不如用于社会教育。[①] 由喇嘛辩经看，以藏民生活方式宗教化之影响，信其所言不虚。

因此，负有维护拉卜楞寺责任的黄正清司令，也只能尽其可能推动拉卜楞地区的藏民学校教育，如在果洛的康根、康撒两个部落建立藏民学校；1940 年个人捐资创办了拉卜楞女子小学，招收了藏、汉、回学生 80 余人。[②]

三、历史特征

抗战时期，西北地区之社会文化教育生活的变动和发展过程，表现出以下几个特征：

其一，文化教育生活变迁既有现代化趋势又具有相对的保守性。

尽管，整个民国时期西北文化教育事业的发展并非一帆风顺，但从民初政局动荡下的混乱与停滞，到民国中期的逐渐恢复，再到抗战时期（1931—1945）的迅速发展，西北社会在普及初等教育和创办中等教育方面，始终是顺应时代大趋势不断发展的，特别是抗战时期社会教育中对文化知识的重视，都使接受新式文化教育成为社会主流。在文化教育的发展下，新文化事业的兴起，不仅为地方培养了更广泛的社会文化群体，还成为地方社会文化发展的生力军。

与此同时，西北文化教育生活的发展，受到整个西北社会经

---

① 顾颉刚著，达浚、张科点校：《西北考察日记》，兰州：甘肃人民出版社 2002 年版，第 239 页。

② 王劲、杨红伟：《甘宁青民国人物》，北京：中国社会科学出版社 2013 年版，第 205 页。

济结构模式变动速度的影响，表现出一定的保守性。譬如整个民国时期，与中等教育发展状况不相一致的是，西北学子考取国内外专科以上大学者极少。造成这种现象的原因有以下几个方面：（1）本地专科以上大学数量小，中学毕业生升学不易，一般学生出省就学，又花费太高。（2）本地民众对于负笈远游求学仍然存在保守观念，[1]稍称富裕的家庭也鲜有送子弟出省学习的。（3）战争的影响。军阀混战之后又有全民抗战，出于人身安全的考虑，到外省求学的吸引力有所降低。（4）地方建设既缺乏人才又不能切实地任用人才，加之地方乡党人情观念严重，学历水平与就业机会难以对等，使出省求学的动机减少。在这些因素的影响下，地方的中等教育人才，就主要是师范毕业生了。时局动荡之下，异地人才流失变动，师范学生不能安心学习，循环往复，遂使中等教育水平相比他省较低，以至于参加全国专科以上招考的学生既少，被录取者更少。地方社会改造和建设活动，也因此相对缓慢和保守。

其二，近代西北文化教育发展中，高等教育相对薄弱，社会改造和建设性人才培养不足，既影响当时地方建设的整体水平，更对地方后来的发展造成影响。

自清末到民国年间，西北大学（高等）精英人才教育均相对薄弱。虽有若干留学生（含出省和出国两种）后来回到地方服务，但数量远远不足，这使改造地方社会生活的示范力量不够。在地方社会工业化程度比较低，民众尚缺乏摆脱传统生活模式禁锢的内在动力的情

① 参阅《续修礼泉县志稿》卷九，民国铅印本：礼泉“僻处高原，土厚水深，户鲜素封，人无远志。虽列胶庠，在秀才暨改学堂毕业亦愿止中学，求一负笈海外、游学京沪者，寥希如星凤焉。其无力供费，故无论已，间有坐拥厚资，亦甘自。士习之陋，盖有由矣。”卷十：职业部分称“近则中级学校肄业者尚多，入专门大学者盖不多见，虽有力之家亦多不肯遣其子弟负笈远游，可慨也”。

况下，高估民众的自主能力，实际上也使民众丧失了向近代化转换的最优途径。

抗战时期西北的普通高等教育的发展，得力于一批清末民初精英教育下的人才，他们充当了先锋队；更借助了抗战大后方的战略地位。当时的西北高等教育机构主要是两类(参见表6-4)：一类，是在西北本土创建的高等教育，以专科学校为主；一类，是抗战西迁进入西北后，分拆合并形成留在西北的高校。最著名的是由北平大学、北平师范大学、天津的北洋工学院合并组建的西北联合大学。1937年全国抗战爆发后，迁入西安办学，数年里在分拆合并下形成了一系列高校。

可见，抗战时期是西北高等教育体系(含文理农工医师)基本格局构建时期。这改变了西北高等教育极其匮乏的局面。

另一方面，西迁高校是西北地区高等教育构成的重要来源(本省以建立专科学校为多)，其数量有限，只可说实现了从无到有，加之内迁高校校园师生自成一体，实际与地方社会的融合尚有限，说深刻影响地方民众之生活，似有夸大之嫌。从布局看，宁青新实际付之阙如，对少数民族生活之影响则更微弱。

其三，民间文化人士多热衷于社会教育，如办剧社、报刊、话剧团等，与官方主办学校教育一起，共同推动西北文化教育生活近代化。

在西风东渐的过程中，清末西北的文化教育发生变革，及民国初立，这一变动就明显迟滞和缓慢下来。由于处于军阀混战、灾害频发的时期，西北历史文化传统的特色和物质生产模式落后，自助和恢复的能力十分孱弱。

表 6－4　抗战时期建立的西北地区高校一览

本土创建高校			内迁合并形成高校		
时间地点	校名	备注	时间地点	校名	备注
1931，兰州	甘肃学院	前身为法政专门学校、兰州中山大学，1931 年更名为甘肃学院	1936，西安	东北大学	1938 年迁往四川
1933，迪化	新疆学院	前身为俄文法政专门学校	1938，武功	西北农学院	由国立西北联合大学农学院即原北平大学农学院、国立西北农林专科学校和河南大学农学院畜牧系合并组建
1939，兰州	国立西北技艺专科学校	1945 年改名为国立西北农业专科学校	1939，城固	国立西北大学	国立西北联合大学改办。1945 年迁西安原东北大学校址
1942，兰州	国立西北医学专科学校	1944 年并入国立西北医学院兰州分院，1946 年并入国立兰州大学	1938，城固	国立工学院	由西北联合大学工学院、东北大学工学院合并组建。1945 年迁西安
1932，武功	西北农林专科学校	1938 年与内迁高校合并为西北农学院	1939，城固	国立西北师范学院	原西北联合大学的师范学院独立设置。1941 年设兰州分院。1942 年本部迁往兰州，1944 年城固分院迁往兰州

续表

本土创建高校			内迁合并形成高校		
时间地点	校名	备注	时间地点	校名	备注
1938,西安	省立医学专科学校		1939,南郑	国立西北医学院	由原西北联合大学的医学院独立设置。1945 年迁西安
1940,西安	省立政治学院	1941 年停办	1942,兰州	国立西北医学专科学校	
1940,西安	私立西北药学专科学校		1939,兰州	国立西北农业专科学校	前身为西北技艺专科学校
1941,西安	省立商业专科学校				
1944,西安	省立师范专科学校				
1944,西安	私立音乐学院	1945 年停办			
合计	11		合计	8	

资料来源:陕西省地方志编纂委员会编:《陕西省志・教育志(上)》第六十三卷,西安:三秦出版社2009年版;甘肃省地方志编纂委员会编:《甘肃省志・教育志》第五十九卷,兰州:甘肃人民出版社 1991 年版。

西北身处大陆内陆边疆，独特的地理环境、深厚的宗教和文化习俗，使民众在接受新文化时，抱有了顽固又平和的抵制和质疑态度。近代西北在传统文化精英断层、新兴社会精英培养缺失，地方经济结构变动缓慢的情况下，①一方面，新文化学校教育仍需假以时日；一方面，大量的普通民众亟待改变观念。因此，民间文化人士多致力于用戏剧（主要是秦腔）、报刊、话剧等，来“移风易俗”“宣传抗日”，凝聚爱国意识。当然，还有一个重要的因素，则是办学校教育因为经费不菲、机构繁复，多赖官方之力推行。私人办学多有力不从心之感。但办剧社、办报刊、搞文艺演出，一来机构组织可大可小，二来仰听众、读者为衣食父母，内容与时俱进，供需靠市场，凭技艺创品牌、谋生存。

最后，抗战时期的西北民族教育发展迅速，但不平衡特征也十分明显。

从民族看，维吾尔族和回族对初等学校教育的举办十分积极，而蒙古、藏各族却相对冷淡。分析其原因，大致有二：一是，拥有鲜明的宗教生活方式以及传统宗教教育形式是各少数民族共有的特征。但比较而言，伊斯兰教在其向西、向东的传播过程中，与不同区域民族的文化交流较为频繁，颇能与时俱进。自晚明开始，回族的经堂教育内容即考虑适应新形势的需要，“援

---

① 对于这一点，1924 年到长安讲学的王桐龄先生在其长安教育的观感中就称“研究新学之人太少，整理旧学之人亦缺乏”。“本省人才不足，专科以上大学之教员，多系借材异地，本省之毕业于外国大学之学生，多在交通便利之外省就事，不肯回本省”。参阅王桐龄：《陕西旅行记》，北平：北平文化学社 1928 年版，第 25 页。

儒以附己"①,及至民初,也是较早倡导重视民族文化教育的一个民族。而蒙古、藏各族,尤其是藏族,受到西藏宗教文化的影响大。二是,受物质生产和生活方式的影响。蒙古、藏各族仍主要维持了逐水草而迁的游牧生活方式,深受游牧习俗影响。在新疆,仍保持游牧生活的哈萨克、柯尔克孜族等的文化教育举办就相对薄弱。回族因为较早就采取了农业生产方式,生活方式汉化的程度相对高,较易接受新文化教育。维吾尔族与苏俄以及中亚等国接壤,受彼时苏俄的生活方式影响较多(新疆地方一般物质生活用品多自苏俄贸易进口而来,而非内地)。

在各族建立的"文化促进会"参与发展民族教育过程中,小学教育方面最为踊跃,学校一般按照国民政府教育部设置标准,除了国文、算术、社会、自然、劳作、美术、音乐、体育等课程(公立学校则必须有党义一门)外,同时加设民族语言课。一般民族上层人士和宗教人士,颇为支持和踊跃捐赠,新宁青等省的会立学校及学生数量,大有超越公立学校之盛况,在推动实现各民族适龄儿童的义务教育、提高西北各民族文化教育水平方面,发挥了积极作用。

也应看到,这一盛况背后至少还遗留了两个问题:一是新疆在省政府发展各族固有文化的政策下,以民族语言教学为主。会立小学学生毕业后在升入省立、县立中学时,必然遭遇语言障碍,实际上也就很难升学了。这样一来,新疆学生升入国内高等学校的机会更加

① 早在晚明时期,在江南就陆续出现了影响较大的著名伊斯兰教学者,如王岱舆、米万济、金天柱、马注等,他们都是经汉兼通的宗教学者,用汉文译著了一批有关伊斯兰教的宗教读物,目的在于采用儒家学说阐明伊斯兰教,借用儒学权威维护伊斯兰教。而中国穆斯林经堂教育的创始人、陕西渭南的胡登州本人就是一个经汉兼通的大宗教学者。宁夏回族自治区政协文史委员会等:《西北回族与伊斯兰教》,银川:宁夏人民出版社 1994 年版,第 241 页。

渺茫，且新疆会立小学数占比例极大，不利于推进新疆与内地的文化交流。一是与会立小学的盛况相比，各民族教育的中等教育极为薄弱（多省所有之中等教育，主要是为培养本地小学师资的师范教育）。但回族的中等教育较受重视。① 马步芳把昆仑中学打造成了西北回族子弟的“黄埔军校”。但范长江当年对此“军事化”则颇感忧虑。②

① 如早在 1918 年，时任宁夏护军使的马福祥就创立蒙回师范学校于宁夏府城，又在此后两年里在宁夏道所属各县倡办回民小学 59 所，1928 年则发起成立清真中学——西北公学。其子马鸿逵在 1938 年创建以其父之字命名的云亭中学（今临夏县中学）。1922 年的时任宁海镇守使的马麟则是在青海创立宁海回教教育促进会，在青海倡办清真寺小学。其子马步芳则在 1935 年主持创建青海回教促进会高级中学，1940 年改名为昆仑中学。参阅宁文《马福祥与回民教育》以及孔祥录、喇秉德：《青海回教教育促进会》，《西北回族与伊斯兰教》，宁夏人民出版社 1993 年版，第 263—277 页。

② 在参观了“马步芳的政治作业”后，范长江认为，这样“以私集团的观点上来训练军队、发展经济、对付异民族、来教育青年，这样的做法将走上非常危险的道路”，甚至提出“以苟安的立场讲，不办教育，问题倒小些，地方平静些”。范长江：《中国的西北角》，北京：新华出版社 1980 年版，第 94—95 页。范长江之见，令人不由得想到曾经在河州倡办书院、善理回汉问题，后主政新疆 28 年的杨增新对新疆教育的态度。杨增新之新疆教育政策得失，因不在本文讨论范围，另文再陈。

第七章　抗战时期西北地区娱乐休闲生活

我们步入民国西北社会的场景时，在此消彼长的军阀政客、横行肆虐的灾害瘟疫中，看到了民众的痛苦和挣扎；在长长短短、五光十色的服饰，雨后春笋般的学校、医疗机构中，看到了民众的生活和希望；在音乐诗般的“花儿”、热情欢快的民族歌舞、粗犷高亢的秦腔和狂欢式的民间社火中，感受到西北民族独特的精神和情感世界。

笔者在第二章的开篇，曾提到20世纪30年代王洛宾先生创作的、引发世人对西北遐想的著名民歌《在那遥远的地方》，实际上，这首美丽动人的歌曲是在抗战大背景下，东、西部文化交流的产物。来自北京的艺术家在青海采风后，被激发了创作灵感，借用西北民族歌曲风格、使用现代音乐艺术和审美标准，创作出这件艺术作品。同一时期，艺术家还在西北相继创作和改编了《达坂城的姑娘》《半个月亮爬上来》等数首新西北民歌。这反映了抗战时期西北地区民众之娱乐生活，在延续着浓郁的地方、民族特色的同时，因为与东部政治经济文化联系的加强，开始出现了新因素，甚至发生变动。这个变动的次序和程度，又与西北诸省各自地理区位的关系十分密切。

一、传统娱乐的延续与发展

娱乐作为社会生活的一部分，满足一定生活方式中人们的精神需求。陕西、甘宁青以及新疆各省民众的娱乐生活，由于生产方式和民族文化传统的差异，侧重各不相同，变化程度也不同。如，形式上的文化与武化、方式上的重观赏与重参与、内容上的喜含蓄与喜直白等等。

（一）看戏耍社火最痴狂

关陇[①]作为中国文化发达较早的地区之一，民间文化精神活动也极为丰富，秦腔、社火、杂耍、民歌、快板、灯谜等，广泛流传于城乡各地，为地方民众喜闻乐好。其中，秦腔和社火两项最具群体规模和普遍性。

清中叶，关中即“旧有傀儡悬丝、灯影巧线等戏。其大戏原系秦声，所谓击瓮拊缶而歌呼呜呜者。至后旗亭歌诗，阳关送酒，三叠之遗，亦自可听。今则乱谈（弹）[②]盛行，腔调数易，靡靡之音，杂以笙箫，鄙俚秽亵”，而观戏者“半夜空堡而出，举国若狂”。[③]往西去，则“古凉州民习秦腔已久，甘州亦然”[④]。清末民初之际，此风并未削减，为观戏往往是“耕余能剩几团粮，贪看空中傀儡场。更有

① 指陕西关中和甘肃东部一带地区。

② 即流行于西安一带之秦腔。

③ 乾隆《临潼县志》。

④ 乾隆《凉州志》。

迷人肠断处，一台灯影倩魂亡”①。社火是一场表演者和围观者共同的狂欢节，即使是灾害兵祸也难以剥夺民众对于社火赛会的热情和投入。晚清朝邑学正杨树椿的竹枝词描述其盛况称，“上元射虎市灯开，忘却前年贼马来。忙罢新粮才数斗，村村赛戏已登台。”

看戏是西北民众普遍喜爱的娱乐活动之一。陕西戏曲种类主要有秦腔、眉户、碗碗腔、汉黄二调、老腔以及道情、影子戏等；甘肃除了秦腔外，灯影戏、道情、曲子戏等更受民众欢迎。其中，秦腔产生于关中，为陕甘最为流行之戏曲剧种。秦腔的角色，据封至模先生所编《秦腔概述》草稿称有：“老生、须生、小生、幼生、老旦、正旦、小旦、花旦、武旦、媒旦、大净、毛净、丑等十三门”，所谓“十三头剃子，无所不能”，而且各角色均有其派别和风格。② 关陇地方因自然环境和历史、政治情况，形成了特有的风俗人情和斗争传统。在戏剧艺术上，即形成秦腔的特点：“高腔歌唱，调入正门，音协黄钟，古典声情，雄劲悲激，宽音大嗓，直起直落”③；因地势不同，各路秦腔在表演风格上稍有差异，却都十分注重真实、情感和效果，演员的一举一动皆要情理真切，达到装谁像谁的地步。用嗓除了拖腔外，多用本嗓，声音激越、高亢，故有“吼秦腔”之称，即使表现轻松、愉快，缠绵、悱恻等感情的“花音”和“哭音”，也独具风格，因此常常感情真切、深刻，效果夸张、火爆。

1924 年暑期，北京《晨报》记者孙伏园随鲁迅先生来陕西讲学，

---

① 王力余：《乡风记事诗》，载宗鸣安：《西安旧事》，西安：陕西人民美术出版社 2002 年版，第 192 页。

② 田益荣：《秦腔》，陕西省戏剧剧院艺术处：《陕西传统剧目说明》，陕西省剧目工作室 1958 年编，第 29 页。

③ 陕西省戏剧剧院艺术处：《秦腔介绍》，《陕西传统剧目说明》，陕西省剧目工作室 1958 年编，第 40 页。

应邀观看西安易俗社的演出后，惊诧于秦腔演出的气氛和声势，更对关中人迷恋秦腔的程度印象深刻：在震耳欲聋的声音中观众如痴如醉，其中包括相当数量的女性观众。当时西安街道上鲜见女子踪迹，更不可能随便向女子问路谈话，也就无怪乎戏院对女性的开放，会引起外来者的诧异。在看戏这一点上，西北妇女拥有自由的权利。

老百姓对秦腔的喜爱，表现在无论身份地位高低贵贱，兴之所至人人皆能哼唱秦腔中的一二精彩片段；对表演出色的秦腔演员更是不加掩饰地大加追捧。譬如，艺名“德儿”的著名旦角演员陈雨农，因为善于饰演不同性格的妇女，民间就流传有“快跑快跑快去看德儿的《皇姑打朝》”的俗语；易俗社青年演员刘箴俗，初出茅庐即以《慈云庵》等剧为观众惊叹，关中百姓亲切称其为“虼蚤二”（关中称跳蚤为虼蚤），《青梅传》更令刘箴俗誉满三秦，《国风日报》上即发表诗文称“生小十三上舞楼，窈窕身似女儿柔。只因一曲青梅传，到处逢人说嚽刘”①。爱戏爱人，关中人对优秀演员的关注情真意切，以至不容许外人的挑剔。在易俗社听过戏的鲁迅先生和同行者们，就意识到如果在陕西说刘箴俗不好，是会引发陕西人的反感的（孙伏园《长安道上》）。

甘肃秦腔独具匠心，往往演出以“曲子”开场，再转演秦腔，曲子或多吸收佛曲，颇有婉转起、激昂开的效果，甘肃人称之为“风搅雪”，清末戏剧家徐珂则将其与陕西秦腔区别为“西秦腔”。清末甘肃秦腔艺人，大多德艺兼修、十分活跃。光绪二十年（1894）艺人马全儿在兰州献艺，应战会戏首领的刁难，竟以仓颉和观音菩萨为主

① 政协陕西省委员会文史资料研究委员会主编：《陕西文史资料》第 21 辑，西安：陕西人民出版社 1988 年版，第 103 页。

角、八大神仙为素材，编演了72本连台本戏《玉皇传》，连唱72天不重戏，一时名声大噪，誉称“赛天红”。①

看戏的痴狂，戏班子就忙，演戏的场合也就丰富多样。民初以来，陕西秦腔开启了一个繁荣发展的时期，不仅改良剧社纷纷成立，还向西发展，进驻甘肃戏剧市场。

以1912年陕西易俗社的成功演出为开端，不同程度仿照易俗社改良的秦腔社团如雨后春笋般纷纷出现在陕西各地。如，泾阳县就先后成立了清华学社、清俗社、明正社、新景社、觉民社、易风社、民声剧团等六大正式的秦腔剧团。除易俗社外，新式戏剧社团有一定的规模且名声较大，如西安的三意社、尚友社、正俗社，大荔的牖民学社、蒲城的培风剧社、咸阳的晓钟社、凤翔的移风社等，不仅演出颇受地方民众欢迎，也纷纷招收学生以新法培养，少则数十人，多则百余人。不仅专业演出剧社兴盛，民间非正式剧社的组建也颇为活跃，这大大丰富了民众的娱乐生活，如潼关的明德学社、耀县的同乐社等都是从民间自乐班的形式发展而来。这一时期，专业剧团和自乐班发起人的社会身份也十分广泛，包括专业演员、知识分子、民间艺人、军政人士、商人、乡绅等等。②

陕西的改良秦腔迅速向西扩散。《甘肃省志·文艺志》记称：“1920年前后，陕西秦腔演员大量西进陇上，促进了甘、陕秦腔艺术的融合，对甘肃秦腔造成很大冲击”。究其原因，“经过改良的‘敏腔’‘易俗腔’等新兴的陕西中路唱派，随着演出办班、办校和以社代班等培训学员之举，在境内迅速扩散流播”。甘肃兴起了一大批

---

① 甘肃省地方史志编纂委员会编：《甘肃省志·文化志》，兰州：甘肃人民出版社2017年版。
② 鱼讯主编：《陕西省戏剧志》，西安市卷，西安：三秦出版社1998年版。

秦腔剧社，[①]聘请陕西演员为教练，使用陕西改良唱腔为教材，结果涌现了一大批陕西籍和甘肃籍的改良唱腔演员。甘肃秦腔原诸唱派，受到挤压逐渐萎缩，以致终成绝唱。

及至抗战时期，西北秦腔又迎来了一个更加广泛的交流传播时期。换言之，抗战时期西北民众的“看戏”生活空前丰富饱满。

陕西大有梨园荟萃之状。九一八事变后，东北军移驻陕西，京剧艺人来陕日增，名武生葛燕亭、坤伶新桂兰相继来陕。全国抗战爆发后，平、津、沪大批京剧艺人内迁后方，陕西京剧舞台兴盛一时。徐碧云、关丽卿、刘仲秋、郭建英、任桂林等相继入陕，邴少霞、齐艳云、江菊兰、金玉琴、金丽君等挂牌演出。河南大批豫剧艺人入陕：周海水带豫剧太乙班入陕，常香玉率团抵西安，樊粹庭的狮吼剧团落户西安。新声评剧社首来西安演出《杜十娘》《二美夺夫》《王少安赶船》等，继而明星评剧社来陕，随后各评剧班相继而至。到1940年，先后有新声、明星、德育、新民、春月等，20多个评剧班社在陕西演出数年。还有山西蒲剧的唐风社、晋风社、秦晋社等，晋剧的礼峰版班、汉仁班等等也纷纷在陕西演出。

各路戏剧剧社多以西安为轴心，遍演关中，巡回陕南、陕北，甚而西进甘肃。相比较陕西，进入甘肃的外来剧社较少，这与西迁西北各省移民的多寡有关。譬如，三原县一地，在抗战前以汉黄二调最为盛行。抗战爆发后，有西安的易俗社、尚义社，泾阳明正社等来演出秦腔，山西晋风社和唐风社的晋剧、山西二战京剧团的京剧、唐山美凤社的评剧以及（常）香玉剧团的豫剧，纷沓而至。[②]

---

① 除了一些老剧社引入陕西教练和教材外，新兴的改良剧社往往在社名上可窥见一斑，据《甘肃省志・文艺志》戏剧班社一节所统计数十个名称看，多有“铁血”“精诚”“青年”“新伶”“胜利”“同俗”“文化”“警钟”“振兴”“新秦”“学社”等等与时俱进的词汇。

② 三原县志编纂委员会编：《三原县志》，西安：陕西人民出版社2000年版。

各地剧团社的演出，不仅让陕甘人大饱眼福，也让“看戏”成为这一时期陕甘民众与外界文化交流最便捷的方式。演者熙熙，观者攘攘，田间地头和街头巷尾，农家小院和楼台剧场，皆可成为愉悦身心的场所。

城市中因为娱乐生活相对丰富，设施较好、规模相当的剧院，往往拥有比较稳定的观众群。来到西北的军政文教经济金融等各界人士，大多感受过一个固定的接待项目：观剧。1937 年，顾颉刚作为中英庚款董事会组织的西北教育考察团成员，抵达甘肃临洮，其考察日记中记称 10 月 7 日至 13 日，两次为地方人士邀请至“八千春”观秦腔和新国难剧，指出“演《龙凤山》《醉写》《走雪》等出，觉甘肃腔尚与陕西腔有异”，可见他亦曾观赏陕西秦腔，才有此分别之辨。在兰州，10 月 14 日至 21 日，记称：15 日，应邀至新舞台观剧，为孙盛辅演《借东风》（京剧）。“临洮戏院无顶棚，夜中观剧，星月粲然。兰州则已加布幕，此犹古制也。”17 日，到新兴学社看秦腔剧。19 日，到西北大戏院看晋南丑演《龙凤旗》等剧。至于在西宁，临潭，黑错回、藏聚居县份等数日，未见观剧记录。①

在生活单调的乡村，戏曲演出会借助人们生活中一切可能的机会实现。婚、丧、诞、寿时，请一台戏以答谢亲朋好友；邻里纠纷中，罚一台戏以化解怨仇；节庆集会中，对台斗戏更是必不可少的内容。简陋的小院、集会上临时搭建的席棚，可以上演一台台好戏；作为专门演出场地的戏楼，在陕甘城乡的普遍存在，也说明了“看戏”娱乐生活的活跃。如，泾阳县在民国时期，曾存在戏楼四十余座，皆为砖木结构，水磨砖，白灰勾缝，屋顶有脊有兽、龙凤齐全，

---

① 顾颉刚著，达浚、张科点校：《西北考察日记》，兰州：甘肃人民出版社 2003 年版，第 183—187 页。

雕刻精细，四周拱斗挑角，且不乏建筑华丽、宏伟壮观者。戏楼所属，有商行会馆、县府街村以及神庙宗族。① 笔者曾经考察过泾阳县安吴堡吴氏家族的迎祥宫戏楼，为其巧妙利用空间的实用设计和隐约可见的华丽而感叹。留存至今的三原县城隍庙戏楼，依然敦厚的砖木台基、精致华丽的雕刻、端庄典雅的气势，恍然间当年台上的激越和台下喧腾历历在目。甘肃各处演出不辍的戏楼，多建在城隍庙、关帝庙、伏羲庙、东岳庙等以及会馆等处，少数在人口密集的街头或村落。顾颉刚先生所观剧的临洮八千春，即在马王庙南侧，是个可容纳千余人的戏园。

看戏之深入：无论在农闲还是在各类节日，甚至是在跑空袭的人群中，演员与观众并无实质区别，演者自得其乐，观者如痴如醉。

在国事艰难的抗战时期，看戏这一最普通常见的娱乐活动，反而借“寓教于乐”功能，成为鼓舞士气、抗战动员和宣传的有力工具。

改良秦腔再一次成为引领风尚的典范。全国抗战爆发后，易俗社在防空洞里排演一批爱国主义剧本，如《投笔从戎》《新忠义侠》《木兰从军》《光复汉业》《肖夫人》《拷红娘》《孟丽君》等等，在丰富地方民众娱乐生活的过程中积极贯穿爱国主义教育。

秦腔还走出西北，在全国抗战中发挥了娱乐教育的积极作用。1937 年 6 月，易俗社赴京演出，其中《还我河山》《山河破碎》两个大型历史剧在京引起轰动，据称首场演出即“观众极多，足无隙地，无票遭拒于门外者大有人在”。对两剧的影响，京城《全民报》评论说“当此国难严重之日，……上演两戏写历史的伤痛，促民族之觉醒，振聋发聩，立懦惊顽，实观现实中国之下一针砭。方今举国民众，

① 王兴林主编：《泾阳史话》，泾阳史话编辑委员会 1994 年印，第 289 页。

抗敌殷切，故亦欢迎此抗敌救国主义之民族佳剧也。”陕西诗人闲云，观《还我河山》后，挥笔写下“兴亡遗恨付清波，寄意弦歌感慨多，错彩镂金凭妙笔，起哀振懦费吟哦”。① 精忠报国、复兴国土和人生悲喜、儿女情长的剧目声调，不仅时时盘旋在西北内地，同样激荡在战火前沿的潼关城内。蒋经国视察西北时，就称潼关虽然被打光了，潼关人都在死角下生活，潼关城里却依旧是欢乐的，不仅过年家家都放炮，平时也天天演戏。② 在战争中的乐观和从容，透露出看戏人在戏里的体验和戏外的达观。

耍社火，同样是流行于西北地方的一种传统集体娱乐活动。

对西北乡民来说，农时之余是正当娱乐活动的时机。因此，在农耕的间隙当中，大量的日常娱乐活动都包含在各种为祈求风调雨顺、平安健康、丰衣足食等好兆头的岁时节日当中。一些重大的传统岁时节日活动，有春节、元宵节、端午节、中秋节等等。节日功能和祈愿内容多与中国各地一致，不过在形式上更因地制宜罢了。

与岁时节日活动含有更多生活习俗意味相比，乡民们更善于在农作间隙通过各种名目的集会，如庙会、古乐会、游乐赛会、炮角会、迎神会等等，烹制一场场娱乐盛宴。在这些集会上，除了演戏是必备节目外，社火是其中最热烈、影响最大的一项活动。

若论社火之本源，实则是自古以来北方乡民以村、堡设“社”，后者作为自发的群众性组织，在负责举办与“社”有关的“社事”中，不仅要处理如买卖土地写契约、处理邻里村际纠纷等，还要负责办理地方神的问题，即举办迎神赛会等。每逢这样的迎神报赛、庆贺

---

① 《陕西文史资料》第 21 辑，西安：陕西人民出版社 1988 年版，第 123 页。

② 蒋经国：《伟大的西北》，银川：宁夏人民出版社 2001 年版，第 12—13 页。

集会，必然举行各类游艺活动，锣鼓火把助威，狮子龙灯游行，人群相随，以“人威”助长“神威”，形成“社火”。俗谚“社火娱神，香火娱人（这种赛会往往同时有感谢过去的一年神灵保佑而还愿的旺盛香火）”，社火为愉悦地方神灵，实则具有人与神共欢乐的民间信仰仪式和娱乐的双重功能。西北迎神赛会年年有，祈神效果姑且不论，民间娱神的虔诚和狂欢的热情是肯定无疑的。

不同于任人择时、在楼前台下园内等处的看戏，社火必要等到年节、庙会之时。人们即不约而同地进入了一场神圣的仪式当中。不论平时生活俭朴与否，为举办一场精彩的社火，家家户户均不甘落后地积极参与准备。不仅准备举办社火的村庄里弥漫着紧张、庄严又兴奋的气氛，即使是邻村也会在猜测和打探中，为即将到来的欢乐激动不已。

社火，不仅在年节赛会是必备娱乐，还常以社火大赛的形式成为最热闹的节目，不仅在各乡耍，还要到县城演。1938 年春节期间，顾颉刚恰好在甘肃临洮县进行教育考察，其日记中称，自 2 月 7 日起（正月初八），四大街每日有社火、舞龙灯。四岔路口三龙会集，燃放花炮，列队唱歌，煞是热闹。又记：10 日（正月十一），夜中看社火三起。12 日（正月十三），抵渭源（县），……李县长邀至县政府看社火，并亲戴狮子头而舞，观者咸为轩渠。13 日（正月十四），回城，司社火者知予等在教育局，相率往演唱，自八时至十一时不绝。此后日记中再无记载。这是因为，西北年节社火，一般均自新年正月初始，最晚至正月十五元宵节终。

社火内容多样，一般白天多有芯子、踩高低跷、耍狮子、推小车、大头娃、单杆轿、打花鼓等；晚上则为旱船、龙灯、竹马、海蚌舞等等。据研究者统计，流行于关陇地区的就有黑社火、背社火、马社火、车社火、高芯社火、高跷社火、血社火、抬社火、山社火、跷跷板社火、龙狮社火，以及彩旗、锣鼓、秧歌、旱船、纸马等十余种。[①]每一种社火类型，都有一个突出的表现形式和内容。譬如，宝鸡的血社火，表演的内容根据民间传说故事设计角色，社火角色的表演者以脸谱方式，装扮为大铡刀劈入脑门、满脸血流、脑浆四溅、一脸死像等亮相游展，观众通过辨认脸谱及其形象，获得奇特、神秘、恐怖、快活的感受，达到惩恶扬善、威慑恶徒的作用。天水的黑社火，因一般在晚上演出得名，主要形式包括串唱民间小曲、跑花灯、对唱、打鼓、小丑、舞狮等。五花八门的演员，都是来自平时木讷忠厚的农民。令人惊叹的是，这些来自田间地头的演员们和他们表演的各种社火节目，不但内容丰富、技艺高超，表演的队伍更是井然有序，阵势宏大。

关中社火多以赛演的方式举行，常常是几个地方同时进行，当年的魁头自有老百姓的评说。一台精彩的社火，不仅成为这一年里令人津津乐道的话题，更是下一次社火大赛中要超越的目标。1927年清明节，在蒲城县北赛头社的延兴乡，举行的"射虎"大赛中，就有阎家社火和万家社火比赛。双方围绕不同的主题组织本社的社火，其中万家以戏剧内容如三战吕布、杀四门等扮演芯子。而阎家社火则更擅长各种高难度的杂技内容，据目击者记载，阎家社火阵势就极为可观：最前面是斗子旗（即用两三丈长的竹竿彩扎成带斗子的旗杆，由三个带串铃的青年支撑开路），依次为八仙板、花鼓、高跷、大头娃、大锣大鼓、芯子，最后压阵的是车故事。整个社火行列，节节点缀有彩旗、花杆子，并以三眼枪、神马、神棍打场子，护卫，长达数百米，看起来真是彩旗猎猎、歌舞翩翩，鼓乐喧天、

① 赵德利：《关陇社火艺术研究》，北京：中国社会科学出版社2012年版。

人欢马腾。①

芯子，是一台社火中最精彩的部分，往往也是社火组织者独具匠心之处。一般以一个主棍支撑带旋转性的架台，上面站立男女儿童，来表达一个主题。甘肃张掖的铁芯子社火最有名，需要十余个壮汉轮流分班抬行。譬如被称作“秋千棍”的大转芯子，就是下层有四个男孩骑木马旋转，上面有两个女孩分别站在弓弦吊的秋千上旋转。一般每场最少八台，最多十六台。芯子构思越巧妙，动作越惊险，越能够获得观众的称赞。芯子最前边有总牌对联，每台前各有与其故事相应的对联牌子。对联又是各台社火显示其文化水平的亮点，一般都由当地文人学士撰写，以求出奇制胜。如文人冯汝骐用“一二三四五六七八”八个字为八台芯子命题，每一个字撰一个谜面，扮一台戏，写一幅联语。例如“三”的谜面为“春日人不在”，剧目为“崔护借水”。“八”的谜面为“分明杀人不用刀”，剧目为“呆迷钉钉子”。一些芯子的题名，还发挥了宣传学校教育的作用，如为宣传崇实中学（蒲城）校庆，就把中学各门课程名设为芯子名，如语文是“诸葛亮舌战群儒”，物理是“曹冲称象”，体育是“景阳冈武松打虎”等，使观众在欣赏精彩的社火时，也饶有兴趣地参与了这种轻松愉快又不乏机智幽默的文字游戏。在抗战时期，这些社火利用谜联积极宣扬抗战精神，如以“打倒日本帝国主义”“津浦路胜利”“战必胜矣”“抗战到底”“全民皆兵”“四国同盟”“西安事变”“指日可下”“日军走投无路”等为芯子总题，自然而然地透露出浓厚的时代气息和乐观、不屈的精神面貌。

当然，在这种大型群众性的民间娱乐活动中，不乏一些消极因素，如为了举办社火而不顾经济困境虚糜财物的现象，甚至因为竞

---

① 政协蒲城县文史资料委员会:《蒲城文史资料》1987 年第 3 辑，第 155 页。

争而发生械斗的现象等等。但这样一场场集故事、杂技、猜谜、舞蹈、音乐、仪仗于一体的表演，常常制造出万人空巷的盛况，给长期面对黄土背朝天的西北民众，带来了透彻身心的欢畅。社火亲切的艺术魅力和浓郁的传统风情，为民众带来的精神享受，以及社火雅俗共赏和融通古今的内容所具有的寓教于乐功能，使其在抗战时期仍然相当兴盛。

不过，这样狂欢的娱乐，并非西北各族人民所共有。实际上，越往西去、往非汉族的聚居地去，则娱乐的形式和内容，就多有宗教的、民族的色彩，闲暇的时节也越受到生产方式的影响。但，西北“花儿”是个例外，堪称西北各民族文化交流和融合下的一朵奇葩。

（二）西北山野“漫花儿”

甘宁青三省聚居了汉、回、藏、土、蒙古等多个民族，娱乐生活因语言文化和宗教习俗有一些差异，却共享了一种娱乐活动，即“漫花儿”。

“花儿”，又名“少年”，是男子自觉的称呼。“漫花儿”，就是“唱花儿”，又名“盘少年”“对少年”，青年男子将它唱给心爱的女子，并得到女子的对唱。如春天田野上的“漫花儿”①：

男唱：“正是杏花二月天，尕妹妹坐在了地边。

麦苗儿满地像绿毡，你锄的头遍么二遍？”

田地间农作的女子对唱：“正是杏花二月天，牧童们放羊者在河边。

过路的阿哥你不要缠，妹妹活的者可怜。”

---

① 本节内容中的“花儿”，除非特别注明，皆引用自张亚雄先生编著的《花儿集》（北京：中国文联出版公司 1986 年版）。

男再唱："正是杏花二月天，各样的花草儿长全。

那怕海干者石头烂，阿哥们不教你作难。"

女对："正是杏花二月天，燕子们飞在了云端。

你但是实心我喜欢，这也是前世的姻缘。"

……

对唱可长可短，一个来回，或十余个来回均有，全凭对唱双方的兴致和才能。

作为甘宁青民歌流传最为广泛的"花儿"，为"蒙藏的部落所手创，仿蒙藏的音节，制汉语的山歌。……而临近汉回习之"。[①] 当代学者研究，花儿为甘宁青新四省之汉族、回族、土族、撒拉族、东乡族、保安族、藏族、蒙古族及裕固族九个民族，共同唱作的汉语民歌。[②]

西北有谚云："西安的乱弹，河州的少年。"正是说，河州花儿同西安的乱弹（即中路秦腔）一样，是两大地方特色。

河州"花儿"，实际上是彼时西北花儿三派之一，为河州和狄道一带所唱。据研究者整理发现，西宁、湟源一带的"花儿"与河州的歌词相同，而调子有异。洮州、岷州一带的"花儿"歌词和调子，皆不同于前两者。但，这三个地区都是"花儿"的创作出产地，随口对唱即成一支曲子，随后才传唱至其他地区。其中，河州"花儿"流传

---

① 参阅张亚雄编著《花儿集》，北京：中国文联出版公司 1986 年版，第 1 页，第 52 页。有学者指出花儿起源还有"六盘山一带自古流传的徙歌；隋唐时期伊凉诸曲中的立唱歌进献给中原王朝"等，总而言之，是"两河文明与华夏文化的交流融合"。参阅赵毅《论西北花儿的现状与未来》，《民族民间音乐研究》2011 年第 1 期，第 32 页。

② 赵宗福：《西北花儿的文化形态和文化传承——以青海花儿为例》，《西北民族研究》2011 年第 1 期，第 118 页。

最广，“上溯甘、凉、肃州，东至陇西一带，北至宁夏，西至青海边境。”①

西北“花儿”兴起于游牧农耕之结合处，却自然天成，善用比兴，信手拈来，日常生活之种种细节作为唱词，其歌唱主题是男女之情。如“高高山上的药水泉，牛羊们咂水者不干。你没有实心我不缠，强摘的果子不甜”——游牧场景；“羊毛的筏子下来了，山边的花儿们笑了。阿哥是甘露者下来了，尕妹的热病儿好了”——黄河上的皮筏；“十三省家什找遍了，找不上菊花儿碗了。清茶熬成牛血了，茶叶儿熬成个纸了。双手哈递茶者你不要，哪塔些难为你了？”——西北熬制砖茶喝；“牛毛的褐褂蓝搭衩，二郎担山的钮子。认不得人儿者难搭话，‘少年’上拔你的口气”——服饰；“天爷下者不晴了，白土窑泪了。转娘家去者不来了，没人的热怀里睡了”——窑洞；河州、洮岷的“花儿”，尤其喜爱用“牡丹”，如“白牡丹白者赛雪哩，红牡丹红者破哩”，“尕妹出来者门前站，活像是才开的牡丹”等等不一而同。举凡时令节气、花草鱼虫、衣食住行、山野农牧、天文地理、历史传说、行业风尚等等无所不具，堪称一部西北社会生活史诗。

“花儿”虽美，“漫花儿”要择地而为。概因“花儿”是表达男女情爱之题，即便是哀叹天灾人祸、生活艰辛，控诉社会不公、历数掌故传说等等，最终都会回归情爱的主题。平时用“漫花儿”表达自然之情爱的，也往往是些流徙游牧的人、辛苦奔波的劳作者以及一

---

① 今日研究者从民族民间音乐的角度细分西北花儿为“共同文化区传唱的同类型花儿”和“共同文化区局部地区生成传唱的不同类型与色彩的花儿”两大类若干种。本文从研究社会生活角度，遵从当时张亚雄先生《花儿集》的河州、西宁、洮岷三区域说。参阅张亚雄编著《花儿集》，北京：中国文联出版公司1986年版，第75页，第77页。

些大胆妄为的人们，即所谓“泥脚的爱”。[1]

1936年，《大公报》记者范长江在黄河上乘皮筏时，就听闻河州回民筏客，在经过了险峡之后，心情舒缓之下，随着哗啦哗啦的黄河水声，引颈高唱道“阿哥的肉呀！阿哥来时你没有，手里提的肥羊肉”[2]，描述手提羊肉去看望情人未得见面、失望之余的情调。西北黄河水路靠皮筏，陆路靠的是拉骆驼、赶马队的脚户，在背井离乡的路途中，他们触景生情唱的是，“走罢凉州者走甘州，嘉峪关里的是肃州；挣上些钱回家走，心上的尕妹拉着走。”[3]青海的“花儿”唱“西宁车子棚子车，凉州城拉瓦去哩。实心的尕阿姐你坐者，小阿哥回家去哩”。大胆引诱官家女子的唱“九龙口里铺红毡，文官降香哩。小妹妹家里没营干，小阿哥翻墙来哩”。唱给已嫁人的情人“一对竹竿黄漆伞，打上者进公馆哩。活者难舍死好抛，一路儿到阴间哩”。偷情的唱“晌午过了饮官马，回来了庄儿上吊下。为你的身子我挨打，青刀子进去，红刀子出来我不怕”。

将男女情爱如此直白、火辣又自然地歌唱出来，在有社会组织和宗教禁戒的聚居地，是不被轻易允许的。1934年，考察西北的《申报》记者陈赓雅，在距离西宁三十余里处的白马寺一地，即见各处茶肆面店贴有村规一纸：汉、回、藏人等，若有争吵者，罚银十二元。无论居民或行人，若在近村唱歌者，执打柳鞭一百二十下。[4]河州地区的家庭院落和村庄周围，同样是禁唱“花儿”的。与此形成对照的是，西北回族的婚宴上，必唱的一种歌曲——宴席曲，采

---

① 张亚雄编著：《花儿集》，北京：中国文联出版公司1986年版，第55页。

② 范长江：《中国的西北角》，北京：新华出版社1980年版，第170页。

③ 孟国芳、柯杨：《西北花儿》，载宁、陕、甘、青、新、西安政协文史资料委员会联合编：《西北回族与伊斯兰教》，银川：宁夏人民出版社1993年版，第291页。

④ 陈赓雅著，甄暾点校：《西北视察记》，兰州：甘肃人民出版社2001年版，第129页。

用的曲调近似“花儿”，据称“优美婉转”。由于“花儿”内容上较“野”，“有伤风俗”，不伦不类，被禁止在家里、村里唱，被称为“野曲”，内容和用词上中规中矩的宴席曲就相应为“家曲”。如宴席曲《哭五更》唱：“一更里鼓而天，天天每日里不见个丈夫的面，我丈夫要回来，还得个绵羊者献。”野曲“花儿”里，女人是“尕妹妹”“阿哥的肉”，男子则是“小阿哥”。家曲虽为婚宴必备，讲究众人可以和着曲子起舞，但并不允许妇女唱。①

当年的“花儿”采集者张亚雄先生指出：“出产‘花儿’的地方，和不出‘花儿’的地带，社会风尚的典型完全不同。出产‘花儿’的地带，多少带一点部落时代的古风，儒化的色彩甚淡。不出产‘花儿’的地带，已经深染儒化色彩。”只有“花儿”出产地才会有未缠足的妇女“胛骨头上担通担”的情况②。

在多民族聚居的地区，人们因逐渐浸习汉文化而为儒学礼教所压抑，在文明礼俗与自然生活之间的张力下，既然村庄院落里不能唱，抒发自然之情、压抑不住的“漫花儿”，就要在明媚的春夏之际，聚集山野，定期绽放。

春季，穿红戴绿的女子们，头戴了凉草帽，或盖条白毛巾，蹲在田间除草、整日劳作之际，若有几个过路的或闲游的青年男子，也正青春苦闷，调情的对唱就开始了。大胆的男子唱到“太阳吧出来者照山川”，意为心疼尕妹被晒得肩膀疼。女子接过就对唱个“西宁的萝卜罐子大，当天里闪出个虹来。谁是阿哥们汉子家，一步儿一个家唱来”。反之，若是田间女子先对过路的挑唱“大路上来的

① 周梦诗：《临夏回族宴席曲》，载《西北回族与伊斯兰教》，银川：宁夏人民出版社 1993 年版，第 297 页。

② 张亚雄编著：《花儿集》，北京：中国文联出版公司 1986 年版，第 76 页。

光棍汉，手拿的五尺的扁杆；我哈你当人者擦一把汗，你我哈送上个少年”。男子没有不接的理儿，甚至还要谐谑到“八百里的火焰山，红孩儿半路上个档来。惟有阿哥是你可怜，尕妹家是不敢个浪来”等等之类。一旦接上了，就会顺势对唱下去。接着个“杨家将”或者“西游记”等起兴，拉拉杂杂一路对唱下去。讲究的是机智诙谐、辞不断篇地谈情说爱。①

除了在田野即兴对唱之外，每年的端午、六月六、立秋等时令节日（皆以农历日期为准）或各种庙会上，还有专门的花儿会。

距青海乐都二十余里的芳沟，名赵家坝。每年五月端午、六月初六以及立秋的一天，集会比赛唱歌，四人一组，男女分立两旁。男子用草帽把脸遮住，先一人一句花儿，女子用手巾盖面，也一人一句凑答。若是会期结束，意犹未尽的见着个人还要唱“陈光芯娶的个殷满堂，夫妻们到不者个任上。尕妹家里是有多个忙？会场上没有者见上”②。青海大同县东峡的郭莽寺的会期是正月十四、十五和六月十四和十五，西宁老爷山的会期在六月初四至初六。甘肃岷县二郎山的会期是五月十七日，而五月二十三日大庙滩会更热闹；洮州人的莲花山会期在六月初六，六月二十四则是雷祖山的正会。③

以莲花山会为例，距离临洮西南百里地的莲花山，峻岭茂林、荒野无人烟，是绝佳的“漫花儿”会场。利用农闲期间的庙会会期和祈神赐福的仪式，赛唱山歌，颂神娱人两不误。这一习俗同陕甘的迎神赛会颇为一致，只是形式有所不同：一为集体狂欢式、表演

① 张亚雄编著：《花儿集》，北京：中国文联出版公司 1986 年版，第 111、112 页。

② 张亚雄编著：《花儿集》，北京：中国文联出版公司 1986 年版，第 108 页。

③ 张亚雄编著：《花儿集》，北京：中国文联出版公司 1986 年版，第 96 页。

型的社火、唱戏；一为个体歌唱式、体验型的“漫花儿”。每年六月初六艳阳高照的日子里，就是莲花山附近各村庄唱家赛歌的时候，早三日前，各村派出来的青年男女们就已经盛装以待了。

这厢唱歌的男子们穿上白布汗衫，青坎肩，腰系五尺余长青布腰带，细棱青色的裤子，青线麻鞋，白丝布的袜子，干净敞亮。山高日晒的情况下，或要撑把蓝布大伞，三五成群，共坐树荫浓密之下，留心挑选对唱的对手；女子们这边更是郑重其事：“身穿各色布衣，腰系蓝布大带，足蹬大红鞋子，全身披挂，类桓桓武夫”，“发作高髻，类似古之菩萨蛮。耳际著繁花，髻下横擎油漆小木牌一面，宽约八九分，以代簪子，木牌两端垂丝络作簪缨（红蓝白三色恰是表明是青年、中老年以及戴孝者）”，足下是一双前端做成钩镰形、走起路来如两只船行的鞋子包裹起的、不怎么小的金莲。

唱歌的男女们，从各村到会场的一路上，沿途通关的方式也是“漫花儿”，上山的唱“尺子要量绿布哩，马莲绳绳堵路哩。堵路者有什么缘故哩”，拦路的唱“尺子要量绿布哩，马莲绳绳堵路哩。堵路者有个说不来处哩”。上山的再唱“材一页，四页材，你把你的路放开，好的花儿后头来”，堵路的不依不饶“材一页，四页材，唱上两个都走开！缠三务四的人过来”。你来我往，对唱的满意，才放那唱歌的人上得山去，参加赛歌。

参加赛唱的人家，早早做了白面馍，备好了清油和肉菜之类送到会场上做好后勤，有钱的人家酿好了青稞烧酒，准备犒劳歌手，去赶会的人们则多准备了红绿布条，到时候披挂给喜欢的唱家，当作奖品。六月初四会期正式开始，会场上一边上香还愿，祈神求福；一边就已经开始“漫花儿”了。初五日出，正式对唱开始，男女唱家，施展浑身解数，用尽所能，有问必有答，或机智，或诙谐，或尖刻，或讽刺，或大胆，或羞涩，总不外乎比兴天上人间、各种自然典故，把个男女之爱，洒脱脱、坦荡荡地在阳光下唱个酣畅淋漓。若一方词穷答唱不上来，那就算败了。会场上观看助阵的人们，高举着红绿布条，搭在自己喜欢的歌手身上，披挂彩条最多的，自然是得意扬扬。

初六日会期结束了，各路男女唱家依依惜别，少不得要唱“锅两口，两口锅，襟襟抓住手丢脱！有什么话了走者说！”。若是情愫已燃，还得表白一番“瓦窑里面烧瓦哩，你手攀鞍桥者上马哩！尕妹哭者合啥哩！”。

下山回去的途中，还要再来一番堵路的“漫花儿”。

在西北各民族之间，“漫花儿”是一种民族融合的桥梁和结果。抗战时期的文化工作者，自然不会忽视这朵盛开的奇葩。《花儿集》的编著者张亚雄先生，是一个西北土生土长、从事文字编辑工作的新闻记者，工作之余深入西北民间收集研究各种“花儿”，把“花儿”介绍给国人知晓，更吸引了不少西北花儿的研究者，一起发掘这民间的瑰宝，用作抗战的支持。在抗战时期，“空前的人口大交流和语言的混合”下，“敌人的炮火把中国（文化的演进）推进了一个世纪”①的战时状况下，具有广泛社会土壤的“花儿”，可以用令调的“旧瓶”装上抗战的“新酒”，成为向农民大众进行抗战动员宣传的有力工具。

1938 年 8 月，通过汉口广播播出的、由谷苞等先生编词的甘肃民间歌谣《老百姓抗日歌》就是尝试把原来《花花干妹》唱“白蜡竿干呀！双手带。尕马儿骑上呀！上口外。”改作抗日词为“皋兰山上呀！扎大营。我们预备呀！打日本。花花干妹呀！大家一条心！”。而《正月里来正月正》的小调填词为“正月里来正月正，家家

① 张亚雄编著：《花儿集》，北京：中国文联出版公司 1986 年版，第 16—17 页。

户户过新春。日本鬼子野心动，一心要占北京城。哎哟哟！北京城！”“二月里来是新春，牧童放羊在山中。日本鬼子贼心动，杀我牧童抢畜生。哎哟哟！抢畜生！”……

音乐家王洛宾创作的一系列西北民歌，虽受到原始民歌的启发，但已是经过现代化、在礼堂舞台上演唱的现代之歌了。这些来自西北山野的原始生命力和敞亮豪迈的精神，穿透战争的愁云惨雾，流传至今。

民族的，即是世界的。西北各民族在长期的生活生产活动中，率先以语言文化融合的方式，共享“漫花儿”。因此，文化艺术的创新和改造活动，可以发生在这种民间娱乐活动中。与此同时，西北各民族因其文化传统和宗教信仰，延续保留了各自独具特色的一些娱乐生活方式，不能轻易遏制，可因势利导。新疆维吾尔族的围浪，蒙古、藏族的“跳神”，即是这样的传统娱乐。

（三）“围浪”“跳神”庄亦谐

若西出阳关，进入有多个民族的新疆，幸运的旅行者可以在经过哈萨克聚居区“夹岸树木，合抱蔚然，水流有声，幽然成韵”的河岸时，遇到“毡房无数，散处其间，哈萨少女，欢笑偎郎，姿首佳丽，比于江浙”。①

“偎郎”，又称“围浪”，为汉译音，实则是一种平时流行于新疆维吾尔、哈萨克等族的歌舞娱乐活动，更是婚礼之间、新年之际的必备节目。

1935年，记者陈赓雅观一“围浪”歌舞，述其细节，惟妙惟肖：舞

① 谢晓钟著，谢长年、宋廷华点校：《新疆游记》，兰州：甘肃人民出版社2003年版，第153页。

时或在居室之中，或在树荫之下，以扁鼓咚咚发声，先奏开场鼓词唱道“开一条光明大陆，引大家悠然前行……”或“戈壁上有棵树，影子倒在地上。路上有个行人，心在妹妹身上……”等等之类，吸引男女来并入场，继而笙、弦吹弹，缓急抑扬，奏出符合舞蹈的节拍来。入场的男女分别，对立起舞，进退相应，步伐整齐，两臂上擎作式，腰臀左右颠荡，表情庄荡悲喜，殊能逼真逼肖。场面颇似西舞，惟不两相拥抱。交际舞罢，息而会餐。俄而乐声复作，继为招情之舞：女以手帕卷花，环顾男女坐宾，选其异性心爱人，向作招情诱惑之状；被招者在众目睽睽之下，赧然起而应舞，随后互易一物，另让他人继作。儿女情态，至足动人！大致少女喜招青年，妇人喜招壮年男子。被招者若不起，招者遂认为大辱。……最后尚公推诙谐者装演疯人寻妻、新妇逃春等类之余兴，绘声绘色，令人捧腹而散。①

从这则记录看，“围浪”是一种包含有歌舞表演若干娱乐项目的歌舞娱乐活动。据另一位观察者谢晓钟 1916 年的记录，维吾尔人的“围浪”活动，每于春夏之际，尤其是盛夏炎热之时，喜择果园消夏之处，“群招姎哥（缠回妇女之称）偎郎于园（俗呼浪园子）”，即在鼓弦器乐下，舞者邀请围坐者中的一人同舞。受邀请者，或径直起舞，或点头谢之，否则邀请者长立不去。② 综合两则考察记录看，“围浪”实际上就是邀请舞。当时这种民族歌舞娱乐活动，如果没有主人的邀请，族外人是不能随便加入或者观看的。

20 世纪 40 年代，对新疆进行考察的人士也特别提到，在南疆

① 陈赓雅著，甄暾点校：《西北视察记》，兰州：甘肃人民出版社 2001 年版，第 261 页。

② 谢晓钟著，谢长年、宋廷华点校：《新疆游记》，兰州：甘肃人民出版社 2003 年版，第 169 页。

一带有一种民间普遍流行的团体娱乐活动——"漫西里甫"①,即在一个天朗气清的日子,邻近村庄的男女聚集一起,办一个大聚餐,饭后男女联合大舞蹈,"男的可以给女子送花,女的也可以给男的献花,女子的丈夫一点也不加限制。"这类似于"围浪"。

"漫西里甫"是当代新疆民间舞蹈研究者指称的"麦西来甫",意为"大家聚在一起欢乐",是以集体歌舞为主,喜剧表演为辅,流行于天山南北的群众性娱乐形式,在节假日、丰收和婚礼之时,人们高兴的时候举行。这些普遍流行的麦西来甫,在民族生活中,具有娱乐调节、社会教化以及社交维系的重要社会功能。②

彼时不轻允外人参观,概因此种娱乐活动在若非本民族的外人,尤其是深浸儒学礼教、自关内而来的汉族上层人士看来,不但不能坦诚入席共欢歌曼舞,反多有"淫诲之词"的惊怪,则不如"谢绝参观"。陈赓雅先生就记称"围浪迹近诲淫,外人欲往参观,头目阿訇多不许可"。

抗战是一次推动民族文化融合发展的机遇。抗战时期的新疆,在反帝会和各族文化促进会的共同推动下,各民族之文化艺术活动也蓬勃起来,不少区县都成立了文艺团体,组织演出各种文艺节目,丰富了民族文化娱乐生活。具有普通流行特点的"漫西里甫",成了元旦节日里的"各民族联欢会"。

原本汉族传统的岁时节日"元旦",是农历正月初一的新年第一天。民国建立后,决定改取西历每年的 1 月 1 日为元旦,采取要求人民在元旦庆祝新一年开始,以试图淡化传统新年习俗的做法。

---

① 韩清涛:《今日新疆》,贵阳:贵阳中央日报总社 1943 年版,第 94 页。

② 热依拉·达吾提、阿依古丽·买买提:《维吾尔族民间麦西来甫的社会功能》,《新疆艺术学院学报》2003 年第 3 期,第 12—15 页。

这一社会改造措施仅就西北来看，一般机关学校都尚能遵令而行，城乡的汉民多是照旧过农历新年；各其他民族民众则因宗教、习俗等原因仅过自己的新年，如维吾尔族、回族的斋月后新年，藏民过的藏历新年等。在民族聚居的区县，往往一年中要过几个不同民族的“新年”。到了抗战时期，在西北人口和文化大交流特别是共赴国难的政治认同下，把“元旦”加上“漫西里甫”，无疑是移风易俗、融洽各民族关系、推动民族团结的一个积极举措和结果。由1943年1月1日（元旦）伊犁的一场“各族元旦大欢宴”可窥一斑。

晚间行署俱乐部，……聚十四族代表，济济一堂，……到会者二百余人，均是各族文化会之代表与领袖，老老少少，男男女女，均和洽殷勤，现于颜色之间，令人有无限兴奋的感触。席间曾有铁扦烧肉和手抓饭之设备，闻此为回族最隆重之享宴，从其俗也。不过当时情形，烧肉则用铁钎送入口中，手抓饭则大体已改用铝调羹。……饭后行政长有感谢各民族一年来努力文化之勤劳，并勉以新年应有再接再厉之勇气之演说，而同时传译各民族，则需以回族语及俄语迭述之，其次即举行各种游艺，即外族中有维族之音乐与舞蹈、鞑鞑儿之舞蹈、乌孜别克之音乐与舞蹈、俄人之双人舞，并蒙古、哈萨之独唱。各献所能，无不欢情备露……汉族曾合唱“黄河大合唱”，……最后殿以“打渔杀家”旧戏一幕。①

与会者更有纪事诗数首，颇能描画时人之感触。其中一则云：“管弦合奏伴红裙，引吭高歌响入云。此曲只应边塞有，中原能得几回闻？”又云：“男女偎歌坐半圆，迭相起舞各争妍。欢情无限颜

① 李烛尘著，杨晓斌点校：《西北历程》，兰州：甘肃人民出版社2003年版，第88—89页

如霁，总是边民别有天。”再云：“自古聆音识国情，兴亡一曲最分明。维、回、乌、鞑皆能乐，总是清扬诉怨声……”

比较而言，蒙古、藏各族的娱乐生活要显得庄严一些，因为集体娱乐生活发生的场所主要是在婚丧节日和宗教集会期间。一方面，因为游牧为业，常常逐水草而居，不能时时聚集。即便是围绕寺院半定居下来，也常常要驱赶牛羊放牧劳作，居地耕作不过是聊以补充而已；另一方面，则因宗教信仰在生活中占据支配地位，主要的精神活动都是离不开宗教的影响。比如，青海藏民不愿送子弟读书，而愿送子弟去寺院做喇嘛，而喇嘛在寺院培养的一种重要能力就是“辩经”。藏民间即推崇擅长演讲之人，聪明能言之士往往很受欢迎和称赞。一般民间集会活动如婚礼、丧礼、和事（即处理民间纠纷的集会）等，往往一定要请一位善于演讲的人，当众演讲，听众皆洗耳恭听，若婚礼演说者说得酣畅淋漓、娓娓动听，婚事两家皆会感到荣耀，丧礼上的演说者则说到悲切处令丧主流下眼泪，而和事演说者说得合情合理之时，各方纷纷点头认同，即以其提出的方案办，绝不三心二意。① 随后，来宾才饮酒歌舞。

藏族歌舞时，或以妇女三人成环状，“垂手曲腰，举右手握袖，两足环移，且歌且舞”，此为拉卜楞歌舞；或以妇女若干人，携手成环状，“低头曲腰，两足相叉，左右移动，且歌且行。次有男子数人，如式而歌。后男女两队同歌，向一面移动，环而行之”，②此为锅庄舞。歌词多为彬彬有礼、富有寓意的问答赞美之词。藏民中日常能言善歌者的歌语多如散文，“第一件好的是拉萨，要是诚心去看，

① 周希尧：《青海风土记》，中国西北文献丛书第四辑《西北民俗文献》（第九卷），兰州：兰州古籍书店 1990 年影印，第 63 页。

② 马鹤天著，胡大浚点校：《甘青藏边区考察记》，兰州：甘肃人民出版社 2003 年版，第 40 页，第 86 页。

眼睛就有福享。第二件好的是活佛，要是活佛长寿，我们就有福享。第三件好的是婆婆，要是婆婆长寿，媳妇就有福享”，虽并无乐器伴奏，据称歌声悠扬入耳，译作汉语便无意味了，①迥异于维吾尔族歌舞的丰满浪漫，倒也颇富有诗意。

相反，在经常性的宗教集会活动中，则通常都有一种称为“跳神”的固定表演活动。抗战时期，游历考察西北的人士多有所见，其中以马鹤天先生记录的甘肃拉卜楞寺迎活佛跳神最为详尽，兹录于下：

> 会场在大经堂大门外，大师与余等则坐于楼上，围观者约万人。跳神音乐队，共约十数人，分执大号、小号、立鼓、铜钹等。大号有二，长丈许，陈列架上。又有迎护法神仪仗队，其中吹小号者、提香炉者、捧香各二人。又有负铁棒者，长三尺许，俗名铁棒喇嘛，司纠仪。此外，有戴大黄方板帽之喇嘛一人，帽为扁平方形，大小形状均如方桌面，每边三尺余，正中如凸形可容头，望之如前清带伽者，洵世界最大最奇之帽也。……日仪仗队引带狰狞假面具之一法神出，头上有小人头骨形五，后垂哈达甚多……身衣龙袍，手持法器，……手之舞之，足之蹈之。
>
> ……次衣红黄绿蓝黑紫彩袍者各二人出场。其面具亦为红黄蓝黑紫各色，貌甚狰狞，……一手持短剑，一手持人头盖骨，随鼓钹之节奏，连环而舞，并诵经。经义为首献护法神各物，述其从前护法之功，次请继续护法，最后谓如不护法将惩罚云云。舞若干时回。
>
> 次牛头护法神夫妇二人出场，此为黄教五大护法神之一。

① 周希尧：《青海风土记》，中国西北文献丛书第四辑《西北民俗文献》（第九卷），兰州：兰州古籍书店1990年影印，第94页。

藏名贡巴，衣五彩龙袍，……男持法器，女持剑。舞若干时后，其部下法将十二人全出，……随音乐之节奏而共舞，嗣将酥油作成之妖魔，置于地上，法神一人用锥刺其心，并用刀断其手足。最后将供护法之酥油，一并送至河中，旗帜鼓乐并刀枪随之，盖所谓除魔也。①

此跳神活动，歌舞、面具、鼓乐一应俱全，护法神可多可少，如广惠寺之跳神，计有绿面会法神、紫衣法师、白衣本寺护法神、黑衣青红面本寺地主女魔、红面护法神、牛头护法神之多，场面纷繁，五光十色；所斩杀妖魔或有具体指称，陈赓雅先生所观青海塔尔寺之跳神中，“用三角木盘，盛一面人，凌劈送外。传系年羹尧杀活佛，喇嘛恨之，恐其再生人世，故以佛法治之”。② 但大多数都是泛指各种妖魔。抗战时期，以拉卜楞寺为代表的藏族聚居地区，逐渐受到汉族戏剧娱乐之影响，借由其已有的“哈贝木”（跳神剧），于 1946 年由五世嘉木祥活佛编导排演出的《松赞干布》，其有唱腔、有道白，有多种乐器伴奏，成为具有浓郁藏族特色的地方剧种。③

至于蒙古族的阿拉善南寺的跳神大会，杂糅了汉族社火和藏族跳神：先是跳神大会前有乐队和化装迎佛的八仙、天王、佛母、舞童等，场地装饰有酥油制作的楼台亭阁、人物佛像、禽兽花草，次有龙灯、舞狮子，最后跳神分次出演，有老翁执棒对舞，有十二金刚戴假面具，佩心肺、骷髅、刀叉、绳索等法器，有财神黄面短须独舞，有

① 马鹤天著，胡大浚点校：《甘青藏边区考察记》，兰州：甘肃人民出版社 2003 年版，第 68—69 页。

② 陈赓雅著，甄暾点校：《西北视察记》，兰州：甘肃人民出版社 2001 年版，第 154 页。

③ 甘肃省地方史志编纂委员会编：《甘肃省志・文化志》，兰州：甘肃人民出版社 2017 年版，第 123 页。

卷发黑面狰狞可怖之护法神舞，也有骷髅人之舞等等，不一而足。[1]可见，蒙古族汉化的程度较深。

二、新式娱乐的兴起与局限

传统娱乐在西北民间社会的发展比较迟滞，民初因风气未开，新式娱乐寥寥无几，尚处于极少数人猎奇程度，仅在省府机关及一些教会组织里略见一二。如，1924 年长安城内可见的娱乐场所，除了五处戏园外，具有现代意味的新式娱乐仅见南苑门一处规模甚小的公园以及青年会偶尔放映的活动电影。[2] 西宁在 1927 年，首次出现平民新剧社，是由青年职员和地方中小学教师成立，借当地昭忠祠、北关庙演出十余场新话剧，始开风气。[3]

20 世纪 30 年代以后，随着政局稳定和各项社会建设次第开展，一些新式娱乐逐渐在西北各省出现，如电影、体育比赛、话剧、歌舞剧等等。在娱乐的形式上，更凸显现代科学技术手段和组织方式；在内容上，以体现现代社会生活方式和时事政治（抗战时期的内容集中于抗战宣传）为主；在社会娱乐生活中，以新奇和拓荒的姿态出现，致力于引导新风尚。

（一）话剧

对于爱看戏的西北人来说，话剧就像一个新式青年，新奇而稚嫩。这种源于西方、以舞台对白为主的新式剧种，因为组织相对简

---

① 刘家驹：《西陲宣化使公署月刊》1936 年第 1 卷第 6 期，第 175—178 页。

② 王桐龄：《陕西旅行记》，北平：北平文化学社 1928 年版，第 28 页。

③《平民新剧社在西宁上演新话剧》，青海省志编纂委员会编：《青海历史纪要》，西宁：青海人民出版社 1980 年版，第 111 页。

单、语言对白以白话为主,不像传统戏剧对唱腔、功夫、行头等要求严格,舞台还会借助一些较先进的现代设备如电光布景等,比较能引起观众的好奇和兴趣。虽然也采用一定的化装表演,但无论内容还是表演形式都不同于传统戏剧,演员们也不是戏迷们熟悉的角儿,多是些念新书的娃娃和先生们,人们亲切地称其为“文明戏”。就在秦腔积极改良的同时,文明戏因为与传统戏在“移风易俗”旨趣上的相近,常常是“你方唱罢我登台”,不仅出现在剧场、公园、民众教育馆里,也活跃在学校、军队,甚至乡村的戏楼、土台上,俨然成为传统戏剧之外群众喜闻乐见的新式剧种。

在三原县,早在1920年于右任领导的靖国军就演出过话剧《列宁传》,于右任创办民治小学也开展过多次话剧活动。到抗战时期,当地话剧演出更加活跃:有民治小学话剧团的《一元钱》,北城西潭巷普育小学的《卢沟桥》《夜光杯》《天津的黑影》,省立三中双星剧团的《一片爱国心》《醉了》《屏风后》;职工学校的《有冤难伸》《醒狮会》及与省三中、女中会演的《放下你的鞭子》等;三原民众教育馆抗日宣传队的《米》,三原国民党第37集团军总司令(陶峙岳)部和平话剧团的《雷雨》《日出》《风雨夜归人》《原野》等;还有二战区文化抗战协会民族实验剧团、西安狮吼儿童剧团、泾阳青年剧社等外地话剧团也都曾在三原县乡演出。一些剧社不但剧目生动感人,先进的演出设备更令观众惊叹。如,大型话剧《万世师表》(泾阳青年剧社),反映了抗战时期内迁高校某教授克服重重困难、坚持培育人才的动人事迹,不仅演员表演水准高,还配以电光布景,竟有“连演三天,座无虚席,站位也相当拥挤”之情形。①

① 《咸阳文史资料》第7辑,内部资料,1994年印,第323页。

在兰州，自1941年迁兰办学的国立西北师范学院，各种文化艺术活动丰富，其中有一支学生话剧社十分活跃，在整个西北地区各学校、机关单位的话剧演出中首屈一指。该话剧团拥有一批国内著名的学者和艺术家——时任国立西北师范学院的袁敦礼、易价、叶鼎彝、焦菊隐、余赓虞等教授——作为指导，西北师院学生们的话剧演出水准，因此高出一般话剧团，在兰州多次售票演出，为《西北日报》《甘肃民国日报》等媒体争相报道，获得社会各界人士一致好评。几年里，学生剧团除了在兰州公演过一批名剧如《沉渊》《蜕变》《原野》《桃花扇》《北京人》《朱门怨》《雷雨》等，还转赴青海、陇东等地演出抗日宣传剧《不夜天》等。所到之处，总是获得观众长久的掌声。正是由于抗战时期的特殊机缘，这些高水平的艺术家和演出团体汇聚在大后方，成为西北历史上难得一见的盛景。

新疆首次上演话剧在1933年的迪化，由苏联进入新疆的东北义勇军部队话剧团进行抗日宣传演出。1934年成立的新疆反帝会积极领导新疆各文化团体开展抗日宣传活动，以总剧团领导和开展了“戏剧运动”。反帝会及各区县分会均先后成立话剧团、京剧团、歌舞团和秦剧团、眉户剧团，编演新旧戏剧宣传抗日，反帝会领导的各文化团体主要开垦的新领域在话剧。维吾尔文化促进会及其各分会先后成立的文艺团(又名文工团)，名为“沙纳依·乃菲斯的剧团”，是最活跃的一支。其中，哈密维文促会文工团不仅演出了反映社会生活的话剧《蕴情姆》《再乃姆遭诽谤》，还编演了黎·穆特力甫创作的抗日话剧《上海之夜》《战斗的儿女》，更自编自演了《吐杭帕里旺》《长腿的金子》等话剧。新疆各类学校、机关和单位纷纷成立的业余剧团演出话剧，虽在表演水平、灯光、布景等方面不免粗糙，却常常举办各类表演和比赛活动，十分活跃。在反帝会的领导下，形成了抗战募捐演出的热潮。①

新疆的抗战募演热潮很快通过报纸为国人所知，吸引了上海一批艺术家的关注和投入。1939 年，赵丹和妻子叶露茜、导演徐韬与妻子程婉芬（画家兼演员）、导演王为一和妻子俞佩珊（演员）、青年演员音乐家易烈等十人，来到新疆迪化。恰逢新疆组织“九一八事变”八周年活动，赵丹等人既当导演又当演员，组织训练演员，排练了五幕大型话剧《战斗》，首演即以高超的演技和新颖的灯光布景轰动一时，人们奔走相告，争相观看，为满足观众要求，话剧《战斗》在迪化连演半个月，②将新疆戏剧运动推向高潮。随后以赵丹为核心，成立了新疆历史上第一个专业话剧团——新疆实验话剧团，并以实验话剧团为依托，成立了迪化新疆抗日救亡孩子剧团。两个剧团成立后，排演了许多优秀剧目，并带动了其他业余剧团，大力开展抗日演剧活动。

（二）电影

最早为少数西北人所接触的电影，是一些颇有经营头脑的商人携来的无声电影。1918 年，在兰州皖江会馆，一台手摇式无声电影放映机，在简陋的幕布上投射出第一次世界大战的纪录片，时任甘肃省省长兼督军的张广建，亲自前往观映并题赠“大光电影”匾额以示隆重。西宁的首次电影放映，是 1930 年由外地商人携带至山陕会馆的卓别林默片。来往欧洲经商的新疆胡赛音巴依和巴吾东兄弟，早在 1911 年就从欧洲带回德国小型无声放映机和一些影

① 左红卫：《抗战时期新疆的戏剧演出团体和戏剧组织》，《新疆大学学报（哲学·人文社科学版）》2010 年第 3 期，第 77—79 页。

② 孙波辛：《赵丹与新疆话剧事业》，《新疆地方志》2001 年第 4 期，第 50 页。

片，为亲友无偿放映。苏联驻新疆喀什领事馆的人员也常放映无声电影，供使馆人员和眷属等小范围观赏，喀什一般平民能涉足电影者寥寥无几。[①] 此一时期的电影，尚属于极少数人先睹为快的新鲜事物，而非一般民众的娱乐方式。

陕西的情形略有不同，电影一出现就是面对消费者的。最早在1921年，山西一私商即率先在米脂县城放映无声电影，售票20文钱；1923年，又一天津私商在神木县高家堡镇售票放映了无声电影《怀中抱月》。

20世纪30年代以前，西北各省电影主要以流动、无声为主，放映者为个别私商、传教士和驻地军队，鲜有固定场所和经营性放映，在内容题材上，以纪录片、风景片、教育片等为主。一些少数民族地区，迟至40年代，才首次看到由巡回电影放映队带去的电影。

陕南驻军在南郑县汉台南边驻地，用小型手摇放映机，用电石灯做光源放映美国纪录片《跑马厅》和苏联纪录电影《集体农庄》等；西北军驻陕甘时期，陕西和甘肃则都有放映过黑白纪录片《冯玉祥》。1922年，西安市东大街基督教青年会，露天场放映《自由恋爱》《俄国太子》《七只天鹅》等影片。1930年，英籍传教士在咸阳城内谷家巷天主教堂，放映描写圣经故事和西方风情的无声黑白电影。偶尔，也有外地和西安的电影私商，在咸阳、宝鸡等地售票放映《半路遇劫》《关东大侠》和《救荒奇策》等影片。随着一些私商和传教士的脚步，甘肃平凉、天水、临夏、酒泉、敦煌等地都出现过无声电影的放映。[②] 1931年，西宁马步芳的新编第九师国民党党部

① 喀什市文史资料委员会编：《喀什市文史资料》第6辑，内部资料，1991年印，第90页。

② 甘肃省地方史志编纂委员会编：《甘肃省志・广播电影电视志》，兰州：甘肃人民出版社2007年版，第315页。

弄到一台放映机，常在师部放映电影，一般市民或可偶见。[①] 新疆则因与内地交通的阻隔，对内地影片多不与闻。

30年代后，电影进入西北民众生活的节奏，被西北开发的实施和抗战时期的到来打破。沿着铁路公路西来的，不仅有各类金融、文化、工厂、商业等代理处和分支机构，还有大量纷沓而至的社会人士和难民，衣食住行，娱乐休闲各类需求前所未有地旺盛，经营性的电影院纷纷应运而生。汉中、西安、宝鸡、天水、兰州、迪化、喀什、伊犁等地的城市民众，可以选择的旧戏新剧西洋景一时间琳琅满目，空前地热闹。

陕西于全国抗战爆发前集中出现了一批私营电影院，且有几个颇具规模，如西安，有1930年首次出现的国民、先声、秦光三家电影院，1931年的世界电影院，1932年的国民大戏院、民众电影院、阿房宫大戏院，1934年的西安大戏院，1935年的西京电影院、民光电影院，1936年的陪都大戏院、新民电影院，1937年的明星电影院等；宝鸡则建有大光明戏院、平安电影院、新宝电影院和大地电影院等。这些电影院大多数都是兼营戏剧演出，或直接是以大戏院命名，设有放映场且观众容纳量较大，如，陪都大戏院，放映场设有座椅1 400个，是当时西安容纳观众最多的电影放映场所；民光电影院，映场设铁腿翻板座椅790个，另有活动加座200个；新民电影院、明星大戏院，均设座800多个，宝鸡的大光明大戏院，有木板简座600个，站位400多个；汉中大戏院的舞台可供演戏放映两用，仅门楼就高约12米。

早期各电影院放映的都是无声电影，除了新奇之外，很难吸引观众多次观看。为了增强无声影片的放映效果、吸引观众，秦光电

① 青海省志编纂委员会编：《青海历史纪要》，西宁：青海人民出版社1980年版，第182页。

影院率先学习外地经验，在 1931 年放映故事片《歌女恨》时，尝试用蜡盘配歌将歌声与影片画面同时播出，使影片产生歌声效果，颇受观众欢迎。

后来，国民大戏院用自备的新式发音机配合放映、播放悦耳动听的音乐，阿房宫影院则采用留声机播放乐曲，渲染气氛。

为了推广电影，1932 年秦光电影院与西安易俗社联合组办的秦光、易俗露天游艺场，每晚电影、秦腔分映，观众一次购票入场后，可自由选择。当时秦腔剧中最叫座的是《三滴血》，电影竟是红极一时的多集电影《火烧红莲寺》。这部电影是上海明星电影公司根据《江湖奇侠传》中的七十三至八十一回改编的，自 1928 年起陆续拍摄，完成 19 集，秦光此次放映已有 13 集，几乎同步放映。

借由电影院的竞争发展，“电影”成了联通陕西民众和沿海发达地区民众极为迅捷的一个娱乐通道。

到 1934 年以后，各电影院都购置了有声放映机，并大量从上海、天津等地租片，或向国内外各影片公司在陕代理片商租片。当时的民众可以看到最新发行的电影，如上海明星影片公司制作的《刀下美人》《脂粉市场》《女儿经》《海棠花》《歌女红牡丹》《十字街头》《啼笑因缘》《马路天使》等；上海神州影片公司的《花好月圆》；暨南影片公司的《情天奇侠》；上海电通影片公司的《桃李劫》《风云儿女》《自由神》《都市月光》；上海联华影业公司的《渔光曲》《恋爱与义务》；昆仑影业公司的《一江春水向东流》等。除了这些国产影片外，还有不少外国影片放映，如，20 世纪福斯公司的《花花世界》《瓜岛灭倭记》等；苏联影片《夏伯阳》《今日之苏联》《雪地行军》《傀儡》《歼倭记》《苏联新青年》等；德国影片《蓝天使》，等等。全国抗战爆发、上海沦陷后，国产电影片源减少，外国电影公司纷纷在西安设立代理处，如第一国家华纳（温纳）影片公司，美国米高梅影片公司,美国环球影片公司,美国 20 世纪福克斯(霍士)影片公司,美国哥伦比亚、雷电华、派拉蒙、联美等影片公司都在西安派有代表和代理人。苏联亚洲影片公司,英国、法国一些影片公司也在西安派有代表,经营它们的影片。其中,美国电影最多,如,阿房宫大戏院 1937 年上映的影片共 79 部,美国影片有 57 部,苏联影片 3 部,国产片仅有 19 部。①

彼时,电影票价颇与戏票相当,广告也打得花样繁多,主动同戏剧争夺观众。

1935 年的西京阿房宫电影院、民光大戏院、西京大戏院三家皆可放映有声电影,每日上映二到三场不等,票价 2 角到 5 角不等。戏剧演出的世界大舞台、易俗社、膩民社、三意社、正俗社则日夜两场,票价 2 角到 4 角。与同期日常消费相比较,2 角到 5 角钱,大致相当于普通旅馆一日房租,洗一次池浴(2 角)或者盆浴(5 角),男子理发一次(3 角)或女子烫发一次(5 角),而西安当地普通民众人均月伙食费大致五元足矣。②

各电影院至少有三种办法宣传电影:一是在《西京日报》《新秦日报》《民意报》《秦风工商时报》《西京工商报》《西北文化报》等地方报刊登电影广告,或者在街头路口张贴广告;二是举办招待会、剪彩会,请各界名人捧场宣传,如陪都大戏院庆祝开业放映电影《乌鸦劫》,就事先在东大街北平饭店举行招待会;三是随票赠送各种物品吸引观众,如世界电影院开业放映《花好月圆》,映前刊登启事,购电影票三张以上,赠大联珠香烟一盒;或者把两种方法结合

① 陕西省地方志编纂委员会编:《陕西省志 · 文化艺术志》,西安:陕西人民出版社 2005 年版。

② 鲁涵之、张韶仙编著:《西京快览》,西安:西京快览社 1936 年版,第三编“食宿游览”第 1—4 页。

起来，如西京大戏院上映有声影片《啼笑姻缘》，除不惜重金在《西京日报》登巨幅广告，还在广告中插有“连环大赠送”等语，即“购五角正座券一张者即赠金字塔香烟一包”，并在“金字塔香烟封口内间附有金镑券、五分券、一角券、二元券、二角券、换烟券”，“加赠啼笑姻缘精美毛巾券一张”。①

一时间“看电影”成了西安民众时髦的娱乐休闲方式，所谓“一滴汽油一滴血，美国汽油喂汽车。大姑奶，小少爷，忽地一声上了街。上了街，上了街，电影院里歇一歇”。② 比较而言，一般年轻人更喜爱电影，1936年《中国的一日》中《西安街景》描述“晚上，阿房宫电影院门口，电灯闪耀着奇幻的色彩，一对年轻男女歪着脑袋挽着手走来，猛地一抬头，男的说：‘是陈燕燕演的《寒江落雁》呢’‘怪酸苦有味的影片呵！’女的脸上挂着微笑，那么轻轻地笑着”。③

早在1932年，兰州就出现了第一家经营性电影院——新民电影院，首映的是上海联华电影公司于1931年制作的无声电影《人道》，日场供男士观看，夜场供女士观看，票价6角。至1935年停业之前，仅有启文电影院一家与之同业。可见，风气未开，市场需求不足。全国抗战爆发后，进入西北内地的人口迅速增加，甘肃的经营性电影院随即纷纷出现。自1937年至1948年，兰州市先后成立了金城乐园电影院、兰州中央电影院、西北电影院、兰州大戏院、大华电影院等等20余家，其他如酒泉、武威、平凉等县也先后有电影院建成营业。各类中外电影片的放映十分活跃，据统计自1939年

①《陕西省志·文化艺术志》，西安：陕西人民出版社2005年版。

② 李荷丽编：《李敷仁诗文选》，西安：陕西人民出版社1984年版，第364页。

③ 金芸：《西安街景》，茅盾主编：《中国的一日》，上海：上海生活书店1936年版，第12部分第22页。

至 1945 年间，兰州共放映 368 部。[①] 和陕西的情况相似，美国影片占据的数量颇大。如 1944 年的兰州陆都电影院共放映 50 部影片，其中美国影片就有 21 部。

新疆的情形与陕甘不同。30 年代初期，在喀什、伊宁和迪化等城市，也出现了一些私营电影院，如喀什的电影发展公司，租借苏联驻喀什领事馆的原版俄语影片放映，还有伊宁的群众俱乐部、三民电影院，迪化的德元电影院和南梁电影院等。新疆民众能够看到的主要是苏联影片，这与新疆实行“六大政策”有关，特别是“反帝会”成立以后，苏联影片在新疆的发行尤为广泛。“1935 年苏联在迪化、喀什设立了商务代办处和国际书店，由商务代办处和国际书店统一经营苏片发行业务，……新疆各放映电影经营者直接与代办处联系，租赁剧片享受优惠价，杂志片无偿提供，一直到 1941 年初”。[②] 而同时期，因受到《关于禁止放映苏联宣传影片的文件》(1928.3)、《国民政府禁映苏联革命影片的令文》(1932)[③]的审查，陕西等地能放映的主要是美国影片。

时尚的新式娱乐方式，丰富了西北民众的娱乐生活，但其发展和影响仍具有一定的战时局限性。在 30 年代西北开发和抗战形势的推动下，新式娱乐方式更多的是被赋予了战时教育功能，并非民间经济发展下社会民众追慕新潮的结果。

比较陕甘两地的电影发展看，30 年代初，西安快速拥有一批经

---

①《甘肃省志·广播电影电视志》，兰州：甘肃人民出版社 2007 年版，第 316 页。

② 新疆维吾尔自治区文化厅史志编辑室编：《民国时期的新疆文化》，内部资料，1994 年印，第 171 页。

③ 中国第二历史档案馆：《中华民国档案资料汇编》第三辑文化，南京：江苏古籍出版社 1991 年版，第 178 页；中国第二历史档案馆：《中华民国档案资料汇编》第五辑第一编文化，南京：江苏古籍出版社 1999 年版，第 377 页。

营性电影院，一度出现竞争发展的盛况。但在全国抗战爆发后，因片源短缺、物价飞涨，西安各影院也先后停业或改为演剧，直到抗战结束，未曾恢复。兰州的电影院是在1937年后才进入迅速发展时期。

若从在乡村的放映情况看，电影“战时教育”的作用更加清晰，乡民看的电影主要是来自省教育厅电影施教团（队）、国民政府各部门放映队以及一些驻军放映的免费的科学片、风景片、卫生片、新闻片和纪录片等。

陕西的乡村巡回电影，主要依赖1937年4月陕西省教育厅组建的电化教育服务处，其下设两个电影施教团，每团配有指导指导员、放映员和助理员（1944年每团增设播音员、技术员各一），负责全省关中、陕南、陕北三个电化教育施教区共92县的电影放映，影片由教育部供，免费放映。杯水车薪，不足敷用。与此同时，在甘肃乡村，国民政府部门派遣、组建的教育巡回施教放映队，开展普及科学教育、宣传爱国抗日的电化教育异常活跃：如1939年10月始，国民政府政治部电影放映队3个队在甘肃各地放映新闻纪录片、故事片、动漫片等长达两年之久。其他如“拉卜楞巡回教育施教队”、中央电影厂放映队、国民政府社会部教育工作队、甘肃科学教育馆西北电化教育巡回工作队、金陵大学理学院电影教育部、西北科学教育馆电化教育工作队、中苏文化协会兰州分会、西北公路线社会教育部等等，均于甘肃各地巡回放映各类宣传教育影片。甘肃省地方则在1937年由教育厅、民政厅成立5个电化教育巡回放映施教队，1941年成立电化教育服务处，将全省划分为7个电影施教区，兰州就划分了8个电化施教区进行巡回放映施教。

在20世纪30年代全国风俗调查的过程中，陕西各县的资料目显示，电影这样的新式娱乐活动十分鲜见，大多数县城共同拥有的除了传统的戏楼、戏院外，还有一种新兴的娱乐场所："公园"①。在甘青川康边界的藏族聚居地区，除了对歌外，当地民众娱乐"很缺乏"②。拉卜楞藏族聚居地区民众第一次看到电影，已经是1941年：大学生俞湘文和葛思恩等受国民政府教育部委派，携带电影放映设备和影片到夏河县组建了"拉卜楞巡回教育施教队"，到卡伽、嘉木寺、西伦等地，进行宣传抗日和普及教育，放映了《淞沪前线》《绥远前线军容》等影片。青海藏民们第一次看到电影，是在40年代初国民党中央党部新闻部电影放映队和教育部巡回电影放映队到来后。1943年，西宁人才开始在电影院看到从上海大中华电影公司和美国福克斯电影驻兰州办事处租赁来的故事片、文艺片，甚至是恐怖、荒诞等各类电影片。③ 至于宁夏，迟至1948年才有了唯一的电影院——银川三晋会馆电影院，到1949年被中国人民解放军接收时，全部放映设备也仅有3台16毫米无声放映机、2台直流发电机和20多部无声影片。④ 像公园这种群众性休闲娱乐场所的设立，是娱乐生活发展的趋势，但规模小、内容简单、游人寥寥等，也说明了其尚未成为人们普遍的休闲方式。即使是体育活动，也常常被一些地方人士讥讽为"卖武式"表演，⑤其中不乏偏见，但也凸现出，体育活动还未能真正渗入到民间娱乐生活中。新式娱乐代表的近代意义上的闲暇生活方式，在西北的深入还有待时日。

① 南京国民政府内政部：《陕西省风俗调查纲要》，中国第二历史档案馆藏全宗12(6)第18276、18277、18278、18279卷。

② 俞湘文：《西北游牧藏区之社会调查》，上海：商务印书馆1947年版，第122页。

③ 青海省志编纂委员会编：《青海历史纪要》，西宁：青海人民出版社1980年版，第182页。

④ 李庆跃、李沛：《宁夏电影史话》，银川：宁夏人民出版社2009年版，第8页。

⑤《重修华县县志》卷五，民国铅印本。

电影作为一种新式娱乐文化的符号，同其他近代传媒一样，对西北民众造成一定影响。有论者指出："电影是当时最受欢迎的一种寓教于乐的宣传方式，姑且不论放映影片的政治性如何，观众的兴趣点也不在这个地方，影片中最能让人迅速认同并接受的是剧中人的'摩登'生活方式，然后才会启发某种程度的理性思考，逐步地引导自身生活方式的转变"。①

三、不良娱乐生活沉渣泛起

在传统娱乐依然兴盛、新式娱乐逐渐兴起的同时，西北社会也存在着一些不健康甚至腐朽堕落的娱乐生活，尤以赌博和娼妓现象最为突出，一度成为令人关注的社会问题。这些不良的娱乐生活既是民间不良风气的长期遗存，也是战时西北出现的不谐之音。

从现存的历史资料看，至少康雍年间，赌博现象已经引起了时人的注意，陇西吴之珽《陇西竹枝词八首》之一云，"谁家雪里兴偏豪，牛粪如香烘破窑。得向土床抛叶子，官粮完罢赌烧刀。"道光年间，赌风不减，泾阳徐法绩的《竹枝词》称："同州刀客昔无之，近日成群市上嬉。夜间做贼日间赌，大伙横行官不知"。② 在较为富庶的蒲城，不仅有豪强盘剥、地棍讹诈，"赌博酗酒滋事之徒随处皆有"，向称难治。③ 而玩麻雀、推牌九、斗鸡斗鸟等公然赌博行为，是年节里十分盛行的习惯。

及至民初，此风并未因为天灾人祸而消减。在移风易俗的呼

---

① 许宪隆：《诸马军阀集团与西北穆斯林社会》，银川：宁夏人民出版社2001年版，第217页。

② 《续修陕西通志稿》卷一九五，民国铅印本。

③ 《秦疆治略》，道光年间刊本。

声中，民间赌博的状况从民间人士的关注和官方的禁止中透露端倪。军阀混战之际，每值年节，“类多偷闲聚赌竟视为应行必有之举。……当街呼卢唤雉、公然赌博者，亦颇无地不有，至于围擦麻雀，聚玩摊卖，与夫共推牌九、大赌输赢，尤为阔人富商借口消遣闲玩，几致家家户户均不能免之场合……”。[①] 20 世纪 30 年代后，时局趋于稳定，但民间赌博之风却炽烈，引起官方的注意。以陕西为例，民间赌博的实况颇为复杂，[②]参与赌博的人员从一般的无赖、游民、富商少妇扩展到士兵、团丁、公务员，甚至学生；赌博的行为也从节日性、娱乐性发展到日常性、赢利性。

常理上，在正常的社会发展时期，参与赌博的人多为游手好闲或者生活奢侈无忧之辈；因为娱乐生活相对单调，农闲时节往往是赌博行为比较集中的时期。但实际上，西北开发和抗战爆发给西北社会带来开放和发展的同时，也因大量难民涌入和军队进驻，社会状况变得更加复杂。当时的赌博行为，因驻地军队官兵的参与和推波助澜令官方颇感棘手。1930 年，省府主席兼民政厅长杨虎城签命令称：年来国家多故，对于赌博往往漠然视之，不甚措意，以至一般无赖游民聚赌于城关巷市乡村，毫无忌惮……到 1931 年，民政厅训令：淳化、旬邑、永寿、彬县等各县驻军中下级军官协助地方流氓土豪大开赌场，一班乡民偶陷其间、倾家荡产，地方官一加干涉，即与驻军发生恶感。1936 年，省政府转奉西北剿匪总司令部训令称，禁赌风为当务之急，提出对于聚赌场所，不分军民一律逮捕并处审判。1939 年 4 月初，户县北乡娄敬庵庙会上，驻县后方医

① 《爆竹声中之悲观》，《陕西日报》1923 年 2 月 27 日。

② 陕西省民政厅：《禁止赌博、禁赌罚金充奖办法、司法机关赌博案件罚金及没收钱财充奖办法》（1931—1947），陕西档案馆藏档全宗 9(4) 第1067卷。

院伤病(员)与当地民众壮丁发生冲突,双方多有受伤,就引发了省府与西北伤病管理处之间要求管束所属、严禁赌风的公函往来。

受此风气的影响,地方保卫团队依仗其强势与设赌者勾结,曲为包庇,甚至主动召集,长期聚赌,并以收取“保护费”中饱私囊。如果说一般百姓年节时候的“擦麻雀推牌九”,有一定的娱乐性,而此时的赌博,就是赤裸裸的、引发严重后果的非法敛财手段。地方公务员多借口公务应酬,以赌博为联络感情的工具,堂而皇之地进行赌博受贿活动,甚至在县府机关内公然聚赌。为此,官方三令五申禁止党政公务员招赌取利、受贿包庇,否则“立予撤革,尽法惩处,绝不姑息”云云。幼稚的学龄儿童甚至也因为设置在学校门口的骰子碗和牌九等赌博性工具而受诱惑,虚掷金钱。

这一时期,赌博活动的猖獗给当地社会造成严重影响。首先,社会治安问题严重。据官方资料,不仅市场和庙会上多有散兵流匪的公然聚赌,幽街僻巷、妓馆旅店中也尽为土豪劣绅所包庇之暗局。打架斗殴事件频频发生,市面不靖、盗案迭出。其次,给社会生产造成影响。聚赌风气之下,赌博者往往陷于赌局之中,重者倾家荡产流落街头,轻者损失严重。投机钻营、一夜暴富、巧取豪夺等社会心理滋生,虚糜财富、非法聚财现象丛生,正常的社会生产受到严重干扰。再次,严重败坏了社会风气。赌博行为并非近代独有,赌博也多处于地下活动,受到人们的鄙视和反感。抗战时期的赌博活动,不仅公然进行,且有愈演愈烈之势,演变为地方社会发展中的一枚毒瘤。国难时期,官兵聚赌、军民冲突,大大破坏了抗战团结精神;政府公务员公然聚赌,废时误公,风声远播,严重损害政府公信力;学生少年,肩负未来,受诱迷赌,令人担忧;而乡村庙会赌博盛行,淳朴敦厚之风为之一变。最后,赌博演变成一种社会问题。除了官兵参与赌博推波助澜的原因外,这种普遍参与的现象，多少也表明，在近代社会急剧变化的时期，相当一部分人因为不能适应商业经济的发展和传统农耕经济的逐渐被打破，在传统财富观念和生活观念出现挫败的情况下，更容易参与这种非正常的娱乐活动。

在社会发展的过程中，先进的、文明的娱乐方式引领时尚的同时，也有落后的、腐朽的东西在潜滋暗长。在西北地方社会变迁的过程中，娼妓也是这样一项社会发展的副产品。民初，由于历史上程朱理学在陕甘盛行的影响，古风醇厚的西北社会，对于娼妓问题始终持有严厉的批评态度，女子不能随意在街道上抛头露面。一般所谓娼妓，也“多为饥寒所迫，为数不多，不过恋爱一二人，供其日用饮食，名为色客也”。①

陇海铁路通至西北以后，西来人口增多，其中既不乏一些专门以色相谋生者，也存在一些来西部谋生不成转而沦落者，这些娼妓很快形成规模，组成行业，接受当地警局管理。一方面，这种娼妓活动在地方也颇引人注目；另一方面，这些娼妓活动的主要对象是西来游历投资之人，以至于妓院也被作为屈指可数的娱乐生活内容之一，专门向西来的游客介绍。《西北导游》介绍地方娱乐三种中，除剧院和电影院外，还有娼寮——开元寺，此处聚集的各路妓女最多，有苏、扬、湘、鄂、甬各邦三十余家，“开盘子”约 5 元，惟不需人介绍，可登堂直见，嫖客留宿称为“吃稀饭”。② 西京快览社于 1936 年发行西京游览指南，在“食宿游览”一编中，对“妓院”进行了更为详细的介绍称，西安妓院，在东大街及东木头市一带最多，尤

① 南京国民政府内政部：《陕西社会风俗调查报告》，中国第二历史档案馆藏档全宗 12(6)第18279卷。

②《西北导游》(中国旅行社丛书)，上海：国光印书局 1935 年版，第 31 页。

以钟楼东首开元寺内最为著名。妓女以扬州班、苏州班为上乘，本地班次之。妓女们纳花捐、定期接受身体检查，有明确的服务收费标准。游客进院后，全院姑娘出来见客，被客人选中后，与客人携手入房，无论一客还是数客，坐谈一二小时的，叫作“上盘子”，每次需付费二三元不等，若欲留宿，每晚十元，小费随客人，三五元不等，俗称“吃稀饭”。规定只准在院内上盘子，不准出条子，更不准伴客在任何旅舍同宿。① 这种公开性质的营业表明，时人对待娼妓问题已视之平常。

因此，大凡交通要地，军队云集、客商往来之处，便是娼妓活动最为繁盛之地。抗战初期，潼关县的冲关镇就是妓女云集之处，其间来自河南、苏州、扬州和本地的妓女不下数百人。高档的借以饭庄、旅店，如明星里、西开里、大金台旅社、桃林饭庄等，客人以富商巨贾为多；低级的凿住在梯地窑洞，被戏称为五层楼，多为苦力劳动之众常去；还有散布在各街巷的半公开个别户。白天是车马盈门，晚上是灯红酒绿、门庭若市。② 这看似“繁华”的表面下，却散发出与社会发展极不协调的靡靡气息。

从当时官方档案资料、地方志以及回忆性文史资料看，从事娼妓活动的主要是外来女子，本地女子鲜见，且多为暗娼。因此，这种非常的娱乐生活，是西北社会风气由闭塞到开放过程中必然出现的一个结果，并不能掩盖整个西北社会中蕴含的进取精神和发展趋势。

事实上，无论是自觉担负改造地方社会责任的地方文化人士，

---

① 鲁涵之、张韶仙编著：《西京快览》，西安：西京快览社 1936 年版，第三编“食宿游览”第 4 页。

②《建国前潼关的妓女院》，《潼关文史资料》第 8 辑，西安：太白文艺出版社 1998 年版，第 224 页。

还是追求精神愉悦和社会交往的普通大众，都从各自的角度对二者得出不同程度的认识和选择。

四、地方知识分子对传统娱乐的改良和影响

晚清时期，西北地方知识分子就热心于俗文化。进入民国，知识分子们更在民主共和的大趋势下，以“移风易俗”为宗旨，积极投身社会教育，活跃于民众教育、民间文化等领域。其中，陕西易俗社就是一个由地方知识分子倡导发起，享誉三秦、闻名全国的秦腔改良剧社。该社所实施的改良活动，不仅发展了秦腔这种地方传统戏剧艺术，还推动了地方社会娱乐生活的近代化。这一时期，改良秦腔剧社纷纷建立（并传布至甘肃），活跃在陕西社会各阶层之间，不仅为一批具有共同旨趣、不同专长的地方知识分子施展抱负、造福乡梓搭建了舞台，也为地方民众提供了一个既有时代气息又富有传统娱乐趣味的休闲平台，加快了地方民众整体娱乐生活近代化的步伐。

（一）移风易俗，改造地方

当人们还沉浸在辛亥革命引发的震动中时，一个民间文化实体正悄然产生。

李桐轩和孙仁玉，是当时任职于陕西修史局的关中学者。李桐轩（1860—1932），陕西蒲城人，清末贡生，肄业于三原宏道书院，曾任陕西谘议局副议长，辛亥革命后受聘陕西修史局总纂。李桐轩早在1905年参加陕西同盟会后，即在家乡蒲城县成立“天足会”，设夜校识字班，编写剧本给当地皮影戏演出。孙仁玉（1872—1934），陕西临潼人，清末举人，曾在陕西泾阳味经书院受教于刘古

愚先生，后在三原宏道学堂、省立中学、女子师范学校等校任教多年，并创办雨金小学和西安民立中学。辛亥革命后，受聘陕西修史局修纂。

两位热心教育的先生在工作之余，“拟组新剧社，寓戏曲于教育，劝善惩恶、改良社会”①，遂草拟新剧社《简章》，并取名“易俗伶学社”。后以易俗事业不限于化装演讲、编辑戏曲，遂去“伶”字，因旧戏班纷纷仿用“学社”，为区别而去“学”字。1915 年后，山东、保定、江苏各地闻风响应，纷纷以易俗社命名，为区别见，在“易俗社”前置陕西二字，终为“陕西易俗社”一称。② 1951 年 5 月，向西安市人民政府申请接管，后更名为“西安易俗社”。

易俗社一俟成立，即得到陕西地方各界人士的赞赏和支持，至1912 年 8 月创立大会召开之时，有军、政、文教等各界人士百余人成为该社成员。③ 除了李桐轩、孙仁玉外，参与发起的人员包括张凤翙(陕西第一任督军)，郭希仁(同盟会会员，后任省教育厅厅长)，井勿幕(陕西同盟会领导人，辛亥革命陕西起义领导人)，杨西堂(前省议会会长)，陈伯生(旅长，后任陕西督军)，王伯明(前清举人)，胡文清(法政学堂毕业，教育厅科员)，高培支(高等学堂毕业，省模范讲习所所长兼省图书馆馆长)，薛卜五(清拔贡生)，刘介夫(清优贡生，宏道高等学堂毕业)等陕西军政文化界人士。自成立

① 雷振中、王藹民:《回忆辛亥革命到解放前夕的陕西易俗社》,《陕西文史资料》第 21 辑，西安:陕西人民出版社 1988 年版，第 91 页。

② 李葆华:《易俗社七十年编年记事(1912. 8—1982. 8)》,《西安易俗社七十周年资料汇编》，内部资料，1982 年印，第 239 页。

③ 易俗社成立之初，发起人和赞成人多达 182 人，此为《易俗社七十年编年记事》,《西安易俗社七十周年资料汇编》(内部刊物，1982 年)记称；又一说为 165 人，为雷振中、王藹民:《回忆辛亥革命到解放前夕的陕西易俗社》,《陕西文史资料》第 21 辑(西安:陕西人民出版社 1988 年版)记称。

之日起，该社以"移风易俗"为旨趣，三十余年里吸引了一大批知识分子加入，艺术发展不曾中断，活动影响广泛，是民国陕西社会盛开的一朵奇葩，更引得秦腔戏剧界百花齐放，争奇斗妍。直到今天，西安易俗社仍然是陕西秦腔界的标识之一。

民国肇立，百废待兴。陕西各项社会建设事业亟待发展，举凡政治、经济、军事各项问题无不重要，而"易俗社"恰设于此时，究竟是什么原因令这些知识分子投身于戏剧改良活动？

首先，是对关中知识分子锐敏进取精神的继承和发扬。

关中因为历史的原因，相对闭塞保守。但，关中知识分子作为关中社会的感应器，始终能够敏锐地触摸时代发展的节奏，追赶时代发展的脚步。不仅京师公车上书中有陕籍士子宋伯鲁等，地方亦有味经书院刘古愚等人讲新学、倡实业，更有宏道学堂于右任诸学人，讽当局、入同盟会。在近代陕西社会发展历程中，关中士子始终以锐敏进取的精神前赴后继，不断续写关中社会发展的新篇章。易俗社的创立者是一些不满足于坐在书桌前埋头问古的关中学者，早年毕业于宏道学堂的李桐轩和曾执教于宏道学堂的孙仁玉，秉承了这所关中最高学府"博学、笃行"的传统，积极思考着在民间社会倡导和传播民主共和精神的途径，并热情洋溢地投入到这场宏大的事业当中。

这些热心移风易俗的知识分子，早年也是革命的拥趸，易俗社中比较著名的学者如李桐轩、范紫东等人，就是当年同盟会成员；一些热心支持该社的成员，也多是当年参加辛亥革命的人士，如张凤翙、郭希仁等等。

从服务社会、实现个人价值的角度看，在新旧知识体系交替的时代背景下，除了入仕、教书、修史等文化教育事业外，在新时期找到"用武之地"，是关中知识分子们投身社会教育的客观驱动力，由易俗社发起人李桐轩父子三人的社会服务方式可窥见一斑。辛亥革命前，秀才李桐轩先生在蒲城县小学当教员之余，热衷于社会教育，和一些同好组织“自治社”，提倡不用日货，成立“天足会”，给灯影戏编写剧本；辛亥革命后在修史局修纂地方志之余，又与同仁携手办戏曲改良。其子李约祉1909年自京师大学堂毕业，先后任陕西省立女子模范小学校长、陕西省教育厅督察长，任职之余同父亲一起创办易俗社，致力戏剧改良；二子李仪祉赴德国学习水利，归国后成为全国著名水利专家，返陕设计“关中八渠”水利工程，亲自督成著名的泾惠渠，造福地方至今。

其次，是出于对革命初成后地方社会发展需要的思考。

易俗社成立于陕西辛亥革命初告功成之际，不仅革命阵营中出现各派争权夺利、相互攻击的现象，社会上也充斥着打、砸、抢等混乱失序行为。热心革命的知识分子们，因此深感地方民众知识和观念之落后，纷纷转而投入移风易俗的各项社会事业中。易俗社正是在比较了转变知识观念的各种教育形式之受众范围后，投诸戏剧，在《易俗社章程》的“易俗伶学社缘起”中写道：

> 孟子云：教亦多术也。执一法，拘一城而为之教，吾未见其可也。况今外人之觇吾国也，不惟其名，惟其实。国民无共和之程度，而徒共和其名焉，斯无怪其不我承认也。同人忧之，急谋教育之普及。以为学堂仅及于青年，而不及于老壮；报章仅可及于识字者，而不及于不识字者；演说仅及于邑聚少数之人，而不及于多数；声满天下遍达于妇孺之耳鼓眼帘，而有兴致、有趣味、印诸脑海最深者，其惟戏剧乎！戏剧之于社会，为施教育之天然机构。譬如血管，我但于化血之本原易其质料，有新鲜之血出，则东方病夫安见不顿释痼症，霍然以兴耶！爰结斯社，取名易俗，意在移风易俗。俾久压于专制之民

程度骤高，而有其共和之实焉。声音之道，与政相通。于以为补助之教育，庶有当也。①

出于对改造西北地方社会的方式的认同，易俗社很快吸引了一批知识分子以及当时地方军政文教的各界人士。这种延续地方社会改造活动的内在需求，表现在易俗社内，为仿效资产阶级民主共和制建立该社的领导管理体制和各项机构，“有议会，有执行，有选举，有弹劾，编辑、教练、决算、审查，秩序井然，一丝不苟，俨然一个小小的中华民国”。② 由于戏剧特别是秦腔在西北具有深厚的社会土壤和广泛的消费群体，“改良戏剧”不仅成为这些志趣相投者从事革新活动的场域，也成为凝聚和沟通不同社会阶层、养成新社会观念的平台。

最后，关中传统知识分子浓厚的乡土情结，是其热心于民间社会事业的内在动力。

关中地区自古农业经济发达，耕读文化绵延不绝。大多数民间知识分子不仅对乡村社会具有浓郁的血缘感情，更具有深厚的乡土情结。在风气厚朴的乡村社会，不仅乡民对知识分子保持了尊重和亲切敬慕，地方知识分子们也常自觉以饱学、德高行重的形象活跃在乡村生活中。以易俗社为代表的改良剧社创作出一大批脍炙人口的传世佳作，如《青梅传》《柜中缘》《三滴血》《复汉图》《新忠义侠》等等，很难想象，如果没有对民间社会的深刻感受和深厚感情，这些作品怎么能够受到广大民众的喜爱和传颂。在日常生活中，这些知识分子们对于民主、共和、科学等观念的践行，也同他

---

① “易俗伶学社缘起”，见《易俗社章程》(孙仁玉代拟)，载于王鸿锦主编:《孙仁玉研究资料》，西安:三秦出版社 1992 年版，第 1 页。

② 高培支:《陕西易俗社第二次报告书》，西安:酉山书局 1929 年版。

们的作品一样影响着周围的民众。譬如，著名剧作家范紫东创作的《三滴血》，通过塑造“晋信书”这个充满生活色彩的角色，提倡反对教条、反对专制，尊重事实和人性。而他本人在生活中就蔑视权贵，坚持不为北洋军阀政府做事，反对封建等级的礼制，不许学生行跪拜礼，是一个不屈服于专制传统的人。

关中知识分子的这种情结，甚至由文化事业渗透到地方城市建设的构想中。1934 年，作为民间拟议方案代表之一，由易俗社孙经天提出的《西京市政建设计划之准则》，提出建设计划准则数条曰“西京市不应西洋化”“西京市政建设田园化”“西京市政教育化”“西京市民思想统制化”“西京市政建设人才专家化”，[①]强调市政建设应立足于古朴节俭的生活方式、良风美俗的社会氛围以及新文化人才培养。此意见代表了当时一批本土知识分子的乡土关怀和情结。

(二) 民主建制，观念革新

根据章程，易俗社被设计成为一个具有资产阶级民主共和制结构特色的文化团体。

按照易俗社 1930 年修订完善的《组织大纲》规定，全社共分五个部门：干事部、评议部、编辑部、学校部和排练部。[②] 其中，干事部负责处理全社一切行政日常事务，常设社长一名、社监（督）两名、会计二人、庶务（保管）二人、书记（文书）一人；评议部是最具民主

---

① 西安市档案局、西安市档案馆编：《筹建西京陪都档案史料选辑》，西安：西北大学出版社 1994 年版，第 74—91 页。

② 易俗社章程，1912 年 8 月初立时由孙仁玉代拟，参见王鸿锦主编：《孙仁玉研究资料》，西安：三秦出版社 1992 年版，第 1—6 页；1930 年 6 月再修订完善，参见何桑编著：《百年易俗社》，西安：太白文艺出版社 2010 年版，第 14—21 页。此处以修订版为本。

特色的部门,类似一国政府之议会,设评议长一人,评议员若干,主要负责组织评议会,评议决策本社一切事务或处理重大分歧事务,评议会决议需得半数评议员通过才能生效。如果说干事、评议两部可援引各界名人或人才充任,其他三个部门则是剧社发展之业务核心部门。

编辑部,可谓易俗社之创新中心。流传于西北地区的一些脍炙人口的作品,都是由编辑部创作或改编的。这些编辑们并无定额,其来源为"热心君子有编辑戏曲、自由投稿,经编辑审查审定排演者,酌赠优待卷,若编辑已过三本,经本社认为编辑者,每月给以车马费;以后,所编本戏,仍以开演前三次所得戏资十分之一为酬劳;无车马费者,则以十分之二为酬劳"。但这车马费的酬劳,仍有六个月的创作上限,若六个月后仍无作品,则由社长亲自停发。

相比传统戏班,最具有文明特色的,应该就是学校部。李桐轩和孙仁玉两位先生,都有执教的经历,因此"易俗伶学社"中的"学"字,彰显了"学"的不仅是唱戏的本事,还有文化知识。学校部设教务长领若干任教人员,学生类同一般小学,分高小班和初小班,高小班功课包括知识学科(三民、国文、算术、历史、地理、习字)和艺术学科(修养学、戏剧学、服装学、心理学)。初小班功课包括:三民、国语、常识、算术、习字、修养。

至于教授表演的排练部,则专设教练长一人负全责,组织所聘各方面教练对学生传授姿势、做功、道白、声调、武艺、化装、锣鼓、表演等基本功。

但戏剧团体毕竟不是政府机构,易俗社既面临生存问题,也存在发展延续的问题。为了避免民间草班的下九流形象,获得生存空间和社会认可,易俗社的创立者们在"易俗"的基本定位上,设计了这个令人耳目一新的框架。其特点是,摈弃传统戏班的陈规陋俗，实行专业化、民主化：社务委由专人处理，剧本由专门编辑编写，演员由专门教练培养，全社事务实行民主选举和监督。这一研产学一体化的举措，极具创造性。

首先，易俗社以其民主管理体制，摆脱了传统民间草班中班主专制的家私特点。易俗社俨然一个现代“非政府组织(NGO)”，将民主政治的特点植入管理体制中，不仅有利于改变社会各界对民间戏班的偏见，更为持续发展提供了管理机制的保障。

具体的做法是人事由“选举制”产生，无论是社长，还是评议员，皆由社员选举产生，任期三年。教务长由社长兼任，教员由社员推举兼任。

同时，对人事、财物等以“民主评议制”进行监督，社长的功过评议选惩权在评议部，职员违规处理的问题则由社长和评议部共同决议；社务中关乎资金经费财物账目之类，设立了社监（日常襄助社长一切事务）、会计（设于评议部，监察检查一切账务）、本社社员（每年开例会时共同查账一次），共三级监督制。

立法、行政和业务、监督三方面，构建了一个严密完整的组织架构，社长、评议员、干事、编辑、教员、教练等各项人员在管理、庶务、业务方面各司其职、分工协助，令戏社的规模可大而社务不混乱；选举和评议，从观念上促使管理者从威权转向服务，从制度上避免了因个别人的好恶决断而导致整个剧社的垮台。易俗社在民国数十年中，社长几易其人，发展却不曾中断，正是这种管理体制在起作用。

其次，这套管理体制中，有一个极富有弹性和包容性的社员制，通过开放式吸收社员，建立该社在管理人选拔、资金积累和社会公关上的资源储备。社员制之所以可行，是因为易俗社的“公益化”的定位。

易俗社创办之初，即申明“移风易俗”的宗旨，以志相邀社会各界人士共同作为创办人，这些人就是最早的社员，社长、评议员从社员中选举产生。此后，一直根据发展需要不断适时邀请有助于易俗社生存发展或者渡过难关的相关人士加入。

军政界的人士，不仅是积极影响地方社会的当局人士，更是潜在的捐助者和援助者。时任陕西督军的张凤翙，就一次拨银 300 两，并带动各县以襄助文化事业为由纷纷捐款，用于购买乐器和定制学生制服。据记载，易俗社第一次演出成功后，都督府两个马弁要求教练长陈雨农和李云亭去为其官长演“堂会”，遭到拒绝后，纠集多名马弁持枪将陈雨农和李云亭捆绑而去，时任社员的杨西堂先生，遂请求同为社员的军界人士——混成第三旅旅长陈伯生、二师师长张伯英，去都督府说情，将陈、李二人保释出来。此事后，援引该社《章程》中第十章附则第三十六条“有大功于本社者，经评议部议决，得认为本社社长”，先后聘请张凤翙、陈伯生和张伯英为名誉社长。①

文教各界人士是有助于易俗社业务发展的主要后盾。历任社长如李桐轩、孙仁玉、李约祉、吕仲南等本身也是编辑，孙仁玉先生一人就多有一百余部创作，还有一批专职编辑的知名文化人范紫东、王绍猷、王伯明等。1931 年，聘请了曾经游历北京上海、对京剧颇有研究的封至模先生为社员。封至模先生将京剧音乐的一些元素引入、熔铸于秦腔，令秦腔在唱腔、装扮等方面更富有现代美感。

为广揽襄助易俗社的热心人士并积累资金，1912 年的《章程》中丁项筹款第二规定“捐款一元以上者登报鸣谢，十元以上者给予

---

① 雷振中、王藹民:《回忆辛亥革命到解放前夕的陕西易俗社》,《陕西文史资料》第 21 辑，西安:陕西人民出版社 1988 年版，第 98 页。

徽章认为本社社员(发起人、赞成人不在此列),五十元以上者许与于本社有发言权,百元以上者给常年入场券,千元以上者认为本社名誉社长”。1930年修订《章程》第十章附则特列第三十五条规定,对社员的捐资和承认程序皆有所提高:捐款十元以上“登报鸣谢”,五十元以上者“登报鸣谢、酌颁优待卷”,一百元以上者送“常年入场券”;捐款五百元以上者需“经评议部决议,得认为本社社员”,千元以上者“经评议部决议,得认为本社名誉社长”。

易俗社的知识分子们,以“移风易俗”为发端,以戏曲教育为平台,联结地方各界人士为人力、财力和政治资源,打造西北秦腔界的一艘“航空母舰”,其体制和模式,颇可为行业效仿,但其资源和规模,却非一般旧戏班可以达到。

易俗社在《第三次报告书》(即《陕西易俗社简明报告书》)中亦承认本社“纯以改良社会、劝善规过为主义,故政局屡有变迁,本社常超事外,历任长官,对本社皆加以保护焉”①,是能够长期维持的原因之一。

最后,以教育和演出为目的,招收学员进行学校式培养,改变了传统上师徒口传心授的方式、师徒之间的私属依赖关系。此举确立了近代秦腔人才的培养机制,不仅使易俗社能够培养出一批批出色的年轻演员,也为秦腔界开创了一个新秀迭出的时代。

戏剧团体在娱乐市场中生存,需要长效的管理机制作为基础和保障,但核心还在于戏剧艺术表演的实力。易俗社在这一点上同样进行了实验,结合传统教授方式,引入现代学校教育模式。

一是,在招生和班级设置上,建立连续性和选拔机制。易俗社

① 易俗社七十年资料汇编编辑组:《西安易俗社七十周年资料汇编》,内部刊物,1982年,第64页。

成立后，发起人薛卜五先生亲自招生，通过测试招考了杨启华、赵振华、王安民、马平民等第一期学生50名，并以“中、华、民、国、秦、易、俗”要求每个学生各取其中一字，作为本人名字最后一字，以示明志。每期招收甲、乙、丙三班：甲班是早期毕业的优秀学员，乙班集中近期毕业并能独立演戏的学员，丙班是正在训练的学员。三班采取淘汰递补制：从甲班淘汰的名额，由乙班优秀学员递补，合并原乙班与丙班，再招新丙班。由此，实现学员梯队和尖子培养。第一期学员于1915年毕业50人、第二期毕业48人、第三期30人，此后，受时局影响，每期都有数十人到数人毕业不等，至1946年第十三期学员毕业，易俗社培养的秦腔演员多达六百余人。① 易俗社内生旦净丑行当齐全、人才济济，成功摆脱了传统戏班的生存方式，俨然行业翘首。

二是，在学生培养上，注意内外兼修、德艺双馨。

细规范、立社风，易俗社以“移风易俗，补助教育”为志，对于学生教育方面的规范超乎寻常的繁密。从孙仁玉代拟的最早章程看，关乎学生行为规范的内容有庚(教练)类：1. 讲说，2. 识字，3. 演唱，4. 秩序，5. 卫生，6. 惩罚，7. 奖励，8. 期限；尤称不厌其烦的为卫生和交际两条：卫生方面强调衣服统一、定时清洗保持洁净，饮食统一，禁食生冷不洁，身体保持卫生健康；交际方面则强调平等、自尊、纪律：

> (子)戒规：生徒即变相教习，自宜高其位置，无论遇何种长官，惟免冠致敬，不得献媚请安，并不得于不正当之人私相往来。(丑)待遇：本社生徒既具有高尚人格、文明思想，无论何等长官士绅，皆当待以宾礼，不得要求侑觞及他不正当事；

---

① 何桑编著：《百年易俗社》，西安：太白文艺出版社2010年版，第74页。

(寅)称谓:本社成员任何职守即以其职称之,不得有班长、青主等称谓,生徒姓某姓字即以姓字称之,不得随便名以绰号;

(卯)订演:欲请本社排演者须具请帖,严明日起谢金,以经本社之许可为订。

1930年再修订《章程》,进一步以“管理细则”共八章三十五条细分明列。发起人高培支先生还亲自为学生立了“勤、俭、整、洁”四字社训,以及“恪守时间、努力服务、爱惜公物、拒绝嗜好、遵守纪律、提高人格、注意卫生、讲求美育”的八条守则,并以春联形式写于教室墙壁,时时督促学员履行以自律。

新形象、学文化,全体学员均须参加文化课学习,成为具备一定文化知识修养的人。易俗社发起人和社员,深谙文化潜移默化之意义,社中专门聘请文化教员,孙仁玉先生也亲自教授国语、算术等文化课。区别于传统上如家主与仆僮的师徒关系,改良剧社的学员不仅在人格上得到尊重,在生活中也获得平等对待。外出演出时,均要求学员着统一的校服、佩挂三角校徽,保持严整的精神风貌,一改传统戏班学徒之卑微、散漫的形象。易俗社这一创新之举,不仅有利于改变民众对演员的歧视,也有利于演员们对自身价值的重新定位。

名教练、强业务,聘请德艺双馨的名角为教练亲授业务。

易俗社一成立即聘请咸阳县生员屈瑞堂为教练长,延聘关中名旦陈雨农、著名青衣赵杰民、著名须生李云亭、第一武生呼延鑫等为教练。1913年又聘请名花旦“胎里红”党甘亭,1915年聘请京剧武功教练唐虎巨、武生蔡俊德、武旦王小道、文武花脸刘美贤、文武花旦肖魁元等京剧二黄演员为教练。

教练们各怀绝技,对学生因材施教、量身定制,如第一期甲班学生左省民排导《英雄泪》和《拆书》,杨生华的《大婚姻谈》和《癸江》,杨启华的《逃国》,赵振华的《三娘教子》和《重台别》。二期生刘箴俗由孙仁玉亲自招收,又经陈雨农、党甘亭两位教练认真指教,尚未毕业,首演《慈云庵》《忠孝图》后,为观众一致惊叹。许为神童"虼蚤红"(关中称跳蚤为虼蚤),演出孙仁玉为其量身定做的《青梅传》本戏后,更是誉满长安。山西景梅九先生看后,赠诗一首"生小十三上舞楼,窈窕身似女儿柔;只因一曲青梅传,到处逢人说嗜刘"①。

易俗社同仁育人才不马虎,教练亦德艺双馨。辛亥革命前就名震三秦的旦角名演陈雨农先生,是名教练和首席导演,时人誉为"秦腔王瑶卿"、秦腔第一名旦,受聘易俗社后,从不懈怠教授学生,每日从其家到城里易俗社要行十余里路,天不亮就站在城下等着开门,绝不因私事耽误学生,常常到社后,学员还没有起床。如此数十年如一日。在其执教下的学员,刘箴俗、刘迪民、马平民、刘毓中、沈和中、王天民等,后来都成为名角。武功教练唐虎臣先生对学生练功要求严格,生活上也体贴入微。给生病的学员煎药、给蹬掉被子的学生盖严,被学员亲切称作"唐爸"。

易俗社对组织结构和培养方式的革故鼎新,在戏剧行业取得了令人注目的效果,各剧社纷纷效法成立"学社",招收学生,延揽教练,一时间西北秦腔界的新角旧旦颇为振奋。

(三) 旧瓶新酒,内容为王

孙仁玉先生在"易俗学社缘起"中,对如何利用戏剧为施教的天然机构有一个比喻称,"譬如血管,我但于化血之本原易其质料,

① 易俗社七十年资料汇编编辑组:《易俗社七十周年资料汇编》,内部资料,1982年,第246页。

有新鲜之血出，则东方病夫安见不顿释痼症，霍然以兴耶！”言通过“易”血管中之“质料”——血液，以治愈病夫之痼症。“戏剧”之形式如血管，戏剧之内容是血液。这与鲁迅先生用如椽巨笔写文章、制“药”救人是相同的路径。

为此，易俗社建立了编辑部，吸纳了一批志同道合、拥有戏曲爱好的知识分子，在三十余年中创作了一大批脍炙人口的秦腔经典剧本。编辑部和编辑们俨然如舞台后“造血车间”和“工程师们”，创作出内容丰富的剧本，经由易俗社学生台前的精湛演出，令观众获得娱乐享受的同时，并施行教育之目的。

什么样的剧本，最能获娱乐、教育双重之效？就创作原则的确定和完善，前有孙仁玉和李桐轩两位先生，后有王绍猷先生，贯穿民国陕西易俗社发展的三十余年，终成西北秦腔一大特色和贡献。

孙仁玉先生代拟的《易俗社章程》中就“编辑”一项，首列了“格调”和“分类”两目。

先以“格调”定位戏本的雅俗共赏，所谓雅而非曲高和寡，俗而非村夫俚语，具体到戏曲句法上，则是“总以大小各戏皆能演唱为合格”。戏本长短，“以多编短折为宜，但亦需首尾完全，即有长篇全本，亦以一夜能演完为度。”至于戏本的“分类”初则颇似国史教材科目设置，包括“政治戏曲”——表旧制之害、新制之宜；“社会戏曲”——改旧俗、倡新德；“战争戏曲”——表彰战功；“国际戏曲”——演外交之失利；“历史戏曲”——演古人行为可为今之模范者。经近二十年的创作实践和观众反响，1930年集体修订的新《章程》中重新分为“历史”“社会”“家庭”“科学”“诙谐”戏曲五类，少了宏大的说教，更贴近民众日常生活；淡了严肃教育的话题，浓了轻松诙谐的色彩，“寓教于乐”的功夫更加圆熟。

孙仁玉先生一生创作剧本162出，其中全本戏36出，尤以短小折戏最为见长，有126出。① 1913年元旦，易俗社学生在西安城隍庙的首场演出，即是孙先生的折戏处女作《新女子丁嘴》，这一出提倡放足的时装戏，可谓秦腔第一个现代戏。按照《章程》(1912)中"开幕"第六条"演说"规定，"每演一出先由开场生说明大概，使观众知宗旨之所在"。李桐轩先生亲自为其撰拟演说词如下：

> 既是女字(子)。何有新旧之分？要知道旧和新相去甚远，书上"人维求旧"那句话。就觉着大不稳妥。旧日那女子也和她妈丁嘴呢，不过是嫌不给她买粉买花。这"旧"字，可作"黑暗"二字解。如今这个新女字(子)则不然，人既新了，丁嘴去都和那旧女子不一样，她丁得她妈和那个老顽固先生嫌说放脚不对。这"新"字就可以作"文明"讲，兼之语言直爽，锋芒犀利。古来语言料的宰我，今之演说家的雄辩，当能相提并论了。——《演说〈新女子丁嘴〉宗旨》②

从易俗社学生列队着制服登台的新鲜场面到白话"演说词"的开场，外有时装舞美、秦腔的曲调，内有娇女子丁嘴要放脚的内容，其新奇轻松又富有宣传教育意义的戏剧效果，可谓别开生面、不同凡响，让易俗社很快成为西安民众街头巷尾津津乐道的新闻内容。

新戏创作初起之时，西北城乡的传统剧目仍是戏曲内容的主流。不同于后来之激进社会改造家们之一味崇新而抑旧，李桐轩先生在1913年《易俗社杂志》首刊上发表的《甄别旧戏》(草)一文，呼应《章程》(1912)中的戏剧"血管"论，指出"即戏论之，苟不为上流入娱耳目计。……戏曲之改良，尤以膏粱易藜藿，此外故无多

① 王鸿绵主编：《孙仁玉研究资料》，西安：三秦出版社1992年版，"编选例言"。

② 阎敏学：《易俗社早期之演说词》，《当代戏剧》1989—1990年(合订本)。

事也。”

对已有旧戏根据“可去、可改、可取”三类进行甄别改良：“可去”者，包括“诲淫、无理、怪异、无意识、可为训、历史不实”六种“可改”者，有“善本流传失真者”“落常套者”“总本可取而抽象犯在可去六种者”三种；“可取”者则有四种，包括“激发天良”“灌输知识”“武打之可取者”“诙谐之可取者”。①

30年代末进入易俗社的王绍猷先生除编写剧本外，还致力于秦腔理论研究。对于长期以来，“戏曲被视为迎神赛会、享宾客之用者”，从事这种职业的人被称作“戏娃子”，被“打入另册”的现象，他认为固然是封建世俗的偏见，但也与有些优伶不争气有关。从演出剧目来看，“低级粗俗，影响不良”；从演员本身来讲，“行为卑劣，沾染嗜好”。因此，呼吁艺人们要“先品行而后艺术”，“其人格之好坏，与剧业之成败，实具有密切关系”，因“鼙鼓动干城之思”，而艺人们演出的剧本也要有益于“世道人心”，“辅助社会教育”。此论无疑是对易俗社数十年在剧本创作上所坚持之准则的呼应和肯定。

易俗社编辑队伍不断扩大，先后有孙仁玉、李桐轩、李约祉、范紫东、李干臣、胡文卿、高培支、吕南仲、封至模、王辅臣、谢迈之、樊仰山、郝心田、王绍猷、赵松崖、冯杰三、淡栖山、薛寿山、张镇中、肖润华、米钟华等数十位先生，历三十余年笔耕不辍，创编出的大量脍炙人口的秦腔剧本。整个创作过程和内容顺应时代发展，贯穿时代精神，既具有明显的阶段性，又体现出惊人的一致性。

首先，原创为主，改编为辅。

易俗社的知识分子们，以“易俗”为己任，戏曲改良为平台，聘

---

① 何桑编著：《百年易俗社》，西安：太白文艺出版社2010年版，第23—31页。

用旧伶名教练专责演唱。而创编演唱之戏文内容，才是他们擅长并能创新的天地。

三十余年里易俗社共演出剧目 700 种。[①] 除了有按照李桐轩先生《甄别旧戏》中提出的可改旧戏 40 多本，如《三娘教子》《吕蒙正赶斋》《清风亭》《折桂斧》《四贤册》等，可取剧目 100 多本，如《周仁回府》《打渔杀家》《杀狗劝妻》《十五贯》等剧目外，余皆为易俗社编辑们原创。其中，孙仁玉一人创作 162 种，李桐轩和李约祉各自创作剧本 20 余种，范紫东创作大小剧本 80 余种，高培支创作大小剧本 54 种，王绍猷有 40 余种等。

易俗社学生排演的自编剧目，以 1913 年元旦首演时装剧《新女子丁嘴》为开端，以后每年排演的新剧不断增加。有些早期的原创经典作品，自成品之后，几乎每一期学生都会排演，出陕演出中也多作为该社的保留节目，如《柜中缘》《看女》《三回头》《青梅传》《三滴血》《玉镜台》《软玉屏》《大孝传》《人月圆》《纨绔镜》《庚娘传》《韩宝英》等等。

1920 年 11 月，经通俗教育研究会评定、呈请教育部核准，给予易俗社自编剧本 85 册的金色褒奖。据通俗教育研究会称，“该社新编剧本如《桃花泪》《易俗社》《博浪椎》《王国树》《小姑贤》《将相和》《张连卖布》《露筋祠》等各种，命意取材，均有可取、尚不失改良戏剧之本旨。其余各剧，虽未能悉臻完善，亦尚无大疵。该社成立多年，成绩丰富，详阅所编最近状况，办事诸人，热心毅力殊不可没。”“兹有陕西易俗社编制各种戏剧，风行已久，成绩丰富，业经呈

---

① 易俗社 1912—1949 年创作的演出剧目共达 700 种，其中 51 种为曾经演出但作者佚名的。参阅《建国前(1912—1949)易俗社戏剧全目》，《陕西省戏剧志·西安市卷》，西安：三秦出版社 1998 年版，第 283—292 页。

请教育部核准,特此发给金色褒奖状,以资奖励,此状”。①

获褒奖的《张连卖布》原是广泛流传于西北地区地方戏的一个传统剧目,是由易俗社改编了的剧目。这类经由易俗社编辑整理改编完成的秦腔剧目也有不少是传唱至今的经典。王绍猷创作改编的40余部大小剧目中,有《铡美案》《新忠义侠》(即《周仁回府》全本)、《拷红娘》等传统剧目。《新忠义侠》原是流行于渭北、东府一带的诸家皮影戏。为使这个在民间有一定影响的故事搬上秦腔之高台,王绍猷辗转渭北、东府及山西、河南等地,实地调查,并查阅正史,去芜存菁,于1940年冬编写完成,一经易俗社的名角演出后,名震古城、轰动西北;《拷红娘》一戏,虽改自《西厢记》中的一段,但经他点睛之笔,青出于蓝,戏味更浓,把“愿天下有情人都成亲眷”的红娘,塑造得更加美善,更为幽默。由名旦角宋上华演出,获得梅兰芳、程砚秋等人的称赞。1952年,该戏参加全国戏剧会演,获得较高评价。《拷红娘》后被豫剧、晋剧等剧移植演出,盛演不衰。②

其次,扎根生活,娱乐见长。

易俗社的剧本,短小的折子戏最多,早期以反映百姓日用为内容,破除迷信和旧观念,倡导新生活风尚最为突出。所编著剧目并无高高在上、板起面孔教训的姿态,亦无拘囿于文人取乐的小圈子;在剧情和人物性格设计上,既有传统道德观念中的优秀品质如忠义、厚道、奉公、守信、乐观等,又有吻合新时代的价值观,如科

① 李葆华:《易俗社七十周年编年纪事》,易俗社七十年资料汇编编辑组:《易俗社七十周年资料汇编》,内部资料,1982年,第243页。

② 王克刚:《知名秦腔理论研究者王绍猷》,《陕西文史资料》第14辑(内部发行)。

学、民主、自由、独立、尊重等，尤善以喜剧方式呈现严肃的内容。[①]

孙仁玉的折戏是最有代表性的一类，如《柜中缘》《看女》《新小姑贤》《若耶溪》《白先生看病》《鸡大王》《三回头》等，或写夫妻争吵，或写兄妹打架，或写婆媳矛盾，或写后母虐子，或写骗人钱财，撷取生活中某些小事，反映了封建社会家庭乃至社会的大问题，塑造了一系列反对封建礼教、追求民主思想的角色。人物形象清新、幽默，富于生活化，如《柜中缘》就通过一个生活化的故事情节，塑造了一个大胆追求爱情的具有独立品格的年轻女子形象。

范紫东的《三滴血》更是一部家喻户晓的讽刺喜剧，描画一位叫晋信书的糊涂县官断案，不是进行实情调查，而是照搬古书记载，依三次滴血断案，竟令父子、夫妻不得团圆的荒唐事件。晋信书取“尽信书”的谐音，剧中描画了其人虽断案无能，却振振有词，被罢官后才感叹“读书不明难致用，回家去还要对青灯”，迂腐教条的形象十分丰满，全剧讽刺深刻发人深省，又雅俗共赏，一波三折，引人入胜。田汉、曹禺将此戏与誉满全国的昆曲《十五贯》相提并论，称其可以和莎士比亚的作品媲美。范先生颇为擅长运用方言之雅，在人物感情表达上，做到了真实而不失细腻，缠绵而不失优雅。如在《玉镜台》中表现女主人公思念在新婚之夜因军务离别、杳无音信的丈夫时，并没有过多台词，只一句“莫不(他)战死！莫不(他)病亡！”后，令乐曲戛然而止，演员心绪茫然、双目立地一呆的表情后，再滚白“哎、哎、哎”三字一出，给观众留出足够的感情体验和心灵共鸣的时间和空间，获得令人惊叹的效果。

由于编创的剧本一经写成即交由该社学生排练演出，反过来

① 刘俊凤：《民国时期陕西易俗社的改良活动及其影响》，《兰台世界》2013 年第 25 期，第 27 页。

也促使了编辑们继续创作。抗战爆发以前，在追求“寓教于乐”的市场效应下，有一种戏曲类型——滑稽戏——占据相当数量。当年同在汉口演出的南通伶工学社社长欧阳予倩对此有所观察。“他们（指易俗社，笔者注）除整本之外，还有不少的短戏，叫作零出。共计十几年来，整本编了四十种，零出一百零二种，其余还有拿旧剧本略加修改的百余种。零出中滑稽戏颇多，取材和整本一样，有历史、有传说、有时事、有从小说改编的。”①基于这种实践的结果，1930 年易俗社重新修订《易俗社章程》时，在戏曲分类中即专列“诙谐戏曲”一项。

与滑稽戏颇多相应的，是易俗社里的丑角演员异军突起。在1921—1922 年的汉口演出中，与旦角刘箴俗、刘迪民，须生刘毓中、武生沈和中一起深受观众喜爱的，还有丑角苏牖民和马平民。苏牖民在《三滴血》中饰演的晋信书，以创造性的新腔、拖音、喝场、匍匐以及正生身段、髯口表演塑造的丑角形象，生动真实地刻画了人物的性格身份，还和马平民各在不同剧中扮演出各种惟妙惟肖的丑角形象，“时而去酒保，时而去地保，时而去禁卒，时而去贺其僖，时而去衙役，时而去丫头，一举一动，皆令人发噱，实为丑角中之不可多得者”②，苏牖民在《一字狱》中扮演的刁迈鹏，时观者称他“一人独白，满台有戏”，历经四十年而尚觉在眼前，③一时有“争看平民与牖民，嬉笑怒骂日翻新”之赞句。苏牖民在 1924 年离开易俗社，到武功江湖班演戏，开了易俗社学生入江湖班演出之风。此后在武功、蒲城、甘肃、宁夏等地长期领衔主演并创办了牖民社，也表明

① 《陕西易俗社今昔》，出自欧阳予倩：《自我演剧以来》，《戏剧》1930 年二卷二期、三期。

② 徐铁梅：《七夕易俗社顾曲记》，《易俗日报》1921 年 8 月 14、15 日。

③ 杨铎：《易俗社在武汉》，《陕西日报》1962 年 8 月 14 日。

了易俗社在滑稽戏创作上的领先水平和人才培养方面的成功,实为易俗社对西北秦腔界的一个贡献。

值得一提的是,编写滑稽剧本的老先生们本身都是些严肃认真的学者,剧本立意也皆在严肃教化主题,所谓"他们的戏,场子、做派、演法都是一仍旧戏的方法,唱的是陕西梆子。因为他们的宗旨是宣传,所以注重之点,在劝化而不甚着意于戏剧本身",因此"就是一出小滑稽戏,也必定写明这是劝什么的(欧阳予倩:《陕西易俗社今昔》)",这恰是传统旧道德规范和观念的精神钳制与民间对轻松愉悦生活需求之间形成的张力使然。这些饱读诗书又有新思想的先生们,颇谙新道德的提倡和传播,用诙谐的方式满足人们轻松愉悦的精神需求,从而欣然接受和内化,而不是抗拒。"滑稽"在西北几种典型的娱乐方式中皆可见,如社火中的滑稽戏"和尚戏翠莲""大头娃",漫花儿中的"挑情",围浪中的滑稽表演等等。

再次,与时俱进,内容为王。

易俗社创编剧本自响应民主共和、致力社会教化始,数十年间初心不改,更难能可贵的,是能与时俱进、创编出反映不同时代主题的高质量剧本群。

第一个创作高峰期在易俗社成立至30年代初,不少流传至今的秦腔经典剧目出自此期间。这一阶段的编剧主题紧紧围绕"易俗"二字,题材广泛,举凡历史政治、婚姻家庭、社会百态、科学知识、诙谐五大类皆有;本戏(大戏)和折戏(小戏)并驾齐驱。几位早期创办人亲自兼任编辑进行创作,是易俗社剧本创作群的柱石。

孙仁玉是产量最丰的剧作家,最擅长小戏,自1913年至1934年去世前,共创作162种剧本,其中小戏多达126种,如《三回头》《柜中缘》《看女》《螟蛉案》等,颇具经典的大戏如《青梅传》(本戏)、《复汉图》上下本等。范紫东也是写大戏的高手,创作大戏34本,贯穿了易俗社四十年历史，大戏《玉镜台》《软玉屏》《三滴血》《宫锦袍》等一经排演，经久不衰。担任社长时间最长的高培支先生，创作了《鸳鸯剑》《儿女英雄传》《端阳苦乐记》《重阳佳话》《紫泥庭》《中秋团圆记》《千金亭》《夺锦楼》《二郎庙》《纨绔镜》《双诗帕》《亲诗媒》等等。曾任社长的李约祉，创作了《庚娘传》《仇大娘》《千字鞭》《韩宝英》等。还有李干臣之《鱼水缘》《重圆镜》《五色棒》《桃花泪》，不胜枚举。

全国抗战爆发后，易俗社同仁们继续保持了其忧国忧民、敏求先进的品质，积极发掘文化资源，创作出一批服务抗战、鼓舞民心的历史剧，此为第二个创作高峰。

这一阶段的主题紧扣“爱国”，创作编辑的队伍壮大，出现一批新秀；主要取材历史及现实抗战的战役，以唤起民众、抵御外侮，其剧情之感人，用意之深刻，一经演出，深得观众共鸣，引发观看热潮。

1937年卢沟桥事变发生的同日，正在北平带领易俗社学生演出的导演、编辑封至模，在报刊上谈其《山河破碎》《还我河山》的创作意图时称：“文学是时代的反映，戏剧是大众意识的表征。在家破国亡的时候，是冲锋破敌的际节。……两剧算不得如何的剧本，……唯一的希望是，不要把它当作过去的历史看，……一个国家或民族，到了被外族侵略，到了国将不国的时候，总有几个大或小的汉奸，媚外卖国为人奴役，……或将国土，拱手送人。”“现在的中华民族，现在国人的民族意识，是否与南北宋相若？我们只有大声呐喊着，山河破碎了！还我河山吧！”①温文尔雅的关中学者，吶喊出的是关中人国难当头、当仁不让的铮铮风骨。

①《京报》1937年7月7日。

至抗战胜利前，编辑新秀们的创作颇为活跃。如，封至模之《蝶哭花笑》《水淹下邳》《还我河山》《箭头鸳鸯》等；赵松崖之《山海关》《左宝贵》等；冯杰三有《投笔从戎》《木兰从军》《豪曹剑》《新和氏璧》《范雎相秦》《林冲》《陆文龙》《金玉奴》《岳云》《草莽英雄》(四集)、《乾元山》等戏等，郝心田有《烛影斧声》《平民革命》《对玉玺》《焚屋救艳记》，并改编了《女巡按》《春秋配》《一箭缘》等剧目；樊仰山之《长江会战》《血战永济》《湘北大捷》《民族魂》《从军行》等所谓抗战五部曲，以及《肖夫人》《凤凰山》《青宫案》等；淡栖山的《保卫祖国》《民族英雄》《雪鸿泪史》《江山美人》《黄巢起义》《文天祥》等；王绍猷的《铡美案》《新忠义侠》(即《周仁回府》全本)、《紫霞宫》《解甲封王》《法门寺》《蛟龙驹》《金光玉》《拷红娘》《双愚纪》等；张镇中的《民族之光》和《闵行镇》，新编之《李秀成》等。老编辑范紫东，这一期创作有《盗虎符》《光复汉业》《金手表》《紫金冠》；《鸳鸯阵》《一箭缘》《燕子笺》前后本、《金川门》《烈女传》《琴箭飞声》等。① 易俗社的创办者们希望通过这些剧本扩大其社会教化的影响。

1921 年，易俗社首次出陕赴汉口演出，颇为成功。其剧本摈弃传统戏剧的“淫诲粗俗”，以文字通俗优雅、情节构思精巧、人物形象丰满、剧情引人入胜等特色，被当时在武汉的各剧种剧社争相采用。杨铎的青年剧社，则将《韩宝英》《一字狱》等陆续改编成文明戏演出。《软玉屏》《三滴血》等剧，被移植为楚、汉剧，后亦成为各剧种久演不衰的剧目。② 1922 年易俗社返回西安后，囿于社务诸事困难，未能继续借力扩散，不少剧本因此散失。但，易俗社之剧

① 参阅《建国前(1912—1949)易俗社戏剧全目》，《陕西省戏剧志·西安市卷》，西安：三秦出版社 1998 年版，第 283—292 页。

② 杨铎：《易俗社在武汉》，《陕西日报》1962 年 8 月 14 日。

本仍以其原创和质胜名声在外，多年有各省函索。1932年，易俗社应十五路军总指挥马鸿逵邀赴河南信阳演出，颇受欢迎。是年，蒋介石以其“移风易俗，改良社会，提倡教育，促进革命之艺术表演与其他剧社迥然不同”，即着陈果夫给易俗社1 000元，多印该社剧本，广播全国，①不少剧本得以发印。

1949年10月程砚秋先生首次进陕，拜访易俗社要求借录剧本，易俗社派人协助，整整抄录了一个月。② 易俗社持续发展，集聚高水平的编辑群创作大批雅俗共赏的戏剧剧目，令其在西北乃至全国戏剧界勇立潮头。

（四）艺术革新，回归市场

戏剧作为大众意识的表征，来源于大众、回归大众，接受大众的检验。易俗社在改良的过程中，对这种消费规律作出了反应。易俗社从一开始就将表演艺术方面委托给由当红戏剧演员担任的导演和名教练们。戏剧艺术家欧阳予倩先生20年代的观察称，“他们的场子、做派、唱法一仍都是旧戏的方式”，委婉道出易俗社在秦腔艺术方面创新不足。尽管如此，一方面，易俗社所聘请之教练们德艺双馨，恪守名师出高徒之自律期许，教练学生不遗余力；另一方面，易俗社“易俗”于民之宗旨以及选举评议制均令其在观念上、制度上都善于接纳新事物，重视观众需求、吸收他剧种之长。因此，在艺术革新方面，亦有可书之处。

① 李葆华：《易俗社七十周年编年记事》，载于《易俗社七十周年资料汇编（1912—1982）》，内部资料，第248页、第258页。

② 赵清泉：《程砚秋于陕西易俗社》，《陕西日报》1962年9月1日。

其一，抓住民众娱乐心理取向，着力打造秦腔旦角。

民国时期，女子演戏尚属新事物。1912 年 8 月 1 日，北京政府内务部为援引外国之例，承认女子有演戏的权利，饬令“男女分台演出，另行改组女伶戏班”。11 月 5 日，北京正乐育化会以“幼女演戏不但于社会风俗无益，贻害个人终身无穷等”为由，禀请将“女子演戏一律禁止”，被内务部驳回。① 一禁一驳，足见彼时破除旧习俗对女子之约束非一朝一夕之功。陕甘地方，保守之风气有过之而无不及。易俗社始终没有招收女学生，不过特别注意对旦角的培养和雕刻，不忘“易俗”宗旨，因势利导，塑造出一批大胆追求自由、形象俊美优雅的女子形象，如在《春闺考试》中饰演徐小姐的刘迪民就被赞为“一种温柔敦厚之气溢于眉宇，却不染半点狎亵之气”②，可谓育化于润雨之间，既符合民众审美情趣，又提升了民众的审美层次。

其次，走出陕西，吸收其他剧种之所长，不断改进秦腔艺术。

易俗社在陕西经办数年，颇有成绩。1921 年，时任上海《大公报》记者张季鸾提议易俗社赴沪演出，在易俗社引起了讨论。孙仁玉和李桐轩等力主走出去，以“易俗宗旨，不分区域，将来发展，不特易本国之俗，且拟去东西各国，去易其俗，方达最初命名之目的”。③ 且“本省局面狭小，收入有限，艺术上亦少进步。而历年新编剧本近二百部，不能就正于京、津、沪、汉，亦一大憾事。汉口水

① 中国第二历史档案馆编：《中华民国史档案资料汇编》（第三辑）文化，南京：凤凰出版社 1991 年版，第 163 页、第 165 页、第 161 页。

② 中国人民政治协商会议陕西省委员会文史资料研究会编：《陕西文史资料》第 21 辑，西安：陕西人民出版社 1988 年版，第 108 页。

③ 李葆华：《易俗社七十年编年记事（1912.8—1982.8）》，《易俗社七十周年资料汇编（1912—1982）》，内部资料，第 242—243 页。

陆交通发达，市场繁盛，有利业务，积年亏空，不难弥补”。[1] 反对出外的高培支诸先生，则忧虑“本省人情较厚，有多位社员帮助，尚亏累不堪，出外人地两生，恐劳而无益，易令学生沾染恶习，不能易俗，反为俗易”。[2] 易俗社在民主评议制度下，对汉口进行考察后，决定派出易俗社甲乙班的学生到汉口演出，成立易俗社汉口分社，遂促成了秦腔名角魏长生进京献演。此例一开，30年代初，易俗社还先后应邀赴河南一次、北平两次出演。

赴汉口初期，因为语言、爱好、习惯的差异，演出不尽人意。为了获得观众认可，易俗社的教练和学员们，积极面对现实，吸收其他戏种之长，丰富与改良秦腔剧种的音乐与唱腔，借鉴南方剧种细腻缠绵的特长，打破传统上多用七字、十字的旧格式，增加衬字叠句，力求通俗新颖。后来的演出成功表明，积极地调整和改进，可以使秦腔走出西北，拥有更广泛的观众群体和更丰富的文化土壤。

对“易俗”的认同，令易俗社同仁们在自我发展和对外交流过程中，颇善于采撷新事物，在秦腔艺术的各方面如化装、道白、道具、舞台等，都有所革新。[3] 如，长期囿于地方戏种的秦腔化装，在外出演出后开始变化，化装水平不断提升。从前，以最讲究妆美的花旦和小生而言，也不过是“两腮微抹胭脂”，多抹一些粉而已，头饰就是“几个村妇带的土银货，几朵假花，几个玻璃制的水银珠子，与普通村妇无异”。汉口演出后，玻璃管儿做成的人字形

---

① 李葆华：《易俗社七十年编年记事（1912.8—1982.8）》，《易俗社七十周年资料汇编（1912—1982）》，内部资料，第242—243页。

② 李葆华：《易俗社七十年编年记事（1912.8—1982.8）》，《易俗社七十周年资料汇编（1912—1982）》，内部资料，第242—243页。

③ 萧润华：《三十年来之易俗社》，《革新运动专刊》1947年7月7日。

串串代替了土银货假花，白蜡油灌的皮珠子取代了玻璃珠子，也有了梅兰芳黛玉葬花的古装头；1931 年，自北平演出后，又学习京剧的化装办法，五光十色的假钻石代替了珠子、串子，不但旦角开始加睫毛口红、用浓彩，生净等也开始画油彩了；额子从人字形变成圆形，眉毛也有了粗细浓淡的区分。总而言之，妆容从粗俗走向精致，令视觉上的舞台美感大大提升。在听觉上，易俗社演员的演出认真、用力得到一致好评，但方言是一个阻碍其扩大观众群的主要因素。早在 1924 年，鲁迅先生一行应邀在易俗社观剧时，就曾笑谈陕西人读“张秘书”之“书”为“夫”。易俗社的老先生们虽然不排戏，却很注意纠正演员的发音，坚持正确的国语发音。引用国音念法，如把“书”要念“庶”，不念“夫”；“国”念“郭”不念“龟”；“出”念“处”；“说”念“硕”，不念“索”“涉”或其他韵。借由此项革新，外地人看易俗社的戏或易俗社去汉口中、北京演出，都能先通过语言一关。

值得注意的是，易俗社的改良秦腔，在吸收其他剧种之长的基础上，向西北以外，仅限于应邀演出，并未形成进一步扩展。自 1924 年演员苏牖民离开易俗社并自行组班始，不少易俗社培养的秦腔演员，先后离开易俗社西进甘肃，在甘肃或组班，或受聘，活跃在甘肃秦腔舞台上。从这个意义上讲，易俗社在秦腔艺术上的影响，实质上是通过这些学员向西北传播的。

第三，采用新技术，增强秦腔在娱乐市场的竞争力。

作为传统娱乐的主要内容之一，秦腔本身的发展历程也是民间社会精神需求的真实写照。随着社会发展，新式娱乐形式的不断兴起，必定对传统娱乐形成冲击。电影作为依托现代工业技术、反映现代生活观念和生活方式的新式娱乐，必将对以传统表现形式和手段见长的地方戏剧造成威胁。

在演出场所上，易俗社首开风气。西北秦腔演出，或在庙宇的戏楼，或在街头露天戏台，甚至是村野临时搭成的土台子上，鲜有固定演出场所。1917 年，易俗社将“宜春园”购入，作为本社固定演出剧场，更名为“易俗社剧场”。“宜春园”此前是一所京剧演出场，由军阀陆建章督陕时整修。易俗社购入固定场所后，不断改进，包括最先使用布景，从平面到立体，如山水、宫殿、楼阁亭台等等；引进电灯，从原来的台口两碗油灯，到台口布景皆用灯光，再进一步学习话剧灯光形式，①使其不断完善成为一所最先进的剧场。为使秦腔与新式娱乐融合发展，易俗社一度与秦光电影院联合举办易俗游乐场，将秦腔演出和电影携手共行。此举引发了西安及周边各地的秦腔剧社的效仿，各社纷纷建设新剧场或改建旧剧场，具有代表性的如 1921 年的三意社剧场和 1938 年的尚友社剧场。反过来，不少新兴的电影院，也纷纷采取了兼营戏剧演出的做法。

在艺术革新上，从北京接受新文化、新艺术思潮后返回关中的封至模先生，于 1931 年受聘加入易俗社后，以其对京剧的造诣和对现代话剧、电影等艺术形式的体会和认识，与易俗社富有创新精神的各位同仁一起，对秦腔进行了一次比较全面的革新：发展教练职能，建立导演制；引进京剧表演艺术；改进化装、美化服饰；取消检场制度，强调舞台整体效果等等。② 他本人不仅在表演技巧上多有见地，在秦腔艺术理论上也颇有心得。他改编排导的《山河破碎》《还我河山》两剧，在北平怀仁堂演出，北平各报纷

---

① 萧润华：《三十年来之易俗社》，《革新运动专刊》1947 年 7 月 7 日。

② 王鸿绵：《论封至模对秦腔艺术革新的贡献》，《西安艺术》（戏剧家封至模纪念专刊）2010 年第 5 期。

纷发表评论文章给予较高评价。因各种原因，封至模先生于1938年离开易俗社，先后创办了夏声戏剧学校和陕西戏剧专修班，招收新生，着手为秦腔培育新生力量，以继续实现其革新秦腔的宏愿。

(五) 弘扬地方文化，丰富社会生活

易俗社一经成立，不仅吸引了一批地方知识分子的参与，也引发了民间改良剧社的纷纷成立。以易俗社为代表的戏剧改良活动，不仅有力地弘扬和发展了地方文化，也极大地丰富了民众的社会生活。①

繁荣秦腔，弘扬地方文化。秦腔起源于关中，是西北民间文化的代表之一。易俗社在传承秦腔艺术的基础上进一步创新，对关中—西北地方的文化加以发扬和发展。

首先，以"移风易俗"的宗旨，赋予民间传统艺术和传统娱乐(秦腔)新的生存发展空间。在近代中西文化碰撞的过程中，由于形式或内容中存在着不少落后的因素，一些传统民间娱乐活动面临生存发展危机，亟待寻求新的生长点。改传统戏班子为新型教育演出社团的做法相当普遍。除此之外，民间一些自乐班，也在发展当中从简单的民间娱乐小圈子，慢慢发展成戏曲学社。譬如，潼关县的"冬至自乐班"，得到县长、保长的支持，更名"育化同乐社"，队伍壮大，开始登台演出。演出舞台上还挂有长联一对，大书其宗旨和特色：非东社、非西社，民众组织育化同乐社，为了国难化妆宣传。唱新调、唱古调，限于水平自己随心调，登台灌输

① 刘俊凤：《民国时期陕西易俗社的改良活动及其影响》，《兰台世界》2013年第25期，第27页。

抗战精神。横额:爱看就看。此后不断得到地方官员的支持和加入,最终从一个业余剧团演变成专业的"明德学社"。①

其次,对西北秦腔的整理、研究和改良活动,有利于秦腔剧种的保存与发展。辛亥革命前,秦腔长期流传于民间,口口相传的舞台剧本多,而文人刻本鲜见。易俗社的大量优秀剧本,正是在民间流传剧目良莠不齐的情况下,对其甄别取舍、保存整理的结果,而这些优秀的剧本一经演出成功,在民间广为传颂。此外,这一时期,也出现了对秦腔理论的专门研究。王绍猷的《秦腔纪闻》,正是第一本比较系统的秦腔理论著作。同时期,关于秦腔艺术的理论研究文章也频频见于报刊。如陈光尧的《最近西安之戏剧》;封至模的《陕西四年来之戏剧》;肖润华的《三十年来之秦腔》,等等。新中国成立初,陕西秦腔保留的剧目剧本,大多数是对当年易俗社为代表的一批戏社整理保留的结果。这些剧目,不仅是秦腔发展的历史见证,也是秦腔不断再发展的基础。

再次,秦腔走出西北与其他剧种进入西北的活动,有力地推进了地方文化交流。一方面,易俗社的出外演出,不仅向全国展现了秦腔文化灿烂向上的一面,也积极吸收其他剧种文化的精华,不断丰富秦腔的艺术表现形式;另一方面,通过广泛的民间演出,民众在文化娱乐过程中接受和参与到地方文化的发展当中。这其中,除了易俗社及大量本地剧社在城乡的演出,还有在抗战时期,进入后方的各剧种剧团的演出。

值得一提的是,在深处内地相对保守的关中,以易俗社为代表的民间文化团体,先后聚集了老中青三代颇有新思想的地方知识

① 中国人民政治协商会议陕西省潼关县委员会文史资料委员会编:《潼关文史资料》第8辑,西安:太白文艺出版社1998年版,第340—344页。

分子，承续担当了吸收先进文化、借鉴外来文化的桥梁。辛亥革命后的孙仁玉、李桐轩等老派士子，创作上勇于突破传统，擅长以历史、社会、家庭剧发挥戏剧“寓教于乐”的功能，率先尝试科学剧；20年代的李约祉等新学文人，比父辈更面向外面的世界，不仅走出西北，还擅长利用现代宣传手段推介秦腔、积极吸收外地文化；30年代游学而归的封至模等人，更擅长吸取其他剧种艺术之长，进一步为秦腔引入京剧、话剧的艺术特长，试图全面革新秦腔艺术。这不仅使易俗社能够始终引领西北秦腔界的时尚，也使西北文化在整个民国时期呈现出开放和进取的姿态。

寓教于乐，丰富社会生活。易俗社在创建、改良的过程中，始终以充任寓教于乐的社会娱乐方式，实现移风易俗的社会教育为宗旨。在服务大众与教育大众的有机结合下，一种戏剧的改良活动，不仅为参与其中的知识分子们展示才华、造福乡梓提供舞台，也成为民众触摸先进文化和享受传统文化的娱乐平台。

其一，戏曲娱乐生活不断丰富化、经常化、品位化。就秦腔的起源看，秦腔是流传于民间的一种地方剧种，[①]无论其唱腔、表演还是剧本和音乐，始终存在浓厚的民歌民风气息。由于根植于地方风土和社会生活，戏曲娱乐作为农耕社会休闲生活的主要内容之一，也体现出浓厚的农耕文化特色。秦腔的欣赏活动，表现出两个特色：一是节日性活动而非日常性休闲，二是狂热式赛戏而非艺术性竞争。这样一来，观众非得有一些特殊的机会和名目，才能够获得一次精神的愉悦。于是，借助祭神、求神的名义举行的庙会就成为一场场欣赏秦腔的盛会。一般戏班，也只有在庙会期间才获得

---

① 田益荣：《秦腔》，载于陕西省剧目工作室编：《陕西传统剧目说明》，1958 年 12 月内部发行，第 26—27 页。

较高的待遇和敬重，平常时节则始终是在游荡中谋生的民间艺人。民国期间的戏剧改良活动，开创了民间戏班新的生存方式，激活了民间戏剧的繁荣。充斥于城乡的各种戏社、自乐班、表演队，大大丰富了地方民众的戏剧娱乐生活。抗战的爆发，更让具有寓教于乐宣传功能的戏剧在民间的表现变得活跃。1938 至 1949 年期间，潼关县就聚集了秦腔、蒲剧、京剧、眉户、洛阳曲子、花鼓、说书道情等剧种，十余个戏曲组织，尤以民间业余剧社演出为盛，业余剧团的戏迷组织者包括传统艺人、官兵、一般乡民、乡间知识分子，甚至商贩车夫，不一而足。[①] 随着民间各种戏社的激增，戏曲欣赏活动也不再局限于节日集会。不唯像易俗社这样的大戏社有固定的演出场所，一般小戏社在城乡间也有长期演出的简陋舞台。与此同时，随着戏曲欣赏活动的频繁化和平常化，观众的欣赏水平和欣赏品位也不断提升，如易俗社当红名角的剧本往往都为各地剧社争相演出，易俗社培养的演员也因为水平高、品行端而为各剧社争相聘请，这说明了观众对于像易俗社这样代表秦腔先进水平的剧社及其表演的欣赏。

其二，一般娱乐生活走向文明化。戏剧缘于生活，又高于生活。戏剧能够通过对生活内容和观念的反映，引起观众的共鸣，使观众获得精神的享受；同时，戏剧也能够通过艺术的独特表现能力，引导观众的认识，使观众摆脱现实生活的束缚、欣然接受新的事物。以易俗社为代表的戏剧改良，不仅对戏剧表演形式和内容进行改良，还对戏剧演员和观众的文明行为进行了培养和引导。其活动持续时间较长，影响较广泛，推动民众的一般娱乐生活呈现

① 中国人民政治协商会议陕西省潼关县委员会文史资料委员会编：《潼关文史资料》第 8 辑，西安：太白文艺出版社 1998 年版，第 332—334 页。

出不断文明化的趋势。首先,易俗社创作的优秀剧本,不仅具有很强的社会教育意义,也积极倡导民间文艺反映健康、文明的社会内容。从易俗社创作改编的秦腔剧目看,符合基本历史事实的历史剧、宣扬传统美德的社会剧和反映社会进步风尚的家庭剧是主体。在这种风气影响下,在一些民间社火活动中,也出现了赞扬新式教育、宣传抗战精神等内容。其次,易俗社主动摈弃传统秦腔中一些火爆甚至野蛮残忍的表演形式,改良一些荒诞怪异、唱做淫亵、服饰离奇的表演方式,以演员精湛适度的表演艺术、纯正圆熟的演唱水平牵引观众审美趣味,展现出秦腔文明、高雅的艺术面目,也为传统娱乐现代文明化发展作出表率。易俗社的成功,证明了这种文明化发展不仅符合民众需求,也是传统娱乐再发展的必然趋势。再次,易俗社成功培养的优秀演员,对民间的影响不仅仅是打造了名角,更重要的是这些戏社学员接受新文化和艺术教育的成长过程和刻苦朴素、品行严谨的行为方式代表了戏剧行业的新风气。这就在无形中影响到民间风气的形成。最后,易俗社改变传统民间戏班低人一等、自甘末流的社会形象,不仅追求专业品质和高雅艺术,也积极活跃于社会各阶层,使对戏曲的表演和欣赏成为不同阶层沟通和交流的桥梁。如戏剧、社火等民间传统娱乐活动中,越来越多地出现文人学士和军政人士的活跃身影,而话剧、体育等新式娱乐活动也不乏乡民的参与。

其三,各种社会教育性娱乐活动逐渐开展。1924 年,鲁迅先生应西北大学邀请来陕西讲学,在观看了易俗社的演出后,题词"古调独弹",鼓励其立意移风易俗的改良活动,也含有勉励此等有利于社会教育的活动的意思。易俗社在北平的两次演出,是当时军政界人士感触于其立新意、扬新风的社会教育影响,而欣然发出的邀请。这不仅给予了像易俗社这样以民间艺术发挥社会教育作用的社团以肯定，也启发和鼓励了更多人士，积极利用各种民间艺术形式从事社会教育活动。李敷仁在其创办的《老百姓》报上，用关中方言把时事要闻、科学知识、家庭社会等等各方面的内容，以民间数来宝、歌谣、小说、故事、谚语等形式表达出来，甚至选编来自民间各阶层人物各种形式的来稿，进行刊登。民众喜爱其形式之亲切通俗，欣喜其内容之丰富新颖，争相传阅。一些民众教育机构则利用举行大众音乐会、开办生活展览会的新颖形式，吸引民众前来参观，实施社会教育。如，陕西第一民众教育馆就连续数年举办年俗展览会，征集了各行各业的年俗物品，分为神像、祭品、供具、年画、娱乐、春联、儿童玩具、食品、装饰，以及对"一家""西安""陕西""全国"的年俗耗费进行统计，制成表册供民众参观。五天之内1万余人前来参观，且以赴省城赶集的乡民为多。据称参观者们"或喜悦，或惊异，或懊悔"，表情不一。① 乡村的知识分子，还利用民间春节贴对联的习惯表达对时局的看法，在乡村颇有影响。抗战时期，有"世界趋大同，必摧毁侵略阵营，民族始有解放日；国际崇公理，能树起和平堡垒，倭奴会到覆亡时"的乐观，也有"国事正艰难，痛念外侮凭陵，当矢敌忾同仇志；秦俗乐战斗，回溯先民典范，毋忘车辚驷铁风"的呼吁。②

---

① 黄海：《年俗展览会的经过及其内容》，《西京民众》1934年第2期，第3页。

② 中国人民政治协商会议陕西省委员会文史资料研究会编：《陕西文史资料》第23辑，西安：陕西人民出版社1990年版，第5页。

第八章　抗战时期西北地区宗教信仰生活

近代以来，各种新思潮在西北地区也产生了一些影响，尤其是新式学校教育的发展，给西北民众的精神生活带来了不少新变化、新内容，但由于历史和现实的原因，宗教信仰仍是西北民众的重要精神生活方式。抗战爆发后，西北成为抗战大后方之一，在战时国防与西北开发的双重作用下，宗教信仰生活亦随之发生变动，具体表现为伊斯兰教的革新发展，基督教信仰的稳步推展，儒释道信仰的逐渐式微与民间诸神信仰的兼容并蓄，以及藏传佛教的持续影响。

为考察抗战时期西北民众之宗教信仰生活的情况，有必要对清末民初的西北宗教信仰状况作简单回顾。

晚清变局冲击着中国社会的精神层面，宗教信仰层面的碰撞，正是这种动荡中引人注目的一种。在频繁的教案中不仅暴露出中外信仰之间的对峙，也蕴含着传统信仰挫裂的痛楚。这种动荡，自中国东南部起，随着西风东渐，不断向西向北传递。

其一，鸦片战争爆发后，欧美传教士借条约保护，以西方文化排头兵的姿态向中国内地长驱直入。陕西先后成为天主教和基督教的重要教区，加之，清末灾害后的移民活动，使“洋教”入陕进入空前的活跃状态。比如,“陕西英浸礼会”,光绪十七年(1891)进入关中时,即以三原以东的山东移民村为据点,向四方发展,东至临潼关山镇,西至三原县,南至高陵县,北至耀县,方圆百里。光绪二十六年(1900)关中大饥,村民逃荒到北山至延安一带,此后浸礼会即以耀县为据点北进延安,在沿途各县次第设立教堂。次年,以西安为中心,向周边府县、渭河以南各县发展。与此同时,陕西地方民众与“洋教”的冲突频频发生,如,八角山教案、燕子砭教案、三边教案、平利洛河教案等。

基督教在实现其全球发展的雄心下,欲以甘宁青等地为“试验田”,进一步将传播福音的事业,推进到广大藏区、蒙古地区和穆斯林居住区。[①] 因此,在西北各省亦形成了天主教和基督教的各教区。光绪二十七年(1901),天主教已在甘肃成立了陇南教区和兰州教区。基督新教则有内地会、宣道会、神召会、协同会、福音会、基督复临安息日会等不同教派,分赴甘各地传教。但,鲜有发生类似陕西的频繁教案,这是甘宁青新诸省所不同于陕西地区之处。

其二,回民起义的爆发,导致了陕西地区伊斯兰教的衰微,甘宁青成为西北伊斯兰教信仰的中心。清同治以前,陕西回民约百万,[②]主要聚居于关中西安、同州、凤翔府和乾州、邠州等地。自唐以来,虽屡经变乱冲突,回汉相处基本和谐。伊斯兰教作为陕西宗教中颇具规模的一支,对关中社会之饮食、娱乐、服饰乃至民风产生不同程度的影响。同治初年,关中大地的回民起义遭到严酷镇压后,西安城外的所有各州县回民,悉被清朝统治者强制迁出,伊

---

① 陈柏声:《近代甘南地区基督教的传播》,《兰州大学学报》(社会科学版)2007 年第二期,第 58—59 页。

② 据《续修陕西通志稿》卷一七八,民国铅印本,《平定回匪纪事》称陕西原有回民估计为七八十万人,马光启所著《陕西回教概况》(民国初年,出版年份不详)中则估计为 100 万。

斯兰教在陕西受到沉重打击，所谓“庄田庐亩，俱为他教人所有，八百余所礼拜寺俱焚于火”。①

甘(宁青)新等地是穆斯林聚居地。清末民初，居住在甘新信仰伊斯兰教的多为回族、东乡族、保安族、撒拉族、维吾尔族、哈萨克族、柯尔克孜族、乌孜别克族、塔塔尔族、塔吉克族成员。② 其中，聚居新疆的伊斯兰教信仰者人口众多，天山南北，特别是天山南路，始终是维吾尔族穆斯林重要聚居区；在甘肃，除了大量陕西回民迁入甘肃各地，河西走廊的回民又分迁至甘宁的贫瘠之地外，河州成为甘肃回民最重要的聚居区，伊斯兰教中之格的目、伊赫瓦尼、西道堂三大教派形成，四大苏菲学派及其所属四十余门宦，大部分均在甘肃。

其三，佛道之信仰，作为在中国有悠久历史的宗教信仰，在西北地区亦备受推崇，影响深远。汉传(北传)佛教早在西汉时期即沿着丝绸之路，经过河西走廊进入长安。在后来的中国佛教发展史中，河西走廊和古都长安，不但见证了十六国时期的僧侣沙门云集、佛塔佛窟林立的佛教兴盛时期，也目睹了隋唐中国佛教六宗派祖庭齐聚长安之繁荣盛景。③ 随着 10 世纪中叶伊斯兰教开始传入西北，西北佛教文化格局也发生变化。全国政治中心东移，长安文化中心地位随之丧失，陕西佛教的辉煌时代成为历史记忆；甘肃河西走廊一带因战事频繁、交通阻塞，以及西域的伊斯兰化、甘青藏传佛教区的出现，西北原本的西域、河西、陇右、关中、陕北、陕南六大佛教文化区域，逐渐向东收缩至秦陇一带。④ 宋元以后，随着汉

① 转引自马长寿主编:《同治年间陕西回民起义历史调查记录》，西安：陕西人民出版社 1993 年版，第 2 页。

② 谷苞主编:《西北通史》第 4 卷，兰州：兰州大学出版社 2005 年版，第 311—404 页。

③《长安 中国佛教故乡》，西安日报 2009 年 10 月 27 日。

④ 介永强著:《西北佛教历史文化地理研究》，北京：人民出版社 2008 年版，第 302 页。

传佛教的高度世俗化，西北地区的汉传佛教主要成为汉族地区信仰的宗教。在陕西“高僧缺乏、寺院衰落、义学不振、文化艺术创造趋于冷落……但佛教的活动与影响民众的力量依然存在，佛教寺院的维护、佛教造像的维修与再建，佛教信众的延续等都代代相续”。① 在甘肃，清末民初之际，大部分汉传佛教的寺院衰败没落，或徒存其寺、或年久失修，更有以敦煌莫高窟为代表的大量佛教文化遗产遭到破坏、被遗散。② 民初以来，汉传佛教更持续低落，甘肃大部分汉传佛教寺院衰败没落，陕佛教界则因循守旧，以致出现“宗风不振，义学久荒，戒德消沉，僧才缺乏”③的局面。

因清统治者偏重佛教，道教的政治地位不断下降。民初“庙产兴学”运动兴起，进一步冲击了儒释道之活动场所和经济基础，使其处于尴尬的艰难生存境地。加之，近代西北天灾人祸连接，长期融会于中国传统儒教伦理的佛道思想，遂在民间进一步沉落，表现为以佛道相关的诸神灵融合的庙宇，与民间崇拜祭祀活动融合。

在西北甘宁青新等地的蒙古、藏、裕固、土等各族中，清朝政府着意尊崇藏传佛教，以实现对藏、蒙古地区的有效统治。民国政府时期的宗教政策，基于英国对西藏的侵略图谋，为避免汉藏关系恶化，主要采取尊重宗教信仰，政治运作为主，间接控制的办法。④ 抗战时期的藏传佛教，基本处于平稳发展中，⑤作为宗教信仰，藏传佛

① 陕西省志宗教志编纂委员会编：《陕西省志·宗教志》，西安：陕西人民出版社 2012 年版。

② 甘肃省地方志编纂委员会编：《甘肃省志·宗教志》，兰州：甘肃人民出版社 2005 年版。

③ 康寄遥主编：《陕西佛寺纪略》上编（初稿）（油印本），第 14 页。

④ 马莉：《民国政府的宗教政策研究》，中央民族大学宗教学博士学位论文 2007 年，第 39 页。

⑤ 喜饶尼玛、文厚泓：《近代甘青藏传佛教的状况探析》，《青海社会科学》2017 年第 4 期，第 1—8 页。

教在蒙古、藏等民族中仍具有重要支配地位，深刻影响着其社会生活方式。本书在前面几章中已述及蒙古、藏等民族在衣食住行、文化教育医疗及娱乐生活中受藏传佛教影响的情况，故此章不再讨论藏传佛教部分。

抗战时期，这种变化趋势，在各种力量的交错推动下进一步发展，形成了西北地区民众宗教信仰生活的独特面貌。

一、基督教信仰的稳步推展

作为外来宗教，西方基督宗教在近代借助枪炮和条约的保护而在中国从沿海向内地不断拓展，虽多遇不和、频发教案，仍持续不辍。尤其是民初以来，历任政府实行宗教信仰自由政策，在客观上撤去官方之禁令，又有西北开发之经济和社会打破封闭，基督教遂趁势而为，稳步建立与各省行政辖区范围几乎同覆盖的宣教区。惟西北各省地处内陆边疆，陕甘（宁青）新各省自然环境、交通条件、人口密度、经济发展程度以及文化传统和民族成分等不尽相同，基督教的传入过程、程度及与地方民众的互动关系也显现不同。本文所指称基督教是广义上的基督教，包括天主教、基督新教和东正教。其中东正教主要为进入新疆伊犁的俄罗斯族（时称归化族）所信仰，吸收了不少伊犁锡伯族子弟，虽在伊犁颇有“兴旺”之势，[①]却基本局限于此一区域，并未向东扩展至西北其他地区。本文拟略而不论。

① 胡方艳、吴茜：《清至民国间新疆伊犁的东正教》，《宗教学研究》2015 年第 3 期，第 260 页。

（一）陕西教区之兴盛

从明末清初天主教传入起，陕西便是中国内地重要的教区之一。经过金尼阁、汤若望、曾德昭、杜奥定、方德望、南怀仁等十几位耶稣会士在陕西的传教，到康熙三年（1664），陕西西安府已有天主教徒2万人，教堂10所；汉中府教徒达4万人，教堂6所，会口15处。在当时全国11个主要传教区域（直隶、山东、山西、陕西、河南、四川、湖广、江西、福建、浙江、江南）教徒总数15万余人中，陕西就占近40%，超过所有的省份（这是个颇值得关注的现象）；康熙末年，清廷虽因关于中国教徒祭祖敬孔而引发的“礼仪之争”实行禁教，但陕西教区始终延续不辍，自康熙三十五年（1696）至道光二十四年（1844），为方济各会负责传教，历经十五位代牧主教，教区所辖先后包括陕西、兰州、山西、湖南、湖北诸省。①

鸦片战争后，天主教在陕西的传教迅速发展。先是晋陕代牧区分立，道光二十四年（1844）陕西代牧区正式成立，次年，方济各会教士冯尚仁在关中高陵县通远坊，开始建造陕西天主教总堂，至光绪四年（1878）甘肃从陕西代牧区分立，成为独立代牧区之前，通远坊天主堂一度是整个西北的传教基地。同治八年（1869）梵蒂冈第一届大公会议，决定继续由方济各会负责管理此地。此后，陕西教区也不断细化出新教区，由一而三，最终形成八个教区。清末光绪十三年（1887）陕西以秦岭为界划分为陕南、陕北两个代牧区；宣统三年（1911）陕北代牧区进一步分为陕中代牧区、陕北代牧区；1924年三个代牧区分别改称汉中代牧区、西安代牧区及延安代牧区。抗战初期，传教事业出现一个高峰，汉中分划出兴安教区

---

① 陕西省志宗教志编纂委员会编：《陕西省志·宗教志》，西安：陕西人民出版社2012年版。

(1928),西安代牧区分划出三原教区(1931)、同州教区(1931)、盩厔教区(1932)、凤翔教区(1932),八个教区信徒人数逐年增加,1949 年达96 349人。[①] 其中盩厔、汉中、西安、三原、延安五个教区教徒,始终保持在 1 万到 2 万人。因此,整个抗战时期,关中地区乃为陕西天主教的传教重地所在。

陕西作为西北传教重地,虽然"人口密度小、自然环境恶劣",但发生教案的数量远远低于东南沿海、黄河中下游地区以及长江流域,[②]围绕学务、田产等的民教纠纷,到仇视入教者、焚烧教堂、砍杀洋教士的教案数十起,时间跨度自清末至民国。其中,清末主要是与天主教有关的教案,民国年间则主要是与基督教的纠纷。

以宣统三年(1911)的陕西华州教案为例,[③]可见早期围绕天主教的教案特点。该教案起自三涨村张氏族人间的一场田产租稞处置纠纷,五房当中有三房加入天主教后,欲将分种于其门下的族田二十亩(五房共三十亩)之租稞归入教堂充作公费,遭到本族其他两房的不满,遂将此事告于知州处,并提前将此二十亩地全部充入本族学堂。

华州官府不仅对此事表示认可,还明确了极具代表意义的立场:即使信奉洋教也不可违反传统的宗族约章,损害地方学务,否则于规制、于风气所不容,并在呈报上级的报告书中列举了处分入教三房的理由:1. 族田为祖遗公地,并非子孙私有,加之承种族田,

① 刘建平:《近代天主教在陕西八个教区的形成和发展》,《中国天主教》2007 年第 4 期,第 60—61 页。

② 赵树好:《晚清教案分布及特点新探》,《韶关学院学报》(社会科学版)2004 年 4 月第 25 卷第 4 期,第 32—34 页。

③ 有关华州教案的档案资料主要来自杨绳信编著:《清末陕甘概况》第 6 章第 2 节"华州教案始末",西安:三秦出版社 1997 年版,第 279—285 页。

按时照则纳租（据约定，三涨村南北两村合设初等小学一处，北村学款由祖师庙提银，南村归张氏祠堂官地租稞项下，每年除春秋祭祀并完粮外，余银充作学堂经费），乃为佃户，而非地主，故没有处分田产的权利。2. 学款约定在前，入教在后，变更田产租稞归教堂公费的风气不可开，否则会引发其他入教者仿行，对学务前途影响极大。此案的处理，打击了当时教会和入教者的气势，顺应了当时普通民众对于入教者凭借教堂势力逾规越制行为极度不满的心理，但助长了当地民众对入教者的仇恨，民众不仅聚众杀死入教者的骡驹，还威胁入教者称"今日之杀骡驹，特为你们开端，不远来，杀你们就同这骡驹是一样的"。

这种情势在该处天主教堂的穆主教看来，是"猖狂日恣，谣言飞播，大有得而甘心灭此朝食之势，以致教民纷纷戒严，相顾失色"，而群情汹汹之状颇似"星星之火势成燎原，涓滴之水将成江河"。穆主教为此频频施压于陕西巡抚，致使王知州免职，此案旋被发下重审。这样的结果，与近代中外教案并无二致，且在教案期间，在三涨村张贴的檄文式传单中，矛头直指在村中制造异类行为的洋教和洋教中人，其中，指斥洋教士的传教行为是"逆教神福十钦敬，猴像猪背狗娘生，白日到此来欺凤，乌鸦怎敢侮大鹏"，洋人是"不禽不兽二一种，不知儿像啥虫虫"，声称"今儿不断儿这种，扰乱社中皆不宁"，警告洋人"勿怪此帖揭儿短，岂叫村中分两班，若能知悔即改变，流下美名万古传，倘若不遵村中怨，祸事就在眼前面"，对入教的村民，也谆谆告诫"中国之人中国面，为何跟他羞祖先，恶富私意同诡串，想吃重利心才安，皆系厚友并亲眷，那个愚来那个贤，误入罗网不回看，下乔入骨心乖舛，再随故违此一案，绳缠扶挪送衙前"。其中不乏对外来宗教的保守态度和偏见，但表明了当时陕西人普遍存在的"非我族类而坏我族规者势难容忍"的"仇教”心理。田产纠纷只是导火线，“洋教”破坏了陕西民间社会的传统秩序和内部协调才是教案矛盾的根源。

直至义和团运动后十年，陕西民众对于“洋教”的认识和态度，仍因为小农经济社会模式的固化而带有鲜明的保守性和强烈的排外色彩。

民国初期，这种严重对峙的局面有所改变。不仅是民国北京政府和南京国民政府先后都采取了宗教信仰自由的政策，西方宗教自身在传教过程中的不断调整和地方社会的不断开放和发展，也都为基督教持续深入民间创造了机遇，“教案”式的冲突活动也逐渐呈现了新特点。

一是，冲突不再以教民和非教民之间利益纠纷为导火线，而是不同政治势力之间的争执。如 1928 年渭南三张镇教案，就是该地“农会”兴盛之时，对传教士活动的暴力驱逐；1938 年发生的山阳县银花村教案，则是在本村的黄老道组织，驱杀传教士、阻止其在该村传教的行动。二是，呼应国民革命的“非基督教运动”。这场运动中反对基督教的主体是学生，后来也有知识分子和农民参与。从 1925 年开始，陕西省党组织就根据形势发展，以“圣诞节”前后作为“非基运动周”，领导陕西人民进行了一场席卷全省的大规模“非基运动”，收回教会办学的教育权、没收教会田产、号召教徒退会等。

抗战时期的基督教迎来了近代最为宽松的推展环境，一方面，是南京国民政府对基督教表示了赞赏和利用，不少国民党政要也是基督教信仰者；一方面，则是民族抗战的大环境下，基督教主动调整，积极采取行动协助中国人民的抗战，增强民众对其认可度。陕西基督教信仰活动一时兴盛。

首先，除了天主教稳步推进八大教区的形成，教徒迅速增加外，基督新教也以“服务社会”的“本土化”特色，以举办各类社会文化活动来扩大影响。

据《续修陕西通志稿》(风俗四)称:泰西两教之播布关内始自明末清初,高陵城固靖边三教堂势力扩张,皆称天主。而所谓耶稣或基督者转(而)觉势衰力薄,不能与之争胜。第二次鸦片战争后,依据《天津条约》第二条所规定"允许英法传教士深入内地传教",基督新教各种教派和差会始纷纷进入陕西传教,分南、中、北三路进入陕西陕南、关中及陕北各县。以关中一路腹地为重点,先后共有英国浸礼会(后来加入中华基督教会)、美国内地会、瑞士内地会(后称瑞华会)、美国基督教复临安息日会、英国安立甘会(称中华圣公会)五个差会进入各县传教,但其效果,据中华续行委办会调查特委员编制的中国境内基督教调查实录称:1920年陕西基督新教受餐信徒仅7 081人,同期天主教报告信徒达48 948人,是基督新教的七倍。①

民初,移风易俗、改造社会,是当时各界人士关注的焦点之一。进入陕西的各基督教差会,遂积极办理教育、医疗和慈善事业,作为传教之重要手段,在陕西文化教育和医疗事业等方面颇建一些创始之功。如教育一项,英国浸礼会最有成效,该会于1891年创办三原崇真、美丽两所书院,分别为男校、女校,1922年合校改称崇美中学,开陕西男女合校之先,1902在西安创办乐道中学,课程教授除国文外,还有英文、代数、几何、物理等课程,在西安首破旧式教育之风,1903年创办尊德中学,则是陕西第一所女子学校。各传教处举办小学57所。据统计1921—1922年在陕各差会举办学校

① 全绍武编:《中华归主》,王美秀、任延黎主编:《东传福音》第十九册,合肥:黄山书社2005年版,第212页。

共计初小 91 所、高小 9 所、中学 1 所，在校学生2 246人。① 各基督教差会除了继续办理部分学校、提供医疗服务外，也开始把注意力投向能够影响更多民众的社会文化活动方面。

基督教青年会是基督教的一个宗教性的社会群众团体，其本身不是一个传教组织，而是本着“服务社会，造福人群”宗旨，服务社会的群众团体。青年会最初由英国人于 1844 年在伦敦创立，后逐渐传到西方各国，1885 年由美国传入中国。1914 年，西安东关耶稣教救世堂牧师史密斯(音译)与西安教友诸人在东大街端履门三台巷路南租房开办了中华基督教青年会，作为教会的外围组织，以倡办新兴事业、提倡正当文娱活动，为社会服务、为青年服务，助力宗教传播。于当年开办了查经班和英语、数学补习班，对愿意学习英文的青年学生颇有吸引力。1920 年固定场所后，下设德育部、智育部、体育部和群育部，除了开办英文查经班、组织专题讲演以培养宗教思想外，还举办各类文化课程专修班、补习班，开设室内健身场和露天运动场，设置台球、乒乓球、象棋、围棋、足球、篮球、网球、排球等各种运动器械供会员使用，特别是群育部所设住宿、中西餐饮、浴室、电影幻灯等对地方社会颇有积极服务性质。为了扩大基督教在社会各阶层的影响，该会设置不同档次的入会费额，尽可能广泛地吸纳会员。会员主要包括学生会员(5 角/人)，普通会员(1 元/人)，特别会员(4 元/人)，赞助会员(12 元/人)和名誉会员(捐助 20 元以上者)五类。据统计，1916 到 1927 年间，青年会最多时拥有会员 900 余人，最少时也有 200 余名。特别是非会员也可以享用其部分业务，对青年会不断扩大影响十分有利。如住宿一

① 陈学恂主编:《中国近代教育史教学参考资料》(下册)，北京:人民教育出版社 1987 年版，第 384 页。

项，西安青年会的住宿，不仅比一般旅店住宿洁净，收费也较合理，尤其允许携带家属，加之其教会的特殊身份可以避免军警的时期骚扰，常常成为本地人士避居之所。李敷仁的报刊《老百姓》，就是在避居青年会时酝酿出版的。出于对其服务社会积极意义的认同，当时陕西的政界名流多有向青年会捐助的行为，如于佑仁、周治堂、郑平阶、陈树藩等捐助过 1 000 元，冯玉祥、刘镇华也捐助 500 元；一些文化教育人士也愿意借助青年会的场所，开展一些移风易俗的社会活动。①

抗战初期，西安基督教青年会先后兴办各类服务社会的机构，如难民救济所、孤儿教养院等；全国抗战爆发后，更积极投入抗日救国运动，如征募衣物，义务施诊，救助伤兵和难民。1938 年成立抗战歌咏队，宣传抗日救国，1939 年参加前方慰问团，慰问前方抗日将士，1940 年开办医药班，1941 年开办军人服务部，成立了国际学生救济委员会等等，为抗战作出了积极的贡献。② 比之纯粹的宗教传教组织，青年会这样的群众组织，能够在抗战时期十分活跃，影响广泛，是借力于“民族救亡”共识和其文化社会活动对青年的吸引力及其灵活的活动方式的结果。

事实上，基督教这些带有宗教性质的社会公益活动，如赈灾救济、行医救治、领养弃婴以及办理社会群众团体、传播科学知识等，与其他宗教相比，更具有现代性的色彩，因而产生了一些良好的影响。连一些佛教徒也赞赏说：“耶教并没有高深的教理，它之所以能生存在世界上，且成为三大宗教之一，完全是依靠它对于社会慈

① 政协陕西省委员会文史资料委员会编：《陕西文史资料》第 16 辑，西安：陕西人民出版社 1984 年版，第 227—231 页。

② 陕西省志宗教志编纂委员会编：《陕西省志・宗教志》，西安：陕西人民出版社 2012 年版。

善公益事业的努力，而博得人们的同情……他们这种为教为人博爱的心田和护教热忱毅力的精神，实在值得我们采取的。”①

其次，交通的不断改善和东部移民及文化的输入，加强了陕西社会的开放度，也推动了民众对于基督教的认识和接受。

清末民初，基督新教进入陕西关中地区的契机，来自关中移民中的基督教信徒，特别是山东移民。

英国基督教浸礼会是最早进入陕西中路的教会。光绪十一年(1885)，陕西因为大旱，人口稀少、土地荒芜，三原县令焦云龙即召其家乡人来此开荒种地，遂有山东移民约6 000户迁来三原，定居太和村、福音村一带。其中多有已信奉基督教者，他们时常聚在一起，诵经礼拜，并有信徒自发在太和村建立一礼拜堂，还函请山东教会人士来此传播福音。

光绪十五年(1889)，山西太原英国浸礼会传教士李提摩太相继派出英国人敦崇礼、莫安仁、邵涤源等进入陕西三原福音村，建立了浸礼会在陕西的第一所教会，成为其在陕传教的第一个据点。教会以移民新村的山东教民为主要活动范围，又募集资金赈济灾民，影响方圆百里，此后几乎村村有教会。至光绪二十七年(1901)，该会在陕西传教创办人邵涤源，进驻西安东关东新巷，才将传教活动的重点转向城市和渭河以南地带，并在关中建立了三个传教要站，即邵涤源主持的西安东关，郭崇礼主持的三原福音村，莫安仁主持的耀州，以此向整个关中地区发展势力。1930 年，成立渭北区会，以三原县东关教堂为渭北区会会址。渭北区会共有 13 个堂会，89 处支会，信徒3 000余人，分布三原、泾阳、高陵、临

① 《海潮言》1935 年 8 月第 16 卷第 8 号。

潼、富平、耀县、铜川 7 个县市。①

在西北开发中修建的陇海铁路，改善了进入陕西、深入西北内地的交通条件，铁路沿线逐渐发展起一批新兴城市。全国抗战爆发后，由于抗战大后方的有利战略地位，不同的教会组织先后聚集在陇海铁路沿线，如西安、咸阳、宝鸡、渭南等地，并以此为据点，分别向城市和乡村发展势力。以抗战时期的宝鸡为例，抗战爆发后人口陡增，先后有基督教青年会、中华基督教会、基督耶稣教会、信义会、循理会、安息会、清洁会、圣公会等数个教会组织，其中基督教青年会会员人数达 3 万人之多，而龙泉巷教堂和西北圣经学院所办修道院在农村影响较大，到新中国成立初年，信徒和记名信徒已达万余人。②

东部人士进入西北，推动了东西部经济文化的交流，抗战爆发后大量难民的流入更给关中地区社会带来新鲜气息，有利于社会风气从保守走向开放，基督教的传播也得力于这一风气。

在英国牧师陆浚生的宣教和帮助下，商人李海峰不仅戒掉了鸦片嗜好、皈依了基督教，还深受其引人向善、劝人戒毒、有益社会的精神感召，遂转而将商业和社会慈善事业结合起来。1933 年，他以基督教的名义捐地3 000亩，在高陵泾阳等地创设中华基督教西北农工改进会，一面宣讲教义、提倡宗教道德，一面从事改良农业、提倡工业、兴办乡村教育和乡村诊所、救济孤苦等社会公益活动。尤以农业改良一项最具成就，从 1933 年创办农事试验场选种育苗开始，到建立高陵园艺试验场、合办陕西棉作改良繁育场，再到办

---

① 三原县志编纂委员会：《三原县志》（第三十章　民俗、宗教、方言），西安：陕西人民出版社 2000 年版。

② 《陕西文史资料》第 16 辑，西安：陕西人民出版社 1984 年版，第 258 页。

理生产运销合作社，形成了一个研产销的农业生产链。仅1933年当年就赢利数万元，为合作社社员带来了可观的收益，对当地农民起到了较好的示范作用。① 认同了基督教的信徒，不仅发扬了教堂服务社会的理念，更因地制宜开拓了传教的路径。

地方人士争取教权和建立本土教会的活动发展，表明了民众对基督教的认识和态度不断趋于理性。蒲城基督教自立会的成立过程就颇具代表性。在隶属于“秦晋豫信义公会”渭南教区的蒲城县，胡德林牧师的影响不小。清末禀生李青辉最初也因偶听讲经而戒烟入教，成为一名基督徒，但在该会创办的崇正小学教书期间，不满于教会对学校的控制，遂萌生自立教会之念。在基督教自立会上海总会的支持下，于1916年成立“蒲城县基督教自立会”，发展会员100余人。该会声言秉承“弥中外之交涉，增国家之体面，夺回教权，发扬教义，挽救中华民族之厄运”宗旨，成立后积极宣传爱国思想。李青辉积极参加支持孙中山革命的“太平洋后援会”和自立会的“拒毒会”，还编写《外交惨史纪略》痛陈国耻，木刻刊印分发各县缙绅甚至海外华侨，并在基督教自立会刊物《圣报》上全文发表。又采取通俗浅显说唱式，编写《外交惨史俚言》，在教徒中传唱。因为信徒倍增，影响之大，虽为胡牧师不容而辗转至河南信阳创办自立会，终在1931年返回蒲城，重新恢复自立会，一时教友多达500余人。② 这影响了一批由外国教会独立出来的自立教会组织，如1920年三原县耶稣教自立会、1926年汉中中华基督教会（自立会），此外，1932年城固县成立中华基督教自立会，1934年洋县成立中华基督教自立会。

① 《陕西文史资料》第16辑，西安：陕西人民出版社1984年版，第251—256页。

② 《陕西文史资料》第16辑，西安：陕西人民出版社1984年版，第243—246页。

再次，中国抗日救亡运动的勃兴，给基督宗教进一步发展并深入中国民众当中提供了机遇。

面对日军的疯狂屠杀和法西斯行径，大多数基督教教会组织自觉地与中国民众站在一起投入抗战，从事宣传抗日、拥军支前等工作。如1939年成立的基督教女青年会，会员达400余人，在大批难民拥入西安的情况下，开办难民职业介绍所、识字班、医疗诊所、纺织班、缝纫班等，为难民解决实际困难。同时，以多种形式救济抗属，如无息贷款生产自救，发放儿童助学金，组织抗日救亡剧目演出，举办时事报告会等等。①

天主教各教区不遗余力地支持抗战，对地方社会影响不小。盩厔教区集贤教会腾出50余间大房，成立难民收容所，收容难民300余人，安排专人负责难民住宿、饮食、医疗各方面，抗战胜利后还为难民筹措返乡资金。陕西省政府赠"胞兴为怀"金字匾额，以示褒奖。西安教区则拿出教区拥有的市中心18亩地，与难民签订租赁协议，搭建简易住房179间，收容难民400余人，象征性收取租赁费，解决了难民实际困难。1938年大荔天主教堂广慈医院建成，无偿救治抗战伤病员，对难民也仅收取药费，特别困难者亦免除费用，至抗战胜利，先后救治伤病员2 000余人，难民1 000余人。其他天主教会所办诊所、医护工作队也纷纷向伤病员和难民开放。②汉中天主堂古路坝教堂，则将修女院和安老院的所有房屋无偿借于战时迁入的国立西北工学院长达八年。③

---

① 陕西省地方志编纂委员会:《陕西省志·妇女志》，西安:陕西人民出版社2001年版，第109页。

② 张多默:《陕西天主教与抗日战争》，《中国天主教》2012年第6期，第55页。

③ 张影舒:《抗战时期天主教会与陕西地方社会》，《基督宗教研究》2018年第2期，第164页。

天主教会以宗教仪式为抗战胜利祈祷的做法，更鼓舞人心。1943 年 6 月 1 日至 3 日，西安北堂主任司铎米良神父，邀请各界人士参加“为中国胜利暨世界和平的祈祷大会”，从 6 月 1 日在北堂开始弥撒及圣体游行，3 日到达南堂举行祈祷大会。与会人士数千人，观礼者不计其数。其印发与会者的《宗教仪式内心生活》中祈祷词称“一祈祷得胜之主，驱逐敌寇出境，二祈祷慈善之主，解脱民众之苦，三祈祷仁慈之主，赐我国家安宁，四祈祷救世之主，恢复人类自由，五祈祷全能之主，速赐胜利和平”。①

最后，农村社会的衰败使农民趋于寻求新的可依赖权威。

晚近以来，在西方宗教在中国传播的过程中，教堂既成为一些为非作歹者的寄身所，但也是一些弱势群体的庇护所。在民国社会兵祸连接政治动荡的情况下，农村日渐衰败。原本稳定的农村社会不仅因为自然经济解体、近代经济生发薄弱而陷入困境，也面临着传统乡村权威和信仰的逐渐式微，抗战爆发后的民众国防动员，不能完全解决这些问题，乡民为基督教的执着信念和关切姿态所吸引，也就不足为怪了。信徒们不仅通过教会的宗教活动获得精神抚慰，也通过教会的慈善活动弥补物质的贫乏和社会保障体制的匮乏。因此，与主要在城市发展的教会相比，在农村获得较大发展的教会，多通过施舍财物、义务救治、领养弃婴、劝诫烟瘾等吸引信徒。如在宝鸡市龙泉巷扎根的中华基督教会，十余年内(1938—1950)向农村发展了十多个教会组织。该会自称是土生土长的基督教会，大搞“属灵”活动，常常在春秋两季和夏收之后，组织信徒进行大型聚会，其间，有牧师随圣灵的感动即兴讲道，与信徒通宵同声祷告、禁食，跳灵舞，说方言，混成一团，哭声震天，即达

---

① 丁锐中:《陕西天主教抗战事略》,《中国天主教》2015 年第 5 期,第 17 页。

到“大成功”的程度，随即举行受洗仪式，往往百十人甚至数百人加入。那些希望戒大烟的人被收进教堂后，终日祷告、唱歌、读圣经、听讲解，一个半月之后，烟瘾即戒掉了，“该会在农村所以能够迅速生根发展，这是一个重大的原因。”①

（二）甘宁青新的发展

与陕西的基督宗教传播相比较，甘宁青新诸省的情况更为薄弱。抗战时期的甘宁青新诸省基督宗教信仰，出现了相对发展的情况，表现在：一方面，由于政策环境和交通条件的变化，无论是天主教还是基督新教的教区开拓，都逐渐分布细化和完整；另一方面，由于地方民族宗教势力的排斥和地方当局对于外国宗教势力的警惕和利用，传教事业颇为起伏。

鸦片战争后，西方传教士逐渐进入西北内地。但在庚子国难之前，传教活动受西北交通条件的限制。在教务发展缓慢的情况下，又经历庚子年前后的各类教案冲击，教区教务颇受影响。如，天主教甘肃代牧区自第一任主教1889年离任，直到1905年该教区才迎来第二任主教；直到1920年，中华续行委办会调查特委员总结甘肃教务工作时称基督新教“在我国西北部之创业诸人，曾经几许困难，几许危险，而后人鲜有知者”。

民国建立以后，自北京政府至南京国民政府，皆延续了宗教信仰自由的政策，加之地方政府官员本身对待基督教的态度变化，基督宗教在西北传播始渐进入宽松时期。如北洋政府时期督军张广建曾接受传教士治病，对基督教颇有好感，继任者督军陆洪涛还曾给内地会捐款2万银圆，“基督将军”冯玉祥主甘期间，更是在军队

① 《陕西文史资料》第16辑，西安：陕西人民出版社1984年版，第265页。

中有随从牧师，专门给士兵讲道。抗战时期，西北开发中的交通建设，为基督宗教在西北传播提供了便利。

1878年5月，天主教甘肃教务从陕西代牧区分立出来，成为独立代牧区，[①]辖甘肃(含西宁府)、青海(非1929年之青海，为西宁办事大臣统辖之地)、新疆，由圣母圣心会管理。此前近200年，甘肃教务均由陕西代牧区代管。庚子国难后，传教活动重新恢复发展，1905年分立出甘肃北境代牧区，以兰州为主教堂所在地，以及甘肃南境代牧区，主教堂设在秦州(天水)。1920年甘肃南北境代牧区共发展信徒7 249人。[②] 1922年又分别改称西境(兰州)和东境(天水)代牧区，表明传教范围调整，主要沿东西向扩展。1924年进一步明确为兰州代牧区和秦州代牧区。随着传教活动的扩大，1930年，由秦州分出平凉监牧区，主教堂设平凉，从兰州分出新疆自治区，主教堂设迪化(乌鲁木齐)，1937年再次从兰州分出青海西宁监牧区，主教堂设西宁。至1949年，整个甘肃教区有教堂224座，教友32 347人，其中兰州教区辖37个市县，肃北、卓尼2个设治局；宁夏阿拉善额鲁特旗、额济纳旧土尔扈特旗教堂89座，教友15 491人；秦州教区辖天水等陇东、南宫15县，教堂77座，教友7 869人。平凉教区辖甘肃东北部平凉县等18县，教堂17座，教友4 701人。西宁监牧区辖青海全省，大小教堂33座，教友3 900余人。新疆监

---

① 刘志庆：《西北地区天主教的教区历史沿革述略》，《中国天主教》2017年第5期，第56页。但据《甘肃省志·宗教志》，兰州：甘肃人民出版社2005年版，称1878年从陕西代牧区分立出来的仅包括原陕西教务中的兰州和兰州以西原青海东部、新疆天山北路的教务。设立的是“甘肃北部宗座代牧传教区”。陇南、陇东教务仍由陕西教区管理。直到1905年，甘肃南部(包括陇东)的教务才从陕西教区分立出来，独立成立了甘肃南部宗座代牧传教区。

② 全绍武编：《中华归主》，王美秀、任延黎主编：《东传福音》第十九册，合肥：黄山书社2005年版，第111页。

牧区辖新疆全省，教堂 11 座，教友 738 人。①

天主教在西北的发展，有一个特殊之处，就是宁夏教区没有与同时期的甘肃行政区划相吻合，而是归属于“西蒙古代牧区”。据房建昌先生考证，1922 年 3 月，天主教宁夏西蒙古代牧区独立出来成为独立代牧区，原因在于以三盛公为中心的教势有了极大发展。1935 年，宁夏代牧区分三个分教区：三道河区（主教堂在三盛公），宁夏区（主教堂在银川），以及宁条梁区（主教堂在靖边小桥畔）。②在民国初期甘肃境内宁夏道，1929 年后宁夏省境内的只有宁夏分教区。抗战时期，整个宁夏教区发展迅速，到 1941 年有教徒28 044人，宁夏分教区亦有发展，但人数不超过千人。③

基督教在甘肃的发展起自 1877 年，但一直发展缓慢。第一个进入的差会是内地会，随着甘肃各地的逐渐开放，各差会和新教传教点才次第建立。自 1878 年天水第一个开放七年后，始有皋兰、西宁允许基督新教设堂传教。至 1891 年才向西开放至武威，向南达临潭。1923 年 6 月，山西霍州内地会的三位女传教士决议向西北拓荒布道之时，甘肃肃州（酒泉）仍是尚未开展之地。④ 据统计 1920 年甘肃七道所辖地教徒2 519人，其中受餐信徒1 336人。尚未开展教务工作的地区，甘肃仍有张掖上游一带的西北区，定西、会宁、海原一带的中部东北二区，以及藏、蒙古、回、土族居住区等；青海（1922 年时

---

① 刘志庆：《西北地区天主教的教区历史沿革述略》，《中国天主教》2017 年第 5 期，第 57—59 页。

② 丁锐中：《榆林地区天主教简史》，《中国天主教》2014 年第 5 期，第 58 页。

③ 房建昌：《天主教宁夏教区始末》，《固原师专学报》（社会科学版）1998 年第 5 期，第 70—71 页。

④ 全绍武编：《中华归主》，王美秀、任延黎主编：《东传福音》第十九册，合肥：黄山书社 2005 年版，第 243 页。

的特别行政区),以及新疆除了迪化和喀什噶尔外的大部。①

抗战时期,随着流入兰州的人口增加,先后有十余个基督教差会进入甘肃进行传教活动,如内地会、协同会、西北神召会、基督复临安息日会、浸信会、福音会、宣道会、基督教聚会处中国基督教会、真耶稣教会、耶稣家庭会、中华基督教会等,还有灵修元、青年会、圣经会和葡萄园等宗教性质的社会团体。② 教堂分布全省,共171座,教徒1万余人。

在伊斯兰教、藏传佛教信众分布更为密集的宁夏、青海和新疆三省,天主教的势力发展有限,基督新教则势力更小。

1929年,青海天主教正式设立青海教区,主教堂在西宁,至1934年全省设立天主堂20座,遍布西宁、湟源、大通、互助、乐都、化隆、贵德、门源各县,信徒3 200余人。同一年基督教之教堂仅8处,分布于西宁和大通两地,教徒约200人。西宁始终是基督教差会传教的主要驻地,借助汉、蒙古、藏、土族聚散贸易之便,也更容易传教。内地会传教士连福川在青海二十余年传教活动中,主要的方法是开一所"福音客栈",客栈中的蒙古、藏、土族房客们,则乐于将用本族文字译成的《圣经》带到他们旅行所在的集市去。这些传教士在蒙古、藏以及回族聚居地传教,所获信徒较少(据教会统计1949年全省信徒仅400余人),③但多数传教士均能坚持数年甚至数十年,不仅是因为他们献身宗教事业的意志,也因蒙古、藏、土、回等本身具有传统宗教信仰的人们基本都对传教士抱有友好

① 全绍武编:《中华归主》,王美秀、任延黎主编:《东传福音》第十九册,合肥:黄山书社2005年版,第111页,第267—270页,第283页,第280页。

②《甘肃省志·宗教志》,兰州:甘肃人民出版社2005年版;王步贵:《基督教在甘肃的传播和影响》,《甘肃社会科学》1997年第2期,第53—54页。

③ 马毓:《青海基督教简介》,《青海文史资料选辑》第10辑,内部资料,1982年,第190页。

的态度，[①]而与青海官方马步芳的关系亲疏，更直接影响了其传教活动。比较而言，天主教通过与马步芳密切合作，主要在西宁湟源等地汉人中传教，教堂和信徒数量远远超过基督教。基督教则一方面受到当局的猜忌，另一方面在蒙古、藏、回等各族当中传教而收效甚微。[②]

宁夏和新疆的情况，从传教策略看，天主教偏重于通过医药、济苦等慈善事业，基督新教多偏重于教育和新式生活方式的介绍，而这两种策略在宁夏和新疆都存在较为相同的障碍，伊斯兰教对回族和维吾尔族等民族的社会生活影响较深，因此这些少数民族成员每每对基督宗教具有较强的抵御性，而宁夏省和新疆省的地方当局也对于基督宗教的影响十分警惕，因此，基督宗教的推展受到阻碍较大。

新疆天主教的传教活动，1931 年以前新疆监牧区从兰州代牧区分立出来后，1932 年教徒仅 500 至 600 人左右，而此时该教区总人口为 400 万。[③] 此后，虽发展缓慢却一直稳定，至 1938 年已升格为新疆代牧区，但随着当局主政者盛世才的政策变动，1939 年外国传教士纷纷被逮捕收监或驱逐出省，新疆的天主教遂停滞，同时其的基督新教亦受到阻断。

在新疆的基督宗教传播，主要是受到了伊斯兰教势力的排斥

---

① 参阅房建昌：《基督教在青海传播小史》，《青海师范大学学报》（社会科学版）1989 年第 3 期，第 107—112 页；以及《西北边荒道布记》，载于全绍武编：《中华归主》，王美秀、任延黎主编：《东传福音》第十九册，合肥：黄山书社 2005 年版，第 239—266 页。

② 田旺杰：《近代青海的天主教与马步芳家族》，《青海社会科学》2005 年 1 期，第 125 页；马明忠：《近代青海地区基督教传播的特点及社会影响》，《青海民族研究》2010 年第 2 期，第 155—156 页。

③ 房建昌：《近代新疆基督教研究及史料》，《新疆大学学报》（哲学社会科学版）1998 年第 4 期，第 65 页。

和挤压。如,基督新教瑞典传教士早在光绪末年进入新疆喀什噶尔建立传教点,但浓厚的伊斯兰教势力影响令传教极为艰难,传教士遂转而采用治病方式吸引信众,“……是一个困难的地方,改信基督教的人很少,最成功的就是治病”。① 到了20世纪二三十年代的新疆内乱时期,大部分改教者都受到民族宗教者的激烈攻击,1933年莎车县的穆斯林甚至有冲击瑞典教堂和教会学校,将学生强行送往清真寺学习的举动。新疆在“六大政策”中,极力鼓励各民族举办“文化促进会”,其中维族文化促进会和回族文化促进会举办教育十分活跃,令基督教会以办教育传教的活动几无空间。新疆的天主教则选择主要面向北疆的汉族百姓进行传教,办理的学堂不仅是“按照汉族学校组织的,任教的也是汉族教师”,学生也多是“基督徒的孩子”,至于其他汉人,“几乎都是家境贫寒的人,由于无力送汉族学堂,才肯把孩子送到那里去上学”②,因此,传教活动相对顺利些。

至于宁夏基督宗教活动,据房建昌先生的研究,以发展情况较好的天主教看,1940年“宁夏教区”拥有2.8万余信众是其核心分教区“三道河分教区(主教堂在三盛公)”的成就。真正分布在宁夏省的是“宁夏分教区”,其时信众不过千人。③ 1936年基督新教在宁夏的传教点仅有5个,次年缩减为4个,传教士不足10人,教徒人

---

① [瑞典]贡纳尔·雅林著,郭颖杰、崔延虎译:《重返喀什噶尔》,乌鲁木齐:新疆人民出版社1994年版,第71页。

② [俄]尼·维·鲍戈亚夫连斯基著,新疆大学外语系俄语教研室译:《长城外的中国西部地区》,北京:商务印书馆1980年版,第234页。

③ 参阅房建昌《天主教宁夏教区始末》,《固原师专学报》(社会科学版)1998年第5期,第120页;房建昌:《宁夏基督教史考略》,《宁夏大学学报》(社会科学版)1989年第4期,第70—71页。

数不详。

二、伊斯兰教的革新拓展

基督宗教和伊斯兰教同为外来宗教，穆斯林却早在1 300余年前的唐朝就进入中国，他们定居中国后几经辗转，逐渐聚集到西北，与当地人交流交融，其子孙久居国内，与汉民族逐渐融合，成为中国回族的先民。在此后数百年间的不同民族迁徙融合下，至清代，西北已形成或出现了回族、东乡族、保安族、撒拉族、维吾尔族、哈萨克族、柯尔克孜族、乌孜别克族、塔塔尔族、塔吉克族等 10 个相当一部分群众信仰伊斯兰教的民族。伊斯兰教在西北发展过程中，不断融合中国传统文化，重视经堂教育，提倡商业贸易，作为"封闭型"宗教，[①]并不主动宣传教义，吸收教徒，却形成了与时俱进、颇具内在凝聚力和自我发展能力的传统。抗战时期的西北穆斯林，无论在宗教生活还是世俗生活中，都主动接纳时代变化和社会变迁，革新发展民族宗教，积极参与抗战救亡的爱国活动。

（一）伊斯兰教在西北的传布

在西北相当一部分群众信仰伊斯兰教的 10 个民族中，回族是唯一通用汉语和汉文的民族，其他普遍信仰伊斯兰教的民族如新疆维吾尔族、哈萨克族等，尚未习惯运用汉语和汉文，在抗战时期这一点也未得到根本的改观。回族长期与中国传统文化融合发展，吸收利用汉文化形式来表达自己的宗教信仰、开创经堂教育培养宗教人才、进行宗教革新；发扬商业贸易的宗教传统，长期活跃

---

① 马通：《中国西北伊斯兰教基本特征》，银川：宁夏人民出版社 2000 年版，第 5 页。

于社会经济活动中。

由于宗教生活与世俗生活的高度重合，穆斯林举凡衣食住行、婚丧嫁娶等，无不在宗教教义之规范下进行，仅以“清洁”一项习俗以“大小净”之教义要求看，由身体环境清洁到个人内心洁净都无偏废，在同样缺医少药的西北地区，回族生活习俗更易接纳现代公共卫生观念。因此，在 20 世纪 30 年代的西北开发活动中，回族表现出较强的适应性和参与度，对新式生活方式的接受也较快。1934 年，青海王马步芳的会客室里，已经使用了简单的沙发和小木桌，而不是沿用西北官场虎皮或豹皮交椅，特别是没有了西北传统的土炕。至于西装马裤，办学校，开电影院，办新式澡堂，修建中式平房、楼房、西式洋房、花园凉亭之类，西宁追逐时尚也不逊于兰州。①

20 世纪 30 年代，随着西北地方社会稳定，交通改善，西北开发带来商机，回族的商业经营活动随之活跃兴盛起来，推动西北地区工商业经济发展。原本皮毛商业就颇为兴盛的临夏回族经营者，进一步在瓷器业、茶叶交易、珠宝经营以及与西藏地区、印度及中亚各国的外贸业中开始活跃，八坊清真寺所处街道也成为各大小商号云集的繁华商业街。甘肃黄河水道运输的主要交通工具之皮筏，多由回民筏户经营，30 年代经营发达，甚至出现了拥有载重 30 吨羊皮筏的数十余户，全国抗战爆发后，这些皮筏都成为兰州包头间军用品运输的主要力量，直到抗战胜利。抗战爆发后，地接陕、甘、宁，处交通要冲的平凉，一时客商云集，过往物资川流不息。平凉回民工商经营趁势迅速发展，除了传统的承转运输业、饮食业和钱行外，积极扩大经营范围，由平凉逐步向内地及沿海各大商埠发

① 范长江：《中国的西北角》，北京：新华出版社 1980 年版，第 88 页。

展，成为多行业综合商业体系。平凉回民经营的皮毛业则因为大批难民涌入平凉，其中河南孟县桑坡回民中很多人都有鞣制、加工裘皮的技艺，而达到空前鼎盛时期，出现了大小皮行30多户，皮毛作坊100多处。这些皮毛商行取自宁夏、内蒙古的二毛皮、老羊皮，甘南、青海的黑子羔皮，制作裘皮以二毛筒子和黑子羔皮衣最为驰名。早期运销北平、天津、上海、武汉等地。后多发往西安、兰州及西南各省，兴盛程度始终有增无减。①

伊斯兰教三大教派、四大苏菲学派及其所属40余门宦皆存在于西北穆斯林中，各派之间长期以来虽无大的教争，但也有冲突。20世纪30年代以后，回族马氏军阀，通过与国民政府的合作周旋，成为甘宁青各省的实际控制势力。在马氏军阀的支持利用下，伊斯兰教中的新派——伊赫瓦尼派发展颇具势头。以集体经济形式组织起来的西道堂派，则在多民族聚居地回族教众中，进行了更加勇猛的宗教革新活动。

格的目派是西北穆斯林中的古老派，长期处于"一统天下"的地位，主张重视"舍诺阿提"（法定干功），严格履行念、礼、斋、课、朝五功天命和坚信安拉、天仙、经典圣人、前定、后世和复生六大信仰。该教派在长期的发展中，受到汉文化影响较大，注重经典，阿訇专以阿拉伯文教授经典、垄断诠释，同时也深受汉族习俗影响，如为逝世的老人穿白戴孝，有"头七""二七"等纪念日，婚礼中唱宴席曲，以及妇女缠足等。② 光绪十四年（1888），东乡族阿訇马万福创立伊赫瓦尼派，提出著名的"果园十条"，认为应以《古兰经》为准

① 宁夏回族自治区政协文史资料委员会等编：《西北回族与伊斯兰教》，银川：宁夏人民出版社1993年版，第189、203—204、194—198页。

② 宁夏回族自治区政协文史资料委员会等编：《西北回族与伊斯兰教》，银川：宁夏人民出版社1993年版，第349页。

则,以《圣训》为指南,革除一切不符合经典礼仪的习俗。[①] 这一回归经典、脱繁入简的革新行动,对于深为教仪和习俗所禁锢、负担沉重的广大穆斯林来说,具有很大吸引力,两三年间信徒达到三四十万,除了临夏、广河、东乡等地外,宁夏青海也拥有信众,一时影响很大。在“河湟事变”后,马万福因支持起义遭到清政府通缉。1916 年在被押解至兰州途中,为西宁的甘边宁海镇守使马麟劫往青海。青海马氏父子本身属于回族上层中的新派人士,马麟早年在送其子马步芳接受经堂教育做“满拉”的同时,也为其聘请了饱学汉师,其本人在文化教育推动活动中也颇为活跃,成立回教文化促进会,在联结回族教权和政权上颇有所为。在青海马氏的支持下,到 20 世纪 30 年代,伊赫瓦尼派的宗教革新活动颇有成效,势力胜过格的目派。

伊赫瓦尼派主张“尊经革俗”,号召“一切回到《古兰经》中去”,反对阿訇为教民婚丧诵经后索取费用,革除铺张浪费的宗教仪式,符合亟须休养生息的广大穆斯林民众的现实需求。主张经堂教育,同时重视阿拉伯文和汉文的学习,并鼓励广招“满拉,设立回民学校”,广为传播该教主张,使回族顺应了西北开发活动中社会文化教育发展的主流。教主马万福本人德高望重、博学善言,其高徒阿訇也遍布甘宁青,如宁夏郭四高、虎嵩山,甘肃十大哈吉,青海的马俊、马祥臣等均是宗教知识造诣高、经济实力强,具有一定社会地位者,颇具有号召力。支持伊赫瓦尼派的西北诸马军阀,更是各省工矿商业的主持者和实力者。伊赫瓦尼派渐成为西北穆斯林社

① 宁夏回族自治区政协文史资料委员会等编:《西北回族与伊斯兰教》,银川:宁夏人民出版社 1993 年版,第 355 页。

会中极有影响力的新派,深刻影响着西北穆斯林民众的社会生活。①

西道堂的创立者马启西是通研儒学和伊斯兰教义的清末秀才。最初设金星堂私塾开馆收徒,1897 年在临潭县归顺西道堂开讲伊斯兰经义,回、汉、藏皈依者日渐增多,道堂一时发展起来。后来,受反对派和地方政府打压,始终坚持发展,自 1919 年第三任教主马明仁始复兴发展。该教派并无达官显贵撑腰,又乏教派门宦支持,在艰难中以独特的组织形式和发展方式,在多民族杂居区立足壮大。西道堂所处的临潭县,是个藏、汉、回、撒拉、东乡、保安等族杂居之地,教民鲜有河州回族大户之势力和地位。西道堂从最初创办之时起,即以重视教育和创办集体经济组织为特色。自马启西以下,历任教主均广收门徒,积极举办地方学校,不仅动员本堂教众的适龄儿童全部入学,还收取各族儿童免费入学。1916 年创办第一所临潭县私立小学普慈小学,1943 年成立临潭第一所女子小学,西道堂一直活跃在临潭学校教育活动中。同时,为了建筑经济基础,扩大教派影响力,采取集体经济经营方式,倡导无私地为教内经济建设事业慷慨贡献自己的一切。前几任教主以及教徒 50 余户,均将自己全部家产捐献给道堂集体所有,作为西道堂集体经济的基础。先后在临潭、青海玉树、兰州、四川甘孜、阿坝、松潘、果洛、同德等地设立了天兴隆商号、天兴亨商号、天兴泰商号及其分号以及卓尼什路牧场、立杆林场,发展商业集体经济。20 世纪 30 年代,西北政局稳定、大后方商机涌现之时,西道堂的商业集体

① 马景:《伊赫瓦尼派在西北发展原因探析》,《青海社会科学》2005 年第 6 期,第 130—132 页;宁夏回族自治区政协文史资料委员会等编:《西北回族与伊斯兰教》,银川:宁夏人民出版社 1993 年版,第 356—357 页。

经济进一步迅猛发展，坐商号开至张家口、天津等地，牧场、林场纷纷建立，行商驼队急速扩张，到1949年前夕，共有独资经营坐商号20处，流动资金估计达白银200万两，行商驮牛、商队20帮，骆驼60峰，林场13处数万公顷，另有牧场3处，水磨、油坊、砖瓦厂等副业若干。同时组织教众建立农业集体经济，至1946年建立集体经营农庄13处，农业人口700余人，耕地700余亩。① 西道堂援引中国文化和伊斯兰教教义，进行现代结合的成功实验，"所有经济收入'概为共有'，悉数用于教堂建设、教育及一切社会公共事业，教民为该教堂服务，各尽所能、分工合作，而生活上'一律平等'"；教内男女婚姻问题上，主张男女双方的同意，反对盲目的婚姻制度。②这不仅对甘南地区的穆斯林社会生活影响深远，"在哲学上、宗教上、社会运动上皆有值得注意之必要。"③

西北穆斯林颇为团结，这一点令西行的观察者印象深刻。林鹏侠就坦言"西来历与回教中人接席，深感其教教规，确能整齐划一，训育有方。……余于是益深信国民教育中，除启发民族思想精神外，正大宗教信仰之运用，实亦足以促成民族团结也"。④ 1936年，范长江在西宁目睹了一场"回民过年"的壮观场面，"一种庄严的伟大印象，投入每一个参观者之心中"。即使寒风凛冽、播音机新奇，也没有一人起身走动。⑤

---

① 宁夏回族自治区政协文史资料委员会等编：《西北回族与伊斯兰教》，银川：宁夏人民出版社1993年版，第366—369页。

② 李孤帆著，邓明点校：《西行杂记》，兰州：甘肃人民出版社2003年版，第149页。

③ 范长江：《中国的西北角》，北京：新华出版社1980年版，第48页。

④ 林鹏侠著，王福成点校：《西北行》，兰州：甘肃人民出版社2001年版，第58页。

⑤ 范长江：《中国的西北角》，北京：新华出版社1980年版，第101页。

但,长期以来教派林立,教众各以教坊为凝结,颇为分散。[1] 新疆穆斯林民族成分多样,语言各异,每有民族大会,各族要人登台演讲,必得用数族翻译才能传达众人了知,[2]无疑增加了各族之间相互理解的障碍。在一定程度上,西北长期存在的回(包含维吾尔族,时称缠回)汉矛盾,被语言和文化隔阂所强化,进一步增加了冲突发生率。20 世纪 30 年代,在西北地区战略地位提升的有利条件下,文教事业与伊斯兰教的宗教革新活动相互促动,西北穆斯林社会宗教团结,主动与中国全民族抗战相结合,无论是在宗教节日的阿訇训示中,还是在抗战前线上,都出现了西北穆斯林的声音和身影。

据记载,1936 年在回历新年上,青海总教主向教民训示称,"第一,要把个人看小点,个人不要不知足,国家才可以安定,才可以太平。第二,要服从有才干的领袖,不管他是汉人也罢,回人也罢,藏人也罢。要这样才可以团结,才有力量,才可以不受外国的欺负"。[3]

伊斯兰经学家、伊赫瓦尼派阿訇虎嵩山,批评持"回回争教不争国"观点的穆斯林们,"不仅是国家败类,而且也是伊斯兰教的伪信者",要求宁夏各寺的教长,在每周的礼拜最后都必须带领所有穆斯林诵读他用阿拉伯文和中文对照写的"祈祷词":

> 真主啊!你援助我们的政府和国家;你战胜我们的侵略者,消灭我们的敌人。你从残暴的日本人所干的坏事上保佑我们。他们霸占我们的城市,杀害我们的人民。你给他们差

---

① 李孤帆著,邓明点校:《西行杂记》,兰州:甘肃人民出版社 2003 年版,第 147 页。
② 陈赓雅著,甄暾点校:《西北视察记》,兰州:甘肃人民出版社 2001 年版,第 252 页。
③ 范长江:《中国的西北角》,北京:新华出版社 1980 年版,第 102 页。

遣狂风，使他们的飞机跌落在荒野，军舰沉没在海里！你使他们的军队瓦解、经济崩溃！你给他们降临应得的惩罚！真实的主啊，你答应我们的祈祷吧！①

1938年秋，一支由115人（内有十余名妇女）组成的甘宁青三省穆斯林赴麦加“朝觐团”，到达麦加后发现日本人出钱组织的伪“中国回教华北朝觐团”也在这里，便自觉担当起抗日宣传的角色，与“华北朝觐团”展开面对面的斗争，在15万各国穆斯林大会上，揭露了日本利用穆斯林的宗教情感，分化抗日力量的阴谋。②

与此同时，一支穆斯林为主的骑兵队也活跃在抗战前线。1937年8月，应国民政府委员会命令，马步芳以原青海海南警备司令部所属第一旅为基础，合并驻防河西走廊的马步青部的部分官兵，并征调大通、互助、湟源三县的民团，组成回、东乡、撒拉、保安、藏等族共8 000多人的骑兵队第1师东下抗日。骑1师先担负在陕防守陇海铁路、保卫公路、确保潼关安全任务；1939年调赴许昌，受第一战区孙桐檀集团军的指挥，担负河防任务。随后，调驻周口至界首一带的黄泛区，防御淮阳一带的日军，与日军多次发生激战，奇袭战、白刃战、突围战轮番进行，其中一次在突袭围歼敌军骑兵500余人后，遭到日军重兵围攻，终因敌我力量悬殊，主力撤退，留下百余名官兵背水作战，直至弹尽粮绝，集体投水、壮烈殉国。③1940年整编更名为骑兵第8师，以马彪为师长。在抗日战场上，青海骑兵师骁勇善战之声名远播，也是令日军颇为头疼的一支队伍。

---

① 宁夏哲学社会科学研究所编：《清代中国伊斯兰教论集》，银川：宁夏人民出版社1981年版，第319页。

② 丁国勇：《宁夏回族》，银川：宁夏人民出版社1988年版，第330页。

③ 任玉贵：《奋勇抗日的青海骑兵师》，《中国土族》2015年第3期，第25—27页。

（二）陕西回族的情况介绍

关中不仅是中国回族先民最早居住的地方，也曾是中国伊斯兰文化的中心和回族重要的聚居地。[①] 尽管伊斯兰文化已经渗透到关中文化的诸多细节当中，但其宗教的传播却始终没有逾越民族的界限。在同治回民起义过程中，关中伊斯兰教的活动场所被毁灭殆尽。由于伊斯兰教徒无论宗教生活还是世俗生活都严格遵照宗教信仰，在其生活之处必建造清真寺，或者一定要围绕清真寺来架屋定居，保留于西安城内的回民及其聚居地（坊）就成为关中伊斯兰教的幸存之处。清朝统治者对回族等少数民族的歧视政策，在同治起义后进一步强化，回民被视为“隐患”，政治、社会地位降到极点。如 1887 年长安县县令樊增祥到任不久为“观风”（对举人、贡生、进士的测试）在各处街镇张贴十道题，其中第三道题就称“问陕西隐患有四，曰回民，曰客民，曰会匪，曰游勇，将欲消患未萌，其道何在”。[②] 这种态度严重抑制了关中地区回民及伊斯兰教的发展。

辛亥革命后，西安回民顺应时代变迁，主动革新发展、积极投入救国救亡运动当中，再次活跃于关中大地，改变了回民信众的社会处境。

其一，与汉民一起积极投入反对专制的革命活动和抗击外来侵略的救亡运动中，有力地彰显穆斯林爱国爱教传统，有利于提高穆斯林的社会政治地位。

---

① 李健彪：《西安回族与清真寺》，西安：三秦出版社 2004 年版，第 28—31 页。

② 政协西安市委员会文史资料研究委员会：《西安文史资料》第 12 辑，内部资料，1987 年印，第 34 页。

辛亥革命前夕，陕西哥老会的回民会员，积极联络各坊组织群众参加起义，1911 年 10 月 22 日西安起义当天，参加起义的各坊回民就有 500 余人，回汉士兵并肩经历了多场战役，一起迎来了陕西革命政府的建立。对革命的积极响应，为回民迎来了民族平等的待遇，即成立了由回民自己管理的回民地区基层行政机构——回民民政公所。一些回民宗教社会人士开始活跃在陕西各界，积极推动回民及伊斯兰教的发展。1929 年关中大饥馑时期，西安回族知名人士成立救灾会，在清真寺不分回汉施粥救济，为受灾人民渡过灾荒作出贡献。九一八事变后，西安回民知名人士马德涵在小皮院清真寺向坊民宣讲日寇东侵、国难当头之际，回民应该组织起来抗日救国的重要性，随即组织坊民 500 余人成立了陕西回民抗日救国会，走上街头游行示威、抵制日货，声援东北马占山抗击日寇的行为。① 与此同时，早在 1929 年即成立的陕西省回教公会，号召各坊群众组织了陕西省回教抗日救国会，参加人数众多，影响更大。抗战爆发后，回民及伊斯兰教的抗日救亡组织进一步发展，在原来陕西回教公会的基础上，联络西安外籍回族名流，成立了各界抗敌后援会陕西省回民分会，并在西安回民学生中进一步发展，成立西安回民学生支会。② 1938 年，呼应中国回教救国协会，在后援会的基础上，成立了中国回教救国协会陕西省分会（简称回协），随后联系关中地区各县和陕南各县的回民建立了一些县的回协组织，积极开展宣传和扶助回民的活动。同时成立西安回民青年战

① 宁夏回族自治区政协文史资料委员会等编：《西北回族与伊斯兰教》，银川：宁夏人民出版社 1993 年版，第 163 页。

② 白璋：《中国回教公会陕西分会》，《中国穆斯林》2016 年第 1 期，第 56—58 页。

地服务团,不分回汉,在日军空袭期间组织疏散,救护伤员,掩埋死尸。①

穆斯林人士和回民群众的积极活动,为西安的穆斯林和回民赢得了社会的尊重和爱护。譬如,民国期间关中各种庙宇因驻军受到不同程度的毁坏,各地清真寺也受到一定程度的影响。陕西回协向总会请求设法予以制止,一些古老的寺院才免于驻军而得到保存,回民的正常生活得到保障。化觉巷大清真寺、大学习巷清真寺等古寺,到今天仍然保存完好,是附近各坊礼拜的重要场所。又如,1932 年铁道部门原拟定的西安火车站正好在北关外回民公墓处,一时引起回民哗然,当时陕西回教公会的主席,西安回族知名人士冯瑞生,前往南京请求保存,西安火车站站址因此由北关外东移。②

其二,在传统经堂教育基础上,革新教育观念,提升回民文化素质和发展能力,推动伊斯兰教传布。

自明代咸阳伊斯兰教经师胡登州创办伊斯兰教经堂教育开始,在清真寺内办学、阿訇担任教师、坊民承担费用就成为中国伊斯兰教培养宗教人才的教育模式。在相当长的历史时期,咸阳也成了中国伊斯兰文化的中心。③ 晚清时期,因为回民和伊斯兰教地位的低落,回民教育状况较差,反过来限制了回民子弟选择社会职业的能力,加剧了回民生活条件的恶化,一定程度上也抑制了宗教人才的产生。

民初以来,为改变现状,西安一些颇具眼光的回族人士,开始

---

① 宁夏回族自治区政协文史资料委员会等编:《西北回族与伊斯兰教》,银川:宁夏人民出版社 1993 年版,第 163 页。

② 许若冰:《民国时期陕西回族士绅冯瑞生》,《回族研究》2018 年第 4 期,第 65—66 页。

③ 李健彪:《西安回民与清真寺》,西安:三秦出版社 2004 年版,第 106 页。

着手革新教育，在清真寺内创办普通学校，开展对回民的文化教育。1922 年，在回族实业家冯瑞生的倡导以及马子健、韩子源、李和村、孙锦云等人士的协同努力下，由民办官助、回民子弟免费就读的第一所回民小学“精一学校”在化觉巷清真寺开学。从这所学校开始，清真寺不仅成为回民子弟接触新文化新思潮的场所，也成为回民和伊斯兰教顺应时代变迁、再次获得发展的起点。学校既开设新式教育课程包括国文、算术、常识、音乐、美术、体育等，也开设由回族教师讲解的伊斯兰文化知识、阿拉伯语和经文教育。这种为回族注入新精神内容的革新活动，因为强有力的生机而得以延续，此后精一夜校、精一健身会、洒金桥西寺明德小学、公办陕西省第一实验小学、坊间淑德女子学校等等先后成立，培养了一批有文化知识的青年，其中不乏女子。值得一提的是，西北穆斯林一向以身体强壮著称，当时西安回民青年因为生活单调，身体素质下降，为了恢复注重健康的传统，有识之士联络成立了精一健身会，平时吸收青少年学习锻炼，还经常在主麻日、开斋节、古尔班节等宗教活动期间表演，以扩大影响。① 为了培养回民中的高级人才，一些知名人士不仅送自己的子弟去省外大学攻读，还热心资助一些有志回族青年出外求学。回族知名人士也十分热心宗教事业，捐资印刷《古兰经》，协助阿訇以宗教经典精神维护各坊各教派之间的团结。这些积极的自我调整活动，使西安的回民和伊斯兰教呈现出蓬勃之势。

抗战爆发后外地回族不断迁入，关中伊斯兰宗教场所不断增

---

① 许若冰：《民国时期陕西回族士绅冯瑞生》，《回族研究》2018 年第 4 期，第 66—67 页；宁夏回族自治区政协文史资料委员会等编：《西北回族与伊斯兰教》，银川：宁夏人民出版社 1993 年版，第 253—255 页、第 537 页。

加，伊斯兰教的宗教活动逐渐活跃。

穆斯林向来以信教虔诚著称，宗教活动是他们日常生活的一部分，也是他们社会生活的一大特色。“念、礼、斋、课、朝”五大必修功课，规范着穆斯林毕生的行为。① 民国时期，这种宗教生活方式始终为西安穆斯林所遵从，而关中境内的清真寺相继创建，伊斯兰教信仰活动也随着穆斯林的足迹不断活跃。

西安回民在陇海铁路通车以前，主要为聚居在城内西北部的老户，各坊清真寺也多为唐以来所建宫殿式古寺，如唐代的化觉巷清真大寺、大学习巷清真寺，元代的小学习巷清真寺，明代的大、小皮院清真寺、洒金桥清真古寺，清代的南城清真寺、北广济街清真寺等，另外，还有民初回民人士购买后改建的洒金桥清真西寺。这些清真寺始终是老回民坊穆斯林礼拜、聚会，庆祝节日、举办婚事、举行殡仪和排解纠纷的重要场所。陇海铁路通车后，宝鸡到西安各县均出现了一些小聚居的回民，特别是抗战爆发后，河南、山东、河北、北京、天津等省市的回民大批来到西安，聚居在今天新城区一带，在民乐园一带经商、开饭馆、做工，也形成了一个颇具规模的回民聚居地，清真寺也随之在回民居住区次第建立。1937 年创建之东新街清真新寺，为客籍清真寺之始，寺内不仅有传统的礼拜堂、沐浴室、讲经楼，还设有中阿小学校，校长由大阿訇亲自担任；1939 年建国巷清真寺建成，为关中圆柱拱顶的阿拉伯式建筑的代表，为河南籍回民所建；还有 1940 年所建道北清真寺（即北关清真寺）和回民新村清真寺。关中沿铁路各县，相继建立清真寺，伊斯兰教也随之在关中各地逐渐恢复。如 1937 年河南、西安一批回民

① 刘俊凤、李云峰：《二十世纪三四十年代西北地区宗教生活的变迁》，《西北大学学报（哲社版）》2006 年第 5 期，第 69—73 页。

进入三原县定居，1946 年在河道巷建清真寺一座，至今仍是该地穆斯林举行礼拜的场所。

三、佛道信仰的衰落与振作

民国时期，与全国佛教界的复兴活动相呼应，西北地区汉传佛教界力图重振，出现了深研佛学、著书讲经、校勘经典、创办佛刊、开设佛校和从事社会慈善等活动。随着心道法师的到来，在弘法传戒、宗派树立等方面亦出现新发展。比较而言，道教则持续处于低落状态。

（一）汉传佛教信仰的衰而复振

佛教在中国盛行，很大程度上缘于与儒、道思想的融合，或援佛入儒，或以儒释佛，附会了儒家的伦理纲常和道德规范，又以“因果报应”为切入点，使人们对不公平的社会现状安于接受和内释，一定程度上调和了社会矛盾。民初，新文化运动高举民主和科学两面大旗，以反孔教为形式的思想革命猛烈冲击了儒家纲常名教的正统地位，针对佛教界的“庙产兴学”运动，更进一步削弱着佛教的社会经济基础。

这一时期的佛教信徒也同样受到冲击。作为教义信仰者，既面对了佛教自身逐渐衰落的尴尬，又受到各种现实利益的刺激诱惑；处于社会底层的信徒，一面要应对社会转型带来的种种变化，一面陷于天灾人祸造成的贫困无助当中，其对佛教的信仰进一步沉沦，迷信神权的活动随之泛滥。一般佛教信徒拜佛信佛的主要形式，有烧香叩头、茹素、称念佛号、供养、施舍、许愿还愿，以及自发参加各种佛教节日，如每年农历四月初八佛诞日、六月十九观音菩萨成道日以及七月十五的盂兰盆节等。在佛教盛行之时，各佛寺庙宇因信徒的施舍、参拜而修葺不辍、香火旺盛，佛教节日也往往声势浩大，热闹非常。关中拥有着流传千余年的古佛寺，如东汉的扶风法门寺、西晋长安兴善寺、后秦户县草堂寺等，是佛教在古代关中兴盛发展的历史见证。

随着西风东渐，西方工业文明裹挟着思想观念和生活方式而来，寄望于来世，主张空性、超脱的佛教，逐渐难以给贫困无助、焦虑迷惘的人们以精神上的安抚，一贯重“现世”、务实的民众对佛事的热情不断降低，拜佛形式也日渐简化、淡化，西北佛教的式微显而易见。寺庙大都建于明清以前，近代又屡遭焚毁，民国时期又多因驻军受到不同程度的损毁。有关盛大佛教节日的记载寥寥无几，正常的佛教节日也极为鲜见，以至居士康寄遥喟叹“近代以来陕中佛教衰败已极。宗风不振，义学久荒，戒德消沉，僧才缺乏。……回忆隋唐盛业，不胜今昔之感”①。

佛教的兴盛对于世俗政治势力的支持有一定程度的依赖。唐代佛教因为官方的大力推崇而盛极一时，如唐代数次举行迎送法门寺佛骨的活动；在清朝覆亡后，喇嘛教在内地一度低落，也从另一面反映出这一点，如西安喇嘛教的广仁寺在民初被理门公所强行占据数年。②

鉴于佛教衰败的情况，从 20 世纪 20 年代后半期起，一批佛教界人士开始积极致力于西北佛教的复兴事业。

1927 年 11 月，西北地区第一个佛教居士团体——佛化社，由

---

① 康寄遥主编:《陕西佛寺纪略》上编(初稿)，1958 年油印本，第 14 页。

② 吐娜、胡晓兵:《〈复兴广仁寺纪念碑〉碑文考释》,《西北民族论丛》2016 年第 1 期，第 156—157 页。

康寄遥居士等发起成立，以研究佛学、振兴佛法、弘扬菩萨行、实践佛陀真理为宗旨。随之，又以佛化社为依托，先后成立讲经会（1928）、念佛会（全称“普及念佛会”）、佛教青年会（1934）、妇女观音会（1934）等组织，创办《佛化随刊》（1928）、《陕西灾情报》（1929）、《大雄》（1948）、佛学图书馆（1932）、佛化小学（后改竟化小学）、佛学讲习所（1930）以及慈恩宗学院（1931）、兴善佛学院（1939）、世界佛学苑巴利三藏学院（1945）等。

早期讲经会的举办影响较大，多次邀请全国著名高僧如太虚大师、月溪法师、倓虚法师、祥瑞法师、超一法师、喜饶大师及青海何祖校喇嘛等来陕讲学，惠及听众数千人。平时，讲经会成员还深入监狱、戒烟所进行宣传，劝人弃恶从善，净化身心。念佛会先后在陕各县设分会 70 余处，发展会员3 000余人，佛教青年会也有会员1 000余人。《佛化随刊》设有“经论新解”“谈经体会”“佛经释诠”“修习禅诵”“佛教人物”“名山介绍”“佛教春秋”“居士修持”“佛教故事”“佛教音乐”“佛教绘画”“佛教谜语”等栏目，开展佛学的研究和传播工作，宣传“人生佛教”的积极利世思想。该刊面向全国发行，至 1948 年共出刊 100 多期，其影响由陕西、西北地区扩及全国。此外，佛化社还组织刻印了 20 余种佛教经籍以及许多佛学大师的论文和讲义，所印经书分别寄往甘肃、宁夏、青海、新疆等地，对促进西北地区佛教复兴发挥了一定积极作用。①

振兴佛学的同时，陕西佛教界也以积极的姿态，充分发挥佛教慈悲为怀的精神，从事各种社会慈善事业，发扬爱教爱国的传统，积极投身于抗日救亡活动。1929 年，关中地区发生大旱，居士康寄遥担任陕西赈务会主席，慈云法师、路禾夫、俞嗣如居士等人，分别

① 杨作舟：《西安佛教史略》，内部资料，1998 年，第 149—153 页。

为西安佛教和慈善团体负责人，在他们的多方呼吁下，全国慈善机构陆续送交赈款700多万元和大量物品，高戒忍、杨叔吉等居士开办收容所、灾童所和佛教慈善医院等，极力救助灾民，得到了杨虎城将军的支持和群众的称赞。九一八事变时，陕西佛教会公开发表了抗日救亡声明，谴责日本侵略东北，呼吁政府和民众奋起抗日救亡。1939年，35名青年僧侣成立“陕西佛教界抗日救亡救护队”，开赴山西中条山一带及潼关、华县等几个伤兵集中站进行救护工作，还组织各寺院联合举行护国息灾法会，祈愿抗战胜利并追荐阵亡将士及死难同胞。①

值得注意的是，这一时期，陕西佛教试图振兴的活动仍然存在着种种困境，折射了民间佛教信仰生活逐渐式微的趋势。问题来自佛教人才的匮乏，而佛教界新旧派别之间的纷争又进一步弱化了佛教在民间的影响力。

20世纪20年代末，复兴陕西佛教的活动，来自一批热心于社会事业、颇具革新观念的居士们。他们的居士身份本身就说明了陕西佛教界不仅缺乏有声望的高僧，也缺乏足够的教内人士来进行拯救活动。20世纪20年代初，由冯玉祥在督陕期间成立的彰显宗教信仰自由的洗心所，每天约请儒释道耶回五教人士向民众宣讲宗教精理名言。后来仍是一些知名的居士，如冯超如、高戒忍、李桐轩、杨叔吉等人，首先在洗心所宣讲佛教精理名言。此后，在陕西佛教界延请高僧弘法、办学培养佛学人才、办刊宣传佛教精神……这似乎意味着，居士们热心兴佛的作为，除了出自本身对佛教的信仰和热忱外，很大程度上是他们从事社会改良活动的一种途径和方式，或者说是出于对佛教普世精神和调和能力的援引和

① 西安市政协文史委编：《西京佛教》，西安：陕西人民出版社2000年版，第28—29页。

发挥。其一,从这些居士的履历看,多是活跃于社会变革浪潮中的积极人士。如居士杨叔吉,早年参加辛亥革命;李桐轩是易俗社的发起人;康寄遥曾是赈灾会负责人;20 世纪 30 年代后,长期居住陕西的居士朱子桥,官方身份是中央赈济委员会常务委员,主要办理西北地区的赈灾及社会福利事业,在关中则先后资助整修过大兴教寺、大兴善寺、大慈恩寺、青龙寺、法门寺、少华寺等等。① 其二,一些军政界名人对佛教的关心,也多有援引佛教寻求精神调和的意味。如冯玉祥赞赏基督教,同时成立洗心所任由五教公平竞争,虽以宗教信仰自由为宗旨,却也反映了其对于宗教持"用"的立场。洗心所的命名本身就蕴含着"盖欲一般听受讲演之人激发良心、洗涤旧污",欲以"淳淳劝人之意切望社会之根本改良"的目的。② 正是这些热心兴佛进步人士的努力,推动了陕西佛教顺应时代发展、积极革新进步的步伐,使佛教再次达到深入民众生活的深刻层面。不过,这种活动本身就说明了纯正的佛教信仰在民间社会已经出现式微。

佛化社先后创办数所初级和高级僧伽学校,培养弘法人才,但成效平平。各地除西安的佛教寺院有比较集中的宗教活动外,各县佛寺大多已成供人瞻仰的文物古迹,但见文人学士参观而过,不见信徒虔诚而往。如,当年旅居在外的陕籍印光法师,出于弘扬佛法的用意,向家乡(合阳县)捐资建造了用于佛教活动的场所,却被村中人士协商用来办公待客。③ 与此同时,缺乏具有较强凝聚力的

① 陕西省政协文史资料委员会编:《陕西民国人物(二)》(《陕西文史资料》第 24 辑),西安:陕西人民出版社 1991 年版,第 108 页。

②《陕西日报》1922 年 1 月 23 日。

③ 西安市政协文史委编:《西京佛教》(《西安文史资料》第 22 辑),西安:陕西人民出版社 2000 年版,第 354—356 页。

弘法高僧，也给陕西佛教复兴带来严重问题。以佛化社为根底的佛教新派，在主持陕西佛教会后，极力推进佛教革新，并试图引进太虚法师的弟子来扩大新派之力量时，却引发旧派佛教中人的不满，为此双方拉开了长达 16 年的争执。其中，两次公开冲突演化到各自成立佛教会对峙和请警察和宪兵介入的程度。[①] 与隋唐盛世时期的诸宗争兴相比，此时陕西佛教界的内讧，不仅削弱了佛教革新的影响作用，也说明了民间佛教信仰的衰败态势。至民国后期，佛教导师太虚、印光法师相继圆寂，旧派人士控制陕西佛教会新派活动大多草草收场，陕西佛教复归沉寂。

民国时期的甘宁青汉传佛教，同样陷入严重衰落，情势不尽相同，而甘宁青佛教的振兴活动的特点如下：

首先，从汉传佛教寺院建筑和僧伽人才的情况看，20 世纪二三十年代甘宁青频繁的自然灾害，对佛教的影响颇大，其中地震灾害，对寺院本身的破坏很大；受制于本省文化教育落后，较高文化素质的僧伽人才更为匮乏。

据统计，民初以来，整个西北地区地震灾害发生密集、损害重大。永昌县云庄寺毁坏大半、龙泉寺全毁；武威罗什寺全毁，寺中罗什砖塔毁半，大云寺与清应寺双塔毗邻，蔚为盛景，震后却“寺塔悉毁，瓦砾遍地”。[②]

宁夏银川著名的双塔——海宝塔和承天寺塔，历时千余年，几经地震毁损，又几经重建，是宁夏佛教兴盛的见证。在 1920 年大地震中海宝塔身被震裂，在战争和灾荒中被“弃之荒野，任由风雨

---

① 西安市政协文史委编：《西京佛教》(《西安文史资料》第 22 辑)，西安：陕西人民出版社 2000 年版，第 23—24 页。

② 高良佐著，雷恩海、蒋朝辉点校：《西北随轺记》，兰州：甘肃人民出版社 2003 年版，第 100 页。

剥蚀，无人过问，院墙东倒西歪，殿宇颓塌不堪，塔内门窗扶梯，皆被拆毁一空”①，至1942年宁夏佛教振兴才得以修补，而遥向对峙的承天寺塔，成为回族军阀马鸿逵私藏鸦片和武器的秘密仓库，一般民众无人敢前。西北回汉民族矛盾冲突造成焚庙毁房之破坏，在1929年，河西山丹、永昌等县被回民攻破，大量民房古建筑包括寺庙皆被焚毁。马仲英攻破民勤县后，该县大量民众跑进寺庙躲避，被发现后集体遭到屠杀，庙宇被焚毁。②

僧伽人才的匮乏，是全国佛教在清末民初的普遍现象。在甘宁青，地方文化教育水平低下，人民受教育的程度较低，甘肃“学生中学毕业，甚少力能升学，故专门人才颇感缺乏”。宁夏则“近因（30年代初）频年灾害，农村经济破产，不送子弟读书，非专以可怕，实亦无力也”。青海一般学校多经费困窘难以为继，回教虽各级学校林立，“学生除回族外，汉族子弟亦有之，惟甚寥寥。”③此况之下，甘宁青早期培养的佛法人才颇为难得，1937年2月，甘肃佛教会设立佛教讲习所，招收15—30岁学员，聘请法师一名、居士若干，义务讲授佛教初级课本：《三字颂》《阿弥陀经》《地藏王菩萨本愿经》。但至4月于《佛教日报》报道之时，学员情况不明。④ 迟至1940年，心道法师在陕西居士康寄遥、朱子桥等人的襄助下，才于西安大兴善寺创办佛学院，为甘宁青等地培养专门僧伽人才。

其次，国民政府佛教政策的出台，对于西北汉传佛教寺院的发

① 宁夏区政协文史资料委员会编：《宁夏文史资料》第六辑，内部资料，1979年印，第146页。

② 甘肃文史资料研究会编：《甘肃文史资料选辑》第24辑，兰州：甘肃人民出版社1986年版，第131页。

③ 陈赓雅著，甄暾点校：《西北视察记》，兰州：甘肃人民出版社2001年版，第110页，第80页，第134页。

④《甘肃成立佛学讲习所》，《佛教日报》1937年4月22日。

展十分不利。

西北各省之各项苛捐杂税繁复，地瘠民穷之状已深重，佛教寺院亦不能免除，还需承担政府规定的慈善公益事业。据1932年9月国民政府颁布的《寺庙兴办公益事业实施办法》看：一般寺庙必须每年分两次向政府缴纳兴办公益慈善事业的款项，缴纳标准为，以寺庙总资产500元起计，500—1 000元（不含1 000元）者缴纳2%，1 000—3 000元（不含3 000元）者出4%，3 000—5 000元（不含5 000元）者缴纳6%，5 000—10 000元（不含10 000元）者出8%，10 000以上者需缴纳10%。至于寺庙是否可免于地方捐项，内政部的解释是："捐项果有合法根据，而又系公平摊派者，寺庙应与一般人民一同缴纳，不得独持异议。"①此办法一出，即遭到全国佛道教界组织的强烈抗议而暂缓，后经中国佛教会1934年拟定《佛教寺庙兴办公益慈善事业规则》提供内政部参考修订，最终在1935年颁布实施的《佛教寺院兴办公益慈善事业实施办法》中规定，纳税是不能免的，但纳税的标准修订为从100元起征：寺院财产收入"100元未满者出1%，100—300元未满者2%，300—500元未满出3%，500—1 000元未满出4%，1 000元以上者概出5%"。② 这一修改后的征收标准，看似覆盖了所有大小寺院、扩大了政府的征收范围，实际上，对一些大型和财产收入丰厚的寺院比较有利，对于西北多数颓堕破败、僧众寥寥的寺院而言，则并非佳音。

1934年，西来青海塔尔寺学密的禅宗临济宗第五十代长老——心道法师，从湖北武昌，经西安、兰州、西宁一路而来，弘法

① 《内政年鉴》编委会编：《内政年鉴》第4册，上海：商务印书馆1936年版，第123—126页。

② 《内政年鉴》编委会编：《内政年鉴》第4册，上海：商务印书馆1936年版，第123—126页。

讲经，目睹西北佛教界之混乱现状，遂萌生振兴西北佛教的宏愿。心道法师早在来西北之前，即曾于太虚法师的闽南佛学院学习，又受虚云老和尚之邀任教于福州鼓山佛学院，进入西北弘法之前，任教于武昌佛学院，有感于全国佛教振兴事业之蓬勃发展，有志于北上学密。心道法师西北弘法的主要路径有建立佛教会和居士林，创建法幢宗和寺院，创办佛学院，显密并弘；兴办佛教实业，农禅并重；支援抗战，爱国护教。① 据法师西北弘法之经历，可一窥彼时西北佛教信仰生活之特点。

抗战时期的西北地区，虽在各项文化教育方面颇有发展，但不能满足大多数普通民众的精神需求，各种民间秘密组织盛行，不少会道门打着佛道的旗号，吸纳会众、组织活动，聚敛钱财。仅酒泉一地，与佛教、道教、伊斯兰教、天主教、基督教相并存的会道门就有大乘会、玉华会、皇极会、同善社、归根会、一贯道、祀公子等。②这些会道门，往往取用佛教一些教义和修行方法，设立佛堂，吸纳男女信众，兼做佛事，但因为对佛法知识所知无多，歪曲、误解佛教教义现象比比皆是。历史上有多座著名寺院的张掖县，抗战时期有皇极会、一贯道、聚仙宫、三阳会、中华理教会、同善社等会道门。其中，皇极会 30 年代在河西一带各县传播势头很大，该会在张掖县有最高道首 48 佛、顶航，教徒氛围大道教徒和护道教徒，道坛内供奉无极圣母、天地老爷、瑶池圣母等，念经以佛教经典为主，内容

---

① 此节关于心道法师的弘法西北实践，参阅 2008 年 5 月由南京毗卢寺、北京大学佛学研究所、中华佛教在线三家共同举办的“首届中国近现代佛教学术研讨会”，中国佛学院理净法师学术论文《心道法师与法幢宗》；以及王运天：《心道法师年谱》，兰州：甘肃民族出版社 2006 年版。

② 融照：《酒泉的民间秘密会社和会道门》，《甘肃文史资料选辑》第 44 辑，甘肃人民出版社 1996 年版，第 292—294 页。

混杂，会内组织层层、管理严密。1937 年已发展教徒高达3000余人。①

心道法师在青海塔尔寺学习密宗不久，即开始在西宁、通海、湟源等地建立佛教会和居士林，讲经弘法、发表演说，力图理清佛法和迷信之区别。1934 年，青海成立了西北第一个佛教协会——湟源县佛教会，成立原因乃“查青海各旁门之信众，始则皆因信仰佛爷，而误入歧途，是则乖佛教缺乏人才，未加指导，致走错路。今者欲救斯弊，非急急成立佛教会不可。”“佛教会成立，既可共修，复可研究，诚一举两得之善事。”以“《金刚般若波罗蜜经》无人、无我无众生、无差者，修一切善法，自利自他，自度度人，同证无上正等正觉为宗旨。”定位该会之性质为“专办社会上一切慈善事业”。②继湟源县佛教会成立之后，西北五省先后成立了若干个佛教会：青海省佛教会、西宁佛教会、中国佛教会长安县分会、宁夏省佛教会、民勤县佛教会、中国佛教会武威分会、山丹佛教会、中国佛教会敦煌县分会、安西县佛教分会等。1943 年 1 月，中国佛教会敦煌县分会成立，心道法师把佛教会的宗旨提升到爱国护教、服务社会的高度，“确定人民信仰，信仰三民主义，信仰正式宗教，纠正生前不做好事，死后大显哀荣之观念，发扬固有文化，研究中国哲学，宣传就世佛法，恢复传统道德，发扬民主精神，奉行佛教规诫，保护名胜古迹，保护旧建筑，建设新林园，加强抗战力量，前方积极抗战，后方努力生产等。”③

除了建立佛教会外，通过建立居士林扩大佛教振兴的范围，是

---

① 王秉德：《民国时期张掖的秘密宗教——皇极会》，《甘肃文史资料选辑》第 44 辑，兰州：甘肃人民出版社 1996 年版，第 298 页。

② 寒世子编校：《心道法师西北弘法记》，上海宏善书局 1936 年版，第 14—16 页。

③ 寒世子编校：《心道法师西北弘法记》，上海宏善书局 1936 年版，第 14—16 页。

当时全国佛教界普遍实施的做法。陕西的佛教振兴，正是康寄遥、朱子桥等著名居士，延揽陕西当局各界人士共同推动的。甘宁青新虽不乏居士，但始终没有一个正规的组织，教律松散。心道法师于1934年7月建立西宁西山堡居士林，在当时政府和许多僧众的支持下，在甘宁青新建立、改建佛教居士林上百所，并亲任讲师，受感召先后皈依和五戒的居士上万人，不乏一些社会名流、当政要人、社会贤达。一些会道门在正宗佛教的感召下，转而走向正信。1945年，心道法师在酒泉讲经弘法后，当地归根会的会众即全部皈依了正统佛教。

抗战后期，在佛教振兴过程中，西北地方当局人士活跃其中，是一个显著的现象。实际上，借助类宗教组织实现对地方社会的控制，也是当时不少地方人士的做法。这与同时期国民政府在地方推行保甲制度以强化社会控制的活动同时存在，值得探讨。

1934年，心道法师初入青海塔尔寺学习不久，就为西宁已有的民间信仰组织普化救世佛教会延请讲法，随即于当年12月成立“西宁佛教会”，因与会首杨界清（曾为马麟的管家）意见不合，遂遭到西宁县政府驱逐。时任青海省教育厅厅长杨希尧积极斡旋活动，使心道法师见到时任青海省主席马步芳并得其支持，1935年底西宁成立西北佛教居士林，杨希尧任理事长，礼请心道法师主持。心道法师致力于弘扬佛法，先后推动成立了由湟源县长赵文宗母亲主持的湟源佛教会，以及湟中韦家庄居士林、左署居士林以及大通县后子河居士林。

张掖的皇极会（后名皇极归根道）是三四十年代活跃在当地的一个会道门，1940年由时任张掖县长王振刚担任了“护道”。王本人深谙彼时正统佛教多以“居士林”形式进行弘法，遂改皇极会为“佛教居士林”，将该会迁入佛教寺院，皇极归根道各分坛教徒必须向“佛教居士林”登记，否则将按照政府规定严惩。[①] 1942 年，心道法师到张掖弘法，发现该县的佛教居士林实际上被皇极会把持，借佛教之旗号，混合佛道及民间信仰，歪曲教义和仪式，行聚敛钱财之实，遂打出“打倒佛教居士林、消灭皇极会”的口号，讲经弘法，旗帜鲜明地反对会道门对佛教的歪曲利用。

同一年，甘肃民勤县县长明健行邀请心道法师前往民勤县弘法，将枪杆岭山接引寺改为“金刚岭山法幢寺”，作为“法幢宗”之王庭。此后，法师在各地方人士的帮助下于西北五省相继改建、建立寺院十余座，包括张掖大法幢寺、西宁（比丘尼）法幢寺、兰州大法幢寺、酒泉法幢寺、新疆法幢寺、宁夏法幢寺、武功法幢寺等，先后传授出家众三坛大戒和在家众居士戒 20 余次，门下剃度弟子和传法弟子 100 余人，接引三皈依居士万余人。法幢宗一时间人才济济、信众广泛，实为西北佛教振兴一大成就，也是西北佛教信众正信的中心。

最后，针对西北地区民族宗教多样的实际，倡导“显密并弘，释穆一家”。西北地区佛教所面临的状况是，伊斯兰教不仅宗教势力强大，为西北甘宁青马氏集团之政治力量所护持；清代以来藏传佛教盛于此，对汉族的生活影响较多；汉传佛教久以世俗化发展，佛法不振、修行散乱，与民间信仰相糅合。因此，要振兴西北佛教，在弘法实践上，必得一求佛教与伊斯兰教宗教之间不起冲突和对峙；援引藏传佛教崇密教之传戒严修的系统规范，求发展之路径。

西北宗教信仰领域中，佛教力图解决自身散乱、衰败和过度世俗化的局面，努力推动佛教与基督教、伊斯兰教的比肩而立，法幢

---

① 王秉德：《民国时期张掖的秘密宗教——皇极会》，《甘肃文史资料选辑》第 44 辑，兰州：甘肃人民出版社 1996 年版，第 298 页。

宗“禅净双修、显密并弘、破邪显正”宗风的确立，即是这一振兴理念之表述。

其中，“禅净双修”是兼容并包，接纳汉传佛教在中国长期发展的实际，禅宗、净土是一般知识分子和普通民众接受并广行的两大宗派，社会根基深厚；“破邪显正”是立正地位，通过正面讲经弘法和指破邪见邪说，将外道组织中的信众重新争取过来，以彰显佛教正道。

“显密并弘”是心道法师致力进行的佛教振兴和创建活动。以禅净为主的显教，虽易于修学践行，但失于散漫，心道法师极力援引藏传佛教密宗之传承机制，形成一套讲经、收徒、传戒、开示、授法、修行等严密有序的宗教规范。为此，心道法师从1934年第一次赴青海塔尔寺随蒙古和藏族高僧学密，同年4月在九世班禅举办的长寿灌顶法会上受密宗灌顶，9月在九世班禅于塔尔寺举办的时轮金刚灌顶法会上再受灌顶，随后开始西北弘法，组织佛教会和居士林，尝试融汇藏密于汉传佛教之中；1937年再入塔尔寺学密，领受藏密比丘大戒和菩萨千佛大戒，为原班禅行辕恩久活佛赐佛名却吉坚参，意为佛法的胜幢，即法幢。又获授羯摩阿阇梨和阿阇梨位，为汉僧获此殊荣第一人。不久担任西安大兴善寺方丈，创办《西北佛教周报》，开办僧伽学院。1941年，三赴塔尔寺学习，获赐“丹巴增贝堪布”之位。次年，在甘肃民勤县正式创立“法幢宗”，随后在西北各省弘法讲经、创建法幢寺数十座。1944年，四赴塔尔寺学密，获“班智达堪布”，为汉僧修学密宗之最高称谓。[①] 法师又往新疆迪化弘法，设立新疆法幢学会。1947年，法师东归，在南京普照寺成立“中国法幢学会”，结束了在西北弘法创宗的活动。

---

① 王运天：《心道法师年谱》，兰州：甘肃民族出版社2006年版，第175页。

从到青海塔尔寺学习密教，到在西北各地成立佛教会和居士林，最终到1942年始创立法幢宗及其后改创建一系列西北的法幢寺，心道法师数年的弘法活动进入盛期，把个人的弘法活动提升为一个宗派的有组织的弘法，其关键转折点是建立西北佛教教育以及西北佛教宣传平台。1940年12月1日，佛教刊物《西北佛教周报》在西安创立，这是继陕西居士康寄遥创办《佛化随刊》之后的第一份西北僧界佛教刊物，心道法师任主编，发行到西安、兰州、青海和宁夏的多处地方。发刊词提出创刊"一为振兴西北佛教，二为唤醒民众抗日救国之心，三为弘扬正信佛教，四为便于交流沟通学佛心得体会，五为方便初学者学习佛教"。①《西北佛教周报》每期报道西北佛教界各地创建、活动事宜，如西安大兴善寺举办护国息灾水路道场活动；创刊号即登载了青海西北佛教居士林成立"佛学研究会"的消息，特别说明除居士林成员外，"一时入会者皆各机关重要人员"，并推选马院长、魏厅长、法院官长李耀三、法院庭长马师孔、化隆县长赵仁则、郭及尧副官等等13人为理事，以力倡西北各佛教团体成立佛学研究组织；又登载省内外佛教人士消息和来信等，如通告印光法师圆寂消息并讨论印光法师对西北佛教的几点意见；广为告知大兴善寺僧学院开学授课等等。正如发刊词所云，"本社社长心道法师，在西北弘法，七年于兹。因此西北佛教四众，以及各佛教团体，与之发生关系者，居其大半。"该刊的发行，在当时西北成为一个佛教宣传交流中心，得到佛教界的高度赞扬。该刊于第六期后即陷入财力困境，发行的报刊多以两到三期合刊形式。目前，可见到1941年中的第三十四期。

---

①《西北佛教周报》创刊号，黄夏年主编《民国佛教期刊文献集成》第91卷，北京：全国图书馆文件缩微复制中心2006年版，第257页。

与此同时，一个让僧人系统地学习佛教知识、提高素质，使正信佛教在西北广为传播的平台也建立起来。陕西居士康寄遥等人，在30年代初即在佛化社中开立“佛学讲习所”，延请一些法师和名人面向大众进行佛学教育活动，但很快因故停办。此后又在大慈恩寺办理慈恩学院，维持不久亦停办。1939年，康寄遥、朱子桥等人协助心道法师，在西安大兴善寺（中国佛教密宗发源地）创办了大兴善寺僧学院，1940年12月9日正式开学，招收学僧30人。学院先后请了许多法师和居士，来学院授课，通过较为正规的教育方式，培养出一批日后弘法西北的高僧，服务西北佛教发展。但一期后停办，心道法师又重返甘宁青新等地弘法及创建了法幢宗主寺及各寺。1945年，康寄遥等人则又协助太虚法师，在大兴善寺办理了巴利三藏学院，培养学僧40余人。

与陕西居士振兴佛教事业的不同之处在于，心道法师最终通过创立宗派，以其出家在家弟子，主寺及各寺，遍布西北各省，从而形成了一个有传承弟子和宗教义理，有佛学教育以及修行道场的佛教僧伽组织。因此，成为西北诸省汉传佛教振兴的一个中心。

（二）道教信仰的衰落

民初以来的道教，不仅内部学术研究处于停顿状态，宗教场所多数遭到占用或破坏，留存的宗教活动也普遍与民间信仰相互掺杂，实际上是处于极度衰落的状态。在抗战的大背景下，虽得到部分地方官员支持和保护，但并未得到根本改观。

道教是汉民族固有的宗教，发源地之一为陕西，是在中国古代鬼神思想、民间巫术、神仙传说、方士方术和先秦老庄哲学及秦汉道家学说的基础上形成的。道教在关中发展兴盛，至今仍存在多处著名的道教宫观院台。周至县的楼观台，以老子讲经被奉为道教圣地，受到数代皇帝的尊重，唐玄宗时期一度成为皇家道场；随着元代全真道教的产生，陕西道教进入全盛时期。陕西西岳华山洞、兴平的黄山洞、户县重阳宫、陇州龙门洞、蓝田兰水和高溪南水山、西安八仙庵等都成为有名的道教圣地。历史上，甘肃道教兴盛、发展，集中在秦陇、陇东、陇西和河西一带。先有正一派，后有全真派在甘肃盛行发展，有明一代甘肃道教大发展，新建、重建、扩建的著名宫观遍布各县，仅有碑记者就有三十余座，如兰州金天观，天水画卦台、伏羲庙，泾川王母庙，陇西玉清观、天庆观，静宁白云洞，庄浪玄帝庙，庆阳东山玄武庙，合水玄帝庙，临夏玉虚观，张掖玄真观、素鹤祠等等。①

但是，道教在清代遭遇低谷，政治地位每况愈下，转而在民间发展，与道教有关的民间祭祀泛滥，各种庙观星罗棋布，民间宗教势力日益发展。辛亥革命以来，受社会新思潮的冲击和官方打击迷信神权活动的影响，道教的衰落日益严重，道教的宗教生活场所多遭焚毁，或为驻地军警和地方团体占用。此状在抗战时期并未得到根本改观。

1929 年 1 月，国民政府公布《神祠废存标准》，规定道教中的“老子、元始天尊、三官、天师、王灵官、吕祖”等，应遵循“凡信仰道教者，应服膺老子道德经，其以服饵修炼，或符箓禁咒蛊世惑人者应一律禁止，以免趋入邪途”。② 这对道教看似整理，实则打击重大，原本属于道教中两大修道方式的符箓派和丹鼎派，皆受到指

① 甘肃省地方史志编纂委员会编：《甘肃省志·宗教志》，兰州：甘肃人民出版社 2005 年版。

② 国民党中央委员会执行秘书处奉发《神祠存费标准》致各级党部函（1930 年 3 月 29 日），中国第二历史档案馆编：《中华民国史档案资料汇编》第五辑第 1 编（文化），南京：江苏古籍出版社 1994 年版，第 500—505 页。

斥。1929 年 12 月，南京国民政府颁布《监督寺庙条例》，要求佛道各寺庙道观必须向政府履行登记，在财产处分、教职人员以及宗教活动上，全面接受政府监督管理，道教比之佛教更加处于发展不利的境地。如，1929 年冯玉祥的西北军派兵进驻陕西西岳庙，将道士驱逐，开设兵工厂，随后改为机械厂、伤病医院，最后干脆将房产卖给军队。宁夏固原县武庙"殿外立献殿三楹，中、左、右为县党部办公室。殿外东西两厦翼之，向为文武职员祀事集会之所，民国二十年后改为小学校教室"。而县城中的城隍庙阎罗殿，变为八战区仓库。① 对待道教，宁夏主席马鸿逵如同对待佛教一样，令多地道教庙观都被占用、改作他用：如中卫县经堂庙改为宁夏省立第二中学，银川西门外龙王庙改为宁夏省立女子简易师范学校，玉皇阁则变成图书馆。青海西宁的药王庙和关帝庙，早在1928—1929 年就改建成了平民医院和省立中山医院，但，西宁以外各县的道观没有受到太大破坏。

道教的进一步衰落还表现在，庙会成为各道观宗教活动的主要形式和道士收入的主要来源，纯正的道教信仰下沉，与民间信仰已难于区分。因此，在抗战时期常在"查禁社会群众迷信工作"时被进一步打击。1942 年，陕西郃阳县在呈报查禁本县群众迷信工作的过程及处理情形中称，自抗战以来该县居民对神权活动甚为迷信，并有人藉敬神名义敛财、演戏娱众，严饬各级保甲一方面严厉取缔"组织之聚众报答神庥者"，并借助国民月会或其他集会解释新生活运动之意义，宣传科学破除迷信，一方面查禁祭神所用一切纸杂及巫卜星象之邪说。处理办法是，"以奉令颁寺庙监督条例为原则，除将关系民族中心思想所信仰之关帝庙等以外，其他庙宇

① 固原县志编委会：《固原县志》，银川：宁夏人民出版社 1993 年版，第 357—358 页。

则彻底清理，其款产兴办学校及社会福利事业”。实际上，郃阳作为驻河防之地，大军云集之下，各等庙宇皆为军队所占，民众一切差役均较后方浩繁，迷信活动实际上也就“无形减少矣”。①

据统计，1948 年，陕西全省仅有道教宫观 696 处，道士、道姑 1 075人，信徒11 432人。② 这与同时期仅宝鸡地区的基督教信徒人数相比还要逊色。民国甘肃道教的衰落，以兰州道观的遭遇亦可见一斑。西北全真教重要宫观之一、甘肃道教活动和传播中心金天观，每逢农历八月初一至十五的雷坛庙会，是兰州最大民俗活动和宗教盛会，民国时期，建筑多为政府军队占用，宗教活动时有时无。另，白云观同样被军队占用，毁坏严重；风景清幽的兴隆山道观，一直被军队占用，宗教活动几近停滞，1939 年被国民政府用作成吉思汗灵柩公祭之地。仅有兰州城隍庙正一派的宗教活动保留下来。③ 据 1943 年 3 月的《民国政府年鉴》统计，甘肃有道观1 054座，较大的 200 座，信仰道教有1 127户15 087人，道士、道姑 590 人。樊光春对道士和道观数量的比较研究认为，陕西道士多而道观少，是以全真教（属于丹鼎派）为主；甘肃道士（姑）少，而道观和信众多，则是以正一道（属于符箓派）为主；宁夏、青海则均有这两派的活动，宁夏有道观 38 处，青海道观有 48 处。④

九一八事变以后，出于弘扬民族精神和传统文化的需要，道教

① 《陕西省郃阳县报送查禁社会群众迷信工作报告表致内政部呈》（1942 年 12 月 3 日），中国第二历史档案馆编：《中华民国史档案资料汇编》第五辑第 2 编文化（2），南京：江苏古籍出版社 1998 年版，第 562 页。

② 张军：《陕西道教现状》，《三秦道教》1992 年 10 月创刊号。

③ 甘肃省地方史志编纂委员会编：《甘肃省志・宗教志》，兰州：甘肃人民出版社 2005 年版。

④ 樊光春：《西北道教史》，北京：商务印书馆 2010 年版，第 589 页。

也得到了部分地方军政要员的关注和保护支持。

1935年,杨虎城将军和邵力子、孙蔚如等国民党要员,先后捐资帮助八仙宫、龙门洞进行修建。受其“先国后家,不私不利”(《重修西京万寿八仙宫碑记》)宗旨之激励,时任龙门洞监院阎崇德在该观租与农民的数千亩土地上减免地租、废除赊欠,大大减轻了附近农民的经济负担。1936年,于右任还在西安委托道士修复延安太和山道观,并书刻“太和山”观额,托人运往延安。次年,陕西省长孙蔚如一度赠送“道济津梁”给楼观台,以奖掖其修建田峪沟桥、造福地方百姓。1939年,国民政府为粉碎敌伪欲武装盗灵的阴谋,为凝聚全民族抗战精神,派专员自伊金霍洛(今属鄂尔多斯)迁移成吉思汗灵榇至甘肃榆中兴隆山,安放在大佛殿。①

此情况下,西北道教也试图稍加振作。1935年5月,李玉阶(道号涵静老人)在西安建立陕西省宗教哲学研究社,该社以《太上感应篇》和《文昌帝君阴骘文》为主要经典,融汇道、佛、伊斯兰、基督、天主五教精神,倡行静坐修身、精神治疗。1937年,李玉阶受太白山隐士云龙至圣指点,携家居于华山大上方,创办小华山涵静图书室,进行扶乩、看光、精神治疗等项活动,在当时陕西道教界产生一定影响。陕西道教界主动将护教与爱国并举,1938年10月,研究社在华山南峰举办祈祷抗敌最后胜利护国法会,并超度抗日阵亡将士及死难民众,法会共历七日。法会期间,华山各道观亦设坛场,分班诵经,依时祝祷。

比较而言,西北道教的组织较为薄弱。陕西文献可见的道教

① 参阅杨兴茂《兴隆烟雨话成陵——甘肃省档案馆馆藏成陵档案评介》,《档案》2005年第5期,第4、25页;薛衔天:《成吉思汗陵西迁记》,《炎黄春秋》2003年第5期,第60—64页。

组织仅有两家：一是民初成立的华阴县道教会，管理华山各宫观道教事务；一是1944年凤县道教会，管理该县50余座道观。甘宁青新各省的道教组织计有：1938年成立的青海道教会，随后湟源、民和、大通、互助等县道教分会成立；1939年的张掖县道教会；1940年互助县道教会；1941年甘肃省道教会；1943年安西县道教会以及抗战胜利后的1946年平凉县道教会。①

实际上，抗战时期的道教在自身生存发展的艰难过程中，更加趋向于同民间信仰相融合、持续世俗化。

1933年，长武县马家寨建成一座砖木结构的三层阁楼，飞檐翘角，玲珑秀丽，顶层供了木雕无极老母像，中层供儒释道基督伊斯兰五教教主牌位，底层是礼拜堂，楹联为“三期普渡万教归一；五教同尊国民共仰”，横额为“大同先导”，一时间竟香火极旺。②

民国期间，陕西耀县始终兴盛的药王庙会活动，是道教人物信仰与地方医药民俗糅合的结果。每逢农历二月初二的庙会，是因纪念道教名医孙思邈忌辰而起，清同治十一年（1872）孙家原合社弟子所立“唐代敕封妙应真人之先茔碑”记载：“（孙真人）退于五台……二月十五日羽化”，庙会于二月二开始，其中又掺入了“二月二，龙抬头”的重要农事习俗。在庙会期间，信众前往药王庙祭拜孙真人，为幼儿剃头，请住持道士为给孩子求“戴锁”或“换锁”，祈求药王保护，更有唱戏点“路畔灯”（耀州城东门至药王山一天门的沿途，每隔一丈挂一盏灯笼，名为“路畔灯”）等娱神活动和生活用品交易活动。③

---

① 樊光春：《西北道教史》，北京：商务印书馆2010年版，第741页。

② 咸阳市民政局、民族宗教事务管理局编：《咸阳市民族·宗教志》，西安：陕西人民出版社1997年版，第8页。

③ 铜川市耀县人民政府编：《耀县志》，卷23（药王山志），北京：北京社会出版社1997年版。

民国年间，全真教在青海河湟地区的发展在整个西北地区颇为突出，研究者通过田野调查发现，民国时期全真教主要采用与当地民俗、民间信仰融合的方式，在青海汉族中扎根、发展，其中流传至今的岁时民俗当中，在春节期间延请以驱宅祟的“曲炭神”，就是道教神姜子牙；在庙会和葬礼中延请进行斋醮仪式的阴阳师，实际上是在家修行的道士；村庙和庙会中也多供奉有道教神灵人物和借用道教仪式。①

四、民间诸神信仰并行不悖

西北民间的诸神信仰较丰富，也具有更多的迷信色彩。在近代移风易俗过程中，民间信仰活动受到来自官方的打击和民间人士的批评，但，具有深厚传统积淀的各种神灵信仰，在西北地区汉族中仍是普遍存在的。西北地区民众普遍信拜的民间神主要有两类：其一为想象中被人格化的自然神如天地神、雷神、牛马神、灶神、财神、土地神、龙神、海神、醋神等；其二为历史及英雄人物之神，如孔子、药王、关公、城隍及先祖类的黄帝和炎帝等。

传统上，对诸神的信仰大多源自农业生产生活的需求，祭拜神鬼活动除了一般的家庭祭拜外，多数表现在各类民俗活动中，如岁时节日习俗活动或迎神赛会的活动。

家庭祭拜的范围较小，主要以祖先为主，扩展到与家庭生活密切相关的一些神灵，如被供于厨房中的灶神，多在每年农历腊月二十三（也有采用腊月二十四）“祀灶”，以糖瓜做祭品，取悦灶神以保

① 马靖杰：《试析青海东部河湟地区的民俗与道教——以民和、乐都两县民俗与道教为例》，《民俗宗教研究》2007 年第 1 期，第 161—163 页。

佑家庭无缺食之虞；至于财神是专门保佑家庭财富增长，门神则负责家庭安全等等。应该说，对这一类神灵的祭拜寄托了人们期盼家庭兴旺长久的美好愿望。

更多的神灵则因民间生活不同层面的需求而多在各种岁时节日活动或迎神赛会中被祭拜。如正月元旦日大体均拜祖先和诸神祇，不同地方的诸神大同小异，如礼泉大致包括了天地神、灶神、井神、土神、槽神等，①其中井神的专拜和礼泉水深土厚无河流之利而多依赖井水有关。二月多为祭龙神，如大荔县于先一日祭土神，第二天则称龙抬头忌扫地覆煎水（即泼沸水）。四月八日浴佛节，关中道除了凤翔县拜佛外，都赛演祭城隍或拜求送子娘娘，②大致有春季万物复苏之际求子孙繁衍的意义。每逢立夏日，在宁夏中卫美利渠放水（俗称开水）之日，则举行盛大的迎水会，四方百姓蜂拥而至聚拢渠岸桥头，龙王庙里张灯结彩，道士诵经，新水流入渠中之时，众人欢呼雀跃、赛歌起舞。③ 敦煌五月五端阳节则各家门前插杨柳，贴钟馗像，已嫁女儿多归母家。六月六则采药草煎汤，男女沐浴，称之丢瘰节……除夕祭祖，先用木勺盛酒、醋，以烧红之石投入，簸行各房，以除邪秽，称为打醋弹。④ 赛会活动流传已久，宣统初年各县的宪政调查表明，当时各县乡的各种岁时赛会无不借祀神以行，几乎达到无神不（赛）会的地步。一县之内，各会名目繁多，可谓各路神灵聚集。如，蓝田县正月初九有玉皇会，正月十五六有瘟火会，二月二有药王会，三月初八日有瘟神会，清明有清明会，六月十

---

①《续修陕西通志稿》卷一九八，民国铅印本。

②《续修陕西通志稿》卷一九八，民国铅印本。

③ 萧乾主编：《宁夏述闻》，新编文史笔记丛书第 4 辑，北京：中华书局 2005 年版，第 157 页。

④ 陈赓雅著，甄暾点校：《西北视察记》，兰州：甘肃人民出版社 2002 年版，第 196 页。

五有提牌神会，十月二十五有城隍神会等等。潼关县从正月到腊月，前后各乡赛会多达29次，所祀诸神包括天神、菩萨、扫癖娘娘、龙王、大王、娘娘、关圣帝、无量祖师、火神、二郎神、禹王、七真庙、吕祖、观世音、城隍、佛爷、天王、地王、如来佛、老爷等二十余种。①

清末民初以来，西北社会百废待兴而天灾人祸接踵而至，这使得民间信仰活动受到一定程度的影响。一方面，民间赛会因经济萧条而多有削减，大型的祭神活动受到一定影响；另一方面，科学观念尚不流行而迷信思想仍较普遍。一般老百姓占卜问神的活动常见，如1932年陕西“虎烈拉”爆发后民间畏惧瘟疫的情形，对干旱这样的自然气候现象，一些官方人士带头祈雨的行为，也令人深思。1924年，《北京晨报》记者孙伏园在其《长安道上》记录，一进到渭南，就看到大队衣衫整洁的人，头戴鲜柳叶扎成的帽圈，前面导以刺耳的音乐，向老天爷祈雨。而此时长安城内也以禁宰牛羊为武器，大有逼迫老天爷下雨的架势。

抗战时期，各地迷信神权活动有增无减，一般民间信仰活动，小到乡村各家，大至城镇省会，处处可见。1933年的西宁“此间居民，迷信甚深，迎神赛会之举，视为重且要者，是以每届神诞，各地居民，必竭其财力，为赛会演戏以敬神灵”。② 1935年的青海民和县张家镇有娘娘庙一座，中供女神两尊，遇雨天冰雹毁伤苗禾，村民即鸣锣集合，抬娘娘像游山，然后放置雨下，以求天晴，如遇到天旱，则抬娘娘于烈日下曝晒，或置于泉源旁，以求下雨。一年之内，娘娘像竟被抬出抬进多达数十次。甘宁青各地自然灾害之频繁，

① 梁子实辑：《潼关古会一览表》，《潼关文史资料》第8辑，西安：太白文艺出版社1998年版，第351页。

② 顾执中、陆诒：《到青海去》，北京：中国青年出版社2012年版，第257页。

乡人受其扰害，更增加了一系列迎神赛会、祈雨祷晴的“神捐鬼税”（如“公议献仙姑戏十天，半单应派钱十二千文，干面五斤；公议在小庙设坛求雨，每单应派香资六千文，清油干面，各秉诚心”等等）。应时节而祭的各类神灵，更是香火旺盛。如，兰州的城隍庙，每年五月城隍圣诞之时，各善社争相念经献戏，长达十余日之久。①

与地方当局奉命推进文化教育和新生活运动相比，乡村社会占卜、命相、风水、巫祝之风盛行，至抗战后期各类迷信神权组织也先后出现，大有暗流涌动之势。

如20世纪30年代的陇县风俗调查纲要反映，当地巫祝之风尤为盛行。“凡城乡民众较为小康之家，无论男女老幼，一有疾病、服药不易奏效者，多延请彼辈至家医病，或名马脚，或名活将军，烧纸请神，仰卧匡床，高声呓语，诡云赴阴查病，且彼辈以妇人为多，故妇女信之尤深。”蓝田县各乡迷信活动以南乡山内首屈一指，“常有不士不僧之徒为人设坛扶乩诵经礼神，名曰讲圣谕，可以消灾降福。聚徒五六人盘旋七八日，每年必有数处举行姑布子卿之术，堪舆阴阳之道均较他区人民信之笃而行之力。”②显然蓝田的聚徒迷信活动，已经出现了有组织的特点。这种趋势在关中各县已陆续展开，如礼泉县的同善社、红万字会，岐山的大道门、混元门、十祖门、斋坛等，陇县的大道门、大乘门等。这些民间组织的活动愈演愈烈，在民间的影响越来越大，很快引起了官方的注意，为此展开了一场查禁社会神权迷信的活动。而此查禁过程，正反映了当时这种民间信仰的真实状态。

---

① 陈赓雅著，甄暾点校：《西北视察记》，兰州：甘肃人民出版社2002年版，第128页，第171页，第119页。

② 南京国民政府内政部：《陇县风俗调查纲要》《蓝田县风俗调查纲要》，中国第二档案馆藏档全宗12（6）第18279、18276卷。

其一，这种民间组织，多数有似宗教而非宗教，多以鬼神、巫术、方术等手段，以静坐、参拜、聚会等形式，声称可以知未来、明祸福、医病痛等等，以拉拢信众，聚敛钱财。

1940 年，泾阳县的国民党支部呈报省会警察局局长，要求取缔本地的明新善社，声称该社社长韩荫民本为市井无赖，以静坐蒙眼知未来明祸福，成群结社，动辄空巷，聚敛钱财。1941 年，周至县党部函请取缔本县新民善社的理由也是此社吸纳军官士绅，每日焚香求神诵经拜忏，有失体统，在地方影响甚剧。① 这类组织在乡村的活动迷信色彩更加浓厚，陇县称该县大道大乘等门引诱乡民入教借教敛财，甚至一入教即不准夫妇同房，设生子女罚以重金，交由主教老师存储，诓云作为在黄河常年放生之用，但“迩年以来此风尤为盛行而乡愚入教者尤广”。② 换个角度去考量，这也暴露出长期缺医少药、物质匮乏和长期战乱中普通民众承受痛苦、迷惘无措的现实。

其二，这些组织的信众并非仅局限在“乡愚”的范围，而是扩充到了军政商学各界人士中。

无论是被要求取缔的泾阳明新善社还是周至新民善社，信众成分都十分广泛。分社遍布渭北的明新善社不唯一般乡愚，“失意军人、商界巨子亦视若神明，不可侵犯，争相汲引”，社长也被徒众誉为尧舜周孔后第一人，以致“风声所及，道路侧目”。周至新民善社则“自师管区视察员郑某视察后，即在该社居住一周，足不出户，每日静坐参佛，后国民兵团系统之下各县府各科长、秘书、士绅之

① 陕西省民政厅：《取缔同善、明新社》，陕西省档案馆藏档全宗 9(4)第1039卷。

② 南京国民政府内政部：《陇县风俗调查纲要》，中国第二档案馆藏档全宗 12(6)第18279卷。

入社者颇不乏人”。而礼泉县同善社红万字会等的信奉者，也多有知识分子。① 如果说乡民入教多因受生活压迫而迷信观念浓厚，那么在财富、地位各方面都具有更多优势的军政商学人士，其入教的动机，可能更多偏重精神方面。

其三，这些民间组织，逐步出现了组织民间力量与政府进行对抗的色彩。

对这一时期由各县国民党支部提出的取缔案件，我们还可以进行另外一种解读。在国民党党政军一体化独裁的状态下，负有监视地方社会动态责任的各党部，对于民间组织的这种做法，反映出其维护独裁的目的，同时也说明民间社会中确实存在对战争、匮乏和政治腐败的不满。这种情绪的不断积聚和发展，推动这些民间组织逐渐反抗起了政府。就在泾阳县党部提出取缔明新善社后，陕西省参议会会长王宗山即致书民政厅厅长王润生，称此社在三年前就已具报批准成立，自己还亲自体验过该社的活动，称确有强体健脑之效，甚至称赞“其修养与阴阳、二曲之学实同一理”，与“先总理革命革心之意甚相合”，请求厅长予以维护。王厅长也因此以明新善社为慈善机构而不予追究。② 足见初期这类组织在民间主要是起了填补信仰缺失、安抚精神的作用，并得到一些政界和社会人士的认可。但两年后，因为鄂南、湘西和安徽等地先后发生“同善社煽动民众抗粮、抗征、抗捐的迷信强暴活动”，重庆军事委员会严令各地查饬取缔同善社，正式开始对民间信仰组织的全面禁查。1944 年，中央民政厅下令查禁同善社、大道会等非法组织，这些组织也被视为“邪教”，同各县内各种教会、帮会、佛堂香会等

---

①《续修礼泉县志稿》卷一〇，民国铅印本。

② 陕西省民政厅：《取缔同善、明新社》，陕西省档案馆藏档第 9(4)全宗第1039卷。

一并被查处。泾阳县党部四年前以“妖言惑众”“成群结社”“秘密组织”“倡言复古”之由，要求取缔明新善社“以遏乱萌”的做法，显得合理起来。

一般性的民间信仰活动，虽然受到官方以“破除迷信”为由的打击和禁止，但在现实生活层面仍因社会物质条件的有限和精神方面的需求，实实在在地普遍存在并沿袭不绝。在双方形成的张力之下，不唯是地方人士对此类活动的态度持有分歧，①就是国民政府对于民间信仰中的内容也进行了区分，对于具有正面精神代表的“神”予以保留和肯定。随着局势变化，出于凝聚抗战精神和民族团结的需要，官方还举行了公祭黄帝陵和青海湖的祭海仪式。

根据《神祠存废标准》，民间信仰中的古神类，诸如日月星辰神、山川土地之五岳四渎、海神、龙王、土地、城隍、灶神、风云雷雨诸神等，均在废止之列；送子娘娘、财神、二郎神、痘神、瘟神、狐仙、宋江等，皆为从严取缔之淫祠。

符合“（甲）对民族发展确有功勋者，（乙）对于学术确有发明，利溥人群者，（丙）对于国家社会人民有捍卫御侮、兴利除弊之事迹者，（丁）忠烈孝义，足为人类矜式者”四点标准的先哲类神——包

---

① 其中一个表现就是，西北各地城隍庙的活动实际上并未被禁止，至少一个原因是各地城隍并不都是虚妄之人，反而往往是历史上被尊崇的有贡献的人物，如陕西三原县的城隍即为唐朝名将李靖，兰州城隍庙所奉是汉代将军纪信，西安都城隍庙所奉亦为纪信。另一表现则为一些所谓的民间信仰组织中，亦不乏地方军政文教社会人士。如张掖县县长护持皇极会，陕西省参议会会长王宗生为新善社辩护等等。这一状况不惟西北，当时的浙江省省主席张人杰亦曾就 1930 年国民政府《取缔经营迷信物品办法》在浙实施造成的失业恐慌现象呈请缓行，主张一面宣传晓义，一面更宜积极建设各项工业，以使迷信物品纸业等经营者有容纳之地。参见中国第二历史档案馆编：《中华民国史档案资料汇编》第五辑第 1 编（文化），南京：江苏古籍出版社 1994 年版，第 494 页。

括伏羲、神农、黄帝、嫘祖、仓颉、后稷、大禹、孔子、孟子、公输班、岳飞、关羽，皆可保存其神祠。同时又称“其有虽不在上举列文中，而其学问事业有合于前订四点之一者，应由各省市县地方政府查明一体保护”。①

黄帝被尊为中华民族的始祖。自朱元璋始，祭祀固定在黄陵延续至今。明洪武四年(1371)，朝廷遣中书管勾甘赴黄帝陵致祭，以文赞颂轩辕黄帝的功德永垂万世，为今存黄帝祭文之首。清时，或为某帝即位、祝寿，或因歉收祈福，或因皇太子废立，或为工程告成，或为战功，均遣专官祭祀黄帝陵。民国初立，孙中山南京宣誓就职后，即委派由 15 人组成的代表团，赴陕西中部县桥山致祭轩辕黄帝陵，孙中山先生亲自撰写了《祭黄帝陵文》，其中名句“中华开国”一词传颂至今。1935 年，南京国民政府规定，每年清明日为“民族扫墓节”。祭黄帝陵典礼在每年清明举行一次。1935—1943 年，中国国民党、国民政府、陕西省政府、中国共产党各派代表共同祭黄帝陵 8 次，仅 1936 年未如祭。其中1937 年、1938 年，为国共两党、国民政府、陕甘宁边区政府各派代表共同公祭。

为推动全国人民团结抗日，1937 年 4 月 5 日清明节，中国国民党特派委员张继、顾祝同，陕西省政府主席孙蔚如以及中国共产党代表林伯渠，各自携带祭文来到桥山列队致祭，并各自宣读祭文。

中国国民党祭文祈称，“丑虏蚩尤，梗化作乱；爰诛不庭，华夷永判。仰维功业，广庇万方；佑启后昆，恢廓发扬。追承绩猷，群情罔懈；保我族类，先灵攸赖。”祭祖之传统色彩浓厚。中国共产党的

---

① 国民党中央委员会执行秘书处奉发《神祠存费标准》致各级党部函(1930 年 3 月 29 日)，《中华民国史档案资料汇编》第五辑第 1 编(文化)，南京：江苏古籍出版社 1994 年版，第 500—505 页。

《祭黄帝陵文》为毛泽东亲自撰写，文中呼号“各党各界，团结坚固，不论军民，不论贫富。民族阵线，救国良方，四万万众，坚决抵抗。民主共和，改革内政，亿兆一心，战则必胜”。用字更白话，为推动民族统一战线形成喊话，现实感鲜明。①

1938 年 4 月 5 日，国民政府西北行营主任蒋鼎文，陕西省政府主席孙蔚如，陕甘宁边区政府副主席张国焘同到黄帝陵祭奠。嗣后，程潜写了“人文初祖”，蒋鼎文写了“轩辕庙”门匾，分别嵌挂在大殿与庙门，至今尚存。

至于祭陵仪式，则专以倡导文明简约为示范。

据记载，1943 年的祭陵仪式如下：

> 早上 6 点 45 分，开始祭陵。一、全体肃立。二、奏乐（由军乐队演奏哀乐）。三、主祭人就位。四、陪祭人就位。五、上香。六、献爵（即献酒）。七、献花。八、恭读祭文。九、行三鞠躬礼。十、静默三分钟。十一、奏乐。十二、鸣炮（燃放万字头鞭炮）。十三、恭绕陵寝一周（由军乐队为前导：主祭人、陪祭人和参加祭陵的学生、民众依次绕行）。礼毕后，官员们下山来到轩辕庙里，排成队列向“轩辕黄帝神位”行三鞠躬礼。②

除了尊重各民族传统宗教外，对于部分具有特殊精神纽带意义的民族信仰活动，国民政府采取了支持和参与的姿态。

1927 年时任甘肃省委员、教育厅厅长马鹤天考察青海时，称“青海附属甘省（1928 年青海才独立建省），而蒙、回、藏族皆有，每

---

① 黄陵县地方志编纂委员会编：《黄陵县志》（黄帝陵志　第七章　历代祭祀黄帝陵祭文），西安：西安地图出版社，1995 年。

② 陕西省地方志编纂委员会编：《黄帝陵志》（第四章　黄帝祭祀），西安：陕西人民出版社，2005 年。

年旧历八月（农历七月十五），例有祭海之举，即藉以集合蒙藏两族领袖，联络情感，宣布中央德意，以及地方政令，意至善也”。[①] 在省务会议上，他主动提出派员参加祭海，并在此次祭海仪式中，力主改跪拜礼为三鞠躬礼。

九一八事变后，国民政府决定积极笼络青海蒙古、藏各部。1932 年始由行政院委派国民政府蒙藏委员会代表，携带大量宣传品、国民政府首脑照片及礼品前往青海主持祭海。[②]

“祭海”变为在西北宣示中央权威的仪式性活动，不仅仅在传统节日举行。1935 年 5 月，中国国民党中央执行委员会委员邵元冲在陕西黄帝陵公祭后，继续视察西北，至青海，专门于青海湖畔举行祭海典礼。礼仪如下：1. 全体肃立。2. 上香。3. 读祭文。4. 鞠躬。5. 焚帛。6. 摄影。7. 礼成。其祭文称：

> 惟中华民国二十四年五月十七日，中国国民党中央执行委员邵元冲谨率随行人员致祭于青海大神而誓之曰：我中华民国，五族苗裔，誓勠力同心，洗刷国耻，恢复中华，以丕显我五千年来列祖列宗之耿光大烈，惟神其相之，其有二心，不忠于国，神其殛之，白日海水，实鉴斯诚。谨告。[③]

这次祭海之举，并非青海传统祭海的时日，因而没有地方蒙古、藏各族王公等参与，仅为邵元冲及其随从以及青海省府秘书长、湟源县长等人陪同，实为宣传中央御侮决心和推动西北民族凝聚之举措。

---

① 马鹤天著，陶雪玲点校：《青海考察记》，兰州：甘肃人民出版社 2003 年版，第 147 页。

② 青海省志编纂委员会编：《青海历史纪要》，西宁：青海人民出版社 1980 年版，第 128—129 页。

③ 高良佐著，雷恩海、蒋朝晖点校：《西北随轺记》，兰州：甘肃人民出版社 2003 年版，第 80 页。

抗战时期西北地区宗教信仰生活的变迁，有如下特征：

首先，随着外来宗教的“中国化”或“民族化”步伐加快，西北民众对外来宗教的接纳和认知有所变化。其中，汉族民众以更加理性的态度，对外来宗教重新进行审视、认识乃至接纳；与此同时，基督教、天主教体现出的某些近代西方文化观念和新生活方式，也获得了愈来愈多民众的认同与效仿。对西北伊斯兰教、藏传佛教信众而言，基督教和天主教对其并不造成挑战和威胁，故各方不存在严重对峙或彼此排斥现象。

其次，在抗日救亡的时代强音和国民政府西北开发的双重影响下，西北地区的天主教、基督教以及佛、道等宗教组织的时代意识、国家意识和社会服务功能均明显增强，一定程度上有利于西北城乡社会从传统向现代的转型。但，基督教及佛道各宗教的发展，严重受制于地方社会经济的发展落后和商业活动的衰落，与具有经商传统的穆斯林支持的伊斯兰教、有敬献财物给寺院传统的藏民支持的藏传佛教相比，支持基督教及佛道诸教的汉族民间财富堪称寥寥。

最后，固有的民间诸神信仰依然比较普遍、比较驳杂，其多同民俗活动形式紧密结合，大有方兴未艾之状。这些组织除了借此聚众敛财外，甚至出现从信仰活动演化为民间势力的现象。出于强化社会改造和服务抗战需要的双重考虑，国民政府对民间信仰活动既打击限制，又作选择性的保留、利用。

结语 “引得春风度玉关”

1934 年视察西北的国民政府大员宋子文，称西北是一个“天之所忘”的地方，进一步表达了国民政府开发西北之决心。早在 1870 年代，清朝陕甘总督、钦差大臣左宗棠，曾一度率领大军自陕甘至新疆，筑路栽柳，经营西北，收复新疆，时人诗云左公此举为“引得春风度玉关”。进入 21 世纪的西北，又再次迎来“西部大开发”“一带一路”之大手笔。近代以来的西北，一次次被拉入国人视野，也一次次走在蜿蜒起伏的发展之路上。

百余年间，西北数度所得之“春风”，皆为国家政府层面力主开发使然。无论从决心决策、开发力度，还是投入的人力财力来看，西北的地位和国人对其寄予的期望都不断在提升。2017 年党的十九大明确指出，“中国特色社会主义进入新时代，我国社会主要矛盾已经转化为人民日益增长的美好生活需要和不平衡不充分的发展之间的矛盾”。这“不平衡不充分的发展”里，东西部区域发展的不平衡尚列其中，而西北仍处于那较低的一端。

抗战时期的西北开发，是一段相去不远的历史。西北社会在抗战时期十余年的变化，主要得力于“引春风”的中央政府，亦关联于地方社会之呼应，其间各方作为，多有文献实物存迹可查，而一般民众实为沉默的大多数，鲜见记录和发言。于是，琐碎的“社会生活”内容，就成为这个沉默群体活动在历史中的投射。

本书试图测绘在这十余年中，西北社会生活若干方面的变化实况，欲一窥西北社会实际面貌。然犹感意犹未尽，除了学陋识浅、笔力不足等个人原因外，实因“生活”并非一个具有清晰边界的历史事件，“生活”存在的时空，不仅勾连着历史和记忆，还启发着未来和期望；创造“生活”的人，不仅有处于不同社会结构层次中的中央政要、地方精英和普通民众，也有处于不同地域、民族、宗教、历史之下的族群；“生活”本身不仅显现为衣食住行、文化教育娱乐休闲等，也隐存于情感、观念和价值等形式之中。因此，在本书最后，再谈论抗战时期西北社会生活变迁的动因、特点等问题，以试图微弥未尽之处。

一、外来力量推动西北社会生活的变动

纵览整个中国历史发展过程，西北曾经是拥有辉煌的国家重心。周秦汉唐时期的关陇，是个文化灿烂、物资丰足、人口众多的地域，本无须“待春风”。玉门关外，往来之族群、戍边之将士，目睹参与了融合交流和兵戈铁马，变动不居、异彩纷呈。然，自安史之乱后陇右道尽入吐蕃以降，西北的大部——尤以玉门关外，一度胡化之期更多于汉化之时。及至1768年乾隆改西域为“新疆”，勒定今日中国疆域之西北版图，初次屯兵垦荒开发北疆，西北遂成为拱卫中国中心的边疆之地，这正是近代中央政府对西北地区的数次开发活动的历史前提。就近代中国社会发展的整体看，西北地区落后于东部地区，亟待开发以实现整个中国社会的转型。推动实

现这一转型的，必然是中央政府。

比较左宗棠之说服清廷中枢经营西北，国民政府具有更加明确的推动中国社会整体近代转型的意识，对西北开发有更加全局性考虑。因此，从1928年开始的赈灾救济、修建陇海铁路、西京陪都之龙头城市建制，到1931年后交通、水利、卫生、教育齐头并进，国民政府建设各部及西北各省的各种开发规划纷纷出台。日本侵华战争的发生发展，促使国民政府适时调整西北开发的重心。1931年始，国防建设与西北地方的全面开发密切关联，到1937年全国抗战爆发后则明显国防重于开发，交通尤为突出，“西部各省生产建设与统制案”出台，服务抗战成为头等大事；及至1941年后，随着世界反法西斯战争局势变化，西北又以“抗战建国根据地”再次重启全面开发。此一发展变化的过程，揭示了中央作为西北开发推动力，具有全局性视野的同时，一度也出现非全面性、强调集中服务抗战的阶段。受此力量强弱变动的影响，西北地方变化，不可能出现持续量变而一跃质变的结果，而是呈现忽快忽慢，或显或微的特点。譬如，交通建设和教育发展均是持续进行的内容，可谓在西北开发中最具有现代性成效。在交通条件改善的过程中，以战争缘故，特别重在公路交通改善，如1935年通车的西北主干线——西兰公路，一度被称作“稀烂公路”，相对高成本的铁路和水路的改善则极为有限，加之汽油匮乏，汽车这样的交通工具在西北的普及极为受限，在改变地方社会流动方式上的影响十分有限，人们出行观念的变化也就更微弱。教育方面，初等教育普及工作推展颇有成效，社会民众教育次之。现代工业发展程度低和高等教育的匮乏，限制了教育需求的增长和社会职业观念的变化，以至于内迁工厂落脚西北后，不仅苦于缺乏有技术的工人，就连招收愿意来做工的人也不容易。在最基本的物质生产层面，水利工程和农作物改良技术，一定程度上推进了农业振兴，兽类防疫建设也推动了畜牧业发展，但农牧产品的加工转化程度极低。陕西（关中）、新疆皆为棉花大省，纺织业却不发达，甘宁青新乃畜牧大区，毛纺业亦未形成，因而始终未能改变西北传统的资源依赖型发展方式。

自 1941 年底始，各路中央政要、社会人士再次考察并倡言西北开发，大致有了两个方面内容：一方面，西北经济建设之具体事业——交通建设之陇海铁路最急切，水利工程要发挥最大功能，造林不容忽视，畜牧业改良和皮毛业亟待发展，改良手工业过渡至发展机器工业等等——更具现实性；[①]另一方面，也指出西北开发更需软件投入——担当抗战建国工作的人才和“坚忍奋斗”的精神，能用现代化工具的“人杰”，“建设要有趋重之点及缜密的计画”等等。[②] 揭示了西北开发十年余，集中暴露出来的问题。

从抗战初期决议西北开发起，到全国抗战爆发后的内迁人口，西北开发始终缺乏现代性人才，这是制约西北“春意在”的主要原因。西北缺乏人才、也无法吸引外来人才，甚至难以留住内迁人口，无疑也是中央推动力无法真正发挥效能的重要原因。俞湘文在拉卜楞调查中就指出，设置在该地的政府机关，不仅缺乏事业费，职员温饱难以维持却身兼数职；更成为问题的是职员十之八九不懂藏语，应付环境已不胜任，何能期其展拓工作？[③] 相反的例子，

① 朱家骅：《西北经济建设之我见》，《中央周报》1941 年 12 月第 4 卷第 18 期；翁文灏：《西北经济的前途》，《中央日报·扫荡报》1943 年 2 月 16 日；于右任：《十年万井计划案》，1942 年 8 月在国民党常务委员会议上提交。

② 蒋介石：《开发西北的方针》，《中央周报》1942 年 8 月 27 日第 5 卷第 27 期；吴稚晖：《要用现代化的工具开发西北》，《中央日报·扫荡报》1943 年 2 月 17 日；吴稚晖：《关于建设西北》，《大公报》1942 年 11 月 5 日。

③ 俞湘文著：《西北游牧藏区之社会调查》，上海：商务书馆 1947 年版，第 143、145 页。

是青海马麒主政时所倚重的湖南人黎丹，因精通藏文，在致力于青海现代化发展、促进民族和解和团结，特别在青海民族教育和藏汉文化交流上作出相当贡献。1936 年，他力劝青海籍格鲁派高僧喜饶加错从拉萨来到内地讲学弘法，全国抗战爆发后更回到青海创办“青海喇嘛教义国文讲习所”培养新式僧伽人才，发展藏文化、宣传三民主义和抗战建国之国策。经黎丹举荐的朱绣、周希武等人，对青海社会文化发展和藏汉交流作出贡献。① 青海的情况表明，在西北开发中的各省地方精英同样在西北社会变迁过程中发挥着重要作用。

二、地方政治精英在社会变迁中表现突出

有清一代，刻意打击绅权，有绅士无绅权，结社、干预公门皆被严禁。迨至晚清时期，绅士群体被抑制的局面开始松动，绅士转身投入军商学各界，积极参与到国家权力结构之中。

在陕西，旧学先生们投身民主共和新时代，先有刘古愚办味经书院、倡西艺，后有李桐轩、孙仁玉、范紫东等先生，与地方军政界人士结交互援，投身社会改良，进则改良秦腔、寓教于乐。这在民初，是地方精英积极参与社会改造活动的有效路径。20 世纪 30 年代初期，杨虎城将军主政陕西期间，有意凝聚地方文化精英，一批新学及留学生为其所用，如杨叔吉、李仪祉和李敷仁等，在文教卫生防疫水利诸方面颇有一番作为。陕西在地方旧道德习俗的砥

① 喜饶尼玛、文厚泓：《近代甘青藏传佛教的状况探析》，《青海社会科学》2017 年第 1 期，第 1—8 页。

除、民主观念的传播、教育观念的发展、公共卫生体系的建立、农业科学观念的形成等方面有进步。但是,由于缺乏足够的社会经济力量支撑,精英群体中以商界人士身份活动的人寥寥无几,精英活动因缺乏财力支持而频频陷于困境。

全国抗战爆发后,仍有不少地方精英如杨叔吉和康寄遥等人士继续耕耘在社会慈善事业和佛教振兴活动中,但,整体上活跃的身影鲜见。1939 年记者赵敏求在西北考察时写道,仅见各项事业之成绩,未见陕西人士之踪迹。甘肃则在经过了 20 世纪 30 年代初的极度混乱后,省主席朱绍良十分明确地提出了,“抗战期中,现时甘肃的一切设施,都以在安全中求进步为主旨。甘肃的情况比较复杂,所以现以安定为主,惟有安定,然后才能进步”的甘肃施政方针。①

赵敏求在《跃进中的西北》通讯集中特别指出,在省主席马步芳的主政下,青海表现出了迥异于西北各省的整肃有序和团结进步的面貌,说明马氏集团在西北生存和发展的过程中,对地方社会有重要影响。②

马氏诸人作为地方政治精英对于地方社会所发挥的影响有二。一为俗权笼络并钳制教权。马步芳、马鸿逵在青海宁夏均着力推崇伊赫瓦尼这样的新教派,但也十分警惕(新教派)教权凌驾于其俗权。1934 年,著名伊斯兰教伊赫瓦尼派大阿訇虎嵩山在银川东大寺开斋节上,公开指责军队和回族群众组织闹社火的活动是“叛教”,组织者是穆斯林的“叛徒”,并直指马鸿逵应为此负责任。马鸿逵闻言辩称,“我这个主席不仅是回教人的主席,还是汉

① 赵敏求:《跃进中的西北》,西安:新中国文化出版社 1941 年版,第 67 页。

② 刘进:《中心与边缘——国民党政权与甘宁青社会》,天津:天津古籍出版社 2004 年版。

族人的主席。在春节期间搞这样的活动，是按照中央的意思办事。”随后带卫兵前往东大寺宁夏中阿学校威胁虎嵩山，要停止供给经费和解散学校。最终以虎嵩山出游东大寺，而马氏亦继续推崇虎嵩山为和局。[1] 二为马步芳主政青海期间，认真实行保甲制度，控制地方各族人民，推动学校教育，严格军事化训练全省壮丁，积极出师抗战，也借助战时统制，全面控制地方利权，不容中央插足。不唯有“八大工厂”为其控制，全国资源委员会欲开发黄金矿藏，派人勘探花费数十万元，也每在所勘探之地“查已有商人领得矿权”而不得不放弃，最终由青海省政府提出合作计划，资源委员会只负责勘探，采矿由地方当局主持。[2] 这些地方政治精英，有控制和建设地方的动机和能力。故，抗战时期的青海，安定整齐有序，于国防安全和民族团结御侮颇有贡献，而在现代性建设方面极为有限，未能推动地方社会生活方式的实质变动。

在新疆从杨增新到盛世才，都十分警惕地方（多民族）文化精英的形成，杨增新反对青年学生接受革命思想教育，倾向实业教育；盛世才则一方面推动各民族文化促进会加强民族教育，另一方面对于高等教育并不热心。新疆成功发挥了民族团结、巩固边疆、支援抗战的作用，但，在与内地文化交流、推动社会变迁的方面相对薄弱。杨增新主持新疆省政 17 年期间，一反其在甘肃大办书院之常举，在新疆倡实业、反对新学，也确保持了新疆在民初的相对稳定。盛世才主政新疆后，以“反帝、亲苏、民族平等、和平、清廉、建设”六大政策，标榜“建设新新疆”，虽向外援引苏联力量、巩固自

---

① 治正纲：《虎嵩山与马鸿逵》，萧乾主编：《宁夏述闻》，北京：中华书局 2005 年版，第 51—52 页。

② 赵敏求：《跃进中的西北》，西安：新中国文化出版社 1941 年版，第 113—117 页。

身军事力量，但对内笼络各民族人士，“准以各民族之特性”，允容“新省民族，维、回实占绝对多数，其人均守旧俗而信教焉，民间地权，大半又在其手中”的局面，恢复新疆有限经济①。文化教育之发展，最显著者为各民族文化促进会所办众多小学。此做法与杨增新有异曲同工之妙，帮助了新疆在抗战时期维持稳定十年之久，不为各外国势力所分裂。因此，新疆地方政治精英的这一因应方式，从实现地方社会的现代化发展变迁上来看功能有限，却颇特殊。

三、西北社会生活变迁任重道远

政府充当主要计划者和推动者，在一定程度上，保证了变迁的深刻性和权威性，使政治制度、技术革新，在较短的时间内借助强制力推广到边缘地区，同时，还以非常的方式催化西北社会发展的内部力量成长。

地方社会发展的内部力量，既来自推动传统生活方式和生活观念转变的新生产力、生产方式和经济结构，也来自地方民众对新式生活方式和观念的认同和接纳。

抗战时期，基于维护地方民生和社会发展的需要，禁烟活动进入新阶段，不仅铲除烟苗、调查烟民、建立戒烟所、整肃公务人员等活动全面展开，成立农业教育机构、引进农业生产新技术和农作物优良品种等推动农业发展的工作也次第开展。一些近代工矿企业的相继建立，不仅改变着人们传统的劳动生产方式，更重要的是冲破了重农抑商、重义轻利的传统价值观的束缚。现代工矿企业给

① 李烛尘著，杨晓斌点校：《西北历程》，兰州：甘肃人民出版社 2003 年版，第 120 页、第 126 页。

老百姓的生活带来诸多便利,并以能切身体验的直接的有形特征,推动着新的价值观念的逐渐形成。

但必须看到,在抗战大背景下,政府将开发的主要战略目标定为巩固国防,开发建设因此较多地体现了战时特征,致使西北地区的工商业发展表现出战时经济特点和嵌入型经济的局限性。对于抗战时期内迁工厂最多的陕西,有学者指出,陕西战时工业生产规模的扩大,很大程度上,应归功于拥有先进生产技术、管理经验、雄厚资金而强行“嵌入”的外部企业。① 抗战时期西北现代经济发展的这种特征,使社会生活的变动缺乏强劲持续的动力,对社会价值观念变迁的推动力也有所减弱。

抗战时期西北社会被动变迁的特点十分明显,表现在社会生活的变迁上,既有适应新环境的现实调整,也有超出生活现实的政治设计。从生活与观念互动的角度看,与之相应的观念往往会发挥两种作用,一是新观念有认同调整的意义,二是新观念有否定调整或者修正调整,从而使其转变为能为大众接受和认同的新生活方式的作用。在抗战时期西北社会生活的变动中,这两种作用的比重有所不同,且常常交错发生。

比如,服饰的变动,传统上它是身份等级、尊卑贵贱的表征,到民国以后服饰的变化更多是从审美和精神面貌的角度出发,剥离了等级象征,回归于民间朴素物质生活的特质,因此较容易为民众所接受。“行旅生活”的变动方面,则随着公路的修建,出现了汽车的迅速应用、胶轮大车的发明和推广、木炭汽车的发明和尝试。人们对新式交通工具的需求和欣然接受,必然引发出行新观念逐渐

---

① 田霞:《抗战时期陕西工业发展探析》,《抗日战争研究》2002 年第 3 期,第 166—183 页。

形成，以及对新式生活方式的认同并接纳。但是，整个抗战时期西北社会的经济发展水平仍是相对低的，这意味着，因为消费水平的限制，民众物质生活层面的改变是极为有限的，与之对应的物质生活观念的变迁也受到限制。

与衣食住行相比较，在关乎生命的现代医疗方式方面，民众在接纳过程中，对旧观念进行了修正、调整。在长期缺医少药的乡村中，乡民普遍缺乏对现代医学知识的认知。但同时期建立的眼科诊疗所（队）却迎来了络绎不绝的四方乡民，可见，乡民对现代医药并非愚昧保守的决然拒绝。那么种痘令乡民质疑并拒绝的真正原因是什么呢？实际上是中西伦理观念以及自然观念的碰撞。首先，乡民并非没有种痘预防的观念，只是坚持种痘先生要负责监控从种到痊愈的全过程，对只种不管的做法无法接受。这其中，有对现代科学知识缺乏认识的因素，但更多是对传统伦理观念的固守，而对现代医学不能完全认同。其次，乡民不排斥新的医疗手段，相反更加需求它。推动人们接受新的医疗方式和医疗观念的不是说教和展示，而是切身体会。这种注重经验的传统观念阻滞了乡民接受现代防疫手段的脚步，但也为眼科诊疗所这样的医疗机构所借用。正是乡民对卫生助理员“不会看病怎会防疫”的质疑，迫使防疫机构重新调整工作，加强对防疫人员的一般诊治能力的培训，顺应民间对医疗的需求，才让卫生助理员们得到了乡民的认可。因此，科学种痘最终被接受，实际上是传统观念与现代科学观念修正、调整、融合的结果。

与生活观念直接作用于生活方式相比，社会文化变迁对社会发展的影响更加深刻。

在社会学的视野里，文化对社会发展具有重要的支撑作用，对人类社会生活和个人发展具有重要意义。对于个人而言，文化影响人的行为规范，培养人们对身份、地位的认同，造就人的心理和人格，传授给人经验、知识和技能，从而塑造了社会化的人。对于整个社会而言，文化不仅具有整合社会价值、规范行为以维护社会秩序的功能，还有提供知识、巩固社会发展成果和协调社会各系统关系的社会导向作用。但是，当一种文化因素或一定文化整体系统不适应社会发展的要求时，就反而对社会的发展和进步起到阻碍的消极作用。① 因此，文化变迁就成为文化推动社会发展的必然前提和结果。文化变迁的过程，实际上就是适应社会发展的文化因素成长、增多和不适应社会发展的文化因素转变甚至消退的过程。

一个社会内部和外部的变动，都会促使其文化系统发生适应性变化，从而引发新的需要。其中，来自社会内部的原因，包括自然环境的变动、文化自身的进化、人口的问题等。内因性演变是文化系统演变的最基本和最普遍的形式，其最显著的特点是，人们的生计活动首先使生活环境发生改变，被改造了的生活环境又作用于文化系统本身，如此相互促进，使演变不断向前发展。而引起文化变迁的外部原因，主要在于社会环境方面，如政治制度、经济结构、民族迁徙、不同民族之间的接触等。当环境的改变有利于新的思维模式和行为模式时，社会文化变迁的先决条件就具备了。从文化变迁的过程和途径看，文化变迁包括文化内部的“自我发现与发明”，以及主动接受来自外部文化的“传播”和被迫接受外部文化的“涵化”乃至革命与反抗等类型。② 一种文化在发展的过程中都可能出现这几种变迁。近代西北地区社会文化的前身，是由儒家

① 周运清主编：《新编发展社会学》，武汉：武汉理工大学出版社 2003 年版，第 177 页。

② 阿拉腾：《文化的变迁》，北京：民族出版社 2006 年版，第 2 页。

文化、佛教文化、伊斯兰文化和道教文化交融积累而形成的地方文化。

与近代中国被迫应对工业文明和西方文化的挑战相一致的是，近代西北社会同样处于一个文化触变的大时代。与处于中西文化碰撞冲击波的“中心”的东南沿海诸省相比，西北在这场碰撞中所承受的冲击，因为种种社会因素而变得复杂多样。

一方面，外部环境变动作为西北社会文化演变的先决条件，在抗战时期得以启动构建，但在西北不同省份，表现程度不一，此处不再赘述。这种外部环境的改善，并非被迫接受的“涵化”，而是有望推动主动接受的“传播”，甚至可能通过地区和民族文化教育的提升，实现文化的“自我发现和发明”。抗战时期部分文化观念得以“传播”，譬如，基于宗教信仰和民族文化生存发展、抵御日本侵略、祈望中国胜利的需要的爱国主义观念，在此一时期超越民族宗教分歧，在“抵抗”上达成共识。抗战时期记者陈赓雅在青海回汉藏聚居区，与当地藏民关于“爱国”的一段对话，颇具代表性。

> 时英美烟公司巴、狄二氏，在旁摄影。彼等（藏民）见之，因问余曰：“他们是哪一国的人？”答曰：“英国人。”一藏民若有所惊曰：“哦！是后藏那边的大英国人吗？”余答：“是的，难道你们怕他们么？”藏民曰，“我们不怕英美人，我们只恨日本人，因为日本把我们的东三省和热河夺去了，还要杀了我们的无数义勇军和老百姓！先生，听说日本只有我们的四川一省大，那我们去打它好了，十个人拼他一个，总够对敌了吧？”余拍手以示赞成。彼又问余曰：“先生，你是不是怕外国人呢？”余答：“当然是不怕的。”“你既然不怕，为什么要穿黄洋短裤呢？”予一时几为所难，乃婉言答曰：“这是国货材料做的，穿着走路，以图风凉。你们既觉样式不好，我到西宁就换掉好了。”彼等

闻之,大声齐呼:“好,好。这才是爱国的同胞。”遂哄然而散。[①]

藏民们对于日本侵华的态度,是以认同中国国家为前提的,而藏民的爱国方式有其民族特色,即拼死抗暴和抵制其文化(服饰样式)。

抗战时期,新疆各族人民的民族宗教获得包容、平等对待,尽管继续使用着大量外国日用商品,却认同中国国家观念和团结反抗日本侵略的爱国主义观念。

另一方面,从西北社会文化变动的过程看,社会文化内部对社会环境变动如政治制度的变革、开发的实施、社会教育的开展和东部文化人口的流入等,作出了不同的反应。

关陇社会文化特质,使其表现出乐观又保守的特征。关陇地区的小农经济生产模式和生活方式的积淀,导致了浓厚乡土观念以及“桃花源理想”式的价值取向;[②]频繁天灾人祸,压制了地方民众生活欲望,令其力求节俭守制。这些锻造了地方民众坚韧乐观、务实内守的生活态度和奉公畏法、急公近义的公私观念,也形成了小足即安、知足安命甚至不思进取的社会心理。抗战时期,这种传统文化特质再次显现出力量。

奉公畏法、急公近义的传统,在推翻专制统治、维护民主共和以及抗击日本侵略的过程中得到充分体现。从辛亥革命首应、靖国军十余年挥戈到骁勇善战的一批陕西抗战将领,[③]活跃的是生生不息的反抗精神和以极大的人力财力物力支撑抗战的爱国精神。蒋经国在潼关视察时即惊诧于当地民众在战争中的镇静和乐观,

① 陈赓雅著,甄暾点校:《西北视察记》,兰州:甘肃人民出版社 2002 年版,第 129 页。

② 武文:《永不板结的黄土地》,北京:人民出版社 1995 年版,第 135 页。

③ 刘俊凤编著:《陕西抗战将领》,西安:太白文艺出版社 2018 年版。

颇感振奋。[①] 在抗日战场上，令敌军胆寒的关中名将关麟征等，身上闪烁的正是这一文化精神的魅力。

民间对传统文化内在凝聚力的认同，与国家政府的改造活动形成互动，推动着地方社会文化发展，这在易俗社进行的秦腔改良活动中表现突出。当然，关陇文化的一些特质的长期遗存，对地方社会发展造成了一定阻力。如小足即安的社会心理在天灾人祸面前不断凸显，像知识青年李敷仁前往日本留学就遭到亲人的反对；在固守地缘利益的保守观念下，对外来知识青年极力排斥等做法，一定程度上凝滞了社会发展的内在驱动力。

西北穆斯林文化的反应，表现了较多的主动性。西北回族普遍以伊斯兰教为民族宗教信仰，其民族文化受到鲜明的宗教文化渗透，但西北回族较为主动地接受汉文化，在宗教文化自身发展上也积极革新。不唯有“尊经革俗”的伊赫瓦尼派这样的新教派与新派人士相呼应，引领西北穆斯林社会文化发展主流，更有“西道堂”教派融儒家文化的社会理想和宗教文化改革思想为一体，建立集体经济模式和公有、平等生活观念的实践。

现代化和发展的中心信念是，人们不能被发展，除非他们来发展自己（People can’t be developed, they can only develop themselves.）。[②]

---

① 蒋经国：《伟大的西北》，银川：宁夏人民出版社 2001 年版，第 12 页。

② 沈红、周黎安、陈胜利：《边缘地带的小农》，北京：人民出版社 1992 年版，第 176 页。

参考文献

档案资料

南京国民政府内政部:《陇县风俗调查纲要》《蓝田县风俗调查纲要》,中国第二档案馆藏档全宗 12(6),第18279、18276卷。

陕西省民政厅:《取缔同善、明新社》,陕西省档案馆藏档全宗 9(4),第1039卷。

中国第二历史档案馆编:《中华民国史档案资料汇编》第五辑,南京:江苏古籍出版社,1994 年。

中国第二历史档案馆:《中华民国档案资料汇编》第三辑,南京:江苏古籍出版社,1991 年。

中国第二历史档案馆:《抗战时期西北开发档案史料选编(近代史资料专刊)》,北京:中国社会科学出版社,2009 年。

熊继华、田奇选编:《民国时期地方概况资料三编》,北京:国家图书馆出版社,2019 年。

田奇选编:《民国时期地方概况资料续编》,北京:国家图书馆出版社,2017 年。

田奇选编:《民国时期地方概况资料汇编》,北京:国家图书馆出版社,2015 年。

马大正主编:《民国边政史料汇编》,北京:国家图书馆出版社,2009 年。

中国第二历史档案馆:《全国经济委员会农业处转送之西北农业、畜牧业和社会经济考察报告(上)》,《民国档案》2001 年第 2 期。

中国第二历史档案馆:《水利委员会拟送"西北水利十年建设计划初稿"》,《民国档案》2000 年第 4 期。

中国第二历史档案馆:《经济部西北工业考察通讯》(上),《民国档案》1995 年第 4 期。

黄夏年主编:《民国佛教期刊文献集成》(报纸),北京:中国书店,2008 年。

黄夏年主编:《民国佛教期刊文献集成》第 91 卷,北京:全国图书馆文件缩微复制中心,2006 年。

中国宗教历史文献编纂委员会编纂:《中国宗教历史文献集成·东传福音》,合肥:黄山书社,2005 年。

西安档案馆编:《民国西北开发》,内部资料,2003 年印刷。

中国西北丛书文献编辑委员会编:《中国西北文献丛书:西北史地文献》,兰州:兰州古籍书店,1990 年。

教育年鉴编纂委员会编:《第一次中国教育年鉴》,台北:传记文学出版社,1971 年。

陈真:《中国近代工业史资料》第 4 辑,北京:北京三联书店,1961 年。

国民政府经济部统计处:《后方工业概况统计》,1943 年 5 月。

《经济部二十八年上半期工作进度报告》(1939 年),中国第二历史档案馆藏。

内政部编印:《卫生统计》,1938 年 9 月。

安汉、李自发编著:《西北农业考察》,武功:国立西北农林专科学校,1936 年。

《内政年鉴》编委会编:《内政年鉴》第 4 册,上海:商务印书馆,1936 年。

康天国编:《西北最近十年来史料》(1931 年 7 月),台北:台北文海出版有限公司,1990 年。

中国第二档案馆编:《冯玉祥日记》,南京:江苏古籍出版社,1992 年。

王建领编:《雍兴实业股份有限公司档案史料选编》,西安:西北大学出版社,2018年。

陕西省教育委员会编:《陕西省教育志资料续编》,西安:三秦出版社,2000年。

杨绳信:《清末陕甘概况》,西安:三秦人民出版社,1997年。

西安档案馆(局)编:《陕西经济十年》,内部资料,1997年。

西安市档案局、西安市档案馆编:《陕西经济十年(1931—1941)》,内部资料,1997年。

西安市档案局、西安市档案馆编:《筹建西京陪都档案史料选辑》,西安:西北大学出版社,1994年。

马长寿编:《同治年间陕西回民起义历史调查纪录》,西安:陕西人民出版社,1993年。

陕西省编制委员会、陕西档案馆合编:《民国时期陕西行政机构沿革(1927—1949)》,西安:陕西人民出版社,1991年。

陕西省教育厅《陕西省教育志》编纂办公室编:《陕西教育志资料选编》第三四五六卷合刊(下卷),西安:陕西人民出版社,1988年。

陕西省民政厅视察室编:《陕西民政概况》,内部资料,1940年。

陕西省政府秘书处编:《陕政》(1939—1948年)内部资料。

《陕西省农村调查》,行政院农村复兴委员会丛书,上海:商务印书馆1934年。

陕西省政府统计科编:《陕西省机关、户口、财政、教育、司法统计表》,193[illegible]年铅印,陕西省图书馆馆藏。

张蕊兰主编:《甘肃生态环境珍档录》,兰州:甘肃文化出版社,2013年。

甘肃省政府印:《甘肃省之卫生事业》,1942年2月15日,甘肃省图书馆藏。

王宗佑汇编:《甘肃省城警察汇志》,甘肃省会警察厅1915年印行。

新疆维吾尔自治区编辑组主编:《南疆农村社会》,北京:民族出版社,2019年。

吐娜主编:《民国新疆焉耆地区蒙古族档案选编》,乌鲁木齐:新疆人民出版社,2013 年。

杨钧期、刘慧等编著:《民国阿拉善纪事》,银川:阳光出版社,2015 年。

宁夏省政府秘书处编:《十年来宁夏省政述要・卫生篇》,宁夏省政府 1942 年印。

宁夏省建设厅:《宁夏省建设厅二十四年度建设汇刊》,北平:中华印书局,1936 年。

周希武:《玉树调查记》(影印本),《中国方志丛书》西北地方第三十七号,台北:成文出版社,1967 年。

俞湘文:《西北游牧藏区之社会调查》,上海:商务印书馆,1947 年。

中国科学院:《中国可持续发展遥感监测报告(2016)》,2017 年 6 月 12 日。

民国时期报刊

《中央日报・扫荡报》

《中央周报》

《大公报》

李敷仁主编:《老百姓社论集》,老百姓编刊社,1940 年。

《老百姓》

《佛教日报》

《京报》

《易俗日报》

《陕西日报》

《秦中公报》

《秦中官报》

《西北论坛》

《新甘肃》

陕西易俗社:《革新运动专刊》,1947 年 7 月。

《新中华》

《西北行》，桂林：中国旅行社，1943 年。

《边政公论》

《陕西银行汇刊》

《边事研究》

《甘肃科学教育馆学报》

《新西北月刊》

《西陲宣化使公署月刊》

《建国月刊》

《西北生活》

《西京民众》

《西北问题》

《开发西北》

《新陇》

《国立西北大学建校三十周年纪念特刊》，内部资料，1969 年。

《国立西北大学校刊》

《西北联合大学校刊》

《西北临时大学校刊》

《公共卫生月刊》

《陕卫》

《陕西防疫处第五六周年刊》，1939 年。

《陕西卫生月刊》

《防疫处一周年纪念特刊》，1933 年 11 月。

《陕西省立助产学校妇婴卫生特刊》

《西京医药》

《陕西慈善月刊》

地方志

中国西北丛书文献编辑委员会编:《中国西北文献丛书:西北史地文献》,兰州:兰州古籍书店,1990 年。

丁世良、赵放主编:《中国地方志民俗资料汇编》(西北卷),北京:北京图书馆出版社,1989 年。

胡朴安编辑:《中华全国风俗志》,上海:上海书店,1986 年(据 1936 年大达图书供应社影印本)。

朱世奎主编:《青海风俗简志》,西宁:青海人民出版社,1999 年。

新疆维吾尔自治区文化厅史志编辑室编:《民国时期的新疆文化》,1994 年油印本。

王昱、李庆涛编:《青海风土概况调查集》,西宁:青海人民出版社,1985 年。

慕寿祺:《甘宁青史略》,台北:广文书局,1972 年。

钟广生、孙盒甫等:《新疆志稿》1930 年铅印本,台北:成文出版社,1968 年影印。

周希武:《玉树调查记》,台北:成文出版社,1967 年影印。

许崇灏:《青海志略》,上海:上海商务印书馆,1945 年。

周振鹤编:《青海》,上海:商务印书馆,1938 年。

杨虎城、邵力子修,宋伯鲁、吴廷锡纂:《续修陕西通志》,1934 年铅印本。

宋联奎辑:《关中丛书》,陕西通志馆1934—1936 年排印本。

《乾县新志》,1941 年铅印本。

《续修礼泉县志稿》卷九,民国铅印本。

《重修华县县志稿》,民国铅印本。

《续修礼泉县志稿》,民国铅印本。

《新疆概观》,仁声书局,1933 年铅印本。

《宁夏纪要》,1947 年铅印本。

《新疆考察记》,世界书局,1934 年铅印本。

《新疆史地与社会》，正中书局，1947 年铅印本。

《宁夏纪要》，1947 年铅印本。

《青海风土记》，1933 年铅印本。

《重修镇原县志》，兰州：俊华印书馆，1935 年铅印本。

卢坤：《秦疆治略》，清道光年间刊本。

易孔昭等：《平定关陇纪略》，清光绪十二年刻本。

《三原新县志》，清光绪六年刊本。

《同州府续志》，清光绪七年刊本。

陕西省志宗教志编纂委员会编：《陕西省志・宗教志》，西安：陕西人民出版社，2012 年。

陕西省地方志编纂委员会：《陕西省志・人物志(中册)》，西安：陕西人民出版社，2005 年。

陕西省文化厅：《陕西省志・文化艺术志》，西安：陕西人民出版社，2005 年。

陕西省地方志编纂委员会：《陕西省志・报刊志》，西安：陕西人民出版社，2000 年。

陕西省地方志编纂委员会：《陕西省志・民俗志》，西安：三秦出版社，2000 年。

鱼讯主编：《陕西省戏剧志》，西安：三秦出版社，1998 年。

陕西省地方志编纂委员会：《陕西省志・卫生志》，西安：陕西人民出版社，1996 年。

曹占泉主编：《陕西省志・人口志》，西安：三秦出版社，1986 年。

甘肃省地方史志编纂委员会编：《甘肃省志・文化志》，兰州：甘肃人民出版社，2017 年。

甘肃省地方史志编纂委员会编：《甘肃省志・广播电影电视志》，兰州：甘肃人民出版社，2007 年。

甘肃省地方史志编纂委员会编：《甘肃省志・宗教志》，兰州：甘肃人民出版社，2005 年。

甘肃省地方史志编纂委员会:《甘肃省志·教育志》,兰州:甘肃人民出版社,1991年。

新疆维吾尔自治区地方志编委会编:《新疆省志·民族志》,乌鲁木齐:新疆人民出版社,2005年。

新疆通志·商业志编纂委员会编:《新疆通志·商业志》,乌鲁木齐:新疆人民出版社,1998年。

新疆通志·农业志编纂委员会:《新疆通志·农业志》,乌鲁木齐:新疆人民出版社,1994年。

口述史料与回忆录

政协甘肃省委员会文史资料委员会编:《西北近代工业》,兰州:甘肃人民出版社,1989年。

西南地区文史资料协作会议编:《抗战时内迁西南的高等院校》,贵阳:贵州民族出版社,1988年。

当代中国民航事业编辑部编:《中国民航史料通讯》第131期,1989年。

宁夏回族自治区政协文史资料委员会等编:《西北回族和伊斯兰教》,银川:宁夏人民出版社,1993年。

政协陕西委员会文史资料研究委员会编:《陕西文史资料》第1—26辑,西安:陕西人民出版社。

宗鸣安注:《陕西近代歌谣辑注》,西安:陕西人民教育出版社,2007年。

陕西教育厅编辑室编:《陕西谣谚初集》,西安:西京克兴印书馆,1935年。

政协陕西委员会文史资料研究委员会:《冯玉祥在陕西》,西安:陕西人民出版社,1998年。

鱼闻诗等编:《西安易俗社七十周年资料汇编(1912—1982)》,西安:陕西日报青年印刷厂1982年印制。

政协甘肃省文史资料和学习委员会编:《甘肃省文史资料选辑》第11—47辑,兰州:甘肃文化出版社。

宁夏区政协文史资料研究委员会编:《宁夏文史资料》第1—19辑,银川:

宁夏人民出版社。

萧乾主编:《宁夏述闻》,新编文史笔记丛书第4辑,北京:中华书局,2005年。

政协新疆维吾尔自治区委员会文史资料研究委员会编:《新疆文史资料选辑》第1—30辑,乌鲁木齐:新疆人民出版社。

喀什市文史资料委员会编:《喀什文史资料》第6辑,内部资料,199[illegible]年印。

李青健编:《新疆民众反帝联合资料汇编》,乌鲁木齐:新疆青少年出版社,1986年。

新疆文化厅史志编辑室:《新疆文化史料》第1—3辑(抗日时期新疆进步文化活动专辑),内部资料,1990年印。

青海省志编纂委员会编:《青海历史纪要》,西宁:青海人民出版社,1987年。

赵挺:《赵剑锋新疆见闻录》,南京:江苏人民出版社,2013年。

广禄著,锋晖编:《广禄回忆录》,北京:社会科学文献出版社,2013年。

赛福鼎著,郭丽娟、王庆江、艾克拜尔·吾拉木译:《赛福鼎回忆录》,北京:华夏出版社,1993年。

包尔汉:《新疆五十年》,北京:文史资料出版社,1984年。

李荷丽编:《李敷仁诗文选》,西安:陕西人民出版社,1984年。

中文论著

顾执中、陆诒著,董丙月整理:《到青海去》,北京:中国青年出版社,2012年。

张恨水:《小西天》,北京:中国文联出版社,2005年。

杨钟健著,朱秀珍、甄暾点校:《西北的剖面》,兰州:甘肃人民出版社,2003年。

顾颉刚著,达浚、张科点校:《西北视察记》,兰州:甘肃人民出版社,2003年。

高良佐著，雷恩海、蒋朝辉点校：《西北随轺记》，兰州：甘肃人民出版社，2003年。

李孤帆著，邓明点校：《西行杂记》，兰州：甘肃人民出版社，2003年。

刘文海著、李正宇点校：《西行见闻记》，兰州：甘肃人民出版社，2003年。

顾执中著，范三畏点校：《西行记》，兰州：甘肃人民出版社，2003年。

张恨水著，邓明点校：《西游小记》，兰州：甘肃人民出版社，2003年。

李烛尘著，杨晓斌点校：《西北历程》，兰州：甘肃人民出版社，2003年。

马鹤天著、胡大浚点校：《甘青藏边区考察记》，兰州：甘肃人民出版社，2003年。

谢晓钟著，薛长年、宋廷华点校：《新疆游记》，兰州：甘肃人民出版社，2003年。

马鹤天著，陶雪玲点校：《青海考察记》，兰州：甘肃人民出版社，2003年。

陈万里著，杨晓斌点校：《西行日记》，兰州：甘肃人民出版社，2002年。

陈赓雅著，甄暾点校：《西北视察记》，兰州：甘肃人民出版社，2002年。

林鹏侠著，王福成点校：《西北行》，兰州：甘肃人民出版社，2002年。

蒋经国：《伟大的西北》，银川：宁夏人民出版社，2001年。

范长江：《塞上行》，上海：上海书局，1991年。

姚灵犀编：《采菲录》上编，上海：上海书店出版社，1998年。

张亚雄编著：《花儿集》，北京：中国文联出版公司，1986年。

范长江：《中国的西北角》，北京：新华出版社，1980年。

武伯伦：《西安历史述略》，西安：陕西人民出版社，1979年。

康寄遥主编：《陕西佛寺纪略》上编（初稿），1958年油印本。

周开庆：《西北剪影》，成都：中西书局，1943年。

茅盾：《见闻杂记》，上海：上海文光书店，1943年。

陈纪滢：《新疆鸟瞰》，重庆：建中出版社，1943年。

韩清涛：《今日新疆》，贵阳：贵阳中央日报社，1943年。

梁寒操：《西行乱唱》，迪化：新疆日报社，1943年。

孙本文：《现代中国社会问题》，上海：商务印书馆，1943年。

赵敏求:《跃进中的西北》,西安:新中国文化出版社,1941 年。

沈雷春:《中国战时经济建设》,上海:上海世界书局,1940 年。

蒋杰:《关中农村人口问题》,武功:国立西北农林专科学校,1938 年。

蒋君章:《新疆经营论》,南京:正中书局,1936 年。

茅盾主编:《中国的一日》,上海:生活书店,1936 年。

倪锡英:《西京》,上海:中华书局,1936 年。

鲁涵之、张韶仙编著:《西京快览》,西安:西京快览社,1936 年。

傅作霖编著:《宁夏考察记》,南京:正中书局,1935 年。

王独清:《长安城中的少年》,上海:光明书局,1935 年。

中国旅行社丛书:《西北导游》,上海:国光印书局,1935 年。

戴季陶:《关于西北农林教育之所见》,南京:新亚细亚学会,1934 年。

徐戈吾:《新疆印象记》,西安:西安和记印书馆,1934 年。

陈光垚:《西京之现状》,上海:上海西京筹备委员会,1933 年。

王金钹编:《西北地理》,北平:立达书局,1932 年。

王桐龄:《陕西旅行记》,北平:北平文化学社,1928。

刘安国:《陕西交通挈要》,上海:中华书局,1928 年。

陈博文:《甘肃省一瞥》,上海:商务印书馆,1926 年。

[日]佐口透著,章莹译:《新疆穆斯林研究》,乌鲁木齐:新疆人民出版社,2012 年。

[美]弗朗西斯·亨利·尼科尔斯著,史红帅译:《穿越神秘的陕西》,西安:三秦出版社,2009 年。

[瑞典]贡纳尔·雅尔著,郭颖杰、崔延虎译:《重返喀什噶尔》,乌鲁木齐:新疆人民出版社,1994 年。

[瑞典]斯文·赫定著,徐十周等译:《亚洲腹地探险八年》,乌鲁木齐:新疆人民出版社,1992 年。

[俄]尼·维·鲍戈亚夫连斯基著,新疆大学外语系俄语教研室译:《长城外的中国西部地区》,北京:商务印书馆,1980 年。

许倬云:《万古江河》,长沙:湖南人民出版社,2017 年。

郭廷以:《近代中国的变局》,北京:九州出版社,2012年。

臧运祜等:《日本侵华与中国抗战——有关史料及其研究》,北京:社会科学文献出版社,2013年。

阿拉腾:《文化的变迁》,北京:民族出版社,2006年。

黄宗智主编:《中国乡村研究》第1辑,北京:商务印书馆,2003年。

周运清:《新编发展社会学》,武汉:武汉理工大学出版社,2003年。

臧运祜:《七七事变前的日本对华政策》,北京:社会科学文献出版社,2000年。

章伯锋、庄建平主编:《抗日战争》(第5卷),成都:四川大学出版社,1997年。

袁永熙:《中国人口总论》,北京:中国财政经济出版社,1996年。

张明庚、张明聚编著:《中国历代行政区划(公元前221年—公元1991年)》,北京:中国华侨出版社,1996年。

孙艳魁:《苦难的人流》,南宁:广西人民出版社,1994年。

葛剑雄、曹树基、吴松弟:《简明中国移民史》,福州:福建人民出版社,1993年。

陆仰渊、方庆秋主编:《民国社会经济史》,北京:中国经济出版社,1991年。

陈达:《现代中国人口》,北京:中华书局,1981年。

秦孝仪主编:《革命文献》,台北:中央文物供应社,1973年。

余新忠主编:《清以来的疾病、医疗和卫生》,上海:生活·读书·新知三联出版社,2009年。

江沛、王先明主编:《近代华北区域社会史研究》,天津:天津古籍出版社,2005年。

常建华:《社会生活的历史——中国社会史研究新探》,北京:北京师范大学出版社,2004年。

庄华峰:《中国社会生活史》,合肥:合肥工业大学出版社,2003年。

林永匡、王熹:《清代社会生活史》,北京:中国社会科学出版社,2003年。

史念海:《黄土高原历史地理研究》,郑州:黄河水利出版社,2002 年。

周积明、宋德金主编:《中国社会史论》,武汉:湖北教育出版社,2000 年。

邓铁涛、程之范主编:《中国医学通史》(近代卷),北京:人民卫生出版社,1999 年。

刘志琴主编:《近代中国社会文化变迁录》,杭州:浙江人民出版社,1998 年。

乔志强:《中国近代社会史》,北京:人民出版社,1992 年。

严昌洪:《西俗东渐记——中国近代社会风俗的演变》,长沙:湖南出版社,1991 年。

陆大道:《区域论及区域研究方法》,北京:科学出版社,1991 年。

王劲、杨红伟:《甘宁青民国人物》,北京:中国社会科学出版社,2013 年。

樊光春:《西北道教史》,北京:商务印书馆,2010 年。

刘光华主编,宋仲福、邓慧君著:《甘肃通史·中华民国卷》,兰州:甘肃人民出版社,2009 年。

陈育宁主编:《宁夏通史》,银川:宁夏人民出版社,2008 年。

介永强:《西北佛教历史文化地理研究》,北京:人民出版社,2008 年。

谷苞主编:《西北通史》第 4、5 卷,兰州:兰州大学出版社,2005 年。

刘进:《中心与边缘——国民党政权与甘宁青社会》,天津:天津古籍出版社,2004 年。

马通:《中国西北伊斯兰教基本特征》,银川:宁夏人民出版社,2000 年。

崔永红、张得祖、杜常顺主编:《青海通史》,西宁:青海人民出版社,1999 年。

陈慧生、陈超:《民国新疆史》,乌鲁木齐:新疆人民出版社,1999 年。

张岂之、史念海、郭琦主编:《陕西通史》明清卷、民国卷,西安:陕西师范大学出版社,1997 年。

何炼成主编:《历史与希望——西北经济开发的过去、现在、未来》,西安:陕西人民出版社,1997 年。

袁林:《西北灾荒史》,兰州:甘肃人民出版社,1994 年。

魏永理:《中国近代西北开发史》,兰州:甘肃人民出版社,1993年。

白振声、[日]鲤渊信一主编:《新疆现代政治社会史略》,北京:中国社会科学出版社,1992年。

吴蔼宸:《历代西域诗钞》,乌鲁木齐:新疆人民出版社,1982年。

赵德利:《关陇社火艺术研究》,北京:中国社会科学出版社,2012年。

马效忠:《马步芳传》,北京:中国文史出版社,2012年。

李健胜:《清代民国西宁社会生活史》,北京:人民出版社,2012年。

刘俊凤:《民国关中社会生活研究》,北京:人民出版社,2011年。

尚季芳:《民国时期甘肃毒品危害与禁毒研究》,北京:人民出版社,2010年。

娜拉:《清末民国时期新疆游牧社会研究》,北京:社会科学文献出版社,2010年。

秦岭、叶子胜:《老西安——消失的街区"游艺市场"》,西安:陕西电子音像出版社,2009年。

何桑编著:《百年易俗社》,西安:太白文艺出版社,2010年。

李庆跃:《宁夏电影史话》,银川:宁夏人民出版社,2009年。

王运天:《心道法师年谱》,兰州:甘肃民族出版社,2006年。

张晓虹:《文化区域的分异与整合——陕西历史地理文化研究》,上海:上海书店出版社,2004年。

刘进:《中心与边缘:国民党政权与甘宁青社会》,天津古籍出版社,2004年。

李健彪:《西安回族与清真寺》,西安:三秦出版社,2004年。

胡武功:《藏着的关中》,北京:群言出版社,2003年。

宗鸣安:《西安旧事》,西安:陕西人民美术出版社,2002年。

李永森、姚远编著:《西北大学史稿(1902—1949)》(上卷),西安:西北大学出版社,2002年。

许宪隆:《诸马军阀集团和穆斯林社会》,银川:宁夏人民出版社,2001年。

李庆东:《烟毒祸陕述评》,西安:陕西旅游出版社,1992年。

萧尹:《宝鸡申新纺织厂史》,西安:陕西人民出版社,1992 年。

王鸿锦主编:《孙仁玉研究资料》,西安:三秦出版社,1992 年。

丁国勇:《宁夏回族》,银川:宁夏人民出版社,1988 年。

历史照片与地图册

陕西省档案馆局(馆)编:《黄河在咆哮——抗战中的陕西》,内部资料,2015 年 7 月。

陕西省档案馆局(馆)编:《陕西 20 世纪图鉴》(上、下卷),西安:三秦出版社,2011 年。

莫理循图文,窦坤、海伦编译:《1910,莫理循中国西北行》,福州:福建教育出版社,2008 年。

孙武编著:《西北旧影》,太原:山西人民出版社,2005 年。

谭其骧编著:《简明中国历史地图集》,北京:中国地图出版社,1991 年。

谭其骧编著:《中国历史地图集》(第八册清时期),北京:中国地图出版社 1987 年。

索　引